[德]康德 著 杨祖陶 邓晓芒 编译

康德三大批判精粹

Kant Sanda Pipan Jingcui

人民出版社

责任编辑:张伟珍

封面设计:吴燕妮

图书在版编目(CIP)数据

康德三大批判精粹/〔德〕康德 著;杨祖陶,邓晓芒 编译. —北京:
　人民出版社,2018.12(2020.4 重印)
ISBN 978－7－01－020006－4

Ⅰ.①康…　　Ⅱ.①康…②杨…③邓…　　Ⅲ.①康德(Kant,Immanuel 1724-
1804)-哲学思想　Ⅳ.①B516.31

中国版本图书馆 CIP 数据核字(2018)第 257016 号

康德三大批判精粹

KANGDE SANDAPIPAN JINGCUI

〔德〕康德 著　杨祖陶　邓晓芒 编译

人 民 出 版 社 出版发行
(100706　北京市东城区隆福寺街 99 号)

北京汇林印务有限公司印刷　新华书店经销

2018 年 12 月第 1 版　2020 年 4 月北京第 2 次印刷
开本:710 毫米×1000 毫米 1/16　印张:32.75
字数:528 千字　印数:3,001-6,000 册

ISBN 978－7－01－020006－4　定价:85.00 元

邮购地址 100706　北京市东城区隆福寺街 99 号
人民东方图书销售中心　电话 (010)65250042　65289539

目　录

纯粹理性批判

实践理性批判

判断力批判

编译者导言

一、康德的生平和著作

西方近代哲学史上的伟大改革家、德国古典哲学的创始人伊曼努尔·康德于 1724 年 4 月 22 日出生在东普鲁士哥尼斯堡城一个马鞍匠的家庭里。他的双亲都是虔诚派的基督教徒。1732 年，8 岁的康德被送到培养神职候补人员的"腓特烈学校"接受神学和拉丁文的教育。1740 年康德考入哥尼斯堡大学，在学习期间，除了哲学和神学科目外，他对自然科学越来越感到更大的兴趣，以致在 1746 年他就写成了一部理论自然科学的著作并将其付印。也就是在这一年，父亲去世了，康德为生活所迫不得不离开学校和出生的城市，到东普鲁士偏僻乡村担任家庭教师达 9 年之久。在这些年里，他不仅取得了教学经验，熟悉了社会和增加了生活阅历，而且利用空闲时间进行了大量的阅读、研究和写作，以致他 1754 年一回到哥尼斯堡就陆续发表和出版了许多极有分量和价值的理论自然科学的论著。

康德回到哥尼斯堡的头等大事不在于发表他的成果，而在于实现他在大学执教的意愿。1755 年 4 月他向哲学系提交了硕士论文《论火》，经过口试，获得了硕士学位。接着康德又提供了"取得大学授课资格论文"《对形而上学认识论基本原理的新解释》，答辩后被授予讲师职称，即编制外（薪金由听课学生负担）的教师资格，从而登上了大学讲坛，开始了持续达 40 余年的教学活动。而他的这篇论文也就成了他对哲学的兴趣逐渐上升而超过对理论自然科学的兴趣的标志。

1756年和1758年康德曾两次向当局申请递补教授职位,都因故未果。1766年康德兼任哥尼斯堡王家图书馆副馆长至1772年。1766年和1770年初爱尔朗根大学和耶拿大学先后聘请康德担任教授职务,他都谢绝了。1770年康德终于如愿以偿被任命为哥尼斯堡大学的逻辑学和形而上学编内正教授,这一任命由于他8月提出的就职论文《论感觉界和理智界的形式和原则》通过答辩而生效。这篇著名的论文一般公认为标志着康德"前批判时期"哲学思想发展的终结和"批判时期"哲学思想发展的开端。在往后的岁月里,他以崇高的责任感和坚韧不拔的精神,从事于一种伟大的哲学改造工作,经过漫长而艰苦的脑力劳动,创立和发展了自己的批判哲学体系。与此相应,他数十年如一日地过着一种独身的、高尚的和极其有规律的学者生活。随着康德的哲学思想的广泛传播和在学术界支配地位的确立,他获得的光辉荣誉有增无已。1786年他被选为哥尼斯堡大学校长和柏林科学院院士,1794年被选为彼得堡科学院院士。他的平静而有序的生活进程并没有因此而受到任何影响,仅有一次蒙上了暂时的阴影。1794年由于正统教会的仇恨,他受到普鲁士国王的申斥,而被迫答应不再对宗教问题发表意见。但国王一去世,他立即声明不再受诺言的约束,又在著作中谈论起宗教问题来了。1796年6月,康德讲了最后一堂课,1800年发表了最后一篇文字,1801年底退休,1804年2月12日因衰老去世。

教学活动是康德作为大学青年导师的重要活动,它占据了他一生的大部分时间和精力。起初他每周至少要讲16—28小时的课,后来减少了也有14小时之多。讲授的课程从一开始就包括了逻辑学、形而上学、物理学和数学,随后还开设了人类学以及矿物学等等。他的讲演,思想深刻而又机智风趣,充满激情而又循循善诱,引导人们去进行独立的思考。这些讲授在学生那里留下了极其深刻的印象,使康德的影响不胫而走,远远地超出了大学校门之外。

著作活动是康德作为哲学家的最根本的活动,它在他一生中经历了重大的变化。"前批判时期"康德著作的特色是:构思精巧,阐述明快,文字优雅有时甚至是华丽,理论性的论著中灌注着火热的激情,即兴式的创作散发着幽默的讥讽,深深地吸引着读者。这个时期的主要著作有:《自然通史和天体理论》(1755),《对形而上学认识论基本原理的新解释》(1755),《自然单子论》(1756),《三段论四格的虚伪烦琐》(1762),《证明上帝存有的惟一可能的论据》(1763),《将负量引入哲学的尝试》(1763),《论自然神学和道德的原则的明晰性》(1764),《对美和崇高的情感的观察》(1764),《以形而上学家的梦解释视灵者的梦》(1766),《论感觉界和理智界的形式和原则》(1770)在一定意义上也应归属于这个时期。

进入"批判时期"以后,康德著作的特色为之一变。它们作为在错综复杂的矛盾冲突中开辟新径和反复探索、艰苦思虑的成果,一方面是重大的主题,崭新的观点,深邃的思想,沉郁的信念,令人肃然起敬,玩味无穷;一方面是刻板乏味的结构,艰深迂腐的术语,冗长纠结的语句,晦涩枯燥的文字,令人望而生畏,难以卒读。这一时期的主要著作有:《纯粹理性批判》(1781),《未来形而上学导论》(1783),《道德形而上学原理》(1785),《自然科学的形而上学基础》(1786),《实践理性批判》(1788),《判断力批判》(1790),《单纯理性界限内的宗教》(1793),《永久和平论》(1795),《道德形而上学》(1797),《实用人类学》(1798)等。

二、康德的思想发展进程

与康德的平静而单调的外在生活相反,在他的内心世界里,近代各种对立的思潮相互激荡,思想风暴此起彼伏、连绵不绝,思想革命的潮流汹涌澎湃、曲折反复,一旦形成了容纳百川的哲学智慧的海洋,新的思想潮流又在海底涌动兴起。现在让我们来鸟瞰一下康德的这种思想发展的历程。

1. 早期理论自然科学阶段(1746—1755)

从到大学求学之日起,康德就开始接触到了当时的各种思潮,从欧洲大陆的理性主义到英国的经验主义,从对外界物体的自然科学研究到对人类心灵的心理学分析,从托兰德肇始的自然神论到伏尔泰开端的法国启蒙运动的自由精神,所有这些都在康德的思想上产生了深刻的影响。他通过他的老师克努真受到了莱布尼茨—沃尔夫派形而上学的教育和熏陶,通过另一位老师特斯克熟悉了牛顿的自然哲学(自然科学)。正是这两种对立思想体系的矛盾在康德早期的理论思维发展中起着决定性的作用。虽然康德确信只有形而上学才能为道德和宗教的信念提供确定性,因而一生都没有抛弃过形而上学,但莱布尼茨—沃尔夫式的形而上学由于脱离现实、空洞无物和学究式的烦琐,进步知识界已是敬而远之,康德对它的兴趣也就越来越小;与此相反,他对牛顿的自然哲学的兴趣却与日俱增,几乎要全身心地投入到自然科学的研究中去。他1746年完成的处女作《对活力的真实估量的思想》就是企图对笛卡儿派和莱布尼茨派有关测量动能的争论作出裁决。这位大学生在序言中宣称,在科学的法庭上,决定性的不是权威和人数,而是理性的命令,任何权威和成见一旦有碍于指示真理就应当抛弃。这就是他要同笛卡儿、牛顿、莱布尼茨以及沃尔夫、伯尔努利等大思想家、大学者进行较量甚至反对他们的理由。青年康德就是以把哲学、科学上的权威和定见都送上理性的法庭来决定对它们的取舍这样一种启蒙的、批判的精神,走上理论思维的历史舞台的。他是这么说的,也是这么做的。

康德最伟大的理论自然科学著作是他1755年出版的《自然通史与天体理论,或根据牛顿定理试论整个宇宙的结构及其力学起源》。虽然康德对牛顿的自然哲学有着最深刻的信念,但他不赞成或反对牛顿以上帝的安排和第一次推动来说明诸天体的完善结构和协调运动,而主张以自然的原因,即以原始物质(原始星云)本身所具有的两种对立的力——斥力和引力的相互作用来说明这一切。这样,他就提出了近代第一个有科学根据的宇宙自然发生、发展的学说,它们展示的宇宙观不仅是莱布尼茨—沃尔夫派的神学目的论的宇宙观的直接对立物,而且也与牛顿的一经被推动就永远不变的僵化的机械论的宇宙观根本不同,它有力地促进了近代辩证法的宇宙观的形成。不过,为了使自己的以牛顿力学为依据的宇宙发展的科学假说同自己的哲学良心、即对莱布尼茨—沃尔夫派形而上学的信念相协调,康德最后还是以某种自然神论的形式把原始物质归于上帝的创造,把物质本身的规律归于上帝的意志,把宇宙诸天体的协调一致归于上帝以此为目标所设计的万物的本性。

康德在这个时期的许多论文对理论自然科学的发展也做出了有价值的探索和贡献,其中包括他提出不可量物的假设的硕士论文《论火》。对于自然科学的理论兴趣在康德以后的著作活动和教学活动中都还有明显的表现。

2. 前批判时期哲学思想的发展(1755—1770)

康德前批判时期的哲学思想经历了从莱布尼茨—沃尔夫派的理性主义的独断论向其对立面经验主义的独断论转化、而又回到包含有某种"批判"思想萌芽因素的理性主义的、但仍然是独断的认识论这样一个否定之否定过程。

(1)在康德成为大学哲学教师,哲学逐渐成为他主要的研究对象以后(1755—1760),他就不能不郑重地思考他在其中成长起来的莱布尼茨—沃尔夫派形而上学和他深深信奉的牛顿自然哲学之间的关系问题。莱布尼茨—沃尔夫派的形而上学是建立在理性主义的认识论和无条件地相信纯逻辑的概念思维与现实的存在及其规律间的一致性的独断论之上的,而牛顿的自然哲学或自然科学则是建立在经验主义的认识论和无条件地相信经验思维、即通过经验获得的概念与现实的存在及其规律之间的一致性的独断论之上的。这两种认识论和独断论是直接对立、彼此矛盾的。康德这时对莱布尼茨—沃尔夫派形而上学的认识论和独断论虽然抱着批判的态度,但总的说来他是站在这种形而上学的立场,企图找到某种观点来调和它和牛顿自然哲学的矛盾。在1755年取得大学授课资格的论文《对形而上学认识论基本原则的新解释》中,康德提出,在运用充足理由律于自然事物时,必须区别存在的理由和认识的理由,或实在的基础和逻辑的基础;在运用于人的行为时,则必须肯定承认行为有充分理由(根据)和人的意志自由并不矛盾。康德的这个"新解释"实质上是对沃尔夫把充足理由律归结为形式逻辑的矛盾律(就莱布尼茨本人而言这两者还是有区别的)、从而从逻辑上去推论实在和从思维去推论存在的理性主义认识论和独断论的批评和否定,在康德往后思想的发展中起着重要的作用;同时,它在康德调和对立两派的动机的支配下也可能发展出我们认识的世界和真实存在的世界、必然的世界和自由的世界是不一致的思想。这一倾向在次年提出的申请教授职务的论文《自然单子论》里就有了显著的表现。论文的主旨是用牛顿的物理学来改善莱布尼茨的单子论,为了调和莱布尼茨和牛顿在空间理论上的矛盾,康德引进了在古希腊人那里通行的现象和本体(物自体)的划分的概念,认为现象必须从物理学上来研究,物自体则必须从形而上学上来认识。现象与物自体的划分从此以后一直贯穿在康德哲学思想中,尽管在如何划分和划分的意义上各个时期和阶段上的解释很不相同。在1759年的《试对乐观主义作若干考察》一文中,康德仍在坚持和宣扬莱布尼茨的这一观点:我们这个世界是上帝选择的他所创造的世界中最好的世界,而在这个前定和谐的最好世界中个人毫无价值。这表明康德还在做着理性主义的"独断论的迷梦"。

(2)进入60年代,康德的哲学思想发展发生了重大的转折,这就是从理性主义的"独断论的迷梦"中惊醒过来,开始批判理性主义的认识论和独断论,企图通过从经验获得的概念来与现实及其规律建立联系(1760—1766)。如果说在这以前,发现了"自然的本性"的牛顿对康德的影响最大,那么现在,如火如荼的法国启蒙运动则将一批著名的启蒙思想家、首先是发现了"人的本性"的卢梭推到了康德的面前,卢梭成了康德所最崇敬的"第二个牛顿"。卢梭对于康德的深远影响是多方面的,其聚焦点则是卢梭关于人之为人、人的最可尊贵之处在于人的自由主动者资格的思想,它从根本上改变了康德的人生观、知识观和价值观。正如康德自己说的:"卢梭纠正了我,我意想的优点消失了,我学会了来尊重人,认为自己远不如寻常劳动者有用,除非我相信我的哲学能替一切人恢复其为人的权利。"[①]与此同时,

① 转引自诺曼·康蒲·斯密:《康德〈纯粹理性批判〉解义》,绰然译,商务印书馆1961年版,第39页。

休谟的经验哲学对理性主义及其形而上学的深刻有力的批判,使康德最终觉悟到理性主义意义上的形而上学是不可能的。于是,他基于对牛顿经验自然科学的信念,企图沿着经验主义的道路来改善形而上学的基础,但他在这道路上几乎每前进一步,都要遇到与此相矛盾的因素,即经验的界限问题。

在1762年的《三段论四格的虚伪烦琐》这本小册子中,康德将作为莱布尼茨—沃尔夫派形而上学支柱的形式逻辑称作"泥足巨人",并且提出和思考了概念如何起源于感性观念或如何把经验引入哲学的问题。在次年的《证明上帝存有的惟一可能的论据》一文中,他批判了理性主义形而上学关于上帝存有的本体论证明,认为从观念推不出存在,当然经验也不能对此作出证明(这就是经验的界限),惟一可能的证明就是上帝不存有是不可想象的,这实际上是康德在无可奈何的情况下诉诸伏尔泰、特别是卢梭所主张的人对神和正义的信念有"天然情感"的一种表现。在同年的论文《将负量引入哲学的尝试》中,他继续发挥了《新解释》提出的实在基础和逻辑基础有区别的思想,在此基础上他进而同意了休谟对于理性主义者有关因果关系可以分析地(逻辑地、先天地)予以证明的驳斥,认为从"因"的概念不可能逻辑地推出其"果"的概念,同样地,从"果"的概念也不可能逻辑地推出其"因"的概念。在1764年出版的著作《论自然神学和道德的原则的明晰性》中,康德对理性派、特别是在沃尔夫那里发展到登峰造极的所谓哲学研究中的"几何学方法"进行了彻底的批判。康德指出,哲学和数学是两门性质完全不同的科学,因而研究的方法也完全不同。数学是数量的综合科学,它建构数量,从下定义出发而不需要经验,依赖于感性的活动。与此相反,哲学是概念的分析科学,它必须接受概念,探索定义,因而需要经验,依赖于知性的活动。因此,哲学为了认识现实,绝不可模仿数学的建构方法,而是应当使用牛顿在自然科学中使用的方法,即在可靠的经验材料的基础上去探求普遍的规律。但是,康德认为经验虽是真理、知识的基础,却不是善、道德的基础,必须把真和善、知识和道德区分开来。在这里又出现了经验的界限问题。循此前进,到1776年发表的著作《以形而上学家的梦解释视灵者的梦》中,康德就把理性主义的思辨的形而上学家比之于搞与精灵交往骗术的"视灵者",他们的区别只不过是"理性的梦幻者"与"感性的梦幻者"的区别,前者的要害正在于他把自己的思想当作事物的真实秩序。康德因此而发出了将经验作为哲学的根本的呼吁。但是在这里又出现了经验的界限,因为康德认为由于我们的感觉系统里缺少有关的感觉,所以灵魂或心灵本身、即精神实体是经验所达不到的。

这样,在康德那里,沿着经验主义方向以改进形而上学的思想发展已达到了最高点,与此同时经验主义所必然导致的、威胁着形而上学的存在的怀疑论因素(表现为一系列经验的界限)也有了充分地暴露。对于抱着真诚而深刻的形而上学信念的康德来说,一个大的思想转折和反复已经是不可避免的了。

(3)这个大的转折就是,康德彻底觉悟到,为了挽救和改进形而上学,经验主义的道路是行不通的,而必须走一条新的、他当时还只是朦朦胧胧看到的"批判"之路(1767—1770)。这是由于康德在那里发现了理性的二律背反现象,即理性在有关世界整体的问题上总是提出两个互相冲突而得不到经验证实或证伪的命题,并为此争论不休。他认识到这种现象来源于理性想"在感性世界里寻找无条件者",可是感性指向的只是现象,而不是物自体;而想在经验的基础上建立形而上学正是理性的这种迷误的一种表现。在探究二律背反及其消除的途径的过程中,康德重温了休谟在因果性问题上彻底贯彻经验主义所达到的对于经验主义本身的否定。休谟证明,我们在关于现实的知识中所使用的因果联系的结构形式并不是知觉给予的,在知觉中根本不存在这种联系,相反,它是我们的联想机制或习惯的产物,没有任何证据、包括经验的归纳在内,可以用来证明它同现实有关。休谟的结论是,以经验为依据来断定因果联系的客观性,正如以对概念的逻辑分析为依据来做出这样的断定一样,都是一种无根据的、不值一驳的独断或武断;对因果联系的客观性我们必须在实践上抱有信念,而在理论上则只能抱存疑的即怀疑主义的态度。对休谟论证的反复思考使康德完全中断了在经验主义基础上改进形而上学的梦想,并且更清楚地意识到了经验主义必然导致有害于科学和形而上学的怀疑主义。所以,康德在1783年发表的《未来形而上学导论》中谈到,一方面肯定是理性的二律背反现象有力地把他从独断论的迷梦中唤醒去从事理性的批判;一方面(在序言中)又指出正是对休谟的"回忆"首先打破了他的(经验主义的)独断论的迷梦,并给予了他哲学研究上的一个完全不同的方向。不过休谟给予他的方向只有否定的意义,即"不能走经验主义的方向",而肯定意义的方向倒是在 1765 年出版的休谟的对手莱布尼茨同另一位经验派代表洛克论战的巨著《人类理智新论》中找到的。莱布尼茨在书中提出,观念、真理、知识原则早已作为潜能而存在于人心,它们在经验和知识中起着感觉不到的现实作用,并具有自己的贡献,同时由于经验提供的机缘,它们通过我们对内心的反省而被认识到。在莱布尼茨这个所谓"潜在天赋性"思想的启示下,正在寻找新方向的康德开始从知识区分为形式和内容出发,考虑在人类认识能力(感性、知性和理性)中是否早已潜在着知识的形式,它们作为认识活动的规律而使经验、知识、科学成为可能。他在 1768 年的《论空间方位区分的基本原理》中就首先对空间概念作了这样的理解:它不是思维的或逻辑的结构,而是感性知觉的普遍基础,它第一次使事物及其各种空间关系成为可能。

由以上各种因素而引起的康德哲学思想上的大转折,他自认为是在 1769 年完成的①。他把这些因素综合起来,在 1770 年的教授就职论文《论感觉界和理智界的形式和原则》中,以一种"急于求成"的心情,粗线条地提出了一个新的认识论体系。这个体系的基本特征如下:

事物区分为现象和物自体(本体),人类的认识能力区分为作为接受性能力的感性和作为自发性能力的知性。感性认识的对象是现象,它的先天知识形式是时间和空间,对空间和时间的反省产生数学这门先验科学。知性的先天知识形式是一般概念(即后来的范畴,当时还不成其为系统);凭借知性形式的逻辑运用对通过时空得到的知觉的加工改造,产生关于现象的必然的知识,即经验的自然科学;通过知性形式的实在运用,即用于物自体,则产生与物自体相适合的知识,即形而上学这门先验科学。知性之所以能产生形而上学,是因为知性和事物本身都根源于上帝,因而通过知性就能

① 参见福伦德尔:《康德的生平和著作》,费利克斯·迈纳出版社,汉堡 1977 年版,第 251 页。

够如马勒伯朗士所说的"在上帝身上"认识事物本身①。

由此可见,就论文认定知性可以认识物自体(本体)和知性与物自体一致的根源在于某种上帝的"先定和谐"而言,这个体系的基本框架仍然是立于莱布尼茨—沃尔夫派的形而上学和独断论之上的,因而还是属于康德前批判时期的哲学思想。但是,就论文的根本要求是划分感性和知性,主张两者具有在功能和范围上各自都不相同的先天形式而言,这个体系的核心的确超出了莱布尼茨—沃尔夫派形而上学和独断论的视野,因而超出了康德前批判时期的哲学思想。正是这一体系的核心和它的框架之间的这个矛盾把康德哲学思想的发展从前批判时期推进到了批判时期。

3. 批判时期康德哲学思想的发展(1770—1800)

批判时期康德哲学思想的发展是一个复杂的、充满探索性和创造性的矛盾进程,大致上可以分为三个阶段来考察:批判哲学的奠基阶段;批判哲学体系的建成阶段;后批判哲学体系阶段。

(1)批判哲学体系的奠基阶段(从"就职论文"到《纯粹理性批判》的问世,1770—1781)。

"就职论文"发表不久,康德就计划将其扩充修订为一部较大的著作,其第一部分将是他拟订的一门独特的、走在形而上学前面的预备学科——"一般现象学",它"规定了感性原则的效力和范围",以免它们"搅混了关于纯粹理性的对象的判断",也就是"使真正的形而上学避免感性存在物的混入"②。不到一年,他就把这部著作命名为《感性和理性的界限》③。又不到一年④,他发现在自己的构思中"还缺少某种本质性的东西",即忽视了明确

---

① 参阅文德尔班:《哲学史教程》下卷,商务印书馆 1996 年版,第 669—670 页。
② 1770 年 9 月 2 日致约·亨·兰贝特的信,见《康德书信百封》,李秋零译,上海人民出版社 1992 年版,第 27—28 页。
③ 1771 年 6 月 7 日致马·赫茨的信,同上书,第 30 页。
④ 1772 年 2 月 1 日致马·赫茨的信,同上书,第 32—34 页。

地提出和解决这样一个根本性的问题:来自心灵本身的纯粹知性的概念和原理何以和经验、物、事物本身是一致的,或这种一致的根源何在? 这个问题康德后来将其经典化为"先天综合判断何以可能",更一般地说,这个问题也就是思维和存在的同一性的问题。康德认为这个问题的解决是揭示形而上学的全部秘密的钥匙。因为由此就可以"规定出形而上学的本性和界限";而在解决这个问题、即在规定认识的起源和有效性时,无论是求助于上帝的直接影响还是求助于其"前定和谐","这种急救神是人们所能选定的最荒唐不过的东西"。这样,他就否定了"就职论文"所匆匆忙忙地建立起来的认识论体系的框架,而我们看到,这种否定乃是那个体系的核心——知识形式的先天性的思想所发展出来的必然结果。正是在这时,康德以为他已有足够的准备来解决这个问题而写出一部《纯粹理性批判》,其第一部分是关于理性认识的本性的,它包括形而上学的本源、方法及其界限,估计大约3个月内即可出版。但是,出乎康德意料之外,为了解决这个问题,他不得不进行一场以发展认识的主体能动方面为中心的真正的哲学革命,不得不进行范围广阔的探索和反复的尝试,以至于从这时算起,他也花了八、九年的时间才完成和出版了以对这个问题的回答为中心的《纯粹理性批判》这部划时代的巨著。

在这个过程中,康德逐步形成了改革形而上学的指导思想或纲领。这就是:形而上学必须从研究的程序和内容上区分为有内在联系的前后两部分,前一部分是批判人类一般认识能力,即"纯粹理性",判定各种先天知识的来源和限度,以确定形而上学是否可能,以及其所以可能的源泉、条件和范围,这部分是作为科学的形而上学或未来形而上学成为可能的条件,康德称之为"纯粹理性的批判"或"形而上学的导论";随后一部分是阐述从已经判定的纯粹理性的概念和原理中引申出来的全部纯粹理性的哲学知识,即由自然形而上学和道德形而上学组成的形而上学体系,康德称之为"纯粹理性的体系"或"形而上学本身"。康德认为,对纯粹理性进行"批判"是以往和当前的哲学家都没有想到过的、关系到形而上学生死存亡的最艰巨复杂的任务,是他必须首先全力以赴的、决定一切的工作。

必然与自由及其相互关系问题是一直盘旋在康德心中的主题。在推动他去进行理性批判的诸二律背反中,他特别强调自由与必然的二律背反。"纯粹理性的批判"应当为解决自由与必然的关系问题提供最重要的理论前提和基础。这个问题看起来似乎是个纯理论问题,而在康德看来却是一个"人人都关切的"大问题。因为自然必然性是近代新兴自然科学的基础,意志自由则是道德的基础;而自然科学又是征服自然以增进人的福利即幸福的前提,幸福与道德的和谐统一则是人类理性最为关切的最高理想和最后目的("至善")。因此,对于自由与必然的关系的探究在康德那里就扩大为对人在宇宙中的位置、职责和最终命运的探究。由此出发,他把他要在思辨哲学里长期探索的问题概括为:1.我能知道什么? 2.我应作什么? 3.我可以希望什么? 他认为,"我能知道什么"这个问题的解决是回答其余两个问题的基础,作为"形而上学导论"的"纯粹理性批判"就是要对这个问题做出彻底的、详尽无遗的回答。

康德起初也是遵循亚里士多德的范例,将人类心灵的活动二分为理论(认识)活动和实践(意志)活动,认为它们都是在理性的统率下进行而各有其理性的原理。为了判明这两种活动的理性原理,按照康德的观点,必须首先批判地考察作为人类一般认识能力的理性,一方面判明理性作为区别于感性的高级认识能力究竟有哪些成员、它们各自的功能及相互关系,一方面判明认识的原理及其范围;而这样一来就为进一步判明心灵的实践活动的理性原理提供了前提和基础。所以,在1772年第一次提到打算写的名为《纯粹理性批判》的这部著作时,他把研究"理性认识的本性"以判明认识的原理作为必须先写出的第一部分,而把研究"实践知识的本性"以判明"德性的纯粹原理"作为待写的第二部分①值得注意的是,正是从这一年起,康德开始每年都要讲授一次"人类学",在这里他终于把人类心灵的活动或相应的能力三分为认识、愉快和不愉快的情感、欲望(意志),虽然他直到《纯粹理性批判》问世以后都还认为愉快和不愉快的情感没有普遍必然的理性原理。但是这个三分模式对于后来康德的"批判哲学体系",即"纯粹理性批判"体系的划分和完成是一个极其重要的具有指导性和权威性的参照

---

① 见1772年2月1日致马·赫茨的信,《康德书信百封》,第34页。

系,甚至起了决定性的作用。而另一方面,对人类一般认识能力的批判,即
《纯粹理性批判》一书,则不仅为判明道德的理性原理、也为判明情感的理
性原理提供了前提和基础,从而为批判哲学体系的完成奠定了基础。

（2）批判哲学体系的建成阶段（从《纯粹理性批判》到《判断力批判》,
1781—1790）。

康德在第一批判即《纯粹理性批判》问世之后,并没有马上就去对实践
理性、即理性的实践使用进行批判。虽然在理论上他认为很有必要进行这
种批判,以确定欲求能力的理性原理、即道德原理,但他却又认为,就实际而
言,似乎又没有这种必要,因为道德原理连最普通的人类知性也都很容易理
解。这样,他一方面要为《纯粹理性批判》的辩护、解释和完善进行大量的
工作（1783 年出版《未来形而上学导论》,1787 年出版《纯粹理性批判》第二
版）,另方面则要为在形而上学的这个"导论"的基础上建立道德—自然的
形而上学体系作准备（1785 年出版《道德形而上学原理》,1786 年出版《自
然科学的形而上学基础》）。可是他所提出的道德形而上学原理及其和《纯
粹理性批判》的关系却受到了许多批评和责难,这使他意识到必须立即着
手对自己的道德原理的必然性和可能性进行系统的论证,为此就必须对实
践理性进行一番类似于纯粹理性的批判那样的批判。1788 年他就发表了
他的第二批判即《实践理性批判》。

在完成第二批判时,康德一方面认为,由于心灵的两种能力、即认识能
力（理论活动）和欲求能力（实践活动）的先天（理性）原理及其运用的条
件、范围和限度的确定,似乎对"纯粹理性的批判"已达到了系统的完整性,
从而给作为科学的道德—自然形而上学体系打下了"牢固的基础";另方
面,他又深深地意识到两大批判所揭示的两大先天原理在自然领域和自由
领域之间掘下了一条将两者分开的鸿沟,必须有某种中间环节把这两个彼
此对立的领域联结起来,使从必然向自由、现象到本体、理论向实践、知识向
道德的过渡成为可能。他认为这个中间环节只能是他所提出的心灵能力或
心灵活动的三分模式中居于认识能力和欲求能力之间的愉快和不愉快的情
感能力。这样一来,康德就面临一个艰巨的任务,一方面他不得不否定他以
前一直肯定的情感没有理性（先天）原理的观点,另方面又要解决到哪里去

找这个先天原理的问题。康德认为,在人类的高级认识能力(一般理性)中,是判断力把知性和(狭义的)理性联结起来的,第一批判确定了认识的先天原理是知性所提供的,第二批判确定了道德的先天原理是理性所提供的,所以,愉快和不愉快的情感的先天原理就只能到判断力那里去寻找,为此就必须对判断力进行批判的考察。而这样批判考察的结果,就是1790年出版的第三批判、即《判断力批判》。它标志着康德对纯粹理性的批判的系统完成,也就是由三大批判构成的批判哲学体系的建成。

(3)后批判哲学体系阶段(从《单纯理性范围内的宗教》到《实用人类学》,1791—1798)。

在《判断力批判》架起了从自然到自由的桥梁之后,康德就有条件和基础来回答他所提出的"我可以希望什么"这个问题了。从1792年起就陆续写作和发表、到1793年才完整出版的《单纯理性范围内的宗教》一书就是对这个问题的解决和答案。由于康德在这里把历史上产生的基督教及其教会的发展和向着一种理性信仰的宗教及其团体前进,看作纯粹实践理性的道德理想得以接近于实现的现实道路,从而过去少见的历史性和现实性的因素就渗透到康德的这部著作中来了,这一趋势在他往后有关社会、政治、法乃至于道德的著作中就更其明显了。当然,在康德看来,这种现象并不奇怪,而是批判哲学对于从现象的观察引出现象的规律的认识原则进行反思的原则所要求的。它绝不意味着批判哲学体系的观点、形式和基础有任何改变或需要任何改变。这是康德直到最后所公开声明的深刻信念。①

但是,另一方面,在批判哲学体系的这种似乎是量的扩张之下,却孕育着某种新质的东西。在完成了批判哲学体系和回答了"我能知道什么"、"我应作什么"和"我可以希望什么"这三大问题的基础上,通过对自己长期哲学探索的回顾和总结,1793年康德在一封信中列举他长期研究所要解决的那三大问题后,补充了"第四个,也是最后一个问题:人是什么?"②在大约

---

① 见"1797年8月7日关于与费希特知识学的关系的声明",《康德书信百封》,第248页。

② 《康德书信百封》,第200页。

同时的逻辑学讲义中他说这四个问题构成了一个"世界公民意义上的哲学领域",并指出:"形而上学回答第一个问题,道德学回答第二个问题,宗教学回答第三个问题,人类学回答第四个问题。但从根本上说,可以把这一切都看成是人类学,因为前三个问题都与最后一个问题有联系。"①这样,在康德哲学思想进程中显然出现了某种十分值得注意的新变化和新发展,这就是"人是什么"这个问题成为了所有重大哲学问题与之相联系的总问题,而人类学则成为了统率和囊括其余哲学学科的总学科。据此,我们可以说,康德在这里实质上已超出了他过去设计的"道德—自然形而上学体系",而在构想一种新的、类似于后来的哲学人类学的哲学和哲学体系。1798年康德在长期讲授人类学的基础上出版了由他本人撰写和发表的最后一部著作《实用人类学》,对"人是什么"的问题作了这样一种回答:"人具有一种自己创造自己的特性,因为他有能力根据他自己所采取的目的来使自己完善化,因此可以作为天赋有理性能力的动物而自己把自己造成为一个理性的动物。"②即把人看作是这样一种地球生物,他能通过自己的自由自觉的创造活动使自己从潜在的理性动物变成为现实的理性动物,而这是在类和类的世代延续中、在社会的交往和人与人的争斗中实现的——这也许可以视为康德在哲学上的最后一言,依照这个人类学的基点来审视、改造和发展哲学,那是康德以后、直到现在和未来的事。但是,这并不妨碍我们、甚至反而要求我们,以这个人类学的基点为背景,去阅读康德最后十年的各种著作,甚至去探索、理解和解读康德批判哲学的体系及其各个组成部分和全部有关的著作。

三、批判哲学体系的构成、性质和影响

现在我们就来看看由康德的三大批判著作所构成的批判哲学体系。

---

① [德]康德:《逻辑学讲义》,许景行译,商务印书馆1991年版,第15页,译文有改动。

② [德]康德:《实用人类学》,邓晓芒译,重庆出版社1987年版,第232页。

1. 批判哲学体系的组成部分及其系统统一

(1)《纯粹理性批判》是批判哲学体系的第一个组成部分。康德在这部著作中把"纯粹理性批判"规定为一门以批判考察人类先天认识能力、即基于先天原理的认识能力为目的的科学,其主要任务就是要确定人类认识能力有哪些先天要素及这些先天要素的来源、功能、条件、范围和界限。所谓"先天的",在康德这里不是指心理学上的特征,而是指认识论上的特征,不是指时间上在先,而是指逻辑上在先,即我们知识中独立于(或不依赖于)经验、不能为经验所证明的具有普遍性和必然性的要素,这些要素就其不会有丝毫经验的因素而言是纯粹的,它们因而只能是来自认识能力本身的知识形式,而不能是来自后天的知识内容方面的东西。康德认为人类认识能力首先区分为:作为低级认识能力的感性和作为高级认识能力的理性。感性通过先天的直观形式——空间和时间去接受由于物自体对感官的刺激而产生的感觉,从而为高级的认识能力提供对象和质料。感性直观是认识的开始,同时也是人类认识的不可超越的范围,因为失去了感性直观,高级认识能力也就没有了认识的对象和质料。康德把高级认识能力区分为知性、判断力和理性三种。他确定知性的先天思维形式是所谓纯粹知性概念即范畴(如质、量、因果性、必然性等等),知性运用范畴综合统一感性材料才产生了经验或知识,经验对象或认识对象。而范畴之用于感性材料是以从范畴规定时间图型而引申出知性的先天原理(主要是因果性原理)这种形式进行的。康德认为知性的这些先天原理是构成性的,是使经验与经验对象或科学知识和科学知识的对象——作为现象全体的合乎规律的自然界——成为可能的原理,因而也是知性向人类认识能力或认识活动所颁定的先天法则或规律。所以,作为认识对象或现象的自然界,其规律正是知性通过其范畴或原理而给予或颁定给它的。这就是康德自称的哲学领域中的"哥白尼式的变革"。这种变革是唯心地发展主观能动方面的结果,也为这方面进一步的发展开辟了道路。判断力的作用在于运用知性的先天原理去统摄或规定特殊的感性现象,以形成关于对象的经验知识,康德后来称这里的判断力为规定的判断力,以别于作为《判断力批判》之对象的反思性判断力。理性在认识中的作用在于,通过它主观产生的关于无条件者的纯粹理性概念、即理念(灵魂、世界和上帝),以及寻求无条件的条件的理性原理,去指导知性的活动,使经验或认识达到最大可能的继续、扩大和系统化。康德把理性的理念和原理的这种作用称为调节性(范导性)的作用。然而理性在认识中的迷误在于:一方面它出于自己的本性不可避免地产生一种幻相,即把理念看作是有现实对象与之相应的概念,因而想去认识或规定这些无条件的、因而是超感性、超现象的对象,即物自体或本体;另方面它不了解知性范畴必须同感性直观的材料结合才能产生出关于对象的知识,因而把本来只适用于感性现象的范畴,用来规定那些超感性、超经验、超现象的物自体或本体。理性这样做的结果,当然不是关于对象的知识,而是或者关于灵魂的不朽等等的种种谬误推论,或者是关于世界的不可调和的彼此冲突的命题,即二律背反,或者是关于上帝的以主观的设想冒充客观的存在的虚假证明。所有这些都不是关于本体的知识,而是旧形而上学所必然产生的假知识或伪科学。在康德看来,这就证明了只有现象可知,本体不可知,从而也就限制了理性的使用即认识的范围;而这不可知的本体或物自体也就为人的摆脱自然必然性的意志自由、道德、对来生和上帝的信念,一句话,为理性的实践使用留下了余地。康德认为,这就为作为科学出现的未来形而上学(内在的自然形而上学和超验的道德形而上学)的可能性提供了理论的前提和基础。

(2)《实践理性批判》是批判哲学体系的第二个组成部分,其主要任务是:完整地确定实践理性(即理性的实践使用)的先天原理的可能性、范围和界限。康德认为这个任务相对于确定理性的理论使用的先天原理及其范围、界限等等来要容易得多,因为纯粹理性自身就是实践的,因而也就具有自己的先天的实践原理。这条原理就是:应该这样地行动,使得你的意志的主观准则任何时候都能同时被看作一个普遍立法的客观原理。这个实践原理也就是道德律或绝对命令,即纯粹理性向人心的高级欲望能力(意志)颁定的先天法则、规律或无条件的命令,意志所应做的就是以道德律为根据自立规律(即"自律"),敬重和遵从自立的规律,从而实现由道德律所体现或提交的最后目的——成为一个自由的、因而道德的意志。所以这个实践理性的先天原理是使意志的自由、道德成为可能的构成性原理。不过,这个先天的实践原理不能用于现象,而只能用于超感性的本体,也就是说,不能用来从理论上认识、解释和推断一切实有、自然事物、经验对象,包含作为现象、即自然之一分子的人在内的现象界或自然界的存在、性质和规律,而只能用来从"实践上"认识、解释和推断一切"应有"的事物,首先是自由、道德(善)、目的国、至善,直到至善实现的条件——灵魂不朽和上帝等等,从而对它们的存在、性质和规律得到一种"实践的认识",即内心的良知和信念。它们所涉及的只是"应有"而非"实有",是"应当如此"而非"事实如此"或"必然如此"。

(3)《判断力批判》是批判哲学体系的第三个、也是最后一个组成部分,它的根本使命是要消除前两个批判所造成的自然和自由、现象和本体、知识和道德等等的分裂和对立。根据康德的规定,《判断力批判》的主要任务是要确定:介于知性和理性之间的判断力是否有先天原理,如果有,它是构成性的还是调节性(范导性)的? 它是否是判断力对介于人心的认识能力和欲求能力之间的愉快和不愉快的情感颁定的先天规律,它是否是真正能够充当从纯粹认识能力到纯粹欲求能力、即从自然领域到自由领域过渡的中间环节或桥梁? 等等。

康德认为,这里所说的判断力不是从已有的普遍物去统摄特殊物的"规定性的"判断力,而是"反思性的",即为给定的特殊去寻找贯穿于其中的普遍。这种反思性的判断力的先天原理不可能是规定性的判断力的知性原理,因为它所面对的特殊的经验事实或经验规律(例如有机体和艺术作品的部分与整体和部分与部分之间的关系)就不是知性的机械因果原理所能规定和包摄的。康德从人类技艺中表现出来的"实践的合目的性"类推出在自然的多样性的经验事实中也应表现出一种合目的性。这个"自然的合目的性"是一个特殊的先天概念,它只是在反思性的判断力中有其根源,是反思性的判断力为了反思的需要而自己给予自己的,是人用来从当前特殊的经验对象出发反思其应有的根据,即人自己的超验本体,从而暗示出人的自由、道德、最终目的的一条先天原理。

这个原理首先在人的审美和艺术活动中起作用。在这里,它是一个使直接同愉快和不愉快的情感相联系的审美判断和审美对象(美)成为可能的构成性原理,因而也就表明它是反思性判断力对愉快和不愉快的情感能力颁定的先天法则或规律。在进行审美鉴赏时,人们着眼于一个自然对象(如一朵花)的无目的的合目的性形式,使自己的想象力和知性能力好像趋于一个目的那样处于自由协调的活动(游戏)之中,从而无须任何概念而产生出人类共同的、无利害关系的愉快感,做出了“这个自然对象是美的”审美判断。这样,在审美中人们就从自然对象出发而接触到了人的自由的根柢,这就是个人特殊的审美愉快为什么具有普遍被赞同和同情的性质(“共通感”)的先天根据。与审美鉴赏不同,艺术创造是带有艺术家的目的和概念的,但真正天才的艺术家并不表现出按照目的和概念来创造,而是好像无目的地绝对自由地进行创造,以至于创造品显得好像是大自然的产品;但同时却又体现着艺术家的理想和“审美理念”,从而成为了“道德的象征”。总之,在审美和艺术创造中,通过反思、象征、类比的方式,使自然界和道德界、必然和自由、现象和本体达到了一种主观形式上的统一。

其次,反思判断力的先天原理在人们对自然的认识活动中也有其应用,不过在这里它只作为认识能力的调节性原理,而同愉快和不愉快的情感没有直接的关系。人们除了按照因果律等等去认识自然外,还总是倾向于对自然有机物作目的论判断。人们把无机物视为有机物的手段,而把有机物判定为一个以自身为目的(内在目的)的统一整体,并由此而扩大到把整个自然界看作一个从低级趋向于高级的自然目的的系统,其顶点即最后的目的则是遵守道德律的(自由的)人。这就使人有理由猜到整个自然界都是从必然向自由生成的过程,从而暗示了现象和本体、必然和自由、认识和道德不仅在主观形式上,而且在客观质料上也是统一的。

在上述从自然目的论到道德目的论过渡的基础上,康德引申出了所谓“伦理学神学”,即把整个世界看作向人的道德和幸福的最终统一这个最终目的前进、从而实现上帝的“天意”的历程。这就为向实践理性的“至善”的逐步逼近和实现展示了某种希望和前景。

　　经过这样的考察,康德认为反思性判断力的"自然合目的性"这个先天原理的确在分裂的自然领域和自由领域之间架起了一座由此及彼的桥梁,从而为最终目的(自由和道德)在自然中并与自然规律相一致地成为现实这样一种可能性提供了理论上的"先天的"论证。

　　(4)批判哲学体系各组成部分的系统统一。康德认为,人类心灵的一切能力都可以归结为来自我们所不知的同一根源的知、情、意这样三种能力(即认识能力、愉快和不愉快的情感能力和欲求能力),而由于人是天赋有理性能力的、即具有依照原理进行判断和行动的能动性的生物,他的那三种心灵能力也就必须有其应当遵循的原理,这些原理只能是理性给这些心灵能力所制定的,即理性给它们所立的法。作为高级认识能力的理性是由知性、判断力、理性构成的总体。《纯粹理性批判》确定了,对于认识能力来说,只有知性是立法的;《实践理性批判》确定了,对于欲求能力来说,只有理性是立法的;《判断力批判》确定了,对于愉快和不愉快的情感来说,只有反思的判断力是立法的,它所颁定的自然合目的性原理使知性颁定自然规律的原理和理性颁定并由道德律体现的最终目的原理的联结和统一成为可能。所以,康德说,对于纯粹理性的批判,如果没有判断力的批判作为一个特殊的部分,那就是不完备和未完成的。由三大批判所构成的"纯粹理性批判"的完整体系也就是康德最终建成的、完备的哲学体系,即批判哲学体系。关于这个体系的对象、性质、任务、组成和它与诸高级心灵能力及其先天原理和原理应用范围的系统统一性,可用图表表示如下:

批判哲学体系(纯粹理性批判体系)表:

对象	任务	组成部分和理论著作	心灵能力	先天原理	应用于
纯粹理性(高级认识能力)	批判研究纯粹理性,确定诸高级认识能力(知性、判断力、理性)的先天原理及其效力范围	纯粹知性批判(《纯粹理性批判》)	认识能力	规律性	自然
		纯粹判断力批判(《判断力批判》)	愉快和不快的情感	合目的性	艺术
		纯粹理性批判(《实践理性批判》)	欲求能力	最终目的	自由

2. 批判哲学体系的性质

康德在反驳有人把他的哲学(《纯粹理性批判》所体现的)称作贝克莱的主观唯心主义时曾指出,他的哲学应该叫做"批判唯心主义"或"先验唯心主义",因为他的批判哲学并不否定客观世界的真实存在,而只是主张我们所能认识的,也就是说,作为我们的认识对象的,只是事物的现象而不是事物本身,而事物的现象则无非是我们的认识能力以其先天的知识形式综合统一、即加工改造和整合那些由外物引起的感觉材料而成的我们心中的表象。由此,我们也可以说,以《纯粹理性批判》为基础的、由三大批判构成的批判哲学体系也可以称之为批判唯心主义体系。但问题在于这个哲学体系就其内容而言具有什么性质。

首先,批判哲学体系按其使命和内容来说是先于形而上学体系建立之前的"导论",它是为了解决形而上学的可能性的一切问题而为其奠定基础的。批判哲学体系作为纯粹理性批判的体系穷尽了人类各个高级心灵能力的先天原理,解决了哲学的可能性的全部问题,从而为未来的作为科学的形而上学体系打下了深达原理地层的基础。我们可以说,它一方面为自然形而上学和道德形而上学两大部分及其联结为一个整体的形而上学体系打好了基础,一方面也为将解决人的四大问题作为组成部分的某种哲学人类学体系奠定了基础。第三批判结束后,康德力图建立这两种哲学体系的著述活动也说明了这一点。

其次,批判哲学体系虽然按其本来意义说是形而上学或哲学的"导论",但是康德在区别纯粹理性"批判"和"体系"时,也把"批判"包括在最广义的形而上学中,因为"批判"作为形而上学的"导论"无非就是形而上学的那些最普遍的原理的体系,这些原理作为纯粹理性的先天原理虽然只涉及先天的知识形式、道德形式和审美形式,但它们却是那些对象成为可能的构成性原理,因而也是支配这些对象的最普遍的规律,或一切可能的对象成为实际存在的条件或规律。所以,正如康德把《纯粹理性批判》中的纯粹知性论称为"存在论"（本体论）那样,现在的批判哲学体系也就可以看作完成了的存在论或本体论,只不过这里的存在不是指独立于人的意识的对象的存在,而是与人的意识不可分离的、即同时也从主体方面去理解的、包括认识、道德（意志）和审美的对象在内的一切对象的存在。正因为如此,批判哲学既不能看作单纯的认识论或逻辑学体系,也不能只看作认识论、逻辑学与存在论相统一的单纯自然的（仅仅关于"真"的）形而上学体系,而应当看作认识论、逻辑学、存在论相一致的关于真（自然）、善（自由）、美（艺术）的统一的形而上学体系。

最后,批判哲学体系的任务是揭示人类知、情、意三种高级心灵能力的先天原理,而这种研究又是以阐明人类理性的最终目的在自然界里实现的可能性和条件为宗旨,这就表明批判哲学是围绕着人在世界里的位置、职责和前景这个哲学人类学的中心旋转的;更何况知、情、意三种能力本来也就是康德《实用人类学》描述的对象;三大批判不仅直接回答了关于人的前面两大问题,在理论上为解决第三个问题准备了条件,而且不断地（特别在第三批判中）以暗示的方式追问和探索着"人是什么"这个人类学的根本问题,这样,批判哲学本身也就具有了人类学的性质。对于康德的批判哲学体系作这样的理解是上个世纪 30 年代以来才开始的。由于种种历史的原因,国内在这方面起步较晚,直到 80 年代这个问题才首次鲜明地被提了出来加以探讨。①

3. 批判哲学体系的影响

康德的批判哲学体系是近代西方哲学发展中的重大转折点,也是整个西方哲学从古到今的发展中的界碑,它的影响重大而深远。

---

① 见邓晓芒:《批判哲学的归宿》,载《德国哲学》第 2 辑,北京大学出版社 1986 年版;《论康德〈判断力批判〉的先验人类学结构》,同上书,第 15、16 辑,北京大学出版社 1996、1997 年版;《冥河的摆渡者——康德的〈判断力批判〉》,云南人民出版社 1997 年版,等。

这首先表现在,批判哲学开始了德国哲学的革命,创立了直到黑格尔集大成的德国古典唯心主义哲学。批判哲学最根本的、使它区别于过去哲学的新原则就是主体的意识(思维、意志和情感)的能动性原则,而它留下的最重大的课题就是这种主体能动性与客观世界本身的对立。费希特、谢林、黑格尔的哲学就是发扬康德的主体能动性原则以克服那个巨大的对立的连续不断的进程。但是,这一哲学革命的大进军并没有半途而废,停止在黑格尔从唯心主义出发对人类历史上一切哲学思想的系统性探索与创造性总结和由此产生的辩证法上,而是经过费尔巴哈而诞生了为克服这一巨大对立指出了惟一正确道路的、马克思的以实践能动性为基础的唯物主义和辩证法。所以,康德批判哲学的最崇高的历史地位和最深远的历史意义就在于它是马克思的现代唯物主义哲学的近代源头。①

但是,康德批判哲学关于物自体与现象和自由意志的思想,也是与德国古典理性哲学相平行的叔本华集其成的意志哲学或意志主义的思想来源,这个意志主义经过尼采的发扬而导致了现代强大的、派别繁多的非理性主义思潮,如生命哲学、存在哲学、弗洛伊德主义乃至法兰克福学派的社会批判理论等等。所以,现代非理性主义思潮的最初源头也在康德的批判哲学中随处可见。②

至于康德的批判哲学对整个现代西方哲学的关系和意义,专门家们已有许多可以说是经典的论述。如我国西方哲学著名专家贺麟先生就把康德哲学评定为"现代哲学的源泉",认为"现代西方各派哲学家受他(康德)影响的程度容有深浅的不同,但没有任何人是和他了不相涉的。"③的确,现代西方哲学中的所谓科学主义和人本主义两大思潮都可以看作是来自康德批判哲学中的两种不同的倾向。科学主义思潮,从新老实证主义各派到语言分析哲学和当代科学哲学,侧重于康德关于知识的经验性和可证实性以及反思辨形而上学等等思想。人本主义思潮本质上也就是上面提到的非理性

---

① 对此可参看杨祖陶:《德国古典哲学逻辑进程》,武汉大学出版社 1993 年版。

② 可参看杨祖陶:《近代德国理性哲学和意志哲学的关系问题》,载《哲学研究》1998 年第 3 期。

③ 贺麟:《现代西方哲学讲演集》,上海人民出版社1984 年版,第3页。

主义思潮,则侧重于康德关于划分"两个世界"、限制知识的范围,以便为意志、精神、信仰、人的价值、人格等等留出地盘的思想。现代哲学中极有影响的现象学的创始人胡塞尔明白宣称康德的先验自我学说是其重要思想来源之一,至于舍勒等人的哲学人类学,也与康德批判哲学中的人类学思想有内在的联系,有的哲学家如雅斯贝尔斯的有关哲学人类学的思想甚至就是对康德提出的关于人的四个问题的重新理解和诠释。

　　所有这些都说明,康德的批判哲学同近代、现代和当代的西方哲学有着不可分割的或直接或间接、或显明或隐秘的内在联系,不理解它就不可能真正理解以后的哲学及其发展。同时,我们也看到,批判哲学提出的问题和解决问题的途径,提出的各种观点或看法,不管它们是正确的、内在矛盾的还是错误的,直到现代都还在、而且还将继续吸引着人去思考和研究,都还在、而且还将继续发生作用。康德批判哲学的永恒的历史魅力,正在于它把这种放射着探索性和创造性光辉的爱智慧精神和智慧结晶作为最宝贵的哲学遗产传给了后世。

　　　　　　　　＊　　　＊　　　＊　　　＊　　　＊

　　在编译《康德三大批判精粹》的时候,我们曾设想了几种选编的方案。最初想到的是所编的内容要比较全面地反映康德哲学思想发展各个阶段的主要贡献:如早期的《自然通史和天体理论》,前批判时期的有代表性的如《以形而上学的梦解释视灵者的梦》,批判时期的三大批判及与之密切相关的其他论著,晚期的有关政治、法等方面的代表作如《永久和平论》等等。这样的选本看起来似乎比较全面,让人可以看到康德在其各个发展阶段上的哲学思想的"标本",而实际上却分散了学习者的注意力而无助于对康德在哲学发展史上的独特贡献——批判哲学有较系统的、深入的了解。于是我们想到,这个选本似乎应该集中选编能够反映康德批判哲学基本思想而又较为通俗易懂地论述了基本思想的著作,如作为理解《纯粹理性批判》的"提纲和线索"的《未来形而上学导论》,有助于理解《实践理性批判》的《道德形而上学原理》等等。这样的选本的好处是尽可能从康德本人较为通俗易懂的论述来了解他在其批判著作中表述得难以把握的思想和观点。而其不可避免的缺点则是,回避三大批判著作中的艰深论述就是回避康德对其思想或观点的系统的探索和论证,从而无法达到对批判哲学的原则、方法和整体的真正的理解和把握。基于这些考虑,我们最后认定选本只限于选编三大批判著作本身,而不涉及其他的著作,其书名也定为《康德三大批判精粹》。

在这样确定了以后,随之而来的就是对于三大批判著作如何选编的问题。一种方式是在确定所要选的原著的章节后,各章节的内容以选段的方式编排,这样做就各选段而言是明确的,但却忽视了段与段之间的内在联系和它们总体上的系统性。另一种方式是约翰·华特生在其《康德哲学原著选读》中所采取的,那就是基本上按照章节系统,而在各章、节的内容上,除了少数几个例外,基本上都依照原文的顺序、对原文删繁就简来进行编选。他的这个方式似乎便于照顾到康德原著系统的一切要点而不致遗漏,必要的删略也的确可以起到便于顺利阅读的作用。但是,这样的依照原文顺序,几乎每一页都要进行删略,且不说删略是否恰当,至少要冒这样的风险,就是使学习者难以准确理解到康德本人的思路和论证。华特生不赞成有人以"伟大作家的著作应该'不全则无'"为原则对他的做法的批评①。当然,如果把"不全则无"绝对化,那就根本不可能有什么"选编"了,而如果确实需要选编,特别是选编一本像康德的三大批判这种著作的"选集",那么第一,选出的章、节或部分力求能够反映该著作的体系的"全"貌。例如,就《纯粹理性批判》而言,一般无论在研究、讲授或选读(包括华特生译本)上都忽视其第二大组成部分"先验方法论",而它却是该书体系中有机的、不可缺少的一环,我们就从中选了"纯粹理性的法规"这一章;第二,对于所选的章、节或部分则依据情况和条件,应尽可能地求"全",而极力避免选段式或任意删略式的"支离破碎"。因为只有这样,读者才可能由此而对康德关于某个思想、观点、概念或原则的来源的系统探索和它们的内容的系统论证得到

---

① 见约翰·华特生选编:《康德哲学原著选读》,商务印书馆1963年版,第5页。

某种程度的完整的理解,也才可能由此而积累起读懂康德原著的经验,更不用说,也只有由此才可能达到学习历史上的哲学所应达到的根本目的,即受到理性思维的锻炼。

康德的三大批判著作均有中译本。《纯粹理性批判》有四个译本:新中国成立前商务印书馆出版的胡仁源本,1953年三联书店出版(后由商务印书馆续印)的蓝公武本,台湾学生书局1983年出版的牟宗三本,1991年华中师范大学出版社出版的韦卓民本。《实践理性批判》有四个译本:1960年商印书馆出版的关文运本,1997年收入《康德文集》(郑保华主编,该部分由龙斌、秦洪良和刘克苏译出)的译本,1999年由商务印书馆出版的韩水法本,以及1982年台湾学生书局出版的牟宗三的《康德的道德哲学》,实为《实践理性批判》的评注本。《判断力批判》有1964年商务印书馆出版的该书上卷的宗白华本及下卷的韦卓民本,以及1992年台湾学生书局的牟宗三全本。根据这些译本选编一个"康德哲学"当然方便易行,不会费多大力气。但是,这些译本,有的是文言或半文半白式的文字,相互间译名歧异,甚至恰好相反,译文风格也相差甚远,而更令人不能满意的是,除宗白华本和新出的韩水法本外,其余都是从英译本转译的(仅以德文本作参考),因而受到英译本的限制。对于康德三大批判著作译本的现状,学术界和青年学子都深感遗憾。如果这个选本仍旧利用现有的译本,那是绝对不会有丝毫改善的。因此,我们决心走一条费力的、可以说是自找苦吃的道路,要求这本书的全部译文都根据德文原著重新译过来。

本书的《纯粹理性批判》部分根据费利克斯·迈纳出版社《哲学丛书》第37a卷(Felix Meiner Verlag,Hamburg,37a,1976)译出,根据阿底克斯注释本(E. Adickes:Immanuel Kants Kritik der reinen Vernunft——mit einer Einleitung und Anmerkungen,Mayer & Müller,Berlin,1889)校。《实践理性批判》部分根据科学院版《康德文集》第5卷(Kants Werke,Akademie Textausgabe,V,1968)译出,根据《哲学丛书》第38卷(1974年)校。《判断力批判》部分根据《康德文集》第5卷译出,根据《哲学丛书》第39a卷校。在译校《纯粹理性批判》部分的过程中还参考了F. Max Müller的英译本第2版(The Macmillan Company,New York,1896)和W. S. Pluhar的最新英译本

（Hackett Publishing Company, Inc, Indianapolis/Cambridge, 1996）。此外，对国内目前通行的中译本，如蓝公武、韦卓民的《纯粹理性批判》，关文运、韩水法的《实践理性批判》，宗白华、韦卓民和牟宗三的《判断力批判》，本书也常有参考。

本书各选段凡原有标题均照录，凡译者所加标题则用方括号［　］括出。

纯粹理性批判

编译者导语

《纯粹理性批判》出版于 1781 年,在 1787 年第二版时作了很大的修改。全书除了序言和一个总的导言外,分为"先验要素论"和"先验方法论",前者占全书绝大多数篇幅,讨论先验知识的构成要素,后者则讨论运用这些要素的方法。"先验要素论"又分为"先验感性论"和"先验逻辑",分别讨论感性认识和理性认识的先天条件;"先验逻辑"再分为"先验分析论"和"先验辩证论",前者讨论知性的逻辑规律,又分为"概念分析论"(范畴论)和"原理分析论"(判断论),后者(先验辩证论)讨论理性推理必然带来的逻辑幻相(先验理念)。这里选译的是:第一版序言,第二版序言,导言,先验要素论各主要章节和先验方法论的一章。译文均按原书的章节顺序排列。

第一版序主要阐明对理性进行批判的必要性首先在于确定形而上学的必要性和可能性。第二版序主要阐明对理性进行批判所遵循的"不是知识依照对象,而是对象依照知识"这一"哥白尼式变革"原理的来源、内容和意义。

导言提出了全书的总纲:纯粹理性批判的总任务是要解决"先天综合判断"、即真正的科学知识是"如何可能"的问题,并将这个问题分解为如下四个依次回答的问题:数学知识如何可能? 自然科学如何可能? 形而上学作为自然的倾向如何可能? 形而上学作为科学如何可能?

先验感性论阐明,只有通过人的感性认识能力(接受能力)所先天具有的直观形式即空间和时间去整理由物自体刺激感官而引起的感觉材料,才能获得确定的感性知识,时间和空间的先天直观形式是数学知识的普遍必然性的根据和条件。

先验逻辑阐明感性必须与知性结合,直观必须与思维结合,才能产生关于对象的知识即自然科学的知识,因而必须有一门不同于形式逻辑的先验逻辑来探讨知性的结构及其运用于经验对象时的各种原理,包括这种运用的限度。先验逻辑立足于知识与对象的关系、即知识的内容,而不是单纯的思维形式,这标志着辩证逻辑在近代的萌芽。

先验分析论("真理的逻辑")阐明了知性的先天概念和原理是自然科学知识之所以可能的条件。在概念分析论中,通过对知性在判断中的逻辑机能(形式逻辑中一般判断形式的分类)的分析,而发现了知性的十二个(对)先天的纯粹概念即范畴;通过对范畴的先验演绎阐明了,知性从自我意识的先验统一出发,运用范畴去综合感性提供的经验材料,这是一切可能的经验和经验对象之所以可能的条件,从而证明了范畴在经验、即现象的范围内的普遍必然的有效性。原理分析论主要阐明了知性指导判断力把范畴运用于现象的法规:判断力是用普遍(规则)去统摄特殊(事例)的能力;范畴运用于现象必须以时间图型为中介;借助于时间图型从范畴产生的先天综合判断就是判断力必须遵守的法规,亦即知性的先天知识原理,而这些原理的体系中经验类比的三条原理就是作为自然科学的最根本基础的一般原理,其中第二类比即因果性原理又是康德特别看重的;知性的先天原理只是对现象有效,对超越现象的物自体或本体则无效,必须严格划分可知的现象和只可思维而不可认知的本体的界限。

先验辩证论("幻相的逻辑")主要阐明了理性不可避免地要超越现象去认识超验的本体,由此产生的形而上学只不过是一些先验的幻相,而不可能是真正的科学。在这部分的导言中指出,理性由于要从有条件者出发通过推论去认识无条件者的这种自然倾向,而成了先验幻相的来源和所在地,即它把由于主观的需要而产生的有关无条件者的概念看作是有客观实在的对象与之相应的实体概念了;先验理念就是理性关于这类无条件者(如灵魂、世界整体和上帝)的概念,它们起着一种为知性的经验认识提供可望而不可及的目标以引导其不断前进的调节性(范导性)的作用;纯粹理性的辩证推论就是理性力图运用只对经验、现象有效的范畴来认识无条件者这样的超验对象的推论,这样的推论有三种:关于灵魂是含有"四名词"错误的

"谬误推论",关于世界整体是两组截然相反的判断彼此对立冲突的"二律背反",关于上帝则是一些无客观实在性的先验理想,所有这些都只不过是一些属于先验幻相的假知识而已。

纯粹理性的法规作为"先验方法论"的第二章,在第一章指明理性经过"批判"的"训练"而建立起一种有关经验、现象的"内在形而上学"的可能性之后,阐明了理性理念的理论使用无法规可言,但理性理念的实践使用则有正确运用的法规,这就是道德法则;那些理论理性所不能认识的超验的对象如自由、灵魂不朽和上帝,可以成为实践理性追求的对象,从而对它们有"实践的知识",即信念或信仰,这就为人类道德生活提供了前提,从而说明了一种超验的道德形而上学是可能的。

第 一 版 序①

AVII　　　人类理性在其知识的某个门类里有一种特殊的命运,就是:它为一些它无法摆脱的问题所困扰;因为这些问题是由理性自身的本性向自己提出来的,但它又不能回答它们;因为这些问题超越了人类理性的一切能力。

　　　人类理性陷入这种困境并不是它的罪过。它是从在经验的进程中不可避免地要运用、同时又通过经验而证明其运用的有效性的那些基本原理出发的。借助于这些原理,它(正如它的本性所将导致的那样)步步高升而达更遥远的条件。但由于它发现,以这种方式它的工作必将永远停留在未完
AVIII 成状态,因为这些问题永远无法解决,这样,它就看到自己不得不求助于一些原理,这些原理超越一切可能的经验运用,却仍然显得是那么不容怀疑,以至于就连普通的人类理性也对此表示同意。但这样一来,人类理性也就跌入到黑暗和矛盾冲突之中,它虽然由此可以得悉,必定在某个地方隐藏着某些根本性的错误,但它无法把它们揭示出来,因为它所使用的那些原理当超出了一切经验的界限时,就不再承认什么经验的试金石了。这些无休止的争吵的战场,就叫作形而上学。

　　　曾经有一个时候,形而上学被称为一切科学的女王,并且,如果把愿望当作实际的话,那么她由于其对象的突出的重要性,倒是值得这一称号。今天,时代的时髦风气导致她明显地遭到完全的鄙视,这位受到驱赶和遗弃的
AIX 老妇像赫卡柏②一样抱怨:modo maxima rerum, tot generis natisque potens—

---

① 1781 年第一版的这个序在第二版中被康德删去了。——德文编者
② Hecuba,希腊神话中的特洛伊王后,赫克托尔的母亲,特洛伊被攻陷后成了俘虏,下场悲惨。——编译者

nunc trahor exul, inops—Ovid.Metam.①

　　最初，形而上学的统治在独断论者的管辖下是专制的。不过，由于这种立法还带有古代野蛮的痕迹，所以它就因为内战而一步步沦为了完全的无政府状态，而怀疑论者类似于游牧民族，他们憎恶一切地面的牢固建筑，便时时来拆散市民的联盟。但幸好他们只是少数人，所以他们不能阻止独断论者一再地试图把这种联盟重新建立起来，哪怕并不根据任何在他们中一致同意的计划。在近代，虽然一度看来这一切争论似乎应当通过（由著名的洛克所提出的）人类知性的某种自然之学（Physiolgie）来作一个了结，并对那些要求的合法性进行完全的裁决；但结果却是，尽管那位所谓的女王的 AX 出身是来自普通经验的贱民，因而她的非分要求本来是理应受到怀疑的，然而，由于这一世系事实上是虚假地为她捏造出来的，而她还一味地坚持她的要求，这就使得一切又重新堕入那陈旧的、千疮百孔的独断论中去，并由此而陷入到人们想要使科学摆脱出来的那种被蔑视的境地。今天，当一切道路（正如人们所以为的）都白费力气地尝试过之后，在科学中占统治的是厌倦和彻底的冷淡态度，是浑沌和黑夜之母，但毕竟也有这些科学临近改造和澄清的苗头，至少是其序幕，它们是由于用力用得完全不是地方而变得模糊、混乱和不适用的。

　　因此，想要对这样一些研究故意装作无所谓的态度是徒劳的，这种研究的对象对于人类的本性来说不可能是无所谓的。上述那些伪称的冷淡主义者也是这样，不论他们如何想通过改换学院语言而以大众化的口吻来伪装自己，只要他们在任何地方想到某物，他们就不可避免地退回到他们曾装作极为鄙视的那些形而上学主张上去。然而，这种在一切科学繁盛的中心发生并恰好针对着这些科学——这些科学的知识一当它能够被拥有，人们就无论如何也不会作出丝毫放弃——的无所谓态度，毕竟是一种值得注意和深思的现象。这种态度显然不是思想轻浮的产物，而是这个时代的成熟的 AXI

---

　　①　拉丁文，引自奥维德的《变形记》，据瓦伦廷纳（Valentiner）德译意为："不久前我还是万人之上，以我众多的女婿和孩子而当上女王——到如今我失去了祖国，孤苦伶仃被流放他乡。"——编译者

判断力①的结果，这个时代不能够再被虚假的知识拖后腿了，它是对理性的吁求，要求它重新接过它的一切任务中最困难的那件任务，即自我认识的任务，并委任一个法庭，这个法庭能够受理理性的合法性保障的请求，相反，对于一切无根据的非分要求，不是通过强制命令，而是能按照理性的永恒不变的法则来处理，而这个法庭不是别的，正是纯粹理性的批判。

但我所理解的纯粹理性批判，不是对这些书或体系的批判，而是对一般理性能力的批判，是就一切可以独立于任何经验而追求的一切知识来说的，因而是对一般形而上学的可能性和不可能性进行裁决，对它的根源、范围和界限加以规定，但这一切都是出自原则。

现在我走上了这条唯一留下尚未勘查的道路，我自认为在这条道路上，我找到了迄今使理性在摆脱经验的运用中与自身相分裂的一切谬误得以消除的办法。对于理性的这些问题，我不是例如通过借口人类理性的无能而加以回避，而是根据原则将它们完备地详细列出来，并在把理性对它自己的误解之点揭示出来之后，对这些问题进行使理性完全满意的解决。虽然对那些问题得出的回答根本不是像独断论的狂热的追求者们所可能期望的那样；因为这些人除了我所不在行的魔法的力量之外，没有什么能够使他们满足。然而，这倒也并非我们理性的自然使命原来的意图；哲学的职责曾经是：消除由误解而产生的幻觉，哪怕与此同时还要去掉很多被高度评价和爱好的妄想。在这件工作中我把很大的关注放在了详尽性方面，我敢说，没有一个形而上学的问题在这里没有得到解决，或至少为其解决提供了钥匙。事实上，就连纯粹理性也是一个如此完善的统一体：只要它的原则哪怕在它

---

① 人们时常听到抱怨当代思维方式的肤浅和彻底科学研究的沦落。但我看不出那些根基牢固的科学如数学和自然学说等等有丝毫值得如此责备的地方，相反，它们维护了彻底性的这种古老的荣誉，而在物理学中甚至超过以往。而现在，正是同一个彻底精神也将在另一些知识类型中表明其作用，只要我们首先留意对它们的原则加以校正。在缺乏这种校正的情况下，冷淡、怀疑，最后是严格的批判，反倒是彻底的思维方式的证据。我们的时代是真正的批判时代，一切都必须经受批判。通常，宗教凭借其神圣性，而立法凭借其权威，想要逃脱批判。但这样一来，它们就激起了对自身的正当的怀疑，并无法要求别人不加伪饰的敬重，理性只会把这种敬重给予那经受得住它的自由而公开的检验的事物。——康德

凭自己的本性所提出的一切问题中的一个问题上是不充分的,人们就只好将这个原则抛弃,因为这样一来它也就无法胜任以完全的可靠性来处理任何其他问题了。

说到这里,我相信可以在读者脸上看出对于表面上似乎如此大言不惭和不谦虚的要求报以含有轻蔑的不满神态,然而,这些要求比起那些伪称要在其最普通的纲领中,证明例如灵魂的单纯本质或最初的世界开端的必然性的任何一个作者的要求来,还算是温和无比的。因为这种作者自告奋勇地想要把人类知识扩展到可能经验的一切界限之外,对此我谦卑地承认:这种事完全超出了我的能力,相反,我只想和理性本身及其纯粹思维打交道,对它的详尽的知识我不可以远离我自己去寻找,因为我在我自身中发现了它们,在这方面我甚至已经有普通逻辑作为例子,即逻辑的一切简单活动都可以完备而系统地列举出来;只是这里有一个问题,即如果我抽掉经验的一切素材和成分,我凭借逻辑可以大致希望有多大的收获。 **AIV**

在达到每个目的方面注重完整性的同时,也注重在达到一切目的方面的详尽性,这些并非任意采取的决心,而是知识本身作为我们批判研究的质料的本性向我们提出的任务。

再就是确定性和明晰性这两项,这涉及到这门研究的形式,它们必须被看作人们对一个敢于做这样一种难以把握的工作的作者可以正当提出的基本要求。 **AXV**

谈到确定性,那么我曾经对我自己作过一项决定:在这类的考察中不允许任何方式的意见,一切在其中只是被视为类似于假设的东西都将是禁品,即使以最低的价格也不得出售,而必须一经发现便予以封存。因为每一种据认为先天地确定的知识本身都预示着它要被看作绝对必然的,而一切纯粹先天知识的规定则更进一步,它应当是一切无可争辩的(哲学上的)确定性的准绳、因而甚至是范本。我在这里自告奋勇所做的这件事在这一点上是否做到了,这完全要留给读者来判断,因为对于作者来说应做的只是提供根据,却不是判断这些根据在法官那里得出的结果。但为了不至于有什么东西不负责任地削弱了这些根据,所以倒是可以容许作者自己对那些容易 **AXVI**
引起一些误解的地方、即使它们只是涉及附带的目的,也加以注解,以便及时地防止在主要目的方面读者在其判断的这一点上哪怕只有丝毫的怀疑所可能产生的影响。

我不知道在对我们所谓知性的能力加以探索并对其运用的规则和界限进行规定的研究中,有什么比我在题为纯粹知性概念的演绎的先验分析论第二章中所从事的研究更重要的了;这些研究也是我花费了最多的、但我希望不是没有回报的精力的地方。但这一颇为深入的考察有两个方面。一方面涉及到纯粹知性的那些对象,应当对知性的先天概念的客观有效性作出阐明和把握;正因此这也是属于我的目的中本质的方面。另方面则是着眼于纯粹知性本身,探讨它的可能性和它自身立足于其上的认识能力,因而是在主观的关系中来考察它,但即使这种讨论对我的主要目的极其重要,但毕竟不是属于主要目的的本质的部分;因为主要问题仍然是:知性和理性脱离一切经验能够认识什么、认识多少? 而不是:思维的能力自身是如何可能的? 由于后一个问题仿佛是在寻找某个已给予的结果的原因,因而本身具有某种类似于一个假设的性质(尽管如我在另一个地方将要指出的,事实并非如此),所以看起来在这里的情况似乎是,由于我允许自己发表这种意见,我也就不得不听凭读者发表另一种意见。在这种考察中我必须预先提醒读者:即使我的主观演绎不能对读者产生我所期望的全部说服力,但我在这里给予优先关注的客观演绎却会获得其全部的力量,必要时单凭第92—93页所说的东西就足可以应付了。①

最后,谈到明晰性,那么读者有权首先要求有凭借概念的那种推论的(逻辑的)明晰性,但然后也可以要求有凭借直观的直觉的(感性的)明晰性,即凭借实例或其他具体说明的明晰性。对于前者我已给予了充分的注意。这涉及到我的意图的本质,但它也是种偶然的原因,使得我未能考虑这第二个虽然不是那么严格但毕竟是合理的要求。我在自己的工作进程中对于应如何处理这个问题几乎一直都是犹豫不决的。实例和说明在我看来总是必要的,因而实际上在最初构思时也附带给予了它们以适当的地位。但

---

　　①　此处提到的页码为第一版页码,所标出的地方为"向范畴的先验演绎过渡"一节。——德文编者

我马上看出我将要处理的那些课题之巨大和对象之繁多,并觉得这一切单是以枯燥的、纯粹经院的方式来陈述就已经会使这本书够庞大的了,所以我感到用那些仅仅是为了通俗化的目的而必要的实例和说明来使这本书变得更加膨胀是不可取的,尤其是,这本书决不会适合于大众的使用,而真正的科学内行又并不那么迫切需要这样一种方便,尽管这种方便总是令人舒服的,但在这里甚至可能引出某种与目的相违背的结果来。虽然修道院院长特拉松尝云①:如果对一本书的篇幅不是按页数、而是按人们理解它所需要的时间来衡量的话,那么对有些书我们就可以说,如果它不是这么短的话,它将会更加短得多。② 但另一方面,如果我们把目的放在对宽泛但却结合于一条原则中的那个思辨知识整体的可理解性之上,那么我们就会有同样的正当理由说:有些书,如果它并不想说得如此明晰的话,它就会更加明晰得多。这是因为明晰性的辅助手段虽然在部分中缺乏③,但在整体中往往分散了,这样它们就不能足够快地让读者达到对整体的概观,倒是用它们所有那些明亮的色彩贴在体系的结合部或骨架上,使它们面目全非了,而为了能对这个体系的统一性和杰出之处下判断,最关键的却是这种骨架。　AXIX

　　我以为,对读者可以构成不小的诱惑的是,将他的努力和作者的努力结合起来,如果作者有希望按照所提出的构想完整地并且持之以恒地完成一部巨大而重要的著作的话。现在,形而上学,按照我们在此将给出的它的概念,是一切科学中唯一的一门这样的科学,它可以许诺这样一种完成,即在较短的时间内,只花较少的、但却是联合的力气来完成它,以至于不再给后世留下什么工作,只除了以教学法的风格按照自己的意图把一切加以编排,而并不因此就会对内容有丝毫增加。因为这无非是对我们所拥有的一切财产的清单通过纯粹理性而加以系统地整理而已。我们在这里没有忽略任何东西,因为凡是理性完全从自身中带来的东西,都不会隐藏起来,而是只要　AXX

---

　　① 康德引证的是特拉松院长的《哲学按其对精神与道德的一切对象的一般影响》一书,1762 年德文版。——据英译本
　　② 意为:如果篇幅长一点,就更容易理解一些。——编译者
　　③ 罗森克朗茨(Rosenkranz)将"缺乏(fehlen)"校改为"有效(helfen)"。——据德文编者

我们揭示了它的共同原则,本身就会由理性带到光天化日之下。对于出自真正纯粹概念的知识,任何经验的东西或哪怕只是应当导致确定经验的特殊直观都不能对之产生丝毫影响而使之扩展和增加,这类知识的完全的统一性,将会使这种无条件的完整性成为不仅是可行的,而且是必然的。Tecum habita et noris,quam sit tibi curta supellex.Persius.①

AXXI　　我希望这样一种纯粹的(思辨的)理性的体系在自然的形而上学这个标题下被提供出来,这个体系比起这里的批判来虽然篇幅还不及一半,但却具有无可比拟的更为丰富的内容。这个批判必须首先阐明形而上学之可能性的来源和条件,并清理和平整全部杂草丛生的基地。在这里我期待读者的是一位法官的耐心和不偏不倚,但在那里则是一位帮手的襄助②和支持;因为,若是把该体系的所有原则也都完全在批判中陈述出来,属于该体系本身的详尽性的毕竟还有:不要缺乏任何派生出来的概念,这些概念不能先天地凭跳跃产生出来,而必须逐步逐步地去探寻,同样,由于在那里概念的全部综合已被穷尽了,所以在这里就额外要求在分析方面也做到这样,这一切将是轻松的,与其说是工作,还不如说是消遣。

　　我只是对印刷方面还有一些要说明的。由于开印受到一些延迟,我只能看到大约一半的校样,在其中我虽然发现了一些印刷错误,但还不至于搞混意思,只除了一个地方,即第379页倒数第4行上,③怀疑的应改为特殊的。纯粹理性的二律背反,从第425—461页,都是用这样的版式编排的,即凡是属于正题的都排在左边,凡是属于反题的则排在右边。我之所以要这样安排,是便于更容易将命题和对立命题相互加以比较。

————————————

　　①　拉丁文,据瓦伦廷纳德译为:"看看你自己的住所周围,你将知道你的财产是多么的简单。——柏修斯"。——德文编者

　　②　原文为Willfähigkeit,应为Willfährigkeit之误,兹据费利克斯·迈纳出版社1919年版改正。——编译者

　　③　指第一版页码。——德文编者

第 二 版 序

对属于理性的工作的那些知识所作的探讨是否在一门科学的可靠道路
上进行，这可以马上从它的后果中作出评判。如果这门科学在做了大量的
筹备和准备工作之后，一旦要达到目的，就陷入僵局，或者，经常为了达到目
的而不得不重新回头去另选一条路；又比如，如果那些各不相同的合作者不
能像遵守这个共同的目标所应当的那样协调一致：那么我们总是可以确信，
这样一种研究还远远没有走上一门科学的可靠的道路，而只是在来回摸索。
而尽可能地找到这条道路，即便有些包含在事先未经深思而认可了的目的
中的事情不得不作为徒劳的而加以放弃，这就已经是对理性作出的贡献了。

逻辑学大概是自古以来就已经走上这条可靠的道路了，这从以下事实
可以看出：它从亚里士多德以来已不允许走任何回头路了，如果不算例如删
掉一些不必要的细节，或是对一些表述作更清楚的规定这样一些改进的话，
但这些事与其说属于这门科学的可靠保障，不如说属于它的外部修饰。还
值得注意的是，它直到今天也不能迈出任何前进的步子，因而从一切表现看
它都似乎已经封闭和完成了。因为，如果最近有些人设想要扩展这门科学，
于是有的塞进来一章心理学，讨论各种认识能力（如想象力，机智），有的塞
进来一章形而上学，讨论知识的起源或根据对象的不同（观念论、怀疑论等
等）而来的各种确定性的起源，有的塞进一章人类学，讨论偏见（其原因和
对付手段）：那么，这就是起因于他们对这门科学的固有本性的无知。当人
们让各门科学互相跨越其界限时，这些科学并没有获得增进，而是变得面目
全非了；但逻辑学的界限是有很确切的规定的，它不过是一门要对一切思维
的形式规则作详尽的阐明和严格的论证的科学而已（不管这些思维是先天

的还是经验性的,具有什么起源和对象,在我们内心碰到的是偶然的障碍还是本性上的障碍)。

逻辑学获得如此巨大的成功,它的这种长处仅仅得益于它所特有的限制,这种限制使它有权、甚至有义务抽掉知识的一切对象和差别,因而在其中知性除了和自身及其形式之外,不和任何别的东西打交道。可以想见,当理性不单是和自身、而且也要和对象发生关系时,对于理性来说,选定一条可靠的科学道路当然会更加困难得多;因此逻辑学可以说也只是作为入门而构成各门科学的初阶,当谈及知识时,我们虽然要把逻辑学当作评判这些知识的前提,但却必须到堪称真正的和客观的那些科学中去谋求获得这些知识。

现在,只要承认在这些科学中有理性,那么在其中就必须有某种东西先天地被认识,理性知识也就能以两种方式与其对象发生关系,即要么是仅仅

BX　　规定这个对象及其概念(这对象必须从别的地方被给予),要么还要现实地把对象做出来。前者是理性的理论知识,后者是理性的实践知识。这两者的纯粹部分不管其内容是多还是少,都必定是理性在其中完全先天地规定自己对象的、必须事先单独加以说明的部分,并且不能与那出自别的来源的东西相混淆;因为如果我们盲目地花掉我们的收入,而不能在经济陷入困窘以后分清楚收入的哪一部分开销是可以承受的,哪一部分开销是必须裁减的,那就是一种糟糕的经营了。

数学和物理学是应当先天地规定其对象的两门理论的理性知识,前者完全是纯粹的,后者至少部分是纯粹地规定,但此外还要按照不同于理性来源的另一种知识来源来规定。

数学在人类理性的历史所及的最早的时代以来,在值得惊叹的希腊民族那里就已走上了一门科学的可靠道路。但是不要以为,数学就像理性只

BXI　　和自己打交道的逻辑学那样,很容易地一下就走上了、或不如说为自己开辟了那条康庄大道;我倒是相信,数学(尤其是还在埃及人那里时)长时期地停留在来回摸索之中,而这场变革要归功于一场革命,它是由个别人物在一次尝试中幸运的灵机一动而导致的,从那以来人们就不再迷失这条他们必须采取的道路,一门科学的可靠途径就为一切时代、且在无限的范围内被选

定并被勾画出来了。这一比发现绕过好望角的路途更为重要得多的思维方式革命的历史及那位实现这一革命的幸运者的故事,没有给我们保存下来。但毕竟,在第奥根尼的拉尔修流传给我们的传说中,他提到据称是几何学的演证的那些最不重要的、按照常识简直都用不着证明的原理的发现者,这说明,对于由发现这一新的道路的最初迹象而引起的变革的怀念,必定曾对数学家们显得极为重要,因此才没有被他们所忘记。那第一个演证出等边三角形的人①(不管他是泰勒斯还是任何其他人),在他心中升起了一道光明;因为他发现,他不必死盯住他在这图形中所看见的东西,也不必死扣这个图形的单纯概念,仿佛必须从这里面去学习三角形的属性似的,相反,他必须凭借他自己根据概念先天地设想进去并(通过构造)加以体现的东西来产生出这些属性②,并且为了先天可靠地知道什么,他必须不把任何东西、只把从他自己按照自己的概念放进事物里去的东西中所必然得出的结果加给事物。

　　自然科学踏上这条科学的阳关道要缓慢得多;因为这只不过是一个半世纪的事:考虑周全的维鲁兰姆的培根的建议一方面引起了这一发现,另方面,由于人们已经有了这一发现的迹象,就更加推动了这一发现,而这一发现同样也要通过一场迅速发生的思维方式革命才能得到解释。我在这里只想讨论在经验性的原则上建立起来的自然科学。

　　当伽利略把由他自己选定重量的球从斜面上滚下时,或者,当托里拆利让空气去托住一个他预先设想为与他所知道的水柱的重量相等的重量时,抑或在更晚近的时候,当施塔尔通过在其中抽出和放回某种东西而把金属转变为石灰又把石灰再转变为金属时,③在所有这些科学家面前就升起了一道光明。他们理解到,理性只会看出它自己根据自己的策划所产生的东

BXII

BXIII

----

　　① 罗森克朗茨(Rosenkranz)据康德1787年6月25日致许茨(Schütz)的信校改为"等腰三角形"。——德文编者

　　② 阿底克斯(Adickes)校为:"他必须将他自己根据概念先天地设想进去并加以表现的东西(通过构造)产生出来"——德文编者

　　③ 我在这里不是要精确地追踪实验方法的历史线索,这种方法的最初开端我们也知道得不是很清楚。——康德

西,它必须带着自己按照不变的法则进行判断的原理走在前面,强迫自然回答它的问题,却决不只是仿佛让自然用襻带牵引而行;因为否则的话,那些偶然的、不根据任何先行拟定的计划而作出的观察就完全不会在一条必然法则中关联起来了,但这条法则却是理性所寻求且需要的。理性必须一手执着自己的原则(唯有按照这些原则,协调一致的现象才能被视为法则),另一手执着它按照这些原则设想出来的实验,而走向自然,虽然是为了受教于她,但不是以小学生的身分复述老师想要提供的一切教诲,而是以一个受任命的法官的身分迫使证人们回答他向他们提出的问题。这样,甚至物理学也必须把它的思维方式的这场带来如此丰厚利益的革命仅仅归功于这个一闪念:依照理性自己放进自然中去的东西,到自然中去寻找(而不是替自然虚构出)它单由自己本来会一无所知、而必须从自然中学到的东西。自然科学首先经由这里被带上了一门科学的可靠道路,因为它曾经许多个世纪一直都在来回摸索,而没有什么成就。

BXIV

　　形而上学这种完全孤立的、思辨的理性知识,是根本凌驾于经验教导之上的,亦即是凭借单纯的概念的(不像数学是凭借概念在直观上的应用的),因而理性在这里应当自己成为自己的学生。对于这个形而上学来说,命运还至今没有如此开恩,使它能够走上一门科学的可靠道路;尽管它比其他一切科学都更古老,并且即使其他的科学全部在一场毁灭一切的野蛮的渊薮中被吞噬,它也会留存下来。因为在形而上学中,理性不断地陷入困境,甚至当它想要(如同它自以为能够的)先天地洞察那些连最普通的经验也在证实着的法则时也是这样。在这里,人们不得不无数次地走回头路,因为他发现,他达不到他所要去的地方,至于形而上学的追随者们在主张上的一致性,那么形而上学还远远没有达到这种一致,反而成了一个战场,这个战场似乎本来就是完全为着其各种力量在战斗游戏中得到操练而设的,在其中还从来没有过任何参战者能够赢得哪怕一寸土地、并基于他的胜利建立起某种稳固的占领。所以毫无疑问,形而上学的做法迄今还只是在来回摸索,而最糟糕的是仅仅在概念之间来回摸索。

BXV

　　那么,在这方面还未能发现一门科学的可靠道路的原因何在呢? 难道这条道路是不可能的吗? 大自然究竟通过什么方式使理性沉溺于这种不知疲倦的努力，要把这条道路当作自己最重要的事务之一来追踪呢？更有甚者，如果理性在我们的求知欲的一个最为重要的部分不仅是抛开了我们，而且用一些假象搪塞并最终欺骗了我们，我们又有什么理由来信任我们的理性！要么，这条道路只是至今没有达到；我们又可以凭借什么征兆来对下一次的探求充满希望，认为我们会比在我们之前的其他人更为幸运呢？

　　我不能不认为，通过一场一蹴而就的革命成为今天这个样子的数学和　BXVI
自然科学，作为范例，也许应予以充分注意，以便对这两门科学赖以获得那么多好处的思维方式变革的最基本要点加以反省，并在这里至少尝试着就这两门科学作为理性知识可与形而上学相类比而言对它们加以模仿。向来人们都认为，我们的一切知识都必须依照对象；但是在这个假定下，想要通过概念先天地构成有关这些对象的东西以扩展我们的知识的一切尝试，都失败了。因此我们不妨试试，当我们假定对象必须依照我们的知识时，我们在形而上学的任务中是否会有更好的进展。这一假定也许将更好地与所要求的可能性、即对对象的先天知识的可能性相一致，这种知识应当在对象被给予我们之前就对对象有所断定。这里的情况与哥白尼的最初的观点是同样的，哥白尼在假定全部星体围绕观测者旋转时，对天体运动的解释已无法顺利进行下去了，于是他试着让观测者自己旋转，反倒让星体停留在静止之中，看看这样是否有可能取得更好的成绩。现在，在形而上学中，当涉及到　BXVII
对象的直观时，我们也能够以类似的方式来试验一下。如果直观必须依照对象的性状，那么我就看不出，我们如何能先天地对对象有所认识；但如果对象（作为感官的客体）必须依照我们直观能力的性状，那么我倒是完全可以想象这种可能性。但由于要使直观成为知识我就不能老是停留于它们之上，而必须把它们作为表象与某个作为对象的东西相关联并通过那些表象来规定这个对象，所以我可能这么假定，我用来作出这种规定的那些概念也是依照该对象的，这样一来，我如何能先天地对它知道些什么这样的问题就使我又陷入了同一个困境；要么，我就假定诸对象或者，这是一样的，诸对象（作为被给予的对象）唯一在其中得到认识的经验，是依照这些概念的，这样我马上就看到了一条更为简易的出路，因为经验本身就是知性所要求的一种认识方式，知性的规则则必须是我还在对象被给予我之前、因而先天地

BXVIII 就在我心中作为前提了,这个规则被表达在先天的概念中,所以一切经验对象都必然依照这些概念且必须与它们相一致。至于那些仅仅通过理性、也就是必然地被思考,但却完全不能在经验中被给出(至少不能像理性所设想的那样被给出)的对象,那么对它们进行思考的尝试(因为它们倒是必定可以被思考的)据此就成了一个极好的试金石,用来检验我们认为是思维方式的变更了的方法的东西,这就是:我们关于物先天地认识到的只是我们自己放进它里面去的东西。①

这一试验按照我们所希望的那样成功了,它在形而上学的第一部分中,也就是在它研究那些先天概念(它们能使经验中与之相适合的相应对象被给予出来)的部分中,向形而上学许诺了一门科学的可靠道路。因为根据
BXIX 思维方式的这一变革,我们可以很好地解释一门先天知识的可能性,并更进一步,对于那些给自然界、即经验对象的总和提供先天基础的法则,可以给它们配以满意的证明,而这两种情况按照至今所采取的方式都是不可能的。但是从我们先天认识能力的这一演绎中,在形而上学的第一部分,却得出了一个意外的、对形而上学的第二部分所研讨的整个目的看上去极为不利的结果,这就是:我们永远不能借这种能力超出可能经验的界限,但这却恰好
BXX 是这门科学的最根本的事务。然而,这里面也就正好包含着反证我们理性的先天知识的那个初次评价的结果之真理性的实验,即这种知识只适用于现象,相反,事物自身虽然就其自己来说是实在的,但对我们却处于不可知的状态。因为那必然推动我们去超越经验和一切现象之界限的东西就是无条件者,它是理性必然在物自身中、并且完全有理由为一切有条件者追求

----

① 所以这个模仿自然科学家的方法就在于:在可以通过一次实验加以证实或反驳的东西里寻找纯粹理性的诸要素。现在,在检验纯粹理性的诸原理时,尤其是当它们冒险超出可能经验的一切界限时,就不可能(像在自然科学中那样)对理性的**对象**作出任何实验:因此对于我们先天假定的那些概念和原理所能做的只是,把它们如此这般地加以安排,使我们能够从两个不同的方面来看待这些对象,即一方面看作对经验而言的感官和知性的对象,但另方面却又看作仅仅是我们思维的对象,它充其量是对于孤立的、推进到超出经验界限以外的理性而言的。既然现在的情况是,如果我们从这种双重的观点来考察事物,就会和纯粹理性的原则相一致,但从单方面的观点看就会产生理性与自身的不可避免的冲突,那么这个实验就判定了那种区分是正确的。——康德

的,因而也是诸条件的系列作为完成了的系列所要求的。现在,如果我们假
定我们的经验知识是依照作为物自身的对象的,那就会出现这种情况,即无
条件者决不可能无矛盾地被设想;相反,如果我们假定我们的物的表象正如
它们给予我们的那样,并非依照作为物自身的物,反而这些对象作为现象是
依照我们的表象方式的,上述矛盾就消失了;因此无条件者决不可能在我们
所知的(被给予我们的)那些物那里去找,倒是必须到我们所不知道的、作
为物自身的物那里去找:如果是这样,那就表明我们最初只是作为试验而假
定的东西得到了证明。①　现在,当否认了思辨理性在这个超感官领域中的　BXXI
一切进展之后,仍然留给我们来做的是作一次试验,看看是否能在它的实践
知识中发现一些依据,来规定无条件者这个超验的理性概念,并以某种合乎
形而上学的愿望的方式、借助于我们只不过在实践的意图上才可能的先天
知识来超出一切可能经验知识的界限。而在这样一种处理中思辨理性倒总
是至少为我们作出这样一种扩展留下了余地,它必须让这个位置仿佛是空
在那里,因而仍然听便于我们,我们甚至还受到了思辨理性的催促,要我们
在可能的时候用理性的实践依据去充实那个位置。②　　　　　　　　　　BXXII

　　于是,纯粹思辨理性的这一批判的任务就在于进行那项试验,即通过我
们按照几何学家和自然科学家的范例着手一场形而上学的完全革命来改变
形而上学迄今的处理方式。这项批判是一本关于方法的书,而不是一个科学

---

　　①　纯粹理性的这个实验与化学家们的实验有很多类似之处,化学家有时称这个实
验为还原性试验,一般则称之为综合的方法。形而上学家的分析把纯粹先天知识分割为
两个性质极不相同的要素,即作为现象的物的知识,以及物自身的知识。辩证论重又借
助于无条件者这个理性的必然理念把这两者结合成一致的,并发现这种一致性永远只有
凭借那种区分才显示出来,所以这种区分是真实的区分。——康德

　　②　所以,天体运动的核心法则使哥白尼一开始只是认作假设的东西获得了完全的
确定性,同时还证明了那使宇宙结合的看不见的力(即牛顿的引力),这种力如果不是哥
白尼大胆地以一种违背感官的、但毕竟是真实的方式,不到天空中的对象那里、而是到这
些对象的观察者那里去寻求所观察的运动的话,是永远不会被发现的。在这篇序言里,
我也只是把这个批判所阐明的、类似于那个假设的思维方式变革当作假设提出来,这只
是为了使人注意到这样一场变革的最初的、无论如何都是假设性的试验,尽管在这本书
自身中这种变革是由我们时空表象的性状及知性的基本概念而得到并非假设、而是无可
置疑的证明的。——康德

BXXIII　体系本身;但尽管如此,它既在这门科学的界限上、也在其整个内在构造方面描画了它的整体轮廓。因为纯粹思辨理性本身具有的特点是,它能够且应当根据它为自己选择思维对象的各种不同方式来衡量自己的能力、甚至完备地列举出它为自己提出任务的各种方式,并这样来描画形而上学体系的整体轮廓;因为,就第一点而言,在先天知识中能够赋予对象的无非是思维主体从自身中取出来的东西,而就第二点来说,形而上学在认识原则方面是一个完全分离的、独立存在的统一体,在其中,像在一个有机体中那样,每一个环节都是为着所有其他环节,所有环节又都是为着一个环节而存在的,没有任何一个原则不同时在与整个纯粹理性运用的全面的关系中得到研究而能够在一种关系中被可靠地把握住的。但在这方面形而上学也有其难得的幸运,这种幸运是任何别的与对象打交道的理性科学(因为逻辑学只是和思维的一般形式打交道)所不能分享的,这就是:一旦它通过这部批判而走上了一门科学的可靠道路,它就能够完全把握住属于它的整个知识领域,因而完成它的工作,

BXXIV　并将其作为一种永远不能再有所增加的资本存放起来供后人使用,因为它只和原则及它给自己的原则所规定的限制打交道。因此这种完整性也是它作为基础科学所要求的,关于它我们必须能够说:nil actum reputans,si quid superesset agendum.①

　　但如果人们要问,我们打算凭借由批判所澄清的、但也因此而达到一种持久状态的这样一种形而上学给后人留下的,究竟是一种什么样的财富呢?粗略地浏览一下这部著作,人们会以为,它的用处总不过是消极的,就是永远也不要冒险凭借思辨理性去超越经验的界限,而这事实上也是这种形而上学的第一个用处。但这个用处马上也会成为积极的,只要我们注意到,思辨理性冒险用来超出其界限的那些原理,若更仔细地考察,其不可避免的后果事实上不是扩展了我们的理性运用,而是缩小了它,因为这些原理现实地威胁着要把它们原本归属于其下的感性界限扩展到无所不包,从而完全排

BXXV　斥掉那纯粹的(实践的)理性运用。因此,一个限制那种扩展的批判,虽然

---

　　①　拉丁文,据瓦伦廷纳德译为:"只要还有什么要做的留下来,它就还不算是完成了。"——德文编者

就此而言是消极的,但由于它同时借此排除了那限制甚至威胁要完全取消理性的实践运用的障碍物,事实上就具有积极的和非常重要的用途,只要我们确信纯粹理性有一个完全必要的实践运用(道德运用),它在其中不可避免地要扩展到感性的界限之外,为此它虽然不需要从思辨理性那里得到任何帮助,但却必须抵抗它的反作用而使自己得到保障,以便不陷入自相矛盾。否认批判的这一功劳有积极的作用,这就好比是说,警察没有产生积极的作用,因为他们的主要工作只不过是阻止公民对其他公民可能感到担忧的暴力行为发生,以便每个人都能安居乐业而已。在这部批判的分析部分将要证明,空间和时间只是感性直观的形式、因而只是作为现象的物实存的条件,此外如果不能有与知性概念相应的直观给予出来,我们就没有任何知性概念、因而也没有任何要素可达到物的知识,于是我们关于作为物自身的任何对象不可能有什么知识,而只有当它是感性直观的对象、也就是作为现象时,才能有知识;由上述证明当然也就推出,理性的一切思辨的知识只要有可能,都是限制在仅仅经验的对象之上。尽管如此,有一点倒是必须注意的,就是在这方面毕竟总还是有一个保留,即:我们正是对于也是作为物自身的这同一些对象,哪怕不能认识,至少还必须能够思维。① 因为,否则的话,就会推导出荒谬的命题:没有某种显现着的东西却有现象(即显现)。现在让我们假定,由于我们的批判而成为必要的这一区别,即作为经验对象的物与作为物自身的同一些物的区别,权当它没有作出,那么,因果性原理、因而自然机械作用的原理在规定这些物时就必然会绝对一般地适用于一切物,把它们当作起作用的原因。因而,关于这同一个存在物,例如说人的灵魂,我就不能不陷入明显的自相矛盾,说灵魂的意志是自由的,同时又还是

BXXVI

BXXVII

---

① 要认识一个对象,这要求我能够证明它的可能性(不管是根据来自其现实性的经验的证据,还是先天地通过理性来证明)。但我可以思维我想要思维的任何东西,只要我不自相矛盾,也就是只要我的概念是一个可能的观念,虽然我并不能担保在一切可能性的总和中是否会有一个对象与它相应。但为了赋予这样一个概念以客观有效性(实在的可能性,因为前面那种可能性只是逻辑上的),就还要求某种更多的东西。但这种更多的东西恰好不一定要到理论知识的来源中去找,也可能存在于实践知识的来源中。——康德

服从自然必然性的,因而是不自由的:因为我在两个命题中是按照同一个含义、也就是作为一般物(作为事物自身)来设想灵魂的,并且,没有经过预先的批判也不可能作别的设想。但如果这个批判没有弄错的话,它在这里教我们从两种不同的意义来设想对象,也就是或者设想为现象,或者设想为物自身;如果对它的这些知性概念的演绎是正确的,因而因果律也只用在第一种意义的物身上,也就是就这些物是经验对象的范围内来运用,而不再把它们又按照第二种意义置于这条原理之下,那么,这同一个意志就被设想为在

BXXVIII　现象中(在可见的行动中)必然遵循自然法则、因而是不自由的,然而另一方面又被设想为属于物自身,并不服从自然法则,因而是自由的,在这里不会发生矛盾。现在,尽管我从第二方面来考察时并不能通过思辨理性(更不能通过经验观察)来认识我的灵魂,因而也不能把自由当作一个我把感官世界中的效果都归因于它的存在物的属性来认识,因为否则我就必须根据这个存在物的实存来确定地认识它,却又不是在时间中认识它(这是不可能的,因为我无法把任何直观加之于我的概念),然而,我毕竟可以思维自由,就是说,自由的表象至少并不包含矛盾,如果我们批判地区分两种(即感性的和智性的)表象方式并因此而限制纯粹知性概念、因而也限制由它们而来的那些原理的话。如果现在假定,道德必然要以作为我们意志的属性的自由(最严格意义上的)为前提,因为,自由举出我们理性中那些本源的实践原理作为自己的先天证据,这些原理没有自由的前提是绝对不可

BXXIX　能有的;但又假定思辨理性已证明自由完全不可能被思维:那么必然地,那个前提,也就是道德的前提,就不得不让位于其反面包含某种明显的矛盾的那个前提,从而自由连同其德性(因为如果不是已经以自由为前提的话德性的反面就不会包含矛盾)也将不得不让位于自然机械作用。但如果是这种情况:由于我在道德上不再需要别的,只需要自由不自相矛盾,因而至少毕竟是可思维的,而不一定要进一步看透它,则它对于同一个行动的自然机械作用(从另一种关系设想)就不会有任何障碍了:这样,德性的学说保持了自己的位置,自然学说也将保有自己的位置。但如果不是批判预先教导我们,对于物自身我们无法避免自己的无知,一切我们可以在理论上认识的东西都限制在单纯现象的范围内,那么这一切是不可能发生的。对纯粹理

性的批判原理的积极作用的这种探讨,同样可以在上帝概念和我们灵魂的
单纯本性的概念上指出来,但为了简短起见我暂不谈它。所以,如果我不同 BBXXX
时取消思辨理性对夸大其辞的洞见的这种僭妄,我就连为了我的理性的必
要的实践运用而假定上帝、自由和灵魂不死都不可能。因为思辨理性为了
达到这些洞见就必须使用这样一些原理,这些原理由于事实上只及于可能
经验的对象,即使把它们用在不能成为经验对象的东西之上,它们也实际上
总是将这东西转变成现象,这样就把纯粹理性的一切实践的扩展都都宣布
为不可能的了。因此我不得不扬弃知识,以便为信仰留下位置,而形而上
学的独断论、也就是无须纯粹理性批判就能在形而上学中行进的那种成
见,是一切阻碍道德的无信仰的真正根源,这种无信仰任何时候都是非常
独断的。所以,如果一门按照纯粹理性批判的标准来拟定的系统的形而
上学可以不太困难地留给后人一笔遗产,那么这笔遗产决不是一件小小
的赠予;只要我们注意一下通过一门科学的可靠道路一般所能得到的理
性教养,并与理性的无根基的摸索和无批判的轻率漫游作个比较,或者也
注意一下对于一个渴望知识的青年在时间利用上的改善,青年人在通常 BXXXI
的独断论那里这么早就受到这么多的鼓动,要对他们一点也不理解的事
物、对他们在其中乃至世界上任何人在其中都会一无所见的东西随意玄
想,甚至企图去捏造新的观念和意见,乃至忽视了去学会基本的科学知
识;但最大的收获还是在人们考虑到这一无法估量的好处时,即:在所有
未来的时代里,一切反对道德和宗教的异议都将以苏格拉底的方式、即最
清楚地证明对手的无知的方式结束了。因为在这个世界上一直都有某种
形而上学存在,并且今后还将在世上遇见形而上学,但和它一起也会碰到
一种纯粹理性的辩证法,因为辩证法对纯粹理性是自然的。所以哲学的
最初的和最重要的事务就是通过堵塞这一错误的根源而一劳永逸地消除
对形而上学的一切不利影响。

即算在科学领域中发生了这一重要的变革,而思辨理性不得不承受在 BXXXII
它至今所想象的财产方面的损失,然而,一切普遍的人类事务及人世间从纯
粹理性的学说中所引出来的一切好处,都仍然保持在其向来存在的有利状
态中,损失的只是学派的垄断,而决不涉及人类的利益。我要问问最固执的

独断论者,关于由实体的单纯性推出我们的灵魂在死后继续存在的证明,关于从主观上和客观上的实践的必然性的那些细致的然而无用的区分得出与普遍机械作用相对立的意志自由的证明,或者关于从一个最高实在的存在物的概念中(从变化之物的偶然性和第一推动者的必然性中)推出上帝存有的证明,当这些证明从学派那里走出来之后,是否在任何时候到达过公众那里并可能对他们的信念产生过最起码的影响呢?如果这种情况并未发生,如果它甚至永远也不能被期望,因为普通人类知性不适合于这样细致的思辨;如果事情相反,在第一个证明方面,每个人都可察觉到的他天赋的禀性,即永远也不能通过尘世的东西(它对于人的全部使命的天禀是不充分BXXXIII 的)来满足的禀性,已经必然导致了对来世生活的希望,就第二个证明来说,单是对义务的清楚表达,在与爱好的一切要求的对立中,就已经必然导致了自由的意识,最后,谈到第三个证明,单是从大自然中到处看得出来的庄严的秩序、美和仁慈,就已经必然导致了对一个智慧的和伟大的创世者的信仰,如果完全只凭这些,就已经必然导致了在公众中流行的信念,只要这信念立于理性的根基:那么,这宗财产不仅是原封未动地保留着,而且赢得了更大得多的威望,因为各个学派从此学会了在涉及普遍人类事务的观点上不自以为有更高更广的洞见,除非是广大(对于我们最值得关注的)群众也同样容易达到的洞见,因而只把自己限制在对这种普遍可理解的、对道德目的是足够的论据的培养上。所以这种变革只涉及学派的狂妄要求,这些学派喜欢在这方面(在其他许多别的方面他们是有权这样做的)让人把自己看作是这样一些真理的唯一的行家和保管者,他们只是把这些真理的用BXXXIV 法传达给公众,但却把它们的钥匙由自己保管着(quod mecum nescit, solus vult scire videri)①。然而,思辨哲学家的某种较为合理的要求毕竟也被关注到了。思辨哲学家仍然是一门公众所不知道但却对他们有用的科学、亦即理性批判的科学的唯一保管人;因为这门科学是永远不能通俗化的,但它也没有必要通俗化;因为民众很少想到那些精致地编造出来的对有用真理的论证,同样也不曾想到过也是那么细致的对这些论证的反驳;反之,由于

---

① 拉丁文,意为:"凡是我与你都不知道的,就装出我是唯一知道的"。——编译者

学派以及每个致力于思辨的人都不可避免地要陷入两难,所以学派就有义务通过对思辨理性权利的彻底的研究一劳永逸地防止那种丑闻,这是连民众也必定会或迟或早由于那些争执而碰上的,这些争执是形而上学家们(最后还有作为形而上学家的神职人员)都不可避免地毫无批判地卷入进来,然后又伪造出自己的学说来的。只有这种彻底的研究,才能从根子上铲除唯物论、宿命论、无神论、自由思想的不信、狂信和迷信,这些是会造成普遍的危害的,最后还有唯心论和怀疑论,它们更多地给学派带来危险而很难进入到公众中去。如果政府愿意关心学者的事情,那么促进这种唯一能使 BXXXV
理性的工作立足于坚实基础上的批判的自由,就是政府对科学和人类的贤明的关怀,这比支持可笑的学派专制要得体得多,这些学派当他们的蛛网被破坏时就大叫公共的危害,但公众对这些蛛网却毫不在意,所以也从来不会感到自己有什么损失。

　　这个批判并不与理性在其作为科学的纯粹知识中所采取的独断处理处在对立之中(因为这种处理任何时候都必须是独断的,亦即从可靠的先天原则严格地证明的),而是与独断论相对立,即与那种要依照理性早已运用的原则、单从概念(哲学概念)中来推进某种纯粹知识而从不调查理性达到这些知识的方式和权利的僭妄相对立。所以独断论就是纯粹理性没有预先批判它自己的能力的独断处理方式。因此这一对立不是要以自以为通俗的名义为肤浅的饶舌作辩护,更不是要为推翻整个形而上学的怀疑论说话;相 BXXXVI
反,这个批判对于促进一门彻底的、作为科学的形而上学是一种暂时的、必要的举措,这种形而上学必然会是独断的、按照最严格的要求而系统化的,因而是合乎学院规则地(而不是通俗化地)进行的;对它的这一要求是毫不含糊的,因为它自告奋勇地要完全先天地因而使思辨理性完全满意地进行它的工作。在实行批判所制定的这一计划时,亦即在形而上学的未来体系中,我们将有必要遵循一切独断哲学家中最伟大的哲学家、著名的沃尔夫的严格方法,是他首先作出了榜样(他通过这一榜样成了至今尚未熄灭的德意志彻底精神的倡导者),应如何通过合乎规律地确立原则、对概念作清晰的规定、在证明时力求严格及防止在推论中大胆跳跃,来达到一门科学的稳步前进,他也正因此而曾经特别适合于使这样一门作为形而上学的科学能

BXXXVII　够通过对工具、也就是对纯粹理性本身的批判而为自己预先准备好场地,如果他想到了这一点的话:他没有这样做,这不能怪他,勿宁要怪那个时代的独断的思维方式,当时的和所有以前时代的哲学家们在这点上相互之间没有什么好指责的。那些抵制他的学问方式但同时又拒绝纯粹理性的批判程序的人,其意图不是别的,只能是摆脱科学的约束,把工作变成儿戏,把确定性变成意见,把哲学变成偏见。①

　　至于这个第二版,那么我当然不想放过这个机会来尽可能地补救那些有可能产生误解的晦涩难懂和模糊之处,思想敏锐的人们在评价这本书时偶然碰上的这些误解,也许是我不能辞其咎的。这些原理本身及其证明,正如该计划的形式和完整性一样,我都没有发现什么要修改的地方;这部分要归功于我在将该书交付出版之前曾长时期地对它进行过审查,部分要归功于这件事本身的性质,即纯粹思辨理性的本性,它包含一个真实的结构,在

BXXXVIII　其中所有的机能都是一切为了一个,而每个都是为了一切,因而每个不论多么小的缺陷,不管它是一个错误(疏忽)还是一个欠缺,都必然会在运用中不可避免地泄露出来。这个体系将如我所希望的长久地维持这种不变性。使我有理由相信这一点的不是自负,而只是这个实验所产生的自明性,即从纯粹理性的最小的要素出发直到它的整体,并且反过来从整体出发(因为即使整体也是单独由纯粹理性的最终意图在实践中给出的)直到每一个部分,结果是相等的,因为试图哪怕只改动最小的部分马上就会导致矛盾,不光是这个体系的矛盾,而且是普遍人类理性的矛盾。不过在它的表述上还有很多事要做,我在这一版中试图作出的改进,有的是要纠正对感性论部分的误解,尤其是对时间概念的误解,有的是要澄清知性概念演绎的模糊性,有的是要弥补在纯粹知性概念原理的证明中被认为在充分的自明性上的缺

BXXXIX
　BXL
　BXLI
　BXLII
乏,最后,有的是要补救从理性心理学中推出的谬误推理方面的误会。到此为止(也就是直到先验辨证论第一章结束),后面的部分我就没有再作表

---

①　"哲学"(Philosophie)与"偏见"(Philodoxie),直译为"爱智慧"与"爱意见"。——编译者

述方式上的改动了①，因为时间太仓促，并且我在其他方面也没有发现内行

① 真正的、但毕竟只是在证明方式中的增加，我大概只能举出我在第 273 页通过一个对心理学唯心论的新反驳、以及一个关于外部直观的客观实在性的严格的（我认为也是唯一可能的）证明所作的增加。唯心论尽可以就形而上学的根本目的而言仍然被看作是无辜的（事实上它并非如此），然而哲学和普遍人类理性的丑闻仍然存在，即不得不仅仅在信仰上假定在我们之外的物（我们毕竟从它们那里为我们的内感官获得了认识本身的全部材料）的存有，并且，如果有人忽然想到要怀疑这种存有，我们没有任何足够的证据能够反驳他。由于在这个证明的表述中，从第三行到第六行有些含混不清，我请大家将这一段改为："但这一持存之物不可能是我心中的一个直观。因为我能在我心中遇到的有关我的存有的一切规定根据都是表象，并且作为表象，它们本身就需要一个与它们区别开来的持存之物，在与该物的关系中这些表象的变化、因而表象在其中变化的那个时间中的我的存有才能得到规定。"人们对于这个证明也许会说：我直接意识到的毕竟只是在我心中存在的东西，即我的外在事物的表象；结果问题仍然还是没有解决：某物是与表象相应的外在于我的东西呢，或者不是。不过我是通过内部经验而意识到我在时间中的存有（因而也意识到它在时间中的可规定性）的，这一点是比单纯意识到我 BXL
的表象要更多些，它倒是等同于对我的存有的经验性的意识，这个意识只有通过与某种和我的实存结合着的外在于我的东西发生关系才能得到规定。因此对我的在时间中的存有的意识是与对在我之外的某物的关系的意识结合为一体的，所以它是经验而不是虚构，是感觉而不是想象力，它把外部的东西和我的内感官不可分割地联结起来；因为外感官本身已经是直观和某种外在于我的现实之物的关系了，而它的与想像不同的实在性仅仅是建立在它作为内部经验本身的可能性条件而与内部经验不可分割地结合在一起之上，这就是这里的情况。假如我可以在伴随着我的一切判断和知性活动的我在表象中，同时通过智性的直观把我的存有的一个规定与我的存有的智性意识结合起来，那么一种对外在于我的某物的关系的意识就不一定属于这种智性直观了。但现在，那个智性意识虽然是先行的，但我的存有唯一能在其中得到规定的内直观却是感性的并且与时间条件结合着的，而这一规定、因而内部经验本身都依赖于某种不在我心中、所以只在我之外的某物中的持存之物，我必须在对它的关系中来观察我自己：这样，外感官的实在性为了一 BXLI
般经验的可能而必须和内感官的实在性相结合：就是说，我如此肯定地知道，有在我之外与我的感官发生关系的物，正如我知道我本人在时间中确定地实存着一样。但现在，外在于我的对象究竟是现实地与哪些给予的直观相应，因而是属于外部感官的（这些直观应归因于它，而不是归因于想象力），这必须在每一特殊情况里根据一般经验（甚至内部经验）据以与想象区别开来的规则来决定，在此永远成为基础的原理是：实际上有外部经验。对此我们还可以加上一条说明：关于某种存有中的持存之物的表象与持存的表象不是等同的；因为前者如同我们的一切表象、甚至物质的表象一样，可以是极为游移不定和变动不居的，但它毕竟与某种持存之物相关，这种持存之物因而必须是与我的一切表象不同的外在之物，它的实存必然同时被包含在对我自己存有的规定之中，并与这个规定一起构成一个唯一的经验，这经验如果不同时（部分地）又是外在的，它就连在内部也不会发生了。这是如何可能的？在这里不能作进一步的解释，正如我们也不能解释，一般说来我们如何能思考时间中那个和变动之物共存便产生出变化概念来的常住之物。——康德

而无偏见的审查者有什么误解,这些人,即使我没有用他们当之无愧的赞辞提到他们,也已经可以在我接受他们的提醒而加以考虑的地方自己找到自己的位置了。但这番修改同时也给读者带来了一个不可避免的小小的损失,就是为了不使本书过于庞大,我不得不对好些地方在表述上加以删节或压缩,以便给现在我希望会更好理解的这种表述留下位置。这些地方虽然根本上不涉及整体的完整性,但有些读者可能还是会感到遗憾的,因为它们在其他的目的上还可以是有用的。我现在的表述从根本上说在原理乃至它们的证明方面完全没有什么改变,但还是在阐述方法上这里那里对以前的阐述方法有些偏离,不是插进一些话就可以解决问题的。每个人只要愿意,这个小小的损失本来是可以通过和第一版作比较而加以弥补的,而由于我所希望的这种更大的可理解性,这一损失就获得了超出分量的补偿。我在好几篇公开发表的文章中(部分是在对一些书的评论中,部分是在单篇论文中)怀着感激的愉快看到,德意志的彻底精神没有死灭,而只是暂时被思

BXLIII 想中天才式的自由的时髦风气的喧嚣盖过了,而批判的荆棘小路,即通往一门学术性的、但唯有这样才是持久的、也才是有最高必然性的纯粹理性科学的荆棘小路,并没有阻碍勇敢聪慧的人去掌握这门科学。对于这些如此幸运地集见解的彻底性和明晰表述的才能(这恰好是我不会做的)于一身的干练之士,我将留给他们来完成我在后一方面这里那里大约还不完善的修订工作;因为在这种情况下,危险并不在于遭到反驳,倒是在于不被理解。就我这方面说,我从现在起可以不再参加争论了,尽管我将仔细地关注不论是朋友还是论敌的一切提示,以便将它们用于在将来按照这个概要来建造体系的工作中。由于在这一工作的进行中我年事已高(本月已进入六十四岁了),所以如果我想要完成我的计划,把自然的形而上学和道德的形而上

BXLIV 学作为思辨理性和纯粹理性的批判的正确性的证明提供出来的话,我就必须抓紧时间动手,而把澄清这部著作中一开始几乎不可避免的模糊之处以及为整体作辩护的工作,寄希望于那些把这当作自己的事来做的干练之士。任何一种哲学的阐述都有可能在个别地方被人揪住(因为它不能像数学那样防卫严密),然而,这个体系的结构作为一个统一体来看,却并没有丝毫危险,对于它的概貌,当这个体系新出现时,只有很少的人具有精神上的熟

练把握,但由于对他们来说一切创新都是不合适的,对它具有兴趣的人就更少了。即使是那些表面的矛盾,如果我们把个别地方从它们的关联中割裂开来,相互比较,也是可以在每一段尤其是作为自由谈论写下的文字中挑出来的,这些表面矛盾在信从别人的评判的人眼里就会给这些文字留下不利的印象,但对于从整体上把握了这个思想的人,这些矛盾是很容易解决的。此外,如果一个理论本身具有持久性,那么最初给它带来很大威胁的那些反复辩难随着时间的推移只会有助于磨平它的粗糙之处,而如果有不抱偏见的、有见地的、真正平实的人士从事这一工作,甚至也可以使它短时期内臻于所要求的精致优美。

哥尼斯堡,1787 年 4 月

导　言

Ⅰ. 纯粹知识和经验性知识的区别

我们的一切知识都从经验开始,这是没有任何怀疑的;因为,如果不是通过对象激动我们的感官,一则由它们自己引起表象,一则使我们的知性活动运作起来,对这些表象加以比较,把它们联结或分开,这样把感性印象的原始素材加工成称之为经验的对象知识,那么知识能力又该由什么来唤起活动呢? 所以按照时间,我们没有任何知识是先行于经验的,一切知识都是从经验开始的。

但尽管我们的一切知识都是以经验开始的,它们却并不因此就都是从经验中发源的。因为很可能,甚至我们的经验知识,也是由我们通过印象所接受的东西和我们固有的知识能力(感官印象只是诱因)从自己本身中拿来的东西的一个复合物,对于我们的这个增添,直到长期的训练使我们注意到它并熟练地将它分离出来以前,我们是不会把它与那些基本材料区分开来的。

这样,至少就有一个还需要进一步研究而不能一见之下马上打发掉的问题:是否真有这样一种独立于经验、甚至独立于一切感官印象的知识。人们把这样一种知识称之为先天的(a priori),并将它们与那些具有后天的(a posteriori)来源、即在经验中有其来源的经验性的(empirische)知识区别开来。

然而"先天的"这个术语还不足以确定地表示与上述问题相适合的全

部意义。因为很有些出自经验来源的知识，我们也习惯于说我们能够先天地产生它或享有它，因为我们不是直接从经验中、而是从某个普遍规则中引出这些知识来的，但这个规则本身又仍然还是借自经验的。所以我们会说一个在挖自己房子基础的人：他本可以先天地知道房子要倒，即他不必等到这房子真地倒下来的经验。但他毕竟还不能完全先天地知道这件事。因为他事先总归要通过经验才得知，物体是有重量的，因而若抽掉它们的支撑物它们就会倒下来。

　　所以我们在下面将把先天的知识理解为并非不依赖于这个那个经验、　B3
而是完全不依赖于任何经验所发生的知识。与这些知识相反的是经验性的知识，或是那些只是后天地、即通过经验才可能的知识。但先天知识中那些完全没有掺杂任何经验性的东西的知识则称为纯粹的。于是，例如"每一个变化都有其原因"这个命题是一个先天命题，只是并不纯粹，因为变化是一个只能从经验中取得的概念。

Ⅱ. 我们具有某些先天知识，
甚至普通知性也从来不缺少它们

　　在这里，关键是要有一种我们能用来可靠地将一个纯粹知识和经验性的知识区别开来的标志。经验虽然告诉我们某物是如此这般的状况，但并不告诉我们它不能是另外的状况。因此首先，如果有一个命题与它的必然性一起同时被想到，那么它就是一个先天判断；如果它此外不再由任何别的命题引出，除非这命题本身也是作为一个必然命题而有效的，它就是一个完全先天的命题。其次，经验永远也不给自己的判断以真正的或严格的普遍性，而只是（通过归纳）给它们以假定的、相比较的普遍性，以至于实际上我们只能说：就我们迄今所觉察到的而言，还没有发现这个或那个规则有什么例外。所以，如果在严格的普遍性上、亦即不能容许有任何例外地来设想一　B4
个判断，那么它就不是由经验中引出来的，而是完全先天有效的。而经验性的普遍性只是把对大多数场合下适用的有效性任意提升到对一切场合都适

用的有效性,例如在这样一个命题中:一切物体都有重量;相反,在严格的普遍性本质上属于一个判断的场合,这时这种普遍性就表明了该判断的一个特别的知识来源,也就是一种先天的认识能力。于是,必然性和严格普遍性就是一种先天知识的可靠标志,而两者也是不可分割地相互从属的。但由于在两者的运用中,有时指出判断的经验性的局限比指出判断中的偶然性要更容易一些①,又有些时候指出我们加在一个判断上的无限制的普遍性比指出这个判断的必然性要更明白一些,所以不妨把上述两个标准分开来使用,它们每一个就其自身说都是不会出错的。

B5

不难指出,在人类知识中会现实地有这样一些必然的和在严格意义上普遍的、因而纯粹的先天判断。如果想从科学中举一个例子,那么我们只须把目光投向一切数学命题;如果想从最普通的知性使用中举这样一个例子,则在这方面可引用"一切变化都必有一个原因"这个命题;的确,在后一个例子中,原因这个概念本身显然包含着与一个结果相联结的必然性的概念,以及规则的严格普遍性的概念,以至于,如果我们像休谟所做的那样,想要把这个概念从发生的事经常地与在先的事相伴随中,从由此产生的联结诸表象的习惯(因而仅仅是主观的必然性)中引申出来,那么这个概念就会完全失去了。我们甚至无须这样一些例子来证明我们知识中那些先天纯粹原理的现实性,也可以阐明这些原理对于经验本身的可能性是不可或缺的,因而阐明其先天性。因为假如经验所遵循的一切规则永远总是经验性的、因而是偶然的,经验又哪里还想取得自己的确定性;所以我们很难把这些规则当作第一原理来看待。只是在这里,我们可以满足于阐明了我们认识能力的纯粹运用这一事实以及这种运用的标志。但这样一些先天原理的根源不仅仅在判断中,而且甚至在概念中也表现出来了。如果你从物体这个经验概念中把它的颜色、硬或软、重量、甚至不可入性这一切经验性的东西都一

B6

个个地去掉,这样最终留下的是它(现在已完全消失了)所占据的空间,而这是你不能去掉的。同样,如果你从任何一个有形的或无形的对象的经验

---

① 依据瓦欣格尔(Vaihinger)的校订,该句中"判断的经验性的局限"和"判断中的偶然性"应调换前后位置。——编译者

性概念中把经验告诉你的一切属性都去掉，你却不可能取消你借以把它思考为实体或依赖于一个实体的那种属性（虽然实体这个概念比一般对象这个概念包含更多的规定）。这样，由于这个概念借以强加于你的这样一种必然性所提供的证据，你就不得不承认这概念在你的先天认识能力中有自己的位置。

Ⅲ. 哲学需要一门科学来规定一切 先天知识的可能性、原则和范围

我们所要说的远不止上面说过的这一切，我们还要说，有某些知识甚至离开了一切可能经验的领域，并通过任何地方都不能提供经验中相应对象的那些概念而装作要使我们的判断范围扩大到超出一切经验界限之外。

正是在这样一些超出感官世界之外的知识里，在经验完全不能提供任何线索、更不能给予校正的地方，就有我们的理性所从事的研究，我们认为这些研究在重要性方面比知性在现象领域里可能学到的一切要优越得多，B7 其目的也更崇高得多，我们在这里甚至宁可冒着犯任何错误的风险，也不愿意由于引起疑虑的任何一种理由，或出于蔑视和漠视，而放弃这些如此令人关心的研究。纯粹理性本身的这些不可回避的课题就是上帝、自由和不朽。但其目的连同其一切装备本来就只是为了解决这些问题的那门科学，就叫作形而上学，它的方法在开始时是独断的，也就是不预先检验理性是否有能力从事这样一项庞大的计划，就深信不疑地承担了这项施工。

现在看来这很自然，只要我们离开了经验的基地，我们就不要用我们所具有的不知其来自何处的知识、基于对不知其起源的原理的信任而马上去建立一座大厦，而不对其基础预先通过仔细的调查来加以保证，因而我们反倒会预先提出这样的问题：知性究竟如何能够达到所有这些先天知识，并且这些知识可以具有怎样的范围、有效性和价值。实际上，如果我们把自然这 B8 个词理解为本应以正当的、合理的方式发生的事，那也就没有什么比这更自然的了；但如果我们把这个词理解为按照习惯发生的事，那么倒是没有什么

比这项研究长期不得不被搁置更为自然和更可理解的了。因为这些知识的一部分即数学,是早就具有了可靠性的,由此也就对其他部分产生了一种良好的期望,而不管这些部分可能会具有完全不同的本性。此外,如果我们超出经验的范围,那么我们肯定不会遭到经验的反驳。对自己的知识加以扩展的诱惑是如此之大,以至于我们只有在自己碰到了明显的矛盾的时候,才会停住自己前进的步伐。但只要我们在进行自己的虚构时小心谨慎,这种矛盾是可以避免的,只是这些虚构并不因此就不再是虚构。数学给了我们一个光辉的范例,表明我们离了经验在先天知识中可以走出多远。数学固然只是在对象和知识能表现在直观中这一限度内研究它们,但这一情况很容易被忽略,因为上述直观本身可以先天地被给予,因而和一个单纯的纯概念几乎没有什么区别。被理性力量的这样一个证明所引诱,要求扩张的冲动就看不到任何界限了。轻灵的鸽子在自由地飞翔时分开空气并感到空气

B9 的阻力,它也许会想像在没有空气的空间里它还会飞得更加轻灵。同样,柏拉图也因为感官世界对知性设置了这样严格的限制而抛弃了它,并鼓起理念的两翼冒险飞向感官世界的彼岸,进入纯粹知性的真空。他没有发觉,他尽其努力而一无进展,因为他没有任何支撑物可以作为基础,以便他能撑起自己,能够在上面用力,从而使知性发动起来。但人类理性在思辨中通常的命运是尽可能早地完成思辨的大厦,然后才来调查它的根基是否牢固。但接着就找来各种各样的粉饰之辞,使我们因大厦的结实而感到安慰,要么就宁可干脆拒绝这样一种迟来的危险的检验。但在建立这座大厦时,使我们摆脱任何担忧和疑虑并以表面上的彻底性迎合着我们的是这种情况,即我们理性的工作的很大部分、也许是最大部分都在于分析我们已有的那些关于对象的概念。这一工作给我们提供出大量的知识,这些知识尽管只不过是对在我们的概念中(虽然还是以模糊的方式)已经想到的东西加以澄清或阐明,但至少按其形式却如同新的洞见一样被欣赏,尽管按其质料或内容来说它们并未

B10 扩展我们所有的这些概念,而只是说明了这些概念。既然这种方法提供了某种现实的先天知识,这种知识又有一个可靠而有效的进展,所以理性就不知不觉地受这一假象的欺骗而偷换了完全另外一类主张,在这类主张中理性在这些给予的概念上添加了一些完全陌生的、而且是先天的概念,却不知道自

己是如何做到这一点的,甚至不让这样一个问题进到思想中来。所以我要马上来着手探讨这两方面知识类型的区别。

Ⅳ. 分析判断与综合判断的区别

在一切判断中,从其中主词对谓词的关系来考虑(我在这里只考虑肯定判断,因为随后应用在否定判断上是很容易的事),这种关系可能有两种不同的类型。要么是谓词 B 属于主词 A,是(隐蔽地)包含在 A 这个概念中的东西;要么是 B 完全外在于概念 A,虽然它与概念 A 有关联。在前一种情况下我把这判断叫作分析的,在第二种情况下则称为综合的。因而分析的(肯定性的)判断是这样的判断,在其中谓词和主词的联结是通过同一性来思考的,而在其中这一联结不借同一性而被思考的那些判断,则应叫作综合的判断。前者也可以称为说明性的判断,后者则可以称为扩展性的判断, B11因为前者通过谓词并未给主词概念增加任何东西,而只是通过分析把主词概念分解为它的分概念,这些分概念在主词中已经(虽然是模糊地)被想到过了:相反,后者则在主词概念上增加了一个谓词,这谓词是在主词概念中完全不曾想到过的,是不能由对主词概念的任何分析而抽绎出来的。例如我说:一切物体都有广延,那么这就是一个分析判断。因为我可以不超出被我联系于物体的这个概念之外来发现与这概念相联结的广延,而是只分析那个概念,也就是可以只意识到我随时都在这个概念中想到的杂多东西,以便在其中找出这个谓词来;所以这是一个分析判断。反之,当我说:一切物体都是有重量的,这时谓词就是某种完全不同于我在一般物体的单纯概念中所想到的东西。因而这样一个谓词的增加就产生了一个综合判断。

经验判断就其本身而言全都是综合的。若把一个分析判断建立于经验基础上则是荒谬的,因为我可以完全不超出我的概念之外去构想分析判断, B12因而为此不需要有经验的任何证据。说一个物体是有广延的,这是一个先天确定的命题,而不是什么经验判断。因为在我去经验之前,我已经在这个概念中有了作出这个判断的一切条件,我只是从该概念中按照矛盾律抽出这一谓词,并借此同时就能意识到这个判断的必然性,它是经验永远也不会告诉我的。与此相反,尽管我在一般物体的概念中根本没有包括进重量这一谓词,那个概念毕竟通过经验的某个部分表示了一个经验对象,所以我还可以在这个部分之上再加上同一个经验的另外一些部分,作为隶属于该对象的东西。我可以先通过广延、不可入性、形状等等这一切在物体概念中所想到的标志来分析性地认识物体概念。但现在我扩展我的知识,并且由于我回顾我从中抽象出这个物体概念来的那个经验,于是我就发现与上述标志时刻联结在一起的也有重量,所以就把重量作为谓词综合地添加在该概念上。因此,经验就是重量这一谓词与物体这一概念有可能综合的基础,由于这两个概念虽然并非一个包含在另一个之中,但却是一个整体的各部分、即经验的各部分,经验本身则是诸直观的一个综合的结合,所以二者也是相互隶属的,尽管是偶然地隶属着的。

　　但在先天综合判断那里,这种辅助手段就完全没有了。当我要超出概念 A 之外去把另一个 B 作为与之结合着的概念来认识时,我凭借什么来支撑自己,这种综合又是通过什么成为可能的呢?因为我在这里并没有在经验领域中环顾一下经验的便利。我们可以看看这个命题:一切发生的事物都有其原因。我虽然在发生的某物这一概念中想到了一种存有,在它之前经过了一段时间等等,并且从中可以引出分析判断来。但一个原因的概念是完全外在于前面那个概念的,它表示出某种与发生的某物不同的东西,因而完全没有被包含在后一个表象中。那么我们是如何做到用某种完全不同的东西来说明发生的某物,并且能认识到原因概念尽管不包含在发生的某物里,但却是属于它、甚至是必然属于它的?在这里,当知性相信自己在 A 的概念之外发现了一个与之陌生、但仍被它视为与之相联结的谓词 B 时,支持知性的那个未知之物 =X 是什么?这不可能是经验,因为上述因果原理不仅仅是以比经验所能提供的①更大的普遍性、而且也以表达出来的必然性,因而完全是先天地并从单纯的概念出发,把后面的表象加在前面那个

B13

---

① 　异体字为第二版脱落的部分,现据第一版补上。——编译者

表象上。这样,我们先天的思辨知识的全部目的都是建立在这样一些综合性的、亦即扩展性的原理之上的;因为分析判断固然极为重要且必要,但只是为了达到概念的清晰,这种清晰对于一种可靠的和被扩展了的综合、即对于一个实际的新收获来说是必不可少的。 B14

Ⅴ.在理性的一切理论科学中都包含有
先天综合判断作为原则

1. 数学的判断全部都是综合的。这条定理似乎至今尚未被人类理性的分析家们注意到,甚至恰好与他们的一切推测相反,尽管它具有无法反驳的确定性并有非常重要的后果。这是因为,人们由于看到数学家的推论全都是依据矛盾律进行的(这是任何一种无可争辩的确定性的本性所要求的),于是就使自己相信,数学原理也是出于矛盾律而被承认的;他们在这里是弄错了;因为,一个综合命题固然可以根据矛盾律来理解,但只能是这样来理解,即有另外一个综合命题作为前提,它能从这另外一个综合命题中推出来,而决不是就其自身来理解的。

首先必须注意的是:真正的数学命题总是先天判断而不是经验性的判断,因为它们具有无法从经验中取得的必然性。但如果人们不愿接受这一点,那么好,我将把自己的命题局限于纯粹数学,这一概念的题中应有之义是:它不包含经验性的知识,而只包含纯粹的先天知识。 B15

虽然人们最初大约会想:7+5＝12 这个命题是一个单纯分析命题,它是从 7 加 5 之和的概念中根据矛盾律推出来的。然而,如果人们更切近地考察一下,那么就会发现,7 加 5 之和的概念并未包含任何更进一步的东西,而只包含这两个数结合为一个数的意思,这种结合根本没有使人想到这个把两者总合起来的唯一的数是哪个数。12 这个概念决不是由于我单是思考那个 7 与 5 的结合就被想到了,并且,不论我把我关于这样一个可能的总和的概念分析多么久,我终究不会在里面找到 12。我们必须超出这些概念之外,借助于与这两个概念之一相应的直观,例如我们的五个手指,或者

（如谢格奈在其《算术》中所说的①）五个点，这样一个一个地把直观中给予的 5 的这些单位加到 7 的概念上去。因为我首先取的是 7 这个数，并且，由于我为了 5 这个概念而求助于我的手指的直观，于是我就将我原先合起来构成 5 这个数的那些单位凭借我手指的形象一个一个地加到 7 这个数上去，这样就看到 12 这个数产生了。要把 5 加在 7 之上，这一点我虽然在某个等于 7+5 的和的概念中已经想到了，但并没有想到这个和等于 12 这个数。所以算术命题永远都是综合的；对此我们越是取更大的数目，就越是看得更清楚，因为这样一来就明白地显示出，不论我们怎样把我们的概念颠来倒去，我们若不借助于直观而只借助于对我们的概念作分析，是永远不可能发现这个总和的。

　　同样，纯粹几何学的任何一个原理也不是分析性的。两点之间直线最短，这是一个综合命题。因为我的直的概念决不包含大小的概念，而只包含某种性质。所以"最短"这个概念完全是加上去的，而决不能通过分析从直线这个概念中引出来。因此在这里必须借助于直观，只有凭借直观这一综合才是可能的。② 在这里，通常使我们以为这种无可置疑的判断的谓词已经寓于我们的概念之中、因而该判断似乎就是分析性的那种信念，只不过是用语含混所致。因为我们应该在一个给予的概念上再想出某个谓词来，而这种必要性已经附着于那些概念身上了。但问题不在于我们应该想出什么来加在这个给予的概念上，而在于我们在这个概念中实际上想到了什么，即使只是模糊地想到了什么，而这就表明，这谓词虽然必然地与那概念相联系，但并非作为在概念本身中所想到的，而是借助于某个必须加在这概念上的直观。

　　几何学作为前提的少数几条原理虽然确实是分析的，并且是建立在矛盾律之上的；但它们正如那些同一性命题一样，也只是用于方法上的连接，而不是作为原则，例如 a=a，即全体与自身相等，或（a+b）>a，亦即全体大于

_____

　　① 谢格奈（Segner, J. A. von, 1704—1777），匈牙利物理学家和数学家，著有《算术和几何原理》。——编译者
　　② 瓦欣格尔指出，本自然段以下文字在一、二版中均被错排到与下一自然段末尾相接之处了，兹改正。——编译者

其部分。并且即算是这些原理本身,尽管仅仅按照概念来说就是有效的,但它们在数学中之所以行得通,也只是因为它们能在直观中体现出来。

2.自然科学(物理学)包含先天综合判断作为自身中的原则。我只想举出两个定理作例子,一个定理是:在物质世界的一切变化中,物质的量保持不变;另一个定理是:在运动的一切传递中,作用和反作用必然永远相等。显然,在这两个命题上,不仅仅存在着必然性,因而其起源是先天的,而且它们也是综合命题。因为在物质概念中我并没有想到持久不变,而只想到物质通过对空间的充满而在空间中在场。所以为了先天地对物质概念再想出某种我在它里面不曾想到的东西,我实际上超出了物质概念。因此这条定理不是一个分析命题,而是综合的,但却是先天被想到的,而且自然科学纯粹部分的其他一些定理也都是如此。 B18

3.在形而上学中,即使我们把它仅仅看作一门至今还只是在尝试、但却由于人类理性的本性而不可缺少的科学,也应该包含先天综合的知识,并且它所关心的根本不是仅仅对我们关于事物的先天造成的概念加以分解、由此作出分析的说明,相反,我们要扩展我们的先天知识,为此我们必须运用这样一些原理,它们在被给出的概念上增加了其中不曾包含的某种东西,并通过先天综合判断完全远远地超出了该概念,以至于我们的经验本身也不能追随这么远,例如在"世界必然有一个最初的开端"等命题中那样,所以形而上学至少就其目的而言是由纯粹先天综合命题所构成的。

Ⅵ.纯粹理性的一般课题 B19

如果我们能把一大堆考察纳入到一个唯一课题的公式之下,那就已经是很多的收获了。因为这样一来,当我们通过对自己的任务加以精确的规定时,我们就不仅自己减轻了自己的任务,而且也使得其他任何想要检查这一任务的人易于判断我们是否实现了自己的计划。于是纯粹理性的真正课题就包含在这个问题之中:先天综合判断是如何可能的?

形而上学至今还停留在如此不确定和矛盾的动摇状态中,这只有归咎于一个原因,即人们没有让自己较早地思考上述课题,或许甚至连分析的和综合的判断的区别都没有考虑到。于是形而上学的成败便基于这个课题的解决,或者基于充分地证明它公开宣称想要知道的那种可能性实际上根本不存在。大卫·休谟在一切哲学家中最接近于这个课题,但还远远没有足够确定地并在其普遍性中思考它,而只是停留在结果和原因相联结的综合命题(因果律)之上。他相信他已查明,这样一种先天命题是完全不可能的。按照他的推论,一切我们称之为形而上学的东西,结果都只是妄想,即自以为对其实不过是从经验中借来的东西及通过习惯留给我们必然性幻相的东西有理性的洞见;如果他对我们这一课题在其普遍性中有所注意的话,他就决不会在这种摧毁一切纯粹哲学的主张上摔跟头了,因为这样他就会看出,根据他的论证,甚至连纯粹数学也不会有了,因为纯粹数学肯定是包含先天综合判断的。这样一来,他的健全知性也许就会保护他免受那种主张之害了。

B20

在解决上述课题的同时,也就理解了纯粹理性用在奠立和发展一切含有关于对象的先天理论知识的科学中的可能性,也就是回答了下述问题:

纯粹数学是如何可能的?

纯粹自然科学是如何可能的?

由于这些科学现实地存在了,这就可以对它们适当地提出问题:它们是如何可能的;因为它们必定是可能的这一点通过它们的现实性而得到了证明①。至于形而上学,那么由于它至今进展不顺利,也由于在至今提出的形而上学中没有一个可以就其根本目的而言说它是现实在手的,所以必然会使每一个人有理由对它的可能性表示怀疑。

B21

但现在,这种知识类型在某种意义上毕竟也被看作是给予了的,形而上学即使不是现实地作为科学,但却是现实地作为自然倾向(metaphysica nat-

---

① 在纯粹自然科学方面,有些人也可能会对这种证明仍抱怀疑。但只要我们看看在真正的(经验性的)物理学开头出现的各种定理,如关于物质的量的守恒定理,惯性定理,作用与反作用相等定理等等,那么我们马上就会确信,这些定理构成了一门纯粹的(或合理的)自然科学,这门科学很值得作为一门独特的科学在其不论宽还是窄的整个范围内单独地创立起来。——康德

uralis)而存在。因为人类理性并非单纯由博学的虚荣心所推动,而是由自己的需要所驱动而不停顿地前进到这样一些问题,这些问题不是通过理性的经验运用、也不是通过由此借来的原则所能回答的,因此在一切人类中,只要他们的理性扩展到了思辨的地步,则任何时代都现实地存在过、并还将永远存在某种形而上学。于是也就有关于这种形而上学的问题: B22

形而上学作为自然的倾向是如何可能的?
就是说,纯粹理性向自己提出、并由自己的内在需要所驱动而要尽可能好地回答的那些问题,是如何从普遍人类理性的本性中产生出来的?

但由于对这些自然而然的提问,如世界有一个开端还是永恒以来就存在的等等问题,迄今想要作出回答的一切尝试总是遇到了不可避免的矛盾,所以我们不能以形而上学的自然倾向为满足,也就是不能满足于纯粹理性能力本身,哪怕它总是能产生出某种形而上学(不管它是哪一种)来,而必须使理性能够确定地判断它是知道还是不知道它的对象,也就是要么对它所问的对象加以裁决,要么对于理性在形而上学方面的能力和无能有所判断,因而要么对我们的纯粹理性满怀信赖地加以扩展,要么对它作出确定的和可靠的限制。这个从前述一般课题引申出来的最后的问题正当地说就将是:形而上学作为科学是如何可能的?

所以,理性的批判最终必然导致科学;相反,理性的无批判的独断运用 B23
则会引向那些无根据的、可以用同样似是而非的主张与之对立的主张,因而导致怀疑论。

这门科学也不会庞大浩瀚得吓人,因为它并不与杂乱无边的理性对象打交道,而只与它本身、只与从它自身产生出来的课题打交道,这些课题并不是由与它不同的那些事物的本性提交给它的,而是由它自己提交给自己的;因为当理性预先完全了解到它自己在处理那些可能从经验中呈现给它的对象的能力时,必然就会很容易完全可靠地确定它在试图超出一切经验界限来运用时的范围和界限了。

因此我们可以而且必须把迄今为止要独断地建立形而上学的一切尝试都看作是不曾发生过的;因为在这种或那种形而上学中,凡只是分析性的东西,也就是对先天地寓于我们理性中的那些概念的单纯分解,还根本不是真正的形而上学的目的,而只是对它的一种准备,即准备要综合地扩展这些概念的先天知识。对于这个目的,概念分析是不合适的,因为它只是表明在这些概念中包含了什么,但并不表明我们如何先天地达到这些概念,以便然后

B24　也能够规定它们在所有知识的一般对象方面的有效运用。甚至只需要很少的自我克制就能放弃这一切要求,因为理性的无可否认的、并且在独断的处理方式下也是不可避免的矛盾早就已经自行使任何迄今为止的形而上学威信扫地了。需要有更多坚毅精神的是,不为内在的困难和外在的阻力所阻挡,通过另外一种与至今采取的完全相反的处理方式,来促使人类理性所不可缺少的一门科学终于能够欣欣向荣、富有成果。从这门科学所萌发出来的每个枝干都可以砍掉,但它的根却是铲除不了的。

　　…… ……

先验感性论

§ 1.

一种知识不论以何种方式和通过什么手段与对象发生关系,它借以和对象发生直接关系并作为一切思维手段的目的的,还是直观。但直观只是在对象被给予我们时才发生;而这种事至少对我们人类来说又只是由于对象以某种方式刺激内心才是可能的。通过我们被对象所刺激的方式来获得表象的这种能力(接受能力),就叫作感性。所以,借助于感性,对象被给予我们,且只有感性才给我们提供出直观;但这些直观通过知性而被思维,而从知性产生出概念。但一切思维必须无论是直截了当地(直接地)还是转弯抹角地(间接地)借助于某些标志最终与直观、因而对我们人类来说与感性发生关系,因为以别的方式不可能有任何对象给予我们。

当我们被一个对象所刺激时,它在表象能力上所产生的结果就是感觉。 那种经过感觉与对象相关的直观就叫作经验性的直观。一个经验性的直观的未被规定的对象叫作现象。

在现象中,我把那与感觉相应的东西称之为现象的质料,而把那种使得现象的杂多能在某种关系中得到整理的东西称之为现象的形式。由于那只有在其中感觉才能得到整理、才能被置于某种形式中的东西本身不可能又是感觉,所以,虽然一切现象的质料只是后天被给予的,但其形式却必须是全都在内心中先天地为这些现象准备好的,因此可以将它与一切感觉分离开来加以考察。

我把一切在其中找不到任何属于感觉的东西的表象称之为纯粹的（在先验的理解中）。因此，一般感性直观的纯粹形式将会先天地在内心中被找到，在这种纯粹形式中，现象的一切杂多通过某种关系而得到直观。感性的这种纯形式本身也叫作纯直观。这样，假如我从一个物体的表象里把知性所想到的东西如实体、力、可分性等等都除开，同时又把属于感觉的东西如不可入性、硬度、颜色等等也除开，那么我从这个经验性的直观中还余留下某种东西，即广延和形状。这些东西属于纯粹直观，它是即算没有某种现实的感官对象或感觉对象，也先天地作为一个单纯的感性形式存在于内心中的。

一门有关感性的一切先天原则的科学，我称之为先验感性论①。所以必须有这样一门科学，它构成先验要素论的第一部分，而与包含纯粹思维的诸原则、称之为先验逻辑的那一部分相对。

因此，在先验感性论中我们首先要通过排除知性在此凭它的概念所想到的一切来孤立感性，以便只留下经验性的直观。其次，我们从这直观中再把一切属于感觉的东西分开，以便只留下纯直观和现象的单纯形式，这就是感性所能先天地提供出来的唯一的东西了。在这一研究中将会发现，作为先天知识的原则，有两种感性直观的纯形式，即空间和时间，我们现在就要对它们加以考虑。

---

① 唯有德国人目前在用"Ästhetik"这个词来标志别人叫作鉴赏力批判的东西。这种情况在这里是基于优秀的分析家鲍姆加通所抱有的一种不恰当的愿望，即把美的批评性评判纳入到理性原则之下来，并把这种评判的规则上升为科学。然而这种努力是白费力气。因为所想到的规则或标准按其最高贵的来源都只是经验性的，因此它们永远也不能用作我们的鉴赏判断所必须遵循的确定的先天法则，毋宁说，鉴赏判断才构成了它们的正确性的真正的试金石。为此我建议，要么使这一名称重新被接受，并将它保留给目前这门真正科学的学说（这样，我们也就会更接近古人的说法和想法，在他们那里，把知识划分为 αισθητα Χαι νοητα，即感性和理性，是很有名的），要么就和思辨哲学分享这一名称，而把 Ästhetik 部分在先验的意义上、部分在心理学的含义上来采用。——康德（按：异体字为第二版加上去的。——编译者）

第一节　空　间

B37

§2.空间概念的形而上学阐明

借助于外感官（我们内心的一种属性），我们把对象表象为在我们之外、并全都在空间之中的。在空间之中，对象的形状、大小以及相互之间的关系是确定的，或是可以被确定的。内感官则是内心借以直观自身或它的内部状态的，它虽然并不提供对灵魂本身作为一个客体的任何直观，但这毕竟是一个确定的形式，只有在这形式下对灵魂的内部状态的直观才有可能，以至于一切属于内部规定的东西都在时间的关系之中被表象出来。时间不能在外部被直观到，正如空间也不能被直观为我们之内的东西一样。那么，空间与时间是什么呢？它们是现实的存在物吗？或者它们虽然只是事物的诸规定乃至于诸关系，但却是哪怕事物未被直观到也仍然要归之于这些事物本身的东西？要么，它们是这样一些仅仅依附于直观形式、因而依附于我们内心的主观性状的东西，没有这种主观性状，这些谓词就根本不可能赋予任何事物？为了搞清这些问题，我们要首先阐明空间的概念。所谓阐明（expositio），我理解为将一个概念里所属的东西作出清晰的（哪怕并不是详尽的）介绍；而当这种阐明包含那把概念作为先天给予的来描述的东西时，它就是形而上学的。

B38

1.空间不是什么从外部经验中抽引出来的经验性的概念。因为要使某些感觉与外在于我的某物发生关系（也就是与在空间中不同于我所在的另一地点中的某物发生关系），并且要使我能够把它们表象为相互外在、相互并列，因而不只是各不相同，而且是在不同的地点，这就必须已经有空间表象作基础了。因此空间表象不能从外部现象的关系中由经验借来，相反，这种外部经验本身只有通过上述表象才是可能的。

2. 空间是一个作为一切外部直观之基础的必然的先天表象。对于空间
B39 不存在,我们永远不能形成一个表象,虽然我们完全可以设想在空间中找不
到任何对象。因此,空间被看作是现象的可能性条件,而不是一个附属于现
象的规定,而且它是一个先天的表象,必然成为外部现象的基础。

3. 空间决不是关于一般事物的关系的推论的概念,或如人们所说,普遍
的概念,而是一个纯直观。因为首先,我们只能表象一个唯一的空间,并且,
如果我们谈到许多空间,我们也是把它们理解为同一个独一无二的空间的
各部分。这些部分也不能先行于那唯一的无所不包的空间,仿佛是它的组
成部分(由它们才得以复合起来唯一的空间)似的,相反,它们只有在唯一
空间中才能被设想。空间本质上是唯一的,其中的杂多、因而就连一般诸多
空间的普遍概念,都只是基于对它的限制。由此可见,在空间方面一切有关
空间的概念都是以一个先天直观(而不是经验性的直观)为基础的。一切
几何学原理也是如此,例如在一个三角形中,两边之和大于第三边,这决不
是从有关线和三角形的普遍概念中,而是从直观、并且是先天直观中,以无
可置疑的确定性推导出来的。

4. 空间被表象为一个无限的给予的量。虽然我们必须把每一个概念都
B40 设想为一个被包含在无限数量的各种可能表象中(作为其共同性标志)、因
而将这些表象都包含于其下的表象;但没有任何概念本身能够被设想为仿
佛把无限数量的表象都包含于其中的。然而,空间就是这样被设想的(因
为空间的所有无限的部分都是同时存在的)。所以,空间的原始表象是先
天直观,而不是概念。

§3. 空间概念的先验阐明

我所谓先验的阐明,就是将一个概念解释为一条原则,从这条原则能够
看出其他先天综合知识的可能性。为了这一目的,就要求:1)这一类知识
确实是从这个给定的概念推导出来的,2)这些知识只有以这个概念的给定
的解释方式为前提才是可能的。

几何学是综合地却又是先天地规定空间属性的一门科学。那么,空间的表象究竟必须怎样,才会使有关它的这样一门知识成为可能? 它必须从本源上就是直观;因为从单纯的概念中引不出任何超出概念之外的命题,这却是几何学中发生的情况(导言,Ⅴ)。但这种直观又必须是先天地、即先于对一个对象的一切知觉而在我们心里,因而必须是纯粹的而不是经验性的直观。因为几何学的定理全都是无可置疑的,亦即与对它们的必然性的意识结合在一起的,例如空间只有三种量度;但这一类定理不可能是经验性的命题或经验判断,也不是从这些经验判断中推出来的(导言,Ⅱ)。

那么,一个先行于客体本身、并能于自身中先天地规定客体概念的外部直观如何能够寓于内心中呢? 显然只有当这表象仅仅作为主体受客体刺激并由此获得对客体的直接表象即直观的形式性状,因而仅仅作为外感官的一般形式,而在主体中占有自己的位置时,才得以可能。

所以,只有我们的解释才使作为一种先天综合知识的几何学的可能性成为可理解的。任何一种做不到这一点的解释方式,即使表面上也许与它有些类似,但依据这个标志就可以最可靠地与它区别开来。

由上述概念得出的结论

a)空间所表象的决不是某些自在之物的属性,或是在它们的相互关系中的属性,也就是说,决不会是依附于对象本身的那些属性的规定性,似乎即使我们把直观的一切主观条件都抽掉它们还会留下来一样。因为不论是绝对的规定还是相对的规定,都不能在它们所属的那些事物存有之前、也就是先天地被直观到。

b)空间无非只是外感官的一切现象的形式,亦即唯一使我们的外直观成为可能的主观感性条件。既然主体被对象刺激的接受性必然先行于对这个客体的一切直观,所以很好理解,一切现象的形式如何能够在一切现实的知觉之先、因而先天地在内心中被给予,这形式又如何能够作为一切对象都必然在其中被规定的纯直观,而在一切经验以前就包含着诸对象的关系的原则。

这样，我们就只有从人的立场才能谈到空间、广延的存在物等等。如果
B43　我们脱离了唯一能使我们只要有可能为对象所刺激就能获得外部直观的那
个主观条件，那么空间表象就失去了任何意义。这个谓词只有当事物对我
们显现、亦即当它们是感性对象时才能赋予事物。我们称之为感性的这个
接受性的固定形式，是诸对象借以被直观为在我们之外的那一切关系的必
然条件，而如果我们抽掉这些对象，它就是带有空间之名的一个纯直观。由
于我们不能使感性的这一特殊条件成为事物的条件，而只能使之成为事物
的现象的条件，所以我们很可以说：空间包括一切可能向我们外在地显现出
来的事物，但不包括一切自在之物，不论这些自在之物是否能被直观到，也
不论被何种主体来直观。因为我们对于其他思维着的存在物的直观完全不
能作判断，不知这些直观是否也被束缚在限制我们的直观并对我们普遍有
效的那同一些条件之上。当我们把一个判断的限制加在主词的概念上时，
这样一来该判断就会无条件地有效了。"一切事物都相互并存于空间里"
这个命题，只有在这个限制之下，即如果这些事物被看作我们感性直观的对
象，才会有效。当我在这里把这个条件加到概念上去，说"一切事物，作为
外部现象，都相互并存于空间里"时，那么这条规则就是普遍而无限制地有
效的。所以，我们的这些阐明说明了一切能从外部作为对象呈现给我们的
B44　东西的空间的实在性（即客观有效性），但同时也说明了在那些凭借理性就
它们自身来考虑、即没有顾及到我们感性之性状的事物方面的空间的观念
性。所以我们主张空间（就一切可能的外部经验而言）的经验性的实在性，
虽然同时又主张空间的先验的观念性，也就是只要我们抽掉一切经验的可
能性这个条件，并把空间假定为某种给自在之物提供基础的东西，空间就什
么也不是了。

但除了空间之外，也没有任何主观的、与某种外在东西相关而能称得上
是先天客观的表象了。因为我们不能从其他这些表象中，如同从空间的直
观中那样，引出先天综合命题（§3）。所以严格说来，不能把任何观念性归
之于其他这些表象，哪怕它们与空间表象在这方面是一致的，即它们也仅仅
属于感觉方式的主观性状，例如通过颜色、声音、温度的感觉而视、听、触的

主观性状,但由于这些只不过是感觉而不是直观,它们本身并不使人认识、至少是先天地认识任何客体。

　　作这一说明的意图,只是为了防止有人会突发奇想,用那些远远不充分 B45
的例证来说明我主张的空间的观念性,因为例如颜色、味道等等都理应不被
看作事物的性状,而只被看作主体的变化,这些变化甚至在不同的人那里也
可能是不同的。因为在这种场合下,那原本只是现象的东西,如一朵玫瑰
花,在经验性的理解中就被看作是一个自在之物,这个自在之物却可以在每
个人的眼里在颜色上有不同的显现。相反,对空间中现象的先验概念却是
一个批判性的提醒:一般说来在空间中被直观到的任何东西都不是自在的
事物,而且空间也不是事物也许会自在地自身固有的形式,勿宁说,我们完
全不知道自在的对象,而凡是我们称之为外部对象的,无非是我们感性的单
纯表象而已,其形式是空间,但其真实的相关物、亦即自在之物却丝毫也没
有借此得到认识,也不可能借此被认识,但它也从来不在经验中被探讨。

第二节　时　　间

B46

§ 4. 时间概念的形而上学阐明

　　1. 时间不是什么从经验中抽引出来的经验性的概念。因为,如果不是
有时间表象先天地作为基础,同时和相继甚至都不会进入到知觉中来。只
有在时间的前提之下我们才能想象一些东西存在于同一个时间中(同时),
或处于不同的时间内(相继)。

　　2. 时间是为一切直观奠定基础的一个必然的表象。我们不能在一般现
象中取消时间本身,尽管我们完全可以从时间中去掉现象。所以时间是先
天被给予的。只有在时间中现象的一切现实性才是可能的。这些现象全都
可以去掉,但时间(作为这些现象的可能性的普遍条件)是不能被取消的。

B47　　　3. 在这一先天必然性的基础上,还建立起了时间关系的那些无可置疑的原理、或一般时间公理的可能性。时间只有一维:不同的时间不是同时的,而是前后相继的(正如不同空间不是前后相继的,而是同时的一样)。这些原理不可能从经验中引出来,因为经验既不会提供严格的普遍性,也不会提供无可置疑的确定性。我们就只能说:通常的知觉告诉我们是这样;但不能说它必定是这样。这些原理作为使经验根本上成为可能的诸规则而起作用,并在经验之前教导我们,而不是通过经验教导我们。

　　4. 时间不是什么推论性的、或如人们所说普遍性的概念,而是感性直观的纯形式。不同的时间只是同一个时间的各部分。但只能通过唯一的对象被给予的表象就是直观。甚至连"不同的时间不能是同时的"这一命题也不能从一个普遍概念中推出来。这个命题是综合的,不能单独由概念中产生。所以它是直接包含在时间的直观和表象之中。

B48　　　5. 时间的无限性只不过意味着,时间的一切确定的大小只有通过对一个唯一的、作为基础的时间进行限制才有可能。因此,时间这一本源的表象必须作为无限制的而被给予出来。但它的各个部分本身,以及一个对象的每个大小,都只有通过限制才能被确定地加以表象,于是,这整个表象都必定不是由概念给予的(因为概念只包含诸部分表象),而是必须由直接的直观来为它奠定基础。

§5. 时间概念的先验阐明

　　为此,我可以援引上面第 3 条,在那里我为了简短而把本来是先验阐明的事置于形而上学的阐明这个标题下了。在此我再补充一点:变化的概念以及和它一起的运动(作为位置的变化)的概念只有通过时间表象并在时间表象之中才是可能的;而假如这个表象不是先天的(内)直观的话,那么任何概念,不论它是什么概念,都不能使一个变化的可能性、即把矛盾对立着的谓词结合在同一个客体中的可能性(如"同一个事物在某处存在又在同一处不存在"),成为可理解的。只有在时间里,两个矛盾对立的规定才

会在一个事物中被发现,即前后相继地被发现。所以,我们的时间概念解释 B49
了像卓有成效的普遍运动学说所阐述的那么多的先天综合知识的可能性。

§6. 从这些概念得出的结论

a)时间不是独立存在的东西,也不是附属于物的客观规定,因而不是抽掉物的直观的一切主观条件仍然还会留存下来的东西;因为在前一种情况下,时间将会是某种没有现实对象却仍然现实存在的东西。至于第二种情况,那么时间作为一个依附于物自身的规定或秩序就会不可能先行于对象作为其条件、也不可能通过综合命题而被先天地认识和直观到了。相反,这种事很有可能发生,如果时间无非是一切直观得以在我们心中产生的主观条件的话。因为这样一来,这一内直观的形式就能先于对象、因而先天地得到表象了。

b)时间不过是内部感官的形式,即我们自己的直观活动和我们内部状态的形式。因为时间不可能是外部现象的任何规定;它既不属于形状,又不 B50
属于位置等等,相反,它规定着我们内部状态中诸表象的关系。而正因为这种内部直观没有任何形状,我们也就试图通过类比来补足这一缺陷,用一条延伸至无限的线来表象时间序列,在其中,杂多构成了一个只具有一维的系列,我们从这条线的属性推想到时间的一切属性,只除了一个属性,即这条线的各部分是同时存在的,而时间的各部分却总是前后相继的。由此也表明了,时间本身的表象是直观,因为时间的一切关系都能够在一个外部直观上面表达出来。

c)时间是所有一般现象的先天形式条件。空间是一切外部直观的纯形式,它作为先天条件只是限制在外部现象。相反,一切表象,不管它们是否有外物作为对象,毕竟本身是内心的规定,属于内部状态,而这个内部状态却隶属在内直观的形式条件之下,因而隶属在时间之下,因此时间是所有一般现象的先天条件,也就是说,是内部现象(我们的灵魂)的直接条件,正因此也间接地是外部现象的条件。如果我能先天地说:一切外部现象都在 B51

空间中并依空间的关系而先天地被规定,那么我也能出于内感官的原则而完全普遍地说:所有一般现象、亦即一切感官对象都在时间中,并必然地处于时间的关系之中。

如果我们把我们的在内部直观自己并借这种直观也把一切外部直观包括在表象能力中的方式都抽掉,因而把对象如同它们可能自在地存在那样来看待,那么时间就什么也不是了。时间只就现象而言才有客观有效性,因为现象是我们已经当作我们感官的对象的事物;但如果我们抽掉我们直观的感性,因而抽掉我们所特有的那种表象方式,而谈论一般的物,则时间就不再是客观的了。因此时间只是我们(人类的)直观的一个主观条件(这直观永远是感性的,即限于我们为对象所刺激的范围内),它超出主观就其自在来说则什么也不是。但同样,就一切现象而言,因而也对一切能在经验中向我们出现的事物而言,它又必然是客观的。我们不能说:一切事物都在时间中,因为在一般事物这个概念中抽掉了直观事物的一切方式,但这种方式却是把时间归于对象表象的根本条件。如果现在把这个条件加到概念上,并说:一切事物作为现象(感性直观对象)都在时间中,那么这条原理就具有地道的客观正确性和先天的普遍性了。

因此,我们的主张表明了时间的经验性的实在性,即对每次可能给予我们感官的一切对象而言的客观有效性。而由于我们的直观永远都是感性的,所以在经验中决不可能有不是隶属于时间条件之下的对象给予我们。反之,我们反驳一切对时间的绝对实在性的要求,这种要求以为时间即使不考虑我们感性直观的形式也是绝对依附于事物作为其条件或属性的。这样一些属于自在之物的属性也永远不能通过感官给予我们。所以在这里就有时间的先验的观念性,据此,如果我们抽掉感性直观的主观条件,时间就什么也不是,时间(去掉它与我们直观的关系)既不能自存性地(subsistierend)、也不能依存性地(inhärierend)算到自在对象的账上。但这种观念性,正如空间的观念性一样,与感觉的欺骗(Subreption)不可同日而语,因为在此我们毕竟在这些谓词所依存的现象本身方面,预先假定了它是具有客观实在性的,这种实在性除非只是经验性的,即除非只把对象本身看作现象,否则就会完全取消:对此可参看上面第一节的说明。

§7. 解　　说

对于这个承认时间的经验性的实在性、但否认绝对的和先验的实在性的理论，我从行家们那里已听到一致的反对意见，以至于我由此而相信，在不习惯于这些考察的每个读者那里，这种反对意见都必定会自然而然地产生出来。这种意见认为：变化都是现实的（这由我们自己的表象的更替所证明，哪怕我们想否认一切外部现象连同其变化）；既然变化只在时间中才可能，那么时间就是某种现实的东西。回答这种意见并不困难。我承认这全部论证。时间当然是某种现实的东西，也就是内直观的现实的形式。因此它在内部经验中有主观实在性，就是说我现实地有关于时间和我在时间中的规定的表象。因而时间并不能作为客体被看作现实的，而是作为我自己把自己表象为客体的方式而被看作现实的。但假如我自己或另外一个存在者没有这种感性条件而能直观到我的话，那么正是我现在表象为变化的这同一些规定就会提供出某种知识，在其中时间表象、因而连同变化的表象都根本不会出现。所以留下来的只是时间的经验性的实在性，作为我们一切经验的条件。只有时间的绝对的实在性如上所述是不能承认的。时间无非是我们内直观的形式①。如果我们从时间中把我们感性的特殊条件拿掉，那么就连时间概念也消失了，时间并不依赖于对象本身，而只依赖于直观它的那个主体。

但使得这种反对意见如此众口一词、乃至那些尽管不知道有什么明显的理由反驳空间的观念性学说的人亦持此见的原因，有如下述。他们并不指望能无可争辩地证明空间的绝对的实在性，因为他们遭到观念论②的反对，观念论认为外部对象的现实性不能有任何严格的证明，相反，我们内感

B54

B55

①　我虽然可以说：我的诸表象在前后相继；但这只是说，我们把它们意识为在一个时间序列中的，也就是根据内感官的形式来意识它们的。因此时间不是某种自在的东西，也不是什么客观地依赖于事物的规定。——康德

②　Idealismus，本书将酌情译为"观念论"或"唯心论"。——编译者

官对象(我自身和我的状态)的现实性则是直接通过意识而澄明的。外部对象有可能只是幻相,内感官对象在他们看来则无可否认地是某种现实的东西。但他们不曾想到,尽管这两者作为表象的现实性是不容反驳的,但双方却仍然只属于现象,现象任何时候都有两方面,一方面是从自在的客体来看(撇开直观到它的方式,但正因此它的性状总是悬拟着的),另方面是着眼于该对象的直观形式,这个形式必须不是在自在的对象本身中、而是在对象向之显现的主体中寻求,但仍要现实地和必然地归之于该对象的现象。

　　因此,时间和空间是可以从中先天地汲取各种综合知识的两个知识来源,尤其是像纯粹数学在关于空间及其关系的知识方面就提供了一个光辉的范例。也就是说,空间和时间是一切感性直观的两个合在一起的纯形式,它们由此而使先天综合命题成为可能。但这两个先天的知识来源正由此(即由于它们只是感性的条件)也规定了自己的界限,就是说,它们只是指向那些被视为现象的对象,而不表现自在之物本身。只有前者才是它们的有效性的领域,一旦超出这个领域,就不再有它们的客观运用了。此外,空间和时间的这种实在性①并不影响经验知识的可靠性:因为无论这些形式是必然地依附于自在之物本身还是只依附于我们对该物的直观,我们都同样相信这些知识是可靠的。相反,主张空间和时间的绝对实在性的人,不论他们把这种实在性看作是自存性的还是仅仅依存性的,都必然要与经验本身的原则不相一致。因为,如果他们采取自存性的看法(这是从数学研究自然的那一派人的通常看法),那么他们必然要假定两种永恒无限而独立持存的杜撰之物,它们存在着(却又不是某种现实的东西),只是为了把一切现实的东西包含于自身之内。如果他们采取第二派的观点(有些形而上学的自然学家所持的观点),把空间和时间看作从经验中抽象出来的诸现象之关系(并列或相继关系),尽管这些关系在分离中被混乱地表象着——那么,他们必然会否认数学的先天定理对于现实事物(如空间中的事物)有其效力,至少是有无可置疑的确定性,因为这种确定性根本不是后天发生的,而据他们看来,空间和时间的这些先天概念只是想象力的创造,其来源

——————————

　　① 据拉松本改为"观念性"。——德文编者

必须现实地到经验中去寻求,想象根据这些经验的抽象关系构造成了某种虽然包含这些关系的共相、但没有自然加给它们的约束就不能存在的东西。前一派人的长处是,他们为数学的观点打开了现象的领域。但当他们的知性想要超出这个领域时,他们就反而被这些条件弄得混乱不堪了。后一派人虽然在后面这点上是有利的,即当他们想要把对象不是作为现象、而只是在与知性的关系中来判断时,空间和时间的表象并不会阻碍他们;但他们既不能指出数学的先天知识的可能性根据(因为他们缺乏某种真正的和客观有效的先天直观),又不能使经验命题与他们的观点达到必然的一致。在我们关于这两个本源的感性形式的真实性状的学说中,这两个困难就都消 B58
除了。

……　……

§8. 对先验感性论的总说明　B59

Ⅰ. 为了防止一切误解,首先必须尽可能清楚地解释,我们关于一般感性知识的基本性状的看法是什么。

所以我们早就要说:我们的一切直观无非是关于现象的表象;我们所直观的事物不是自在之物本身,我们既不是为了自在之物而直观这些事物,它们的关系也不是自在地本身具有如同它们向我们显现出来的那种性状,并且,如果我们把我们的主体、哪怕只要把一般感官的主观性状取消掉了的话,客体在空间和时间里的一切性状、一切关系,乃至于空间和时间本身就都会消失,并且它们作为现象不能自在地实存,而只能在我们里面实存。对象自在地、离开我们感性的这一切接受性可能是一种什么样的状况,这在我们仍然是完全不知道的。我们知道的只不过是我们知觉它们的方式,这种方式是我们所特有的,虽然必须归之于每一个人,但却不能必然地也归之于任何一个存在者。我们只与这种方式发生关系。空间和时间是这种方式的纯形式, B60
一般感觉则是质料。只有这两种形式是我们可以先天地、即在一切现实知觉之前认识到的,它们因此被叫作纯直观;感觉则是我们知识中使得这知识被叫作后天知识、即经验性的直观的东西。前两者是绝对必须依赖于我们的感性的,而不管我们的感觉可能是哪一种方式;后者则可以是极为多种多样的。即使我们能够把我们的这一直观提升到最高程度的清晰性,我们也不能借此而进一步知悉自在对象本身的性状。因为我们在一切情况下所可能完全认识的毕竟只是我们直观的方式,即我们的感性,并且永远只是在本源地依赖于主体的空间时间条件下来认识它的;自在的对象本身会是什么,这决不会通过对它们那唯一被给予了我们的现象的最明晰的知识而被我们知道。

　　因此说我们的整个感性无非是对事物的混乱的表象,这种表象只包含那属于自在之物本身的东西,只不过是处于我们未借意识将之分辨清楚的那些特征和部分表象的堆积状态下:这种说法是对感性概念和现象概念的一种歪曲,它使得有关感性和现象的这一整套学说都变得无用而空洞了。

B61 不清晰的表象和清晰的表象的这一区别只是逻辑上的,而不涉及内容。无疑,健全知性所使用的公正概念,包含的正是同一个可以由最微妙的思辨从中加以发挥的意思,只是在日常和实际的运用中人们并不意识到这一思想里有这么多方面的表象而已。但人们不能因此就说,这个日常概念是感性的,它包含一种单纯的现象。因为公正决不可能成为现象,相反,它的概念存在于知性中,并表现为行为的(道德的)性状,这性状是属于这些行为的自在本身的。反之,直观中一个物体的表象就根本不包含任何可以归之于一个自在对象本身的东西,而只包含某物的现象及我们由此被刺激的方式,而我们认识能力的这种接受性就叫作感性,它与有关自在对象本身的知识之间,即使我们可以彻底看透那种现象,也仍有天壤之别。

　　所以,莱布尼茨—沃尔夫的哲学在把感性和智性的区别仅仅看作逻辑上的区别时,就对我们知识的本性和起源的全部研究指示了一种完全不正当的观点,因为这种区别显然是先验的,而且并不仅仅涉及清晰或不清晰的

B62 形式,而是涉及双方的起源和内容,以至于,我们不只是通过感性而不清晰地认识自在之物的性状,而是根本不认识自在之物的性状,而我们一旦抽掉我们主观的性状,被表象的客体连同感性直观赋予它的那些属性就在任何地方都找不到了,也不可能被找到,因为正是这个主观性状规定着作为现象的客体的形式。

我们平常喜欢在现象中区分出：本质上依赖于现象的直观并对任何一般人类感官都有效的东西，以及只是偶然归于这些现象的直观的东西，它不是在与感性的关系上普遍有效，而只是对这个那个感官的特殊职能或机制有效。这样，我们就把前一种知识称之为表现自在的对象本身的知识，而把后一种知识称之为只是该对象的现象的知识。但这种区分只是经验性的。如果我们停留于此（如通常发生的那样），而不再把那种经验性的直观作为单纯的现象来看待（如应当发生的那样）、以致在其中根本找不到任何依赖于某种自在事物本身的东西，那么，我们的先验区分就是徒劳的。而这样一来我们还是会相信能认识自在之物，尽管我们（在感官世界中）到处、哪怕在对感官世界的对象作最深入的研究时，也只能与现象打交道。所以，虽然我们把虹称之为只是晴天雨的现象，而把这场雨称之为自在的事物本身，这也是对的，只要我们把这个概念仅仅从物理学上理解为在普遍经验中、在对感官的所有不同情况之下，毕竟是这样而不是别样地在直观中被规定的东西。但是如果我们一般性地看待这种经验性的东西，并且不顾及它与每一种人类感官的协调性，而探问它是否也表象了一个自在的对象本身（不是雨滴，因为雨滴作为现象已经是经验性的客体了），那么这个表象与对象的关系问题就是先验的了，并且，不光是这些雨滴只是现象，而且甚至它们的圆形、乃至于它们在其中下落的空间，都不是自在的本身，而只是我们感性直观的一些变形，或者是感性直观的基础，但先验的客体仍然是我们所不知道的。 B63

我们的先验感性论要做的第二件重要的事就是：它不仅仅是要作为一种表面上的假设来赢得人们的一些好感，而是要具有对任何一种应被当作工具论的理论所可能要求的确定性和不被怀疑性。为了完全说明这种确定性，我们想选择某种案例，在其中这种工具论①的有效性变得一目了然，并可以用来进一步澄清在§3.中所讨论的问题。 B64

于是我们假设空间和时间本身自在地就是客观的，且是自在之物本身的可能性条件，那么显然首先，将会出现大量的关于这两者的先天无可置疑的综合命题，特别是关于空间的，所以我们这里要优先把空间当作例子来研

---

① 阿底克斯改为："这种确定性"。——德文编者

究。由于几何学定理是先天综合地并以无可置疑的确定性被认识的，所以我要问：我们是从哪里取得这类定理的，并且我们的知性是靠什么来支持自己去达到这类绝对必然的、普遍有效的真理的？没有任何别的道路，唯有通过概念，或是通过直观；但这两者本身要么是先天地、要么是后天地被给予出来的。后一种情况，即经验性的概念连同它所建立于其上的经验性的直观，所能提供的综合命题没有别的，只有这样一种本身也只是经验性的命题、即经验命题，因而这种命题也永远不可能包含必然性和绝对的普遍性，而后者却是一切几何学定理所表现的特征。但要达到这种知识，何者将是首要的和唯一的手段，也就是说通过单纯概念还是通过先天直观，那么很显

B65　然，从单纯概念是完全不能达到任何综合知识的，而只能达到分析的知识。且让我们看看这条定理："凭两直线不能围住一个空间，因而不能有任何图形"，让我们试着从直线的概念和"两"这个数目的概念中把这个定理推导出来；或者另一条定理："凭三条直线可以有一个图形"，并试试同样单从这些概念中推出它来。你的一切努力都是白费，你将发现你不得不求助于直观，正如几何学也一直在做着的那样。所以，你给自己提供了一个直观中的对象；但这是哪一种直观，是先天的纯直观还是经验性的直观？如果是后者，那么就永远不可能从中得出一个普遍有效的命题，更得不出一个无可置疑的命题：因为经验永远不能提供这样的东西。所以你必须给自己在直观中提供一个先天对象并在此之上建立你的综合命题。假如在你的内部没有一种进行先天直观的能力；假如这个主观条件按其形式来说并非同时又是唯一使得这个（外部）直观的客体本身得以可能的先天的普遍条件；假如对象（即三角形）是与你的主体没有关系的某种自在的东西本身：你怎么可以说，凡是在你构成一个三角形的主观条件中必然存在的东西，也必须属于自在的三角形本身呢？因为你毕竟不可能在你的概念（三条直线）上添加任

B66　何新的东西（图形），使它必然会在对象上被碰到，因为对象是在你的知识之前、而不是通过你的知识被给予的。因此，假如空间（时间也是如此）不是你的直观的一个单纯形式，它包含有唯一能使事物对你成为外在对象的先天条件，无此主观条件对象就会什么也不是，那么，你就根本不可能对外部客体先天综合地决定任何事了。所以这是毫无疑问地确定的、而不只是

可能的、也不是大概的：空间和时间作为一切（外部和内部）经验的必然条件，只不过是我们一切直观的主观条件，因而在与这些条件的关系中一切对象只不过是现象，而不是以这种方式独立地给予出来的物，因此关于这些现象，在涉及它们的形式时也可以先天地说出许多东西，但关于可能作为这些现象的基础的自在之物本身，则丝毫不能说出什么来。

Ⅱ.为了证明这一外感官和内感官的观念性理论，因而证明感官的一切客体都只是现象的理论，我们可以首先采用这种观点：在我们的知识中一切属于直观的东西（因而愉快感和不愉快感及意志这些根本不是知识的东西除外），所包含的无非是单纯的关系，在一个直观中的位置关系（广延）、这 B67
些位置的变化关系（运动）和这些变化据以被规定的法则的关系（动力）。但在这个位置上当下所是的东西，或者除位置变化之外、在事物本身中起作用的东西，却并没有借此被给予出来。于是通过单纯的关系毕竟还没有认识一个自在的事物：因此很可以判断说：由于外部感官给我们提供的无非是单纯的关系表象，所以外部感官也只能在其表象中包含一个对象对主体的关系，而不包含内的、可归于自在客体的东西。内部直观也有同样的性质。不仅仅是外感官的表象在内感官中构成了我们用来占据我们内心的真正材料，而且我们放置这些表象的那个时间，那个本身在经验中先行于对这些表象的意识、并作为形式条件而为我们在内心中放置这些表象的方式奠定基础的时间，已经包含有前后相继、同时并存的关系及与这种前后相继伴随着的东西（持存之物）的关系。于是，凡是能够在一切有所思维的行动之前作为表象而先行的东西就是直观，并且，如果它所包含的无非是关系，它就是直观形式，这种形式由于它只有当某物被置入内心时才有所表象，所以它不能是别的，只能是内心通过自己的活动、即通过其表象的这一置入、因而通过自身而被刺激起来的方式，这种方式就是某种按其形式而言的内感官。凡是通过一个感官而被表象出来的东西，在这范围内永远都是现象，因 B68
而一个内感官要么就必定会根本不被承认，要么那个作为内感官对象的主体就只能通过内感官而被表象为现象，而不是表象为像它在它的直观若作为单纯自我活动、即作为智性直观时，它将对自己所作的判断那样。这里一切困难仅仅在于，一个主体如何能够内在地直观自己；只不过这种困难是任何一种理论所共同的。对主体自我的意识（统觉）是自我的简单表象，并且，假如单凭这一点，主体中的一切杂多就会自动地被给予的话，那么这种内在的直观就会是智性的了。在人类这里，这种意识要求对于主体中预先被给予的杂多有内在的知觉，而这种杂多在内心中非自发地被给予的方式由于这一区别，就必须叫作感性。如果对自己发生意识的能力要去寻求（领会）那寓于内心中的东西，那么它就必须刺激内心，并且只有以这种方式它才能产生出对它自己的直观，但这种预先植根于内心中的直观形式则在时间表象中规定着杂多在内心中聚合的方式，因为内心直观自己并非像它直接主动地表象自己那样，而是按照它从内部被刺激的那种方式，因而是像它对自己所显现的那样，而不是它所是的那样。

Ⅲ．如果我说：在空间和时间中，不论是外部客体的直观，还是内心的自我直观，都是如同它们刺激我们的感官那样、即如同它们所显现的那样来表象它们的，那么这并不是想说这些对象就只是幻相。因为在现象中，客体乃至于我们赋予这些客体的诸性状，任何时候都被看作某种现实被给予的东西，只不过就这些性状在这被给予的对象与主体的关系中依赖于主体之直观方式这点而言，该对象作为现象是与它自身作为自在的客体有区别的。所以，当我主张说，我据以设定物体和我的灵魂的、作为两者存有的条件的那种空间和时间的性质，是在我的直观方式中、而不是在这些自在的客体中，这时我并不是说，物体只是似乎存在于我之外，或者我的灵魂只是似乎在我的自我意识中被给予的。如果我把我本想归于现象的东西弄成了只是幻相，那将是我自己的罪过①。但这种情况依照我们的一切感性直观的观

---

① 现象的各种谓词在与我们的感官的关系上是能够被赋予客体本身的，例如赋予玫瑰花以红色或香味；但幻相却永远不能被作为谓词赋予对象，这恰好是因为，幻相把那只是在与感官的关系中、或一般在与主体的关系中属于对象的东西赋予了孤立的客体，例如人们最初把两个柄加在土星身上。凡是根本不会在自在的客体本身找到、但却能在客体与主体的关系中找到，并与主体的表象不可分的东西，都是现象。这样，空间和时间的谓词就正当地被赋予了作为感官对象的感官对象，并且在其中没有幻相。相反的情况是，我把红色赋予自在的玫瑰花，把两个柄赋予土星，或把广延自在地赋予一切外在对象，而不是着眼于这些对象与主体的一定的关系并把我的判断限制于其上；这样一来幻相才会产生。——康德

念性原则并不会发生；勿宁说，如果我们赋予那些表象形式以客观的实在性，那么我们就无法避免不因此而把一切都转化为单纯的幻相。因为，如果我们把空间和时间看作按其可能性必定会在自在的事物身上找到的性状，并仔细考虑下这样一来我们将陷入的荒唐境地，即有两个无限的物，它们不是实体，也不是某种现实地依存于实体的东西，但却实存着，甚至必须成为一切物实存的条件，即使一切实存之物都被取消，它们却仍然留存着；那么，我们也许就不能责备那非凡的贝克莱把物体降为单纯的幻相了，甚至就连我们自己的实存，当它以这种方式被弄得依赖于像时间这样一种杜撰物之独立自存的实在性时，也必定会和这个时间一起转化为纯粹的幻相了；这种荒唐的错误至今还从来没有人犯过。

IV. 在自然神学中，由于人们想到一个这样的对象，它不光对我们根本不可能成为直观的对象，而且就连对它自己也绝对不可能是感性直观的对象，所以人们就很仔细地考虑从它的直观中（因为它的一切知识必定都是直观，而不是随时表现出局限性的思维）把那些时间和空间的条件都去掉。但我们有什么权利可以这样做——如果我们首先把这两者弄成了自在之物本身的形式，而且它们作为物之实存的先天条件，即使在该物本身被去掉时也仍然留存着？因为，作为所有一般存有的条件，它们也必然会是上帝存有的条件。如果人们不想把它们弄成一切物的客观形式，那就没有别的选择，只有使它们成为我们外部和内部直观方式的主观形式，而这种直观方式之所以被叫作感性的，是因为它不是本源的，就是说，不是这样一种本身就使直观的客体之存有被给予出来的直观方式（这种直观方式就我们的理解而言，只能属于那原始的存在者），而是一种依赖于客体的存有、因而只有通过主体的表象能力为客体所刺激才有可能的直观方式。

我们也并不需要把空间和时间中的这种直观方式局限于人类的感性；有可能一切有限的有思维的存在者在这点上是必须与人类必然一致的（尽管我们对此无法断定），所以这种直观方式毕竟不会由于这种普遍有效性而不再是感性，这正是因为它是派生的直观（intuitus derivativus），而不是本源的直观（intuitus originarius），因而不是智性直观，这种智性直观，依据上述同一理由，看来只应属于原始存在者，而永远不属于一个按其存有及按其

B70

B71

B72

直观（在对被给予客体的关系中规定其存有的那个直观）都是不独立的存在者；虽然最后这个对先验感性论的说明只应算作一种注解，而不是一种证明。

　　……　……

［先验逻辑导言］　先验逻辑的理念 B74

Ⅰ.一般的逻辑

我们的知识产生于内心的两个基本来源,其中第一个是感受表象的能力(对印象的接受性),第二个是通过这些表象来认识一个对象的能力(概念的自发性);通过第一个来源,一个对象被给予我们,通过第二个来源,对象在与那个(作为内心的单纯规定的)表象的关系中被思维。所以直观和概念构成我们一切知识的要素,以至于概念没有以某种方式与之相应的直观、或直观没有概念,都不能产生知识。这两者要么是纯粹的,要么是经验性的。如果其中包含有感觉(它以对象的现实的在场为前提),那就是经验性的;但如果表象中没有混杂任何感觉,那就是纯粹的。我们可以把感觉叫作感性知识的质料。所以纯粹直观只包含使某物得以被直观到的形式,而 B75 纯粹概念只包含一个对象的思维的一般形式。只有纯粹直观和纯粹概念才是先天可能的,经验性的直观和概念则只是后天可能的。

我们若是愿意把我们的内心在以某种方式受到刺激时感受表象的这种接受性叫作感性的话,那么反过来,那种自己产生表象的能力,或者说认识的自发性,就是知性。我们的本性导致了,直观永远只能是感性的,也就是只包含我们为对象所刺激的那种方式。相反,对感性直观对象进行思维的能力就是知性。这两种属性中任何一种都不能优先于另一种。无感性则不会有对象给予我们,无知性则没有对象被思维。思维无内容是空的,直观无概念是盲的。因此,使思维的概念成为感性的(即把直观中的对象加给概念),以及使对象的直观适于理解(即把它们置于概念之下),这两者同样都是必要的。这两种能力或本领也不能互换其功能。知性不能直观,感官不能思维。只有从它们的互相结合中才能产生出知识来。但我们却不可因此把它们应分的事混淆起来,而有很重要的理由把每一个与另一个小心地分离出来并区别开来。所以我们就把一般感性规则的科学,即感性论,和一般知性规则的科学,即逻辑,区分开来。

而逻辑又可以依两方面的意图来处理,要么是作为普遍的知性运用的逻辑,要么是作为特殊的知性运用的逻辑。前者包含思维的绝对必然的规则,舍此则根本没有知性的任何运用,所以它针对这种运用,而无视这种运用所可能指向的那些对象的差别。特殊的知性运用的逻辑则包含正确思维某个确定种类的对象的规则。前者可以叫作要素的逻辑,后者则可以叫作这门或那门科学的工具论(Organon)。工具论在学校里大多是作为各门科学的入门课而排在前面,虽然按照人类理性的进程它是最后的,人类理性只有在一门科学早已完成、只须最后一道工序加以修正和完善时才能达到它。因为我们如果要定出一门科学怎样能够由之建立起来的那些规则,就必须对这些对象已经有了相当高的程度的了解。

普遍的逻辑则要么是纯粹的逻辑,要么是应用的逻辑。在前者中我们抽掉了使我们的知性得以施行的一切经验性条件,例如感官的影响,想象的游戏,记忆的规律,习惯的力量,爱好等等,因而也抽掉了一切成见的来源,甚至一般说来,也抽掉了使某些知识有可能由我们产生、或有可能被暗中塞给我们的一切理由,因为这些知识只是在知性运用的某些情况下才与知性发生关系,而要了解这些情况就需要经验。所以一种普遍而又纯粹的逻辑只与先天原则打交道,它是知性的法规,也是理性的法规,但只是就其运用的形式而言,而不管内容是什么(经验性的还是先验的)。但一种普遍逻辑,当它针对着在心理学所告诉我们的那些主观经验性条件之下的知性运用规则时,就称之为应用的。因此它就含有经验性的原则,虽然就其对对象不加区别地指向知性的运用而言是普遍的。因为这一点,它既不是一般知性的法规,也不是特殊科学的工具论,而只是日常知性的一种修整术。

因此,在普遍的逻辑里,用来构成纯粹理性学说的那一部分必须和构成应用的(固然还是普遍的)逻辑的部分分离开来。真正说来,只有前者才是科学,虽然简略而枯燥,如同按照学院规则表述一种知性要素论所要求的那样。因此,在这种逻辑中逻辑学家必须随时把两条规则记在心里:

1. 作为普遍逻辑,它抽掉了知性知识的一切内容及其对象的差异性,并且只与思维的单纯形式打交道。

2. 作为纯粹逻辑,它不具有经验性的原则,因而不(像人们有时说服自己的那样)从心理学中汲取任何东西,所以心理学对于知性的这些法规没有任何影响。它是一种被演证的学说,在其中一切都必须是完全先天确定的。

所以,我所谓的应用逻辑(与这个词的通常意义相反,通常认为应用逻辑应包含某些由纯粹逻辑为之提供规则的练习),是表象知性及其 in concreto(在具体情况下)的必然运用规则的,所谓在具体情况下,也就是在那些能阻碍或促进这种运用的主观偶然条件下,而这些条件全都只是经验性地被给予的。它研究的是注意,注意的障碍与后果,错误的来源,怀疑、顾虑、确信等等状态,普遍纯粹逻辑与它的关系正如纯粹道德学(Moral)——它只包含自由意志的一般必然的道德律——与本来意义上的德性论(Tugendlehre)的关系,后者所考虑的是在人们或多或少所屈从的情感、爱好和情欲的阻碍之下的道德律,它永远也不能产生出一门真正的经过演证的科学,因为它正如上述应用逻辑学一样,需要的是经验性的和心理学的原则。

Ⅱ. 先 验 逻 辑

如我们所指出的,普遍逻辑抽掉一切知识内容,即抽掉一切知识与客体的关系,只考察知识相互关系的逻辑形式即一般思维形式。但既然(如先

验感性论所证明的)有纯粹的直观,也有经验性的直观,那么也很有可能在
B80 对象的纯粹思维和经验性的思维之间找到某种区别。在这种情况下,就会
有一种在其中不抽掉知识的全部内容的逻辑;因为这种逻辑将只包含对一
个对象的纯思维的规则,它将排除一切具有经验性内容的知识。它还将讨
论我们有关对象、而又不能归之于对象的知识来源;相反,由于普遍逻辑不
涉及这种知识来源,而只是按照知性在思维时据以在相对关系中运用表象
的那些法则来考察这些表象,不论这些表象是原初地先天存在于我们之中,
还是仅仅经验性地被给予的,所以它只是研究可以为这些表象找到的知性
形式,而不管这些表象可能来自于何处。

　　我在这里要作一个说明,它将影响到所有下面要进行的考察,是必须牢
记于心的,这就是:并非任何一种先天知识都必须称之为先验的,而是只有
那种使我们认识到某些表象(直观或概念)只是先天地被运用或只是先天
地才可能的、并且认识到何以是这样的先天知识,才必须称之为先验的(这
B81 就是知识的先天可能性或知识的先天运用)。因此不论是空间,还是空间
的任何一个几何学的先天规定,都不是一种先验的表象,而只有关于这些表
象根本不具有经验性的来源、以及何以它们还是能够先天地与经验对象发
生关系的这种可能性的知识,才能称之为先验的。同样,若把空间运用于一
般对象,这种运用也会是先验的:但若只是限制于感官对象,这种运用就是
经验性的。所以先验的和经验性的这一区别只是属于对知识的批判的,而
不涉及知识与其对象的关系。

　　因此,由于期望也许会有一些可以与对象先天地相关的概念,它们既不
是纯粹的直观也不是感性的直观,而只是纯思维活动,因而是一些既没有经
验性来源也没有感性来源的概念,所以我们就预先为自己形成了一门关于
纯粹知性知识和理性知识的科学的理念,用来完全先天地思维对象。这样
一门规定这些知识的来源、范围和客观有效性的科学,我们也许必须称之为
B82 先验逻辑,因为它只和知性和理性的法则打交道,但只是在这些法则与对象
先天地发生关系的范围内,而不是像普遍逻辑那样,无区别地既和经验性的
知识、又和纯粹理性知识发生关系。

Ⅲ. 普遍逻辑划分为分析论与辩证论

有一个古老而著名的问题，人们曾以为可用它迫使逻辑学家们陷入窘境，并曾试图把他们推到这一步，即要么不得不涉嫌于可怜的诡辩，要么就要承认他们的无知，因而承认他们全部技巧的虚浮，这个问题就是：什么是真理？对真理这个名词的解释是：真理是知识和它的对象的一致，这个解释在这里是给定了的前提；但人们还要求知道，任何一种知识的普遍而可靠的标准是什么。

知道应该以合理的方式提出什么问题，这已经是明智与洞见的一个重要的和必要的证明。因为，如果问题本身是荒谬的，并且所要求的回答又是不必要的，那么这问题除了使提问者感到羞耻之外，有时还会有这种害处，即诱使不小心的听众作出荒谬的回答，并呈现出这种可笑的景象，即一个人（如古人所说过的）在挤公山羊的奶，另一个人拿筛子去接。 B83

如果真理在于知识和它的对象的一致，那么该对象就必然会由此而与其他对象区别开来，因为一个知识如果和它与之相关的那个对象不一致，即使它包含某种或许能适用于其他对象的东西，它也是错误的。于是真理的一个普遍标准就会是那种对知识对象不加区别地适用于一切知识的东西了。但很明显的是，由于从这个标准上抽掉了知识的一切内容（知识与其对象的关系），而真理又恰好是与这内容相关的，那么追问这一知识内容的真理性的标志就是不可能的和荒谬的，因而真理的一个充分的、但同时又是普遍的标志就会不可能确定下来了。由于我们在上面已经把知识的内容称之为知识的质料，那么我们就会不得不说：对知识的真理性就其质料而言不可能要求任何普遍性的标志，因为这本身是自相矛盾的。

至于单纯就形式（而排除一切内容）而言的知识，那么同样很清楚：只要一种逻辑阐述出知性的普遍必然的规则，它也必然会在这些规则中阐述出真理的标准。因为，凡是与这些标准相矛盾的东西，由于知性在此与自己 B84

的普遍思维规则相冲突、因而与自己本身相冲突,就是错误的。但这些标准只涉及真理的形式,即一般思维的形式,就此而言它们是完全正确的,但并不是充分的。因为,即使一种知识有可能完全符合于逻辑的形式,即不和自己相矛盾,但它仍然总还是可能与对象相矛盾。所以真理的单纯逻辑上的标准、即一种知识与知性和理性的普遍形式法则相一致,这虽然是一切真理的 conditio sine qua non(必要条件)、因而是消极的条件;但更远的地方这种逻辑就达不到了,它没有什么测试手段可以揭示那并非形式上的、而是内容上的错误。

既然普遍逻辑把知性和理性的全部形式职能分解为各种要素,并将这些要素描述为对我们的知识所作的一切逻辑评判的诸原则,所以逻辑的这一部分可以称之为分析论,并正因此而至少是真理的消极的试金石,因为我们必须首先把一切知识根据其形式放到这些规则上来检验和估价,然后才根据其内容来研究它们本身,以便断定它们是否在对象方面包含有积极的

B85 真理。但由于单是知识的形式不论它与逻辑的规律多么一致,也还远不足以因此就断定知识的质料上(客观上)的真理性,所以没有人敢于单凭逻辑就对于对象作出判断,或是以任何方式对此有所主张,而不是在逻辑之外预先对它们进行确凿的调查,以便此后只是尝试按照逻辑规律来利用这种调查并将其联结在一个关联着的整体之中,但更好的是只按照逻辑规律对其加以检验。然而,当我们拥有一种赋予我们一切知识以知性形式的如此表面的技术时,不论我们在这些知识的内容方面是如何的空洞和贫乏,却仍然有某种诱人的东西,使得那只不过是进行评判的一种法规的普遍逻辑仿佛像一件进行现实创造的工具一样,至少被用于有关客观论断的假象,因而事实上就以这种方式被误用了。于是,这种被当成工具论的普遍逻辑就称之为辩证论。

B86 古代人在对一门科学或技术使用这一命名时,不论其意义如何各不相同,我们仍可以从它的实际运用中有把握地认定,辩证论在他们那里只不过是幻相的逻辑。这是一种诡辩论者的技术,要使他的无知、甚至使他的有意的假象具有真理的模样,也就是摹仿一般逻辑所规定的彻底性的方法,并利用一般逻辑的正位论来美化任何一个空洞的假定。现在我们可以作为一个

可靠的和用得上的警告来加以说明的是:普遍的逻辑若作为工具论来看待,任何时候都会是一种幻相的逻辑,就是说,都会是辩证的。因为它在这里根本不能告诉我们有关知识内容的任何东西,而只不过告诉我们与知性相一致的形式条件,这些条件除此之外在对象方面是完全无所谓的;所以,强求把它作为一种工具(工具论)来使用,以便至少根据那种假定来扩展和扩大他们的知识,这种僭妄必然导致的结果无非是徒逞辩才,即借助一些幻相去断言人们所想要的一切,要么就随意地斥之为无效。

这样一种说教是与哲学的尊严无论如何都不相符合的。为此人们更愿意把辩证论这一命名作为一种对辩证幻相的批判而列入逻辑之中,而在这里我们也要记得把它理解为这样一种批判。

Ⅳ. 先验逻辑划分为先验分析论和先验辩证论　B87

在先验逻辑中我们把知性孤立起来,(正如我们前面在先验感性论中把感性孤立起来一样),并且从我们的知识中只抽取出仅在知性中有其起源的思维的部分。但这种纯粹知识的使用的基础、即其使用的条件是:它可以应用于其上的对象是在直观中给予我们的。因为没有直观,我们的一切知识就缺乏客体,那么它就还是完全空洞的。所以先验逻辑的这一阐明纯粹知性认识之诸要素、阐明那些任何对象要能被思维都不可或缺的原则的部分,就是先验分析论,同时也是真理的逻辑。因为没有任何知识能够与这种逻辑相矛盾而不同时丧失其一切内容、即丧失与任何客体的一切关系,因而丧失一切真理的。但由于将这些纯粹的知性知识和原理单独地、乃至于超出经验界限之外加以运用的诱惑和引诱力是很大的,而经验却又是唯一地能向我们提供那些纯粹知性概念得以应用于其上的质料(即客体)的:于是知性就陷入到凭借空洞玄想对纯粹知性的单纯形式原则作质料上的运用的危险,而对那些并未给予我们、甚至也许根本无法给予我们的对象不加区别地作出判断。所以,既然这种逻辑真正说来只应是对经验性使用加以评　B88

判的一种法规，那么如果我们承认它是一种普遍地和无限制地使用的工具，并胆敢单凭纯粹知性去对一般对象综合地下判断、提看法和作裁决，那就是对它的误用。而那样一来，纯粹知性的运用就会是辩证的了。所以先验逻辑的第二部分必须是对这种辩证幻相的一种批判，它称之为先验辩证论，并不是作为一种独断地激起这类幻相的技术（一种在各色各样的形而上学戏法中不幸非常流行的技术），而是作为对知性和理性在其超自然的运用方面的一种批判，为的是揭露出它们的无根据的僭妄的虚假幻相，并将理性以为单凭先验原理就能做到有所发现和扩展的要求降低到只是批判和保护纯粹知性以防止诡辩的假象而已。

先验分析论·概念分析论

[纯粹的知性概念]

§9.知性在判断中的逻辑机能

如果我们抽掉一般判断的一切内容,而只关注其中的知性形式,那么我们就发现,思维在判断中的机能可以归入四个项目之下,其中每个项目又包含有三个契机。它们可以确切地如下表所示。

1.

判断的量

全称的
特称的
单称的

2.	3.
判断的质	判断的关系
肯定的	定言的
否定的	假言的
无限的	选言的

4.

判断的模态

或然的

实然的

必然的

B96　　　由于这种划分在某些地方、虽然不是在本质的方面显得与逻辑学家们惯常的划分法有所偏离,所以针对我所担心的误解作如下几点辩护将不是毫无必要的。

　　　1. 逻辑学家们有理由说,在把判断运用于理性推论中时,单称判断可以如同全称判断一样来对待。因为正是由于单称判断根本没有外延,它的谓词就不能只联系于包含在主词概念之下的某些东西,而被另一些东西排除在外。所以这谓词毫无例外地适用于那个概念,就好像这概念是一个拥有某种外延、而这谓词适用于这外延的全部意义的普适性概念一样。相反,如果我们把一个单称判断只是作为知识而在量的方面与一个普适性判断加以比较,那么单称判断与普适性判断的关系就如单一性对无限性的关系一样,因而就本身来说是与普适性判断有根本的区别的。所以,如果我把一个单称判断(judicium singulare)不只是按其内在的有效性,而是也作为一般知识按其与别的知识相比较时的量来估价,那么它当然就是与普适性判断(judicia communia)有区别的,并且值得在一般思维各契机的一个完整的表中(虽然并不是在那个只限制在诸判断之间相互运用的逻辑中)占一个特

B97　殊的位置。

　　　2. 在先验逻辑中,同样还必须把无限判断和肯定判断区分开来,虽然在普遍逻辑中前者正当地被归入了后者之列,而并不构成划分的一个特殊的环节。因为普遍逻辑抽掉谓词的一切内容(即使这谓词是否定的),并只着眼于这谓词是否附加于主词,或者是否与主词相对立。但先验逻辑则也要根据这种借助于单纯否定的谓词所作出的逻辑肯定的价值或内容,来考察该判断,并考察这种肯定对全部知识带来怎样一种收获。假如

我关于灵魂说道,它是不死的,那么我就通过一个否定判断至少防止了一个错误。现在,通过"灵魂是不死的"这一命题,我虽然按逻辑形式来说作出了现实的肯定,这时我把灵魂放入了不死的存在者的那个无限的范围之中。既然有死者在可能存在者的全部范围中包括了一个部分,而不死者则包括了另一部分,所以我的这个命题所说的无非是,灵魂是当我把有死的东西全部都去掉之后余留下来的无限数量事物中的一个。但这样一来,一切可能事物的这一无限领域所受到的限制只不过是,有死者被从中排除了,灵魂则被放在这无限领域中剩余的地方。但这个剩余的地方即便有这样的排除,却仍然还是无限的,并且还可以去掉其更多的部分,而灵魂的概念也并不因此就有丝毫的增加和得到肯定的规定。所以就逻辑范围而言的这些无限判断在一般知识的内容方面实际上只是限制性的,从这一点看它们在判断中思维的一切契机的先验表中是必定不可跳过去的,因为知性在这里所执行的机能也许在知性的纯粹先天知识的领域中可以是重要的。

B98

3. 思维在判断中的一切关系是:a)谓词对主词的关系,b)根据对结果的关系,c)被划分的知识和这一划分的全部环节的相互之间的关系。在第一类判断中只考察两个概念,在第二类判断中考察两个判断,在第三类判断中考察相互关联着的好几个判断。在"如果确有完全的正义,则一惯作恶的人将受到惩罚"这一假言命题中,实际上包含有两个命题:"确有完全的正义",和"一惯作恶的人将受惩罚"。这两个命题本身是否真实,在这里尚未决定。通过这一判断所想到的只是这种前后一贯性。最后,选言判断所包含的是两个或好几个判断彼此的关系,但不是次序上的关系,而是逻辑上的对立关系,这种对立在于一个命题的领域排除另一个命题的领域,但同时又还是协同性的关系,这种协同性在于这些命题合起来完成了真正知识的领域,所以这是一个知识领域的诸部分之间的关系,因为每一部分的领域都是为了真正知识的全部总和而对另一部分的领域所作的补充,例如,世界要么是通过盲目的偶然性,要么是通过内在的必然性,要么是通过一个外在的原因而存在的。这几个命题的每一个都占据着有关一个世界的一般存有的可能知识领域的一部分,所有这些命题合起来则占据了整个领域。把知识

B99

从这些领域之一中除开,就意味着把它放进其他领域之一里面去,反之,把它放进某个领域之中,也就意味着把它从其余领域中除开。所以在选言判断中有诸知识的某种协同性,这种协同性在于诸知识交相排斥、但却因此而在整体上规定着那个真实的知识,因为这些知识总括起来构成了一个唯一被给予的知识的全部内容。而这也只是我觉得为了下面要说的起见所必须说明的。

4. 判断的模态是判断的一种十分特殊的机能,它本身的特别之处在于
B100 它对判断的内容毫无贡献(因为除了量、质和关系之外再没有什么能构成一个判断的内容的了),而只是关涉到系词在与一般思维相关时的值。或然判断是我们把肯定或否定都作为可能的(随意的)来接受的判断。实然判断是当肯定或否定被看作现实的(真实的)时的判断。在必然判断中我们把它们视为必然的①。所以,若两个判断的关系构成假言判断(antecedens und consequens①),同样,若选言判断即在于它们的交互作用(划分的诸环节),则这两个判断全都只是或然的。在上述例子中,"确有完全的正义"这一命题并不是实然地说出来的,而只是作为一个随意的判断、即可能有某人会承认的判断来设想的,而只有那个前后连贯性才是实然的。因此这样的判断也可能显然是假的,但作为或然的来看却可以是真理性知识的条件。所以"世界通过盲目的偶然性而存在"这一判断在选言判断中
B101 只具有或然性的含义,就是说,可能有某人也许会偶尔承认这一命题,但这毕竟有助于发现真命题(如当人们在可能采取的一切途径的数目中划掉错误的途径时一样)。所以或然性命题就是这样一种命题,它仅仅表达出逻辑可能性(而不是客观可能性),也就是表达出使这样一个命题有效的自由选择,即只是任意地把它接受进知性中来的。实然命题说的是逻辑上的现实或真理,例如在一个假言的理性推论中,前件在大前提中出现为或然的,在小前提中出现为实然的,而且表明这个命题已经按照知性的规律而与知

---

① 正如思维在第一种情况下将是一种知性的机能,在第二种情况下将是判断力的机能,在第三种情况下将是理性的机能一样。这一意见留待下面再作解释。——康德

① 拉丁文:前件和后件。——编译者

性结合着了,必然命题则把实然命题思考为由这些知性规律本身所规定的,因而是先天断言的,并以这种方式表达了逻辑的必然性。现在,由于在这里一切都逐步并入了知性之中,以至于我们首先是或然地判断某物,然后也可能就实然地把它看作是真实的,最后才断言为与知性不可分地结合着的,即断言为必然的和无可置疑的,这样,我们也可以把模态的这三种机能叫作一般思维的三个契机。

§ 10.纯粹的知性概念,或范畴

B102

正如已经多次讲过的,普遍逻辑抽掉知识的一切内容,而指望从另外的地方,不管是从哪里,为自己获得表象,以通过分析过程首先把这些表象转化为概念。反之,先验逻辑则面对着由先验感性论呈现给它的先天感性杂多,这种杂多给诸纯粹知性概念提供材料,没有这种材料它们将会没有任何内容,因而就会完全是空的。空间和时间包含有先天纯直观的杂多,但它们仍然属于我们内心的接受性的条件,内心只有在它们之下才能感受到对象的表象,所以这些表象任何时候也必定会刺激起对象的概念来。不过我们思维的自发性要求的是先将这杂多以某种方式贯通、接受和结合起来,以便从中构成知识。这一行动我叫作综合。

但我所理解的综合在最广泛的含义上是指把各种表象相互加在一起并将它们的杂多性在一个认识中加以把握的行动。如果杂多不是经验性地、而是先天地被给予的(如空间和时间中的杂多),这样一种综合就是纯粹的。在对我们的表象进行任何分析之前,这些表象必须先已被给予了,并且任何概念按内容来说都不可能由分析产生。但对一个杂多(不论它是经验地还是先天地被给予的)的综合最先产生出来一种知识,虽然这种知识一开头可能还是粗糙的和混乱的,因而需要分析;然而这个综合毕竟是真正把诸要素聚集为知识、并结合为一定的内容的东西;所以它是我们必须予以注意的首要的东西,如果我们要判断我们知识的最初起源的话。

B103

　　我们在后面将会看到,一般综合只不过是想象力的结果,即灵魂的一种盲目的、尽管是不可缺少的机能的结果,没有它,我们就绝对不会有什么知识,但我们很少哪怕有一次意识到它。不过,把这种综合带到概念上来表达,这是应归之于知性的一种机能,知性借此才第一次使我们得到真正意义上的知识。

B104　　于是,纯粹的综合,从普遍的方面来看,就提供出纯粹的知性概念。但我理解的纯粹综合是以先天的综合统一性为基础的综合:所以我们的计数(尤其是在数目较大的情况下看得更明白)是根据概念的综合,因为它是按照单位的某种共同基础(例如十进制)来进行的。所以在这个概念之下杂多综合中的统一性就成为必然的了。

　　各种不同的表象是通过分析被纳入一个概念之下的(这是普遍逻辑所处理的一件事务)。但先验逻辑教给我们的不是将表象、而是将表象的纯综合带到概念之上。为了达到一切对象的先天知识,必须首先给予我们的是纯粹直观的杂多;其次是通过想象力对这种杂多加以综合,但这也还没有给出知识。给这种纯粹综合提供统一性、并只是以这种必然的综合统一的表象为内容的那些概念,则为一个出现的对象的知识提供了第三种东西,而且是建立在知性上的。

　　赋予一个判断中的各种不同表象以统一性的那同一个机能,也赋予一
B105　个直观中各种不同表象的单纯综合以统一性,这种统一性用普遍的方式来表达,就叫作纯粹知性概念。所以同一个知性,正是通过同一些行动,在概念中曾借助于分析的统一完成了一个判断的逻辑形式,它也就借助于一般直观中杂多的综合统一,而把一种先验的内容带进它的表象之中,因此这些表象称之为纯粹知性概念,它们先天地指向客体,这是普遍逻辑所做不到的。

　　以这种方式产生的、先天地指向一般直观对象的纯粹知性概念,恰好有如同在前一个表中一切可能判断的逻辑机能那么多:因为知性已被上述那些机能所穷尽了,而知性的能力也借此得到了全面的测算。我们想按照亚里士多德的方式把这些概念叫作范畴,因为我们的意图原初就是和他的意图一致的,尽管在实行上与之相距甚远。

范畴表

1.

量的范畴

单一性
多数性
全体性

2.　　　　　　　　3.

质的范畴　　　　关系的范畴

实在性　　　　依存性与自存性
否定性　　　　（实体与偶性）
限制性　　　　原因性与从属性
　　　　　　　（原因和结果）
　　　　　　　协同性（主动与受动
　　　　　　　之间的交互作用）

4.

模态的范畴

可能性——不可能性
存有——非有
必然性——偶然性

这就是知性先天地包含于自身中的一切原始的纯粹综合概念的一览表，知性也只是因为这一点而是一种纯粹的知性；因为它只有通过这些概念才能在直观杂多上理解某物，也就是才能思维直观的客体。这一划分是系统地从一个共同的原则中，亦即从判断的机能（这种机能与思维的机能是同样多的）中产生出来的，而不是漫游式地由于一次碰运气地从事寻求纯

粹概念的活动而产生的,这样寻求到的纯粹概念是永远也不能确定其全部
B107 数目的,因为它仅仅靠归纳法来完备化,而不去考虑,我们以这种方式是永
远也看不出究竟为什么恰恰是这些而不是那些概念寓于纯粹知性中的。寻
找这些基本概念曾经是亚里士多德所接触到的一件值得一个目光锐利的学
者去做的事。但由于他不拥有任何原则,所以他碰到它们就把它们捡拾起
来,他先是找出了十个这样的概念,把它们称作范畴(Prädikamente,云谓关
系)。后来他相信他还发现了五个范畴,他就以"后云谓关系"的名义把它
们添加上去。只是他的范畴表始终还是不完备的。此外,也有一些纯粹感
性的样态混于其中(如时间、处所、状态,以及前时、同时①),还有一个是经
验性的(运动,motus),它们都根本不属于知性的这个名册,或者有些派生的
概念也一起被算到那些本源的概念中去了(如主动 actio,被动 passio),并且
有些本源的概念完全空缺。

　　所以还必须为这些本源的概念作一点说明:范畴作为纯粹知性的真正
的主干概念,也有自己的同样纯粹的派生概念,它们在先验哲学的一个完备
的体系中是决不可以忽视的,但我在一个单纯批判性的研究中可以满足于
只是提到它们就行了。

B108 　　且让我把这些纯粹的、但却是派生的知性概念称之为纯粹知性的宾位
词(Prädicabilien)(以与云谓关系相对)。如果我们拥有本源的和原始的概
念,那么派生的和下属的概念就能够很容易地添加上去,而纯粹知性的谱系
就可以完整地描画出来了。由于我们在此涉及的不是系统的完整性,而只
是构成一个系统的诸原则,所以我们把这种补充留给另一项研究去做。但
如果我们手头持有那些本体论的教科书,这个目的也就差不多可以达到了,
例如把力、行动、承受的宾位词从属于因果性范畴之下,把当下、阻抗的宾位
词从属于协同性范畴之下,把产生、消失、变化的宾位词从属于模态的云谓
关系之下,如此等等。把范畴与纯粹感性的样态相结合,或者也使这些范畴
相互结合,就会提供出大量先天的派生概念,注意到这些概念,并在可能时
把它们记载下来直到完备无遗,这将是一项有用的、不无兴致的劳作,但在

_____

　　① 这几个词原文为拉丁文:quando,ubi,situs,prius,simul.——编译者

这里尚无必要。

在这部著作中，我有意避免了对这些范畴下定义，尽管我有可能得到这些定义。我将在后面足以与我所探讨的方法论相关涉的程度上来分析这些概念。在纯粹理性的一个系统中人们本可以正当地要求我作出这些定义；但在这里，这样一些定义只会使眼光偏离研究的重点，因为它们将引起一些怀疑和攻击，这些怀疑和攻击是完全可以无损于我们的根本目的而交由另一项研究去处理的。然而，从我在这方面所提出的很少的例子毕竟可以明显看出，写出一部完备的词典连同其一切必需的解释将不只是可能的，而且也是很容易做到的。科目一旦分定，所需要的就只是充实它们，而像目前的这样一个系统的正位论是不容易让任何一个概念专门所属的那个位置放错地方的，同时却很容易使人注意到那仍然空着的位置。

B109

§ 11.

对于这个范畴表可以进行一些细致的考察，这些考察也许会在一切理性知识的科学形式方面产生显著的效果。因为这个表在哲学的理论部分中非常有用，甚至是完备地制定一门科学的整体规划（只要这门科学基于先天概念）、并数学地①按照确定的原则划分这门科学所不可缺少的；这一点由以下情况已经是自明的了，即上面的表完备地包含了知性的一切基本概念，甚至包含了人类知性中这些基本概念的体系形式，所以给计划中的思辨科学的所有契机乃至这些契机的秩序提供了指示，正如我在别的地方②也为此提供过一个样板一样。对于这些说明我这里提出几点。

B110

第一点：这个表包含有四个门类的知性概念，首先可以被分为两个部门，其中第一个部门是针对直观（纯直观以及经验性直观）的对象的，第二

---

① mathematisch，据瓦欣格尔校改为 systematisch 即"系统地"。——编译者
② 《自然科学的形而上学基础》。——康德

个部门则是针对这些对象(要么是在它们的相互关系中,要么是在与知性的关系中)的实存的。

我将把第一个门类①称之为数学性的范畴,把第二门类称之为力学性的范畴。如我们所看到的,第一门类没有相关项,只有在第二门类中才遇见相关项。但这一区别必定在知性的本性中有某种根据。

第二点。每一门类的范畴处处都是同一个数目,即三个,这同样令人深思,因为通常凭借概念所作的一切先天划分都必须是二分法的。此外还可注意,第三个范畴到处都是由该门类的第二个和第一个范畴的结合中产生出来的。

B111 于是,全体性(总体性)被看成不过是作为单一性的多数性,限制性无非是与否定性结合着的实在性,协同性则是一个实体在与另一个实体的交互规定中的因果性,最后,必然性只不过是由可能性本身给予出来的实存性。然而不要以为,第三范畴因此就只是纯粹知性的一个派生的概念,而不是它的主干概念了。因为第一和第二范畴为了产生出第三个概念而结合起来,这需要知性的一个特殊的行动,这种行动与在第一和第二个概念那里实行的行动是不同的。所以,一个数目(它属于全体性范畴)的概念并不是在凡有多数性和单一性概念的地方就总是可能的(例如在无限的表象中),或者,当我把一个原因概念和一个实体概念两相结合时,还不能马上由此而理解到如同一个实体可能成为另一实体中某物的原因那样一种影响。由此可见,这方面需要有一种特殊的知性行动;其余的范畴也是这样。

第三点。唯有一个范畴,即处于第三项之下的协同性范畴,它与逻辑机
B112 能表中与之相应的形式即选言判断的一致性并不像在其他范畴中那么突出。

为了保证这种一致性,我们必须注意:在一切选言判断中,它的领域(即所有被包含在它之下的东西的集合体)都被表现为一个分成各个部分(各个从属概念)的整体,并且,由于一个部分不能包含在另一个部分之下,

---

① Schmidt 主张这一小段中的"门类"均应改为"部门"。——德文编者

所以它们被认为是相互配合的,而不是相互隶属的,以至于它们不是像在一个系列中那样单向地互相规定,而是如同在一个集团中那样交互地规定(如果设定了划分的一支,则排除其余各支,反之亦然)。

于是,在一个诸物的整体中也被认为有类似的联结,在这里并不是使一物作为结果从属于作为其存有的原因的另一物,而是同时并交互地作为在规定它物方面的原因而被配备起来的(例如在一个物体中,其各部分之间交互吸引而又交互排斥),这是一种与在单纯的原因对结果(根据对后果)的关系中见到的完全不同方式的联结,在因果关系中,后果并不又交互地规定根据,因此也并不与根据一起(例如世界并不与创世者一起)构成一个整体。知性在表现一个被分割的概念的领域时,与它在把一物思考为可分的时,所遵循的是同一个处理方法,而且,正如划分的各支在被划分的概念中相互排除但又结合在一个领域中一样,知性也把一物的各部分想像为:每一部分都拥有其独立于其他部分的实存(作为一些实体),但却又是在一个整体中结合着。

B113

§ 12.

但在古人的先验哲学中还会碰到一个重要部分是含有纯粹知性概念的,这些概念虽然没有被归入范畴之列,但在古人看来是应该被视为有关对象的先天概念的,不过在这种场合下就会增加范畴的数目,而这是不可能的。摆明这些概念的是经院哲学家们中如此推崇的这个命题:"quodlibet ens est unum,verum,bonum."①尽管这条原则的使用从后果来看(这些后果提供的纯粹是些同义反复的命题)成效非常有限,以至于在近代人们几乎只是出于礼貌才习惯性地在形而上学中把它提出来,但一种长久保持下来的观念,尽管显得如此空洞,却仍然值得探讨其起源,并有理由猜测它在某一种知性规则中有自己的根据,只是这根据如同常常发生的那样被曲解了

———————

①　拉丁文:"无论何物都是一,是真,是善"。——编译者

B114 而已。这些被以为是事物的先验谓词的,只不过是对所有事物的知识的一般逻辑要求和标准,这种知识的基础是量的范畴,即单一性、多数性和全体性,然而,这些范畴本来必须从质料上被看作属于物自己的可能性,而事实上却被经院学者们只在形式意义上当作属于一切知识的逻辑要求来使用,但又不谨慎地把这种思维的标准变成了自在之物本身的属性。因为,在对客体的每个知识中都存在着概念的单一性,只要我们在它之下所想到的仅仅是对知识的杂多进行总括的那种统一性,例如在一出戏剧、一场演说、一个故事中的主题的统一性,我们就可以把它叫作质的单一性。其次是结论上的真实性。从一个给予的概念中得出的真实结论越多,这概念的客观实在性标志就越多。这可称之为属于一个共同根据、即属于一个概念的那些特征的质的多数性(这些特征并未在该概念中被思考为量)。第三,最后还有完善性,它就在于反过来把这个多数性一起归结到概念的单一性,并使之与该概念而不是任何其他概念相一致,这可称之为质的完整性(总体性)。

B115 由此可见,一般知识可能性的逻辑标准使这三个量的范畴发生了改变,在这些范畴中,量在产生中的单一性必须被看作是无例外地同质的,而在这里,只是为了把那些不同质的知识也联结在一个意识中,就通过作为原则的某种知识的质而转化了这些量的范畴。所以,一个概念的(而非概念之客体的)可能性的标准就是这种定义,在其中,概念的单一性,从概念中可以直接派生出来的一切东西的真实性,以及最后,从它里面引出的东西的完整性,乃是为了产生这整个概念所需要的东西;同样,就连一个假设的标准,也是所假定的解释根据的可理解性或这根据的单一性(无须辅助假设),从中派生出来的各个结论的真实性(诸结论的相互一致及与经验一致),以及最后,解释根据对于这些结论的完整性,这些结论不多不少,正好返回到在假设中曾假定了的东西,以后天进行分析的方式重新提供出曾先天综合地想到过的东西并与之相一致。——所以,通过单一性、真实性和完整性的概念,先验范畴表根本没有得到什么补充,仿佛它还缺少什么似的,而只是由

B116 于把这些概念对客体的关系完全置于不顾,这些概念的运作才被纳入到使知识与自身一致的普遍逻辑规则之下来。

［范畴的先验演绎］

§ 13.一般先验演绎的原则

　　法学家在谈到权限和越权时,把一桩法律诉讼中的权利问题(quid juris)和涉及事实的问题(quid facti)区别开来,而由于他们对两方面都要求证明,这样,他们把前一种证明,即应阐明权限或合法要求的证明,称之为演绎。我们在使用大量经验性概念时没有人提出异议,我们也不加演绎就理直气壮地坚持赋予这些概念某种意义和自以为的含义,因为我们随时手头都有能证明其客观实在性的经验。但也有像幸运、运气这样一些不合法的概念,虽然凭借几乎是普遍的容忍而到处通行,但毕竟有时被要求回答"权利"的问题,这时人们就会由于这个问题的演绎而陷入不小的麻烦,因为人们从经验中和理性中都提不出明确的权利根据,以使这些概念的使用权限变得清晰起来。

B117

　　但在构成十分混杂地交织起来的人类知识的各种各样的概念中,有些也被派定来作纯粹先天的(完全不依赖于任何经验的)运用,而它们的这一权限任何时候都需要一个演绎;因为对于这样一种运用的合法性从经验中不足以取得证明,但我们却必须知道,这些概念如何能够与它们并非从任何经验中拿来的那些客体发生关系。所以我把对概念能够先天地和对象发生关系的方式所作的解释称之为这些概念的先验演绎,并把它与经验性的演绎区别开来,后者表明的是一个概念通过经验和对经验的反思而获得的方式,因此不涉及合法性,而是涉及使占有得以产生的事实。

　　我们现在已经有了完全不同种类的两类概念,它们在双方都完全先天地与对象发生关系这点上倒是相互一致的,这就是作为感性形式的空间和时间的概念以及作为知性概念的范畴。要寻求这些概念的经验性的演绎将

B118

完全是白费力气的工作，因为它们本质的特征恰好在于，它们和自己的对象发生关系时并未从经验中为这些对象的表象借取什么东西。所以如果对它们作一个演绎是必要的，那么这个演绎任何时候都必须是先验的。

但对于这些概念，就像对于一切知识那样，我们虽然在经验中不能找出它们的可能性的原则，却毕竟能找出它们产生出来的机缘，即只要感官的印象提供出最初的诱因，整个认识能力就朝这些印象敞开，而经验就形成了，它包含两个极其不同性质的要素，一个是从感官来的、知识中的质料，一个是整理这质料的某种形式，它来自纯粹直观和纯粹思维的内在根源，后两者

B119 是在前一要素的机缘中才首次得到实行并产生出概念来的。对我们认识能力为了从单个知觉上升到普遍概念所作的最初努力作这样一种追踪，毫无疑问是有很大的好处的，我们要感谢名声卓著的洛克，他第一个为此开辟了道路。不过，对纯粹先天概念的一个演绎却永远无法以这种方式实现，它根本不处在这条道上，因为从这些概念以后要完全独立于经验而运用来说，它必须出示一个完全不同于经验的出身的出生证。他所尝试的这种自然之学上的（physiologische）①推导真正说来并不能称之为演绎，因为它涉及的是quaestionem facti（事实问题），所以我主张把这种推导叫作对一种纯粹知识的占有所作的解释。因此很明显，对这种纯粹知识只能有一种先验的演绎，而决没有一种经验性的演绎，后者对于那些纯粹的先天概念来说只不过是些无用的尝试，只能是那种没有理解到这些知识的全部特有本性的人所干的事。

但现在，即使承认对纯粹先天知识的可能的演绎只有唯一的方式，即遵循先验途径的方式，但这并不马上说明这种方式是绝对必要的。我们前面已借助于一个先验演绎对空间和时间概念追踪了其来源，并解释和规定了

B120 它们的先天的客观有效性。然而几何学无须为自己关于空间的基本概念的纯粹而合法的出身请求哲学给它一张证明书，而仍然沿着纯然先天的知识迈出稳健的步伐。不过，空间概念的运用在这门科学中也仅仅是指向外部

---

① 该词通常译为"生理学的"，但康德是用它的古希腊文的本义，即经验自然科学的。——编译者

感官世界的,对于这个世界,空间就是它的直观的纯形式,所以在这个世界中一切几何学知识因为基于先天的直观而具有直接的自明性,而对象则通过这种知识本身先天地(按照形式)在直观中被给予出来。相反,纯粹知性概念从一开始就有这种不可回避的需要,即不仅为它们自己,而且也为空间寻求先验的演绎,因为既然它们谈论对象不是凭借直观和感性的谓词,而是凭借纯粹思维的先天谓词,它们就无需感性的一切条件而普遍地与对象发生关系,而又由于它们不是基于经验之上,也不能在先天直观中出示任何先于一切经验而把它们的综合建立于其上的客体,因而就不仅因其使用的客观有效性和限制而引起了疑虑,而且由于它们倾向于把空间概念超出感性直观的条件去加以运用,也就使这个空间概念变得模糊了,所以我们在前面 B121 对于空间概念作一个先验演绎也是必要的。因此,读者在纯粹理性领域中跨出决定性的一步之前,就必须相信这样一个先验演绎的绝对必要性;因为否则他就会盲目行事,而在他杂乱无章地四处闯荡一番之后,仍然不得不再返回到他由之出发的无知状态。但他也必须预先清醒地看到无法避免的困难,以免为事情本身所深深包藏于其中的晦暗而叹息,或是为清除这些障碍而过早地烦恼,因为关键在于,要么就完全放弃在那最可人意的领域,即超出一切可能经验界限之外的领域的任务,要么就使这一批判的研究臻于完善。

我们在上面对于空间和时间的概念已经可以不费劲地说明了,它们何以作为先天的知识却仍然有必要和对象发生必然的关系;又何以不依赖于一切经验而使这些对象的一种综合知识成为可能的。因为既然只有凭借感性的这样一些纯形式,一个对象才能对我们显现出来,也就是成为经验性直观的客体,那么空间和时间就是先天地包含着作为现象的那些对象之可能 B122 性条件的纯直观,而在这些纯直观中的综合就具有客观有效性。

反之,知性范畴就完全不对我们表现出对象在直观中得以被给予的那些条件,因而对象当然也就可以无需与知性的机能发生必然关系而显现给我们,这样,知性也就会无需先天地包含这些对象的条件了。所以在这里就出现了一种我们在感性领域中没有碰到过的困难,这就是思维的主观条件怎么会具有客观的有效性,亦即怎么会充当了一切对象知识的可能性条件:

因为没有知性机能现象照样能在直观中被给予。我以原因概念为例，它意味着一种特殊的综合方式，这时在某物 A 之上按照一条规则设定了某个完全不同的 B。并不先天明白的是，为什么现象要包含这样一类东西（因为既然原因概念的客观有效性必须能够先天地阐明，我们不能援引经验来作证），因此先天可疑的是，这样一个概念是不是完全空洞无物，并在现象中哪儿也找不到对象。因为，感性直观的对象必须符合先天存在于内心中的感性形式条件，这一点是明白无误的，因为否则它们就不会是我们的对象；但它们此外还必须符合知性为达到思维的综合统一所需要的那些条件，对这一点的推断就不是那么容易看出的了。因为很有可能现象是这样被造成的，以至于知性会发现它们完全不符合它的统一性的条件，而一切都处于这样的混乱中，例如在现象的次序中呈现不出任何可提供出某种综合规则、因而可与原因和结果的概念相符合的东西，这将使得因果概念完全是空洞无物、没有意义的。同样，现象将会把对象呈现给我们的直观，因为直观不需要任何的思维机能。

如果我们打算以下述方式来摆脱这种研讨的麻烦，如果我们说：经验不断地呈现出现象的这种合规则性的例子，它们提供了足够的诱因使原因概念从其中分离出来，并同时以此证明了这样一个概念的客观有效性，那么我们就没有看出，原因概念根本不能以这种方式产生出来，相反，它必须要么完全先天地建立在知性中，要么就被作为单纯的幻影而整个地放弃。因为这个概念绝对要求某物 A 具有这种性质，即有另一物 B 从它里面必然地并按照一条绝对普遍的规则产生出来。现象完全可以提供一些场合，从中可以得出某物恒常地发生所依据的规则，但其后果永远也不会是必然的：所以在原因和结果的综合身上还附有一种尊严，是根本不能用经验性的东西来表示的，就是说，结果应该不只是附加在原因上的，而是通过原因建立起来、并从中产生出来的。规则的这种严格普遍性也根本不是经验性规则的属性，后者通过归纳只能得到比较的普遍性，即广泛的适用性。但现在，如果我们想把纯粹知性概念只是当作经验性的产物来对待，那我们就会完全改变这些概念的运用了。

§14. 向范畴的先验演绎过渡

综合的表象可以与其诸对象恰好同时发生、必然相互关联以及仿佛是相互碰在一起,只可能有两种情况。要么只有对象使表象成为可能,要么只有表象使对象成为可能。如果是前者,则这一关系只是经验性的,这种表象决不是先天可能的。而这就是现象就其中属于感觉的东西而言的情况。但如果是后者,由于表象自己本身(因为这里所谈的根本不是表象借助于意志产生的因果性)就存有而言并不产生自己的对象,所以仅当唯有通过表象某物才能作为一个对象被认识的情况下,表象对于对象倒还具有先天的规定性。但一个对象的知识只有在两个条件下才是可能的,首先是直观,通过它对象被给予,但只是作为现象被给予;第二是概念,通过它一个与该直观相应的对象被思维。但从上面所讲的可以看出,第一个条件,即只有在它之下对象才能被直观的条件,事实上是客体就形式而言在内心中的先天基础。所以一切现象必然是与感性的这种形式条件相一致的,因为它们只有通过这种条件才能显现,也就是才能被经验性地直观到并给予出来。现在要问,是否连概念也是先天地在前发生的条件,某物只有在这些条件下,即使不是被直观,但却是被作为一般对象来思维? 因为要是这样,一切经验性的对象知识就都是必然符合于这些概念的,因为没有它们作为前提,任何东西都不可能成为经验的客体。然而,一切经验除了包含使某物被给予的感官直观外,还包含对于在该直观中被给予或被显现的对象的一个概念:因此这些有关诸对象的一般概念作为先天的条件将成为一切经验知识的基础:这样,范畴作为先天概念的客观有效性的根据将在于,经验(按其思维形式)只有通过范畴才是可能的。这样一来范畴就必然地和先天地与经验对象相关,因为一般说来只有借助于范畴任何一个经验对象才能被思维。

所以,一切先天概念的这个先验演绎有一个全部研究都必须遵守的原则,这就是:它们必须被认作经验之可能性(不论是在其中遇到的直观之可

B125

B126

能性还是思维之可能性)的先天条件。充当经验可能性之客观基础的这些
概念正因此而是必要的。但这些概念在其中被碰到的那种对经验的阐发却
并非这些概念的演绎(而是它们的举证),因为它们在这种情况下仍然只会
是偶然的。没有对可能经验的这种本源的、让一切知识对象出现于其中的
关系,它们对任何一个客体的关系都将是完全不可理解的。

　　著名的洛克由于缺乏这种考察,又由于他在经验中碰到了知性的纯粹
概念,他就把这些概念也从经验中推导出来,但却又做得如此不一贯,竟敢
凭借它们去冒险尝试远远超出一切经验界限的知识。大卫・休谟认识到,
为了能得到这种知识,必不可少的是,这些概念必须拥有自己先天的起源。
但由于他完全不能解释,知性怎么可能一定要把那些本身并不结合在知性
中的概念思考为倒是在对象中必然结合着的,并且也没有想到,知性或许通
过这些概念本身可以成为它的对象在其中被发现的那个经验的创造者,于
是他就被迫把这些概念从经验中推导出来(也就是从一种由经验中恒常的
联想而产生的主观必然性即习惯中推导出来,这种主观必然性最终被误认
为是客观的),但他接下来做得非常一贯,因为他宣称,凭借这些概念及其
所导致的原理,要超出经验的界限是不可能的。但这两位所想出的这种经
验性的推导,并不能与我们所拥有的先天科学知识、即纯粹数学和普遍自然
科学的现实相吻合,因而是被事实所驳斥的。

　　在上述这两位著名人士中,前一位给狂信大开了方便之门,因为理性一
旦有了自己的权利,它就不再让自己受到对节制的含混颂扬的限制;后一位
一旦相信揭穿了对我们认识能力的一个如此普遍的被视为理性的幻觉,则
完全屈从于怀疑论。——我们现在正要做一个试验,看我们是否能把人类
理性幸运地从这个两难处境中救拔出来,给它指出确定的界限,但又使它的
合目的性活动的全部领域对它保持开放。

　　不过,我还想预先对这些范畴加以解释。范畴是关于一个一般对象的
概念,通过这些概念,对象的直观就在判断的逻辑机能的某个方面被看作确
定了的。所以,定言判断的机能就是主词对谓词的关系的机能,例如"一切
物体都是可分的"。不过就知性的单纯逻辑运用而言,却仍然没有确定在
这两个概念中人们会把主词的机能赋予哪一个,把谓词的机能又赋予哪一

个。因为人们也可以说："有的可分的东西是一个物体"。但通过实体范畴,当我把一个物体的概念归入该范畴下时,就确定了:该物体的经验性的直观在经验中必须永远只被看作主词,而决不被看作只是谓词;在所有其他范畴那里也是如此。

§ 15. 一般联结的可能性

表象的杂多可以在单纯感性的、亦即只是接受性的直观中被给予,而这种直观的形式则可以先天地处于我们的表象能力中,它不过是主体接受刺激的方式而已。然而,一般杂多的联结(conjunctio)决不能通过感官进到我们里面来,因而也不能同时一起被包含在感性直观的纯形式里;因为它是表象力的一种自发性行动,并且,由于我们必须把它与感性相区别而称作知性,所以一切联结,不论我们是否意识到它,不论它是直观杂多的联结还是各种概念的联结,而在前一种联结中也不论它是经验性直观杂多的联结还是非经验性直观杂多的联结①,都是一个知性行动,我们将用综合这个普遍名称来称呼它,以借此同时表明,任何我们自己没有事先联结的起来东西,我们都不能表象为在客体中被联结了的,而且在一切表象之中,联结是唯一的一个不能通过客体给予、而只能由主体自己去完成的表象,因为它是主体的自动性的一个行动。在这里很容易看出,这种活动必定在本源上是唯一的,并且对一切联结都是同样有效的,而分解、也就是分析,看起来像是它的对立面,其实任何时候都是以它为前提的;因为凡是在知性还没有预先把什么东西联结起来的地方,它也不能够分解什么东西,因为这个东西本来只有通过知性才能作为联结起来的东西被给予表象力。

但联结概念除了杂多概念和杂多的综合概念之外,还带有杂多的统一

B130

---

① 此句"经验性的"和"非经验性的",原文为"感性的"和"非感性的"(sinnlichen, oder nicht sinnlichen),显然与康德的意思不合(康德认为人的直观只能是感性的,但感性直观却可能是非经验性的,如时空直观形式)。兹依梅林(Mellin)校正。——编译者

这个概念。联结是杂多的综合统一的表象①。所以这种统一性的表象不能
B131　从联结中产生，毋宁说，只有通过把它加到杂多表象上，它才首次使联结的
概念成为可能。先天地先行于一切联结概念的这个统一性，并不是如前面
讲的（见§10）单一性范畴②；因为一切范畴都是建立在判断中的逻辑机能
之上的，而在判断中已想到了联结、因而想到了给予概念的统一性。所以范
畴已经以联结作为前提了。因此，我们必须到更高的地方去寻求这种统一
性（即质的统一性，见§12），亦即在那本身就包含着判断中不同概念之统
一性根据的东西中，因而在包含着知性的可能性根据，甚至知性在其逻辑运
用中的可能性根据的东西里面，去寻求这种统一性。

§16. 统觉的本源的综合统一

　　"我思"必须能够伴随着我的一切表象；因为否则的话，某种完全不可
B132　能被思考的东西就会在我里面被表象出来，而这就等于说，这表象要么就是
不可能的，要么至少对于我来说就是无。能够先于一切思维被给予的表象叫
作直观。所以，直观的一切杂多，在它们被发现于其中的那同一个主体里，与
"我思"有一种必然的关系。但这个表象是一个自发性的行动，即它不能被看
作属于感性的。我把它称之为纯粹统觉，以便将它与经验性的统觉区别开
来，或者也称之为本源的统觉，因为它就是那个自我意识，这个自我意识由于
产生出"我思"表象，而这表象必然能够伴随所有其他的表象，并且在一切意
识中都是同一个表象，所以决不能被任何其他表象所伴随③。我也把这种统
一叫作自我意识的先验的统一，以表明从中产生出先天知识来的可能性。因

───────────

　　①　这些表象本身是否同一，因而一个表象是否能通过另一个而被分析地思考，在
这里不是要考察的。只要谈到杂多，一个表象的意识毕竟总是要与另一个表象的意识区
别开来，而在这里关键仅仅在于这个（可能的）意识的综合。——康德

　　②　在德文中，"统一性"和"单一性"均为 Einheit 一词。——编译者

　　③　哥特施米特（Goldschmidt）将"伴随"（begleitet）校改为"派生"（abgleitet）。——
德文编者

为,如果在一个确定的直观中被给予的杂多表象,若不是全都属于一个自我意识,它们就不会全都是我的表象,也就是说,作为我的表象(即使我没有意识到它们是这样一种表象),它们必须与这样的条件必然地相符合,只有在这一条件下它们才能够集合在一个普遍的自我意识中,因为否则的话它们就不 B133 会无一例外地属于我了。从这一本源的联结中可以产生出许多结论来。

这就是:直观中被给予的杂多的统觉,它的无一例外的同一性包含诸表象的一个综合、且只有通过对这一综合的意识才有可能。因为伴随着各种不同表象的经验性的意识本身是分散的,与主体的同一性没有关系。因此,这种关系通过我用意识来伴随一切表象还不会发生,而只是通过我把一个表象加到另一个表象上、并意识到它们的综合才会发生。所以只有通过我能够把被给予表象的杂多联结在一个意识中,我才有可能设想在这些表象本身中的意识的同一性,就是说,统觉的分析的统一只有在统觉的某一种综合的统一的前提下才是可能的①。

因此,"在直观中被给予的这些表象全都属于我"这一观念不过是说, B134 我把这些表象结合在一个自我意识中,或者至少我能把它们结合于其中,并且即使这个观念本身还不是对这些表象的综合的意识,它毕竟是以这种综合的可能性作为前提的,亦即只是由于我能在一个意识中理解这些表象的杂多,我才把它们全都称为我的表象;因为否则我就会拥有一个如此驳杂不一的自己,就像我拥有我所意识到的那些表象一样了。所以直观杂多的综合统一作为先天产生的东西,就是先天地在我的一切确定的思想之前发生的统觉本身的同一性的根据。但联结并不在对象之中,也肯定不能通过知 B135

---

①　意识的分析的统一是和所有的共同概念本身相联系的,例如当我想到一般的红,于是我就借此表象出一种性状,它(作为特征)可以在某一个地方碰到,或者可以与别的表象相联结;所以只有借助于一个预先想到的可能的综合统一,我才能想象分析的统一。一个应被设想为各种不同的表象所共同的表象是被看作属于这些不同表象的,这 B134 些不同表象本身除了拥有该表象外还拥有某种不同的东西,因此这个表象必须预先在与其他表象(即使只是可能的表象)的综合统一中被想出来,我才能在它身上想到使它成为 conceptus communis(共同概念)的那种意识的分析的统一。而这样一来,统觉的综合的统一就是我们必须把一切知性运用、甚至全部逻辑以及按照逻辑把先验哲学都附着于其上的最高点,其实这种能力就是知性本身。——康德

觉从对象中移植过来并因此而首次接受到知性中来,而只是知性的一件工作,知性本身无非是先天地联结并把给予表象的杂多纳入统觉的统一性之下来的能力,这一原理乃是整个人类知识中的最高原理。

现在,虽然统觉的必然统一这条原理是自同一的,因而是一个分析命题,但它却表明直观中给予的杂多的一个综合是必然的,没有这种综合,自我意识的那种无一例外的同一性是不可设想的。因为通过自我这个简单的表象,并没有什么杂多的东西被给予;杂多只能在与之不同的直观中才被给予并通过联结在一个意识中被思维。一种知性,假如在其中通过自我意识同时就被给予了一切杂多,那么这种知性就会是在直观了;我们的知性却只能思维,而必须在感官中去寻求直观。所以,就一个直观中被给予我的诸表象的杂多而言,我意识到同一的自己,因为我把这些表象全都称作我的表象,它们构成一个直观。但这等于说,我意识到这些表象的一个先天必然的综合,它叫作统觉的本源的综合统一,一切被给予我的表象都必须从属于它,但也必须由一个综合来纳入它之下。

B136

§17. 统觉的综合统一性原理是知性的
一切运用的最高原则

按照先验感性论,一切直观的可能性在与感性的关系中的最高原理就是:一切直观杂多都从属于空间和时间的形式条件。一切直观的可能性在与知性的关系中的这同一个最高原理就是:一切直观杂多都从属于统觉的本源—综合的统一的诸条件之下①。直观的一切杂多表象,如果它们被给予我们,就从属于

---

① 空间和时间及其一切部分都是直观,因而是带有它们所包含的杂多的一些单个表象(见先验感性论),所以它们就不只是使同一个意识包含在许多表象里面的概念,而且是使许多表象包含在一个表象及其意识里面的概念,因而这些表象被看作复合的,于是意识的这种统一性就被看作是综合的,但又是本源的。直观的这种单个性有很重要的用途(见后面§25.)。——康德(按:Gawronsky 认为"§25."应为"§26."或"§23."。——德文编者)

前一条原理,如果它们必然能够在一个意识中联结起来,则从属于后一条原理; B137
因为若没有它,由于被给予的表象并不共同具有"我思"这一统觉行动,因而不
会在一个自我意识中被总括起来,所以没有任何东西能借此而被思维或认识。

知性一般说就是认识的能力。认识就在于被给予的表象与一个客体的确
定的关系。但客体则是在其概念中结合着一个所予直观的杂多的那种东西。
然而现在,表象的一切结合都要求在这些表象的综合中的意识的统一。于是意
识的统一就是唯一决定诸表象对一个对象的关系,因而决定这些表象的客观有
效性并使得它们成为知识的东西,乃至于在此之上建立了知性的可能性。

所以,知性的所有其他运用所依据的,同时也完全不依赖感性直观之一
切条件的最初的纯粹知性知识,就是统觉的本源的综合统一这条原理。于
是外部感性直观的单纯形式即空间还根本不是知识;它只是把先天直观杂
多向某种可能的知识提供出来。但为了在空间中认识任何东西,例如说一
条线,我就必须划出这条线,因而对给予的杂多综合地作出一个确定的联 B138
结,使得这个行动的统一同时又是意识(在一条线的概念中)的统一,而这
样一来,一个客体(一个确定的空间)才首次得到了认识。所以意识的综合
统一是一切知识的一个客观条件,不仅是我自己为了认识一个客体而需要
这个条件,而且任何直观为了对我成为客体都必须服从这一条件,因为以另
外的方式,而没有这种综合,杂多就不会在一个意识中结合起来。

后面这句话如上所述,本身是分析的,尽管它使综合的统一成为了一切
思维的条件;因为它所说的无非是,在任何一个给予的直观里,我的一切表
象必须服从这个条件,唯有在这个条件之下我才能把这些表象作为我的表
象归于同一的自己,因而才能将其作为在一个统觉中综合地联结着的东西
用"我思"这一普遍的表达方式总括起来。

但这一原理毕竟不是对任何一般可能的知性而言的一条原则,而只是
对于这种知性而言的,这种知性的纯粹统觉在"我在"这一表象中还根本没
有给出任何杂多的东西。那样一种凭借其自我意识同时就给出直观杂多
来、凭借其表象同时就使该表象的客体实存起来的知性,也许为了意识的统 B139
一并不需要杂多综合的一个特殊行动,这种综合是只能思维不能直观的人
类知性所需要的。但对于人类知性来说,这个行动却不可避免地是第一原

理,乃至于它丝毫也不能理解某种别的可能的知性,不论是本身可以直观的那种知性,还是那种即使拥有感性直观、但却是不同于空间和时间中那样的感性直观作为基础的知性。

§ 18. 什么是自我意识的客观统一性

统觉的先验统一性是使一切在直观中给予的杂多都结合在一个客体概念中的统一性。因此它叫作客观的,而必须与意识的主观统一性区别开来,后者是一个内感官的规定,它把直观的那个杂多经验性地提供给这样一种联结。我是否能经验性地把杂多作为同时的或相继的意识到,这取决于各种情况或经验性的条件。所以意识的经验性的统一性凭借诸表象的联想,本身是涉及某种现象的,并且完全是偶然的。相反,时间中直观的纯形式仅仅作为包含所予杂多的一般直观,则从属于意识的本源的统一性,这只是由于直观杂多对于"我思"这个"一"的必然关系;因而是由于先天地给经验性的综合奠定基础的知性之纯综合。只有统觉的先验的统一性才是客观有效的;统觉的经验性的统一性则只有主观的有效性,我们在这里不考虑它,它也只是在给予的具体条件下从前者派生出来的。一个人把某个词的表象联结于某一件事,另一个人则把它联结于另外一件事;而在经验性的东西里的意识的统一性,就被给予的东西而言,不是必然普遍地有效的。

§ 19. 一切判断的逻辑形式在于其中
所含概念的统觉的客观统一

我从来都不能对逻辑学家们关于一般判断所给予的解释感到满意:他们说,判断是两个概念之间的关系的表象。我在这里不和他们争论这种解释的缺陷,(也不谈由这种逻辑的失误而产生的不少恶劣的后果),它无论如何只适合于定言判断,而不适合于假言的或选言的判断(后两者包含的不是概念之间的

B140

B141

关系,而是判断之间的关系)①,我只想指出,在这里并没有确定这种关系何在。

但是,当我更仔细地研究每个判断中被给予的知识的关系,并将它作为属于知性的关系而和按照再生的想象力规律的关系(它只有主观有效性)区别开来时,我就发现,一个判断无非是使给予的知识获得统觉的客观统一性的方式。这就是判断中关系词"是"的目的,它是为了把给予表象的客观统一性与主观统一性区别开来。因为它标志着这些表象与本源的统觉及其必然统一性的关系,哪怕这判断本身是经验性的,因而是偶然的,例如"物体是有重量的"。虽然我并不是借此要说明这些表象在经验性的直观中是必然互相隶属的,而是说它们借助于直观的综合中统觉的必然统一是互相隶属的,就是说,这是按照对一切表象作客观规定的原则的,如果从这些表象能形成知识的话,而这些原则全都是从统觉的先验统一这条原理派生出来的。只有借此才从这种关系中形成一个判断、亦即一种关系,它是客观有效的,并且足以与同样一些表象的只具有主观有效性的那种关系、例如按照联想律的关系区别开来。按照后面这种规律我将只能说:"如果我托起一个物体,我将感到一个重量的压力";但却不能说:它,这个物体,是重的;后者要说的正是:这两个表象是在客体中、亦即不管主体状态的差异而结合着的,而不只是在知觉中(不论这知觉如何重复)在一起的。

§20. 一切感性直观都从属于范畴,只有在这些范畴的条件下感性直观的杂多才能聚集到一个意识中来

在一个感性直观中被给予的杂多东西必然从属于统觉的本源的综合统

① 三段论四格的详尽的学说只是涉及到直言三段论推理,并且,尽管它只不过是一种技巧,即把那些直接结论(consequentiae immediatiae)偷运进一个纯粹三段论推理的诸前提中去、由此骗取比第一格的形式更多的好几个推论形式这种幻相,然而它单凭这一点本不能有特殊的好运气,假如它没有做到赋予定言判断以所有其他判断都必须能与之相关的唯一尊严的话,但这一点按照§9.是错误的。——康德

一性,因为只有通过这种统觉的统一性才可能有直观的统一性(见§17.)。但知性把所予表象(不论是直观还是概念)的杂多纳入一般统觉之下的这种行动是判断的逻辑机能(见§19.)。所以一切杂多只要在"一个"经验性直观中被给予出来,就在判断的诸逻辑机能之一上被规定了,也就是由这一机能带到某个一般意识上来了。但现在,诸范畴不是别的,恰好就是当一个给予直观的杂多在这一机能上被规定时的这些判断机能(见§13.①)。所以,在一个所予直观中的杂多必然从属于诸范畴。

B144

§21. 注　释

在一个我称之为"我的"的直观中所包含的杂多,被知性的综合表现为属于自我意识的必然统一性,而这是通过范畴做到的②。所以范畴表明:对"一个"直观的所予杂多的经验性意识是从属于一个先天的纯粹自我意识的,正如经验性的直观从属于一个纯粹感性的、同样是先天发生的直观那样。——于是在上面这句话中就开始了纯粹知性概念的一个演绎,在该演绎中,由于范畴是不依赖于感性而只在知性中产生出来的,我就还必须把杂多在一个经验性直观中被给予的方式抽象掉,以便只着眼于由知性借助于范畴而放进直观中的那个统一性。在后面(见§26)我们将由经验性直观在感性中被给予的方式来指明,经验性直观的统一性不是别的,而是范畴按照前面§20.为一个所予直观的杂多而一般地规定的统一性,所以,只有把范畴对于我们感官的一切对象的先天有效性解释清楚了,这个演绎的目的才完全达到。

B145

不过,在上面的证明中有一点是我毕竟不能抽象掉的,这就是:对直观来说杂多必定是还在知性的综合之前、且不依赖于知性综合就被给予了;但

---

①　据瓦欣格尔,应为"见§10.";瓦伦廷纳则认为是"见§14."。——德文编者

②　其证据建立在那得到表现的直观统一性之上,对象通过它而被给予,它任何时候都包含着对在一个直观中被给予的杂多东西的综合,并且已经含有这种东西对统觉的统一性的关系了。——康德

如何被给予的,在这里却仍未确定。因为,假如我想思考一个本身直观着的知性(例如也许是神的知性,它不想像各种被给予的对象,而是通过它的表象同时就给出或产生出这些对象本身),那么范畴对于这样一种知识就会是完全没有意义的。范畴只是这样一种知性的规则,这种知性的全部能力在于思维,即在于把在直观中以别的方式给予它的那个杂多的综合带到统觉的统一上来的行动,因而这种知性单凭自己不认识任何东西,而只是对知识的材料、对必须由客体给予它的直观加以联结和整理而已。但我们的知 B146
性只有借助于范畴、并恰好只通过这个种类和这个数目的范畴才能达到先天统觉的统一性,对它的这一特性很难说出进一步的理由,正如我们为什么恰好拥有这些而不是任何别的判断机能,或者为什么唯有时间和空间是我们的可能直观的形式,也不能说出进一步理由一样。

§ 22. 范畴在事物的知识上除了应用于
经验对象外没有别的运用

所以,思维一个对象和认识一个对象是不同的。因为认识包含两个方面:一是使一个对象一般地被思维的概念(范畴),二是使这对象被给予的直观;因为,假如一个相应的直观根本不能被给予概念,那么概念按照形式也许会是一个思想,但却没有任何对象,且它将不会使有关某个事物的任何知识成为可能;因为就我所知将没有、也不可能有任何东西,能够让我的思想运用于其上。既然我们可能有的一切直观都是感性的(见“感性论”),所以在我们这里,通过一个纯粹知性概念对某个一般对象的思维,只有当这概念与感官对象发生关系时才成为知识。感性直观要么是纯直观(空间和时 B147
间),要么是对于在空间和时间中直接通过感觉而表现为现实的东西的经验性直观。通过前一种直观的规定我们能得到关于对象的先天知识(在数学中),但只是根据这些对象的形式并作为现象;是否可能有必须在这种形式中被直观到的事物,这在这里却仍然还未确定。所以一切数学概念单独还不是知识;除非,我们预先假定有事物,这些事物只有符合那个纯粹感性直观的形式才能向我们呈现出来。但空间和时间中的事物只有当它们是知觉(伴随着感觉的表象)时才被给予,因而只有通过经验性的表象才被给予。所以纯粹知性概念即使当它们被运用于先天直观(如在数学中)时,也只有在这些先天直观、因而借助于先天直观使知性概念也能够被运用于经验性直观的情况下,才获得知识。因此范畴借助于纯①直观也并未提供给我们有关事物的知识,而只有通过它们在经验性直观上的可能的运用才能做到这点,就是说,范畴只用在经验性知识的可能性上。但这种知识就叫作经验。因此范畴在事物的知识上没有别的运用,除非这些事物只被看作是可能经验的对象。

B148

……　……

---

①　原文无"纯"字,兹据 Goldschmid 补上。——德文编者

先验分析论·原理分析论

　　普遍逻辑是建立在一种与高级认识能力的划分完全精确吻合的规划之上的。这些能力就是:知性、判断力和理性。因此,普遍逻辑学说在其分析论中,正好与被人放在一般知性这个广义称号之下来理解的上述心灵力量的机能和秩序相应,所讨论的就是概念、判断和推理。

　　既然上述单纯形式的逻辑抽掉了一切认识的内容(不论是纯粹的内容还是经验性的内容),且只是一般地研究思维(推论的知识)的形式,所以它在其分析论的部分也可以包括理性的法规,而理性的形式具有自己可靠的规范,这种规范无须对在此所运用的知识的特殊本性进行考察,就能通过单是把理性活动分解为它的各个因素而先天地洞察到。 B170

　　由于先验逻辑被限制在某种确定的内容、即仅仅是纯粹先天知识的内容上,它在这里的划分就不能仿效普遍逻辑。因为很显然:理性的先验运用将根本不可能是客观有效的,因而不属于真理的逻辑,即不属于分析论,而是将作为一种幻相的逻辑,以先验辩证论的名义在学院派的学说体系中要求一个特殊的份额。

　　因此,知性和判断力在先验逻辑中有其客观有效的、因而真实的运用的法规,因而属于先验逻辑的分析部分。不过,理性当其试图先天地对于对象有所断定,并把知识扩展到超出可能经验的界限时,它就完全是辩证的了,它对于幻相的那些主张绝对不服从于分析论本应包含的某个法规。 B171

　　所以原理分析论将只不过是对于判断力的一种法规,它指导判断力把含有先天规则之条件的那些知性概念运用于现象之上。出于这个理由,我在把真正的知性原理作为主题的同时,将采用判断力的学说这一名称,以更确切地标明这项工作的特征。

导言　论一般先验判断力

　　如果把一般知性解释为规则的能力,那么判断力就是把事物归摄到规则之下的能力,也就是分辨某物是否从属于某个给定的规则(casus datae legis①)之下。普遍逻辑决不包含判断力的规范,也不可能包含这种规范。因为,既然普遍逻辑抽掉了知识的一切内容,那么留给它做的就只剩下一件事,就是对概念、判断和推理中知识的单纯形式作分析性的阐释,并由此建

B172　立起一切知性运用的形式规则。一旦普遍逻辑想要普遍地指出,我们应如何将某物归摄到这些规则之下、亦即分辨某物是否从属于这些规则,那么这件事就只能再通过一条规则来进行。但这条规则正因为它是一条规则,就再次要求判断力的一个指导,而这就表明,虽然知性能用规则来进行教导和配备,但判断力却是一种特殊的才能,它根本不能被教导,而只能练习。因此判断力也是所谓天赋机智的特性,它的缺乏不是任何学习所能补偿的;因为,虽然学习可以为一个有限的知性带来充分的、借自别人的见解的规则,并仿佛是将之灌输给这知性;然而,正确运用这些规则的能力却必须是属于这个学习者自己的,任何为此目的而试图给他定下来的规则缺了这种天赋

B173　都不能防止误用②。所以,一个医生、一个法官或一个政治学家可以记住许

---

　　① 拉丁文:立法的格。——编译者

　　② 判断力的缺乏本是我们称之为愚笨的东西,这样一种缺陷是根本无法补救的。一个迟钝或狭隘的头脑,如果缺乏的只不过是知性所应该具有的程度及其特有的那些概念,是很可以通过学习来装备自己的,甚至能做到博学多识。但由于通常这时往往也会

B173　缺乏那种知性(即彼得的第二种知性)〔按:指判断力。彼得(Petri)即彼得鲁斯·累马斯(Petrus Ramus,1515—1572),法国名 Pierre de la Ramēe,文艺复兴时期逻辑学家,法兰西学院教授,曾将逻辑划分为三个层次;一为"自然的",二为"技艺的",三为"推理的"。这里第二层次即判断力的技巧。——译者〕,所以遇到一些饱学之士在运用他们的知识时经常暴露出那种永远无法改正的缺陷来,这就不是什么罕见的事了。——康德

多出色的病理学、法学和政治学的规则,其水平甚至足以使他能成为这方面的功底很好的教师,但在运用这些规则时却很容易犯规,这或者是由于他缺乏天生的判断力(虽然不缺乏知性),他虽然能抽象地看出共相,但对于一个具体情况是否属于这共相却不能辨别;或者也是由于他没有从实例和现实事务中使自己在这种判断上得到足够的训练。这也是这些实例的唯一的大用,即它们使判断力得到磨砺。因为在知性洞见的正确性和精密性方面,这些实例通常勿宁会对其造成一些损害,因为它们只有在个别情况下才充分满足规则的条件(als casus in terminis①),而且还经常削弱知性力图普遍地、并脱离经验的特殊情况而按照其充分性来领会规则的努力,因而最终使人更习惯于把规则当作公式、而不是当作原理来运用。所以,实例乃是判断力的学步车,它是在判断力上缺乏天赋才能的人所须臾不可缺少的。 B174

但是,虽然普遍逻辑不能给判断力提供任何规范,先验逻辑的情况却完全是另一码事,乃至于它看上去像是把在纯粹知性的运用中以确定的规则来校正和确保判断力作为自己的本职工作。因为,为了在纯粹先天知识领域中给知性带来扩展,因而作为一种学说,哲学似乎是完全不必要的,或者不如说,它对此根本不合适,因为在这方面人们作过迄今为止的一切尝试之后,还是很少或根本无所建树,相反,作为批判,以防止判断力在我们所拥有的少数纯粹知性概念的运用中的失足(lapsus judicii②),对此(哪怕这样一来只有消极性的用途)哲学将倾其全部精明与历练来奉行。

但先验哲学所具有的特点就在于:它除了能指出在纯粹知性概念中所给予的规则(或不如说诸规则的普遍条件)之外,同时还能先天地指出这规则所应该运用于其上的那种具体情况。它在这一点上之所以具有超过其他一切有教益的科学(数学除外)的优越之处,正是由于它所讨论的那些概念都应当是先天地与它的对象相关的,因而它们的客观有效性不是后天得到阐明的,因为那样就会完全谈不上这些概念的尊严了,相反,先验哲学必须同时把对象得以能与那些概念相符合地被给出的诸条件以普遍而又充分的 B175

① 拉丁文:限制中的格。——编译者
② 拉丁文:判断的失误。——编译者

标志阐述出来,否则它就会是毫无内容的,因而只是些逻辑的形式而不是纯粹知性概念了。

这个判断力的先验学说将包括两章:第一章讨论纯粹知性概念唯有在其下才能得到运用的那个感性条件,即纯粹知性的图型法;第二章则讨论在这些条件下从纯粹知性概念中先天推出、并成为其他一切先天知识之基础的那些综合判断,即讨论纯粹知性的诸原理。

B176

第一章　纯粹知性概念的图型法

每当把一个对象归摄到一个概念之下来时,对象的表象都必须和这概念是同质的,就是说,这概念必须包含有归摄于其下的那个对象中所表象出来的东西,因为这里所表达的意思恰好是:一个对象被包含在一个概念之下。所以,一个盘子的经验性的概念和一个圆的纯几何学概念具有同质性,因为在圆中所思维的圆形是可以在盘子中直观到的①。

但现在,纯粹知性概念在与经验性的(甚至一般感性的)直观相比较中完全是不同质的,它们在任何直观中都永远不可能找到。那么,把直观归摄
B177　到概念之下、因而把范畴运用于现象之上是如何可能的呢?因为毕竟没有人会说:范畴,例如说因果性,也能通过感官而直观到,并且是包含在现象中的。这个如此自然而又重大的问题真正说来就是我们必须建立一门判断力的先验学说的原因,为的是指出纯粹知性概念如何能一般地运用于现象之上这种可能性。在其他一切科学中,使对象得以被普遍地思维的那些概念与具体地表象这个对象(如同它被给予的那样)的概念是没有这样的区别和异质性的,就不需要为了前者在后者上的应用而提供一个特别的讨论。

由此可见,必须有一个第三者,它一方面必须与范畴同质,另一方面与

---

① 原文为:"在盘子里所思维的圆形是可以在圆中直观到的",据瓦欣格尔校正。——德文编者

现象同质,并使前者运用于后者之上成为可能。这个中介的表象必须是纯粹的(没有任何经验性的东西),但却一方面是智性的,另一方面是感性的。这样一种表象就是先验的图型。

知性概念包含有一般杂多的纯粹综合统一。时间作为内感官杂多的形式条件,因而作为一切表象联结的形式条件,包含有纯粹直观中的某种先天杂多。现在,一种先验的时间规定就它是普遍的并建立在某种先天规则之上而言,是与范畴(它构成了这个时间规定的统一性)同质的。但另一方面,就一切经验性的杂多表象中都包含有时间而言,时间的先验规定又是与现象同质的。因此,范畴在现象上的应用借助于时间的先验规定而成为可能,后者作为知性概念的图型对于现象被归摄到范畴之下起了中介作用。 B178

根据范畴的演绎所证明的,但愿不会再有人在对于下述问题作出决断上迟疑了,这就是:这些纯粹概念是否只有经验性的运用、还是也有先验的运用,就是说它们是否只能作为一个可能经验的条件而先天地与现象发生关系,或者它们是否能作为一般物的可能性条件而涉及到自在的对象本身(而决不限制在我们的感性之上)。因为在此我们看到,如果不是一个对象要么把自身提供给概念,要么至少把这些概念由以构成的要素提供给概念,那么这些概念是完全不可能的,也不能有任何一种意义,因而也根本不能指向自在之物(而不考虑它们是否以及怎样可以被给予我们);此外,对象被给予我们的唯一方式是对我们的感性加以修正(Modifikation);最后,先天的纯粹概念除了范畴中的知性机能之外,还必须先天地包含有感性的(即 B179 内感官的)形式条件,这些形式条件中包含有那些范畴只有在它之下才能应用于任何一个对象的普遍性条件。我们将把知性概念在其运用中限制于其上的感性的这种形式的和纯粹的条件称为这个知性概念的图型,而把知性对这些图型的处理方式称之为纯粹知性的图型法。

图型就其本身来说,任何时候都只是想象力的产物;但由于想象力的综合不以任何单个的直观为目的,而仅仅以对感性作规定时的统一性为目的,所以图型毕竟要和形象区别开来。譬如,如果我把五个点一个接一个地标出来,·····这就是五这个数的形象。反之,如果我只是思维一个一般的数,它可以是五,也可以是一百,那么这种思维与其说是一个形象本身,不如说是按照一定的概念把一个数目(例如说一千)表现在某个形象中的方法的表象,这个形象在后面这种情况下将是难以一目了然的,也很难将它与B180　该概念加以比较。于是,想象力为一个概念取得它的形象的某种普遍的处理方式的表象,我把它叫作这个概念的图型。

实际上,我们的纯粹感性概念的基础并不是对象的形象,而是图型。对于一般三角形的概念,三角形的任何形象在任何时候都不会合适。因为形象达不到概念的普遍性,即让概念对于一切直角的、锐角的等等三角形都适合的那种普遍性,而是永远只被局限于这个范围中的一个部分。三角形的图型永远也不能实存于别的地方,只能实存于观念中,它意味着想象力在空间的纯粹形状方面的一条综合规则。一个经验对象或它的形象则更谈不上在什么时候达到经验性的概念了,相反,经验性的概念总是按照某个一定的普遍概念而直接与想象力的图型、即与规定我们直观的一条规则相关联的。狗这个概念意味着一条规则,我们的想象力可以根据它来普遍地描画出一个四足动物的形状,而不局限于经验向我们呈现出来的任何一个唯一特殊的形状,也不局限于我能具体地表现出来的每一个可能的形象。我们知性B181　的这个图型法就现象及其单纯形式而言,是在人类心灵深处隐藏着的一种技艺,它的真实操作方式我们任何时候都是很难从大自然那里猜测到、并将其毫无遮蔽地展示在眼前的。我们能够说出的只有这些:形象是再生的①想象力这种经验性能力的产物,感性概念(作为空间中的图形)的图型则是纯粹先天的想象力的产物,并且仿佛是它的一个草图,各种形象是凭借并按照这个草图才成为可能的,但这些形象不能不永远只有借助于它们所标明的图型才和概念联结起来,就其本身而言则是不与概念完全相重合的。反之,一个纯粹知性概念的图型是某种完全不能被带入任何形象中去的东西,而只是合乎某种依照由范畴所表达的一般概念的统一性规则而进行的纯综合,是想象力的先验产物,该产物就所有那些应先天地按照统觉的统一性而在一个概念之中联结起来的表象而言,就与一般内感官的规定依照其形式(时间)诸条件而发生关系。

---

　　①　原文为"生产的",据瓦欣格尔校正。——德文编者

我们现在不再为对一般纯粹知性概念的先验图型所要求的东西进行枯燥无聊的分析而耽误时间了,我们宁可按照这些范畴的秩序并与这些范畴相联系来阐述这些图型。

外感官的一切量(quantorum)的纯粹形象是空间;而一般感官的一切对象的纯粹形象是时间。但量(quantitatis)作为一个知性概念,其纯粹图型是数,数是对一个单位一个单位(同质单位)连续的相加进行概括的表象。所以数无非是一般同质直观之杂多的综合统一,这是由于我在直观的领会中产生出时间本身而造成的。

实在性在纯粹知性概念中是和一般感觉相应的东西;因而这种东西的概念自在地本身表明某种(时间中的)存在;否定性的概念则表现某种(时间中的)非存在。所以这两者的对立是在同一时间是充实的时间还是空虚的时间这一区别中发生的。由于时间只是直观的形式,因而是作为现象的对象的形式,所以凡是在这些对象上与感觉相应的东西,就是①一切对象作为自在之物的先验质料(事物性,实在性)。现在,每一种感觉都有某种程度或大小,它借此能就一个对象的同一个表象而言或多或少地充实同一个时间,即内感官,直到这感觉成为无(=0=否定)为止。因此从实在性到否定性有某种关系和关联,或者不如说某种过渡,它把任何实在性都表现为一个量,而实在性的图型作为某物一旦充实时间,其量的图型就正是这个量在时间中连续而均匀的产生,这时我们从具有某种程度的感觉在时间中下降至它的消失,或者是从否定而逐渐上升至它的这个大小。

实体的图型是实在之物在时间中的持久性,即作为一般经验性时间规定之一个基底的那个东西的表象,因而这个东西在一切其他东西变化时保持不变。(时间并不流逝,而是在时间中,可变之物的存有在流逝。所以在现象中,与那本身不变而常住着的时间相应的是存有中的不可改变之物,即实体,而且只有在它身上,现象的相继和并存才能按照时间而得到规定。)

原因和一般事物的因果性的图型是那种实在之物,只要愿意设定它就总是有另外的东西接踵而来。所以这个图型就在于杂多之物的相继状态,

---

① 据 Wille,此处应为"不是",但细究之,殊感不妥,兹仍旧。——编译者

只要这相继状态服从某种规则。

协同性(交互作用)的图型,或者诸实体在偶性方面的交互因果性的图
B184 型,就是一个实体的规定和另一个实体的规定按照一条普遍规则而同时
并存。

可能性的图型是各种不同表象的综合与一般时间的条件相一致(例如
相对立的东西不能在一物中同时存在,而只能依次存在),因而是一物在任
何一个时间里的表象的规定。

现实性的图型是在一个确定的时间中的存有。

必然性的图型是一个对象在一切时间中的存有。

于是我们从这一切之中看出,每一个范畴的图型都包含和表现着仅仅
一种时间的规定①,如量的图型,这就是在对一个对象的相继领会中时间本
身的产生(综合),质的图型,这就是感觉(知觉)与时间表象的综合,或时间
的充实性,关系的图型,这就是诸知觉在一切时间中(即根据一条时间规定
的规则)的相互关联性,最后,模态及其诸范畴的图型,这就是时间本身,作
为对一个对象是否及怎样属于时间而加以规定的相关物。因此,图型无非
是按照规则的先天时间规定而已,这些规则是按照范畴的秩序而与一切可
B185 能对象上的时间序列、时间内容、时间次序及最后,时间总和发生关系的。

由此可见,知性的图型法通过想象力的先验综合,所导致的无非是一切
直观杂多在内感官中的统一,因而间接导致作为与内感官(某种接受性)相
应的机能的那种统觉的统一。所以,纯粹知性概念的图型法就是给这些概
念带来与客体的关系、因而带来意义的真实的和唯一的条件,因此,范畴最
终就并没有其他运用、而只有经验性运用,因为它仅仅用于通过某种先天必
然的统一(由于使一切意识必然结合在一个本源的统觉之中)的诸根据而
使诸现象服从于综合的普遍规则,并借此使它们顺理成章地彻底联结于一
个经验之中。

但是,我们所有的知识都处于一切可能经验的整体中,而先行于一切经验
性真理并使之成为可能的那种先验真理则在于对这一切可能经验的普遍关系。

---

① "仅仅一种时间的规定"系依据阿底克斯补加。——编译者

但毕竟也要注意:感性图型虽然首次使得范畴实现出来,但它们却也还是限制了这些范畴,即把它们局限于处在知性之外(即处在感性之中)的那些条件上。因此图型在与范畴的一致中本来就只是现象,或只是一个对象的感性概念。(*Numerus* est quantitas phaenomenon, *sensatio* realitas phaenomenon, *constans* et perdurabile rerum substantia phaenomenon——*aeternitas*, necessitas, phaenomena etc.①)现在,如果我们去掉一个限制的条件,那么我们看起来就扩大了以前受限制的那个概念;则那些范畴就应该在其纯粹的意义上、不带一切感性条件地适用于一般的物,如一般物所是的那样,而不是范畴的图型只把物表现为如它们所显现的那样,这样,那些范畴就具有脱离开一切图型并大大扩展了的含义。实际上,纯粹知性概念即使在离开了一切感性条件之后,当然还留下有某种含义,但只是诸表象的单纯统一这种逻辑的含义,而对这些表象却并未给予任何对象,因而也未给予任何可以提供一个客体的概念②的意义。所以例如实体,如果我们去掉了持久性的感性规定,它就不过是意味着一个可以被思考为主词(而不是关于某种别的东西的谓词)的某物。从这个表象中我什么也得不出来,因为它根本没有向我指出,应当被看作这样一个最初的主词的那个物具有哪些规定。所以范畴离开图型就只是知性对概念的机能,却不表现任何对象。后一种意义是由感性赋予范畴的,感性通过限制知性,同时就使知性实现出来。

第二章 一切纯粹知性原理的体系

我们在上一章中只是根据那些普遍条件而考虑了先验的判断力,它唯有在这些条件下才有权把纯粹知性概念运用于综合判断之上。现在我们要

---

① 拉丁文:数是现象的量,感觉是现象的实在性,物的持久性和延续性是现象的实体——永恒性是现象的必然性,等等。——编译者

② 康德在《补遗 LXI》中将"概念"改为"知识"。——德文编者

做的是：把知性以这种批判的谨慎性实际上先天作出的那些判断在系统的联结中展示出来，对此，我们的范畴表毫无疑问必然会给我们提供自然的和可靠的引导。因为正是这些范畴，它们与可能经验的关系必然会先天地构B188 成一切纯粹的知性知识，而它们与一般感性的关系也将为此而完整地并系统地展示出知性运用的一切先验原理。

先天原理之所以叫作先天原理，不仅是因为它们包含其他判断的原理于自身，而且也因为它们本身不再以更高且更普遍的知识作为根据。但这一属性却并不每次都使它们免去一个证明。因为，哪怕这种证明不再能够从客观上来进行，而毋宁说是关于其客体的一切知识的基础，可是这毕竟不妨碍我们也许有可能、甚至有必要不把某种证明从一般对象的知识之可能性的主观根源中排除掉，因为不然的话，这种原理就会仍然带有极大的可疑性，有可能只是一种骗取而来的主张。

其次，我们把自己局限在那些只与范畴相关的原理之上。这样，先验感性论的诸原则就不属于我们所划出的这个研究领域，根据那些原则，空间和时间是一切作为现象之物的可能性条件，同时也是这些原理的限制：即它们不能与自在之物本身相关。同样，数学的原理也不构成这个体系的一部分，B189 因为它们只是从直观中、而不是从纯粹知性概念中引出来的；但由于它们总还是先天综合判断，它们的可能性在这里仍有其必要的位置，虽然不是为了证明其正确性和无可置疑的确定性，这是它们所不需要的，而只是为了使这些明显的先天知识的可能性成为可理解的，并将它们演绎出来。

但我们也将要讨论分析判断的原理，虽然分析判断与我们本来要探讨的综合判断相反；因为正是这种对置将使综合判断的原理论摆脱一切误解，并使它在自己特有的性质中明白地呈现出来。

第一节　一切分析判断的最高原理

不论我们知识的内容是什么，也不管这知识与客体有怎样的关系，一般说来,我们所有判断的普遍的、虽然只是消极的条件终归是:它们不自相矛盾;否则的话,这些判断自在地就本身而言(即使不考虑客体)便什么都不是。但即使在我们的判断中没有矛盾,那么这判断毕竟还是有可能这样来联结概念,就如同它不是对象所造成的,或者甚至没有任何不论是先天地还是后天地给予我们的理由来批准这样一个判断,这样一来,一个判断即使没有任何内部的矛盾,却也有可能要么是错误的,要么是无根据的。

B190

于是,任何与一物相矛盾的谓词都不应归于该物这一原理就称之为矛盾原理,它是一切真理的一条普遍的、虽然只不过是消极的标准,但它也因此而仅仅属于逻辑,因为它所适用的知识仅仅是作为一般的知识,而不顾它们的内容,并宣称:矛盾将完全消灭和取消知识。

但毕竟,我们也可能将这条原理作一种积极的运用,即不仅仅是清除虚假和错误(只要这是基于矛盾之上),而且也认识真理。因为,如果这判断是分析的,则不管它是消极的还是积极的,它的真理性任何时候都必然是能够按照矛盾律来充分认识的。因为凡是已经作为概念而处在客体的知识中并在其中被想到的东西,永远都对相反的东西进行着正当的否定,却必然会由该概念本身对之加以肯定,因为,该概念的反面将会是与客体相矛盾的。

B191

所以我们也必须承认矛盾律是一切分析性的知识的一条普遍的、完全充分的原则;但它作为真理的一条充分标准的威望和用途也不会走得更远。因为,不能有任何知识与这条原理相违背而不自我消灭,这诚然使这条原理成为了我们知识的真理的 conditio sine qua non①,但并没有成为它的规定根据。既然我们所讨论的本来只是我们知识的综合部分,那么我们虽然将随时操心着永远不要违背这条不可侵犯的原理,但却永远不能指望在这样一类知识的真理性方面从它那里得到一些启发。

然而,这条著名的原理,虽然抽掉了全部内容而只是形式上的,但它的一个表达式却包含了由于不小心而毫无必要地混杂进去的综合成分。这个表达式说:某物不可能同时存在而又不存在。在这里,无可置疑的确定性

_____

① 拉丁文:必要条件。——编译者

（通过不可能这个词）是多余地附加上去的,这种确定性却又必须是由这原理本身而不言自明的。除此之外,这条原理又附带上了时间这一条件,它仿佛宣称:一个等于 A 之物如果是等于 B 的某物则不能在同一时间又是非B;但它完全可以前后相继地是两者(既是 B 又是非 B)。例如一个人他是青年,不能同时又是老人;但同一个人完全可以在一个时候是青年,在另一个时候是非青年即老人。现在,矛盾律作为一条单纯逻辑的原理,必须完全不把它的要求限于时间关系,所以一个这样的表达式是与矛盾律的意图根本相违的。这一误解只是由于:人们把一物的谓词预先从它的概念中分离出来,然后又把这概念的反面与这谓词相联结,而这谓词永远也不会与主词发生矛盾,而只是与主词中已与其综合地联结了的那个谓词相矛盾,而且只是在前一谓词和后一谓词被设定在同一时间中的情况下才是这样。如果我说一个没有学问的人不是有学问的,那么必须伴以同时这一条件;因为这个在某一时候是无学问的人,在另一个时候完全可以是有学问的。但如果我说,没有哪个无学问的人是有学问的,那么这个命题是分析的,因为这一标志(无学问)从此也参与构成了主词的概念,然后这一否定性的命题便直接从矛盾律中显露出来,而不可添加上同时这一条件。这也就是我为什么在上面改变了矛盾律的表达式、使得一个分析命题的本质由此而清楚地表现出来的缘故。

B192

B193

第二节　一切综合判断的最高原理

对综合判断的可能性作出解释,这是与普遍逻辑完全没有关系的课题,它甚至可以连这个课题的名字都不知道。但它在先验逻辑中却是一切任务中最重要的任务,甚至是唯一的任务,如果所讨论的是先天综合判断的可能性,以及它的有效性的条件和范围的话。因为在完成这一任务之后,先验逻辑就可以对自己的目的,即规定纯粹知性的范围和界限,来作一全盘的考虑了。

在分析判断里,我停留于给予的概念之上,以便从它里面得出某物来。如果要使这判断成为肯定的,则我就只把在这概念中已经想到过的东西赋予这一概念;如果要使它成为否定的,则我就只把与这东西相反的东西从这概念中排除掉。但在综合判断中我想要超出这个给予的概念,以便把某种与在其中已经想到过的东西完全不同的某物与这概念置于关系中来考察,因而这种关系就决不是同一性关系,也决不是矛盾关系,而在这时从这个判断自身中就既不能看出真理,也不能看出谬误。　B194

这就承认了:我们必须超出一个给予的概念以便把它和一个别的概念综合地加以比较,所以就需要一个第三者,只有在它里面两个概念的综合才能产生出来。但什么是这个作为一切综合判断的媒介的第三者呢？只有某种把我们的一切表象都包括在自身中的总括,也就是内感官,及其先天形式时间。对诸表象的综合是基于想象力,但想象力的综合统一(这是作判断所要求的)则基于统觉的统一。所以在这些东西里我们将必须寻找综合判断的可能性,而由于所有这三项[即内感官、想象力和统觉]都包含有先天表象的根源,也就必须去寻找纯粹综合判断的可能性。的确,这些纯粹综合判断甚至由于这些理由也将是必要的,如果某种有关对象的、仅仅基于诸表象的综合之上的知识要实现出来的话。

如果一种知识要具有客观实在性,即与某个对象相关,并通过该对象而拥有含义和意义,那么该对象就必须能以某种方式被给予出来。舍此则这些概念就是空的,我们虽然由此而进行了思维,事实上通过这种思维却什么　B195
也没有认识到,只是在玩弄表象而已。一个对象的给出,如果这不再只是间接地被意指,而要在直观中直接呈现出来的话,那无非就是将对象的表象与经验(不管是现实的经验或者至少是可能的经验)联系起来。即使是空间和时间,尽管这些概念摆脱一切经验性的东西而如此纯粹,尽管它们如此肯定地在内心中完全先天地被表现出来,但如果它们没有被指明在经验对象上的必然运用,它们就毕竟是没有客观效力、没有意义和所指的,的确,它们的表象只是一个永远与再生的想象力相关联的图型,这种再生的想象力唤起经验的诸对象,没有这些对象,空间和时间就不会有什么意义;一切概念的情况也是如此,没有两样。

所以，经验的可能性就是赋予我们的一切先天知识以客观实在性的东西。而经验是基于诸现象的综合统一之上，即基于按照一般现象的对象之概念所作的综合之上的，舍此它就连知识都不是，而会是知觉的某种梦幻曲，这些知觉不会服从按照某种彻底联结的(可能的)意识的规则而来的连贯关系，因而也不会与统觉的先验的和必然的统一性融合在一起。所以经验拥有为它的先天形式奠基的诸原则，这就是那些在现象的综合中的统一性的普遍规则，它们的客观实在性，作为必然的条件，任何时候都可以在经验中、甚至在经验的可能性中指出来。没有这种关系，先天综合命题就是完全不可能的，因为它们没有第三者，亦即没有任何能让其概念的综合统一在上面呈现出客观实在性来的对象。

因此，尽管我们在综合判断中对于一般空间，或对于生产性的想象力在它里面所描绘的形状，先天地知道得很多，以至于我们为此实际上不需要任何经验；但如果空间不是必须被看作构成外部经验的材料的那些现象的条件的话，那么这些知识仍将什么都不是，而只是沉迷于幻影；所以那些纯粹的综合判断，哪怕只是间接地，是与可能的经验、或不如说是与这些经验的可能性本身相关的，并且只有在这之上它们的综合的客观有效性才建立起来。

因此，由于经验，作为经验性的综合，在其可能性中是唯一赋予其他一切综合以实在性的知识类型，所以其他一切综合作为先天知识之所以具有真理性(即与客体相符合)，也只是因为它不包含别的东西，而只包含对一般经验的综合统一所必要的东西。

所以一切综合判断的最高原则就是：每个对象都服从在可能经验中直观杂多的综合统一的必要条件。

以这样一种方式，当我们把先天直观的形式条件，把想象力的综合，以及这种综合在先验统觉中的必然统一性，与一般可能的经验知识发生关联，并且说：一般经验可能性的诸条件同时就是经验对象之可能性的诸条件，因而它们在一个先天综合判断中拥有客观有效性——这时，先天综合判断就是可能的。

第三节　纯粹知性一切综合原理的系统演示

　　一般说来,任何地方出现了原理,这都只能归功于纯粹知性,后者不仅仅是相对于发生的事情的规则的能力,而且本身就是原理的根源,根据这些原理,一切东西(只要是能作为对象向我们出现的)都必然服从于规则,因为没有这些规则,现象就永远不能有资格得到与之相应的对象的知识。甚至自然规律,当它们被看作是知性的经验性运用的原理[基本规律]时,同时也就带有必然性的标志,因而至少带来这种猜测,以为是出于先天的和先于一切经验而有效的根据所作的规定。但自然的一切规律毫无例外地都服从知性的更高的原理,因为它们只是把这些原理运用于现象的特殊情况之上。所以只有这些原理才提供出那包含有一般规则的条件和仿佛是这规则的指数的概念,经验则给出了从属于这规则之下的实例。 B198

　　因此,真正说来,将只不过是经验性的原理看作是纯粹知性的原理,或者反过来将后者视为前者,这倒并不是什么危险:因为后者的特征是依据概念的必然性,这是在一切经验性的原理中、不论它多么普遍地适用,也很容易看出是不具备的,这就可以很容易地防止这种混淆。但有些纯粹先天原理,我仍然还是不想把它们特别归于纯粹知性之中,因为它们不是从纯粹概念中、而是从纯粹直观中(虽然是借助于知性而)抽引出来的;而知性却是概念的能力。数学就有这样一些原理,但它们在经验上的运用,因而它们的客观有效性,甚至这样一些先天综合知识的可能性(即它们的演绎),都毕竟永远是基于纯粹知性的。 B199

　　所以我将在我的诸原理中不把数学的原理计算在内,倒是要列入那些为数学原理的可能性和先天有效性奠定基础、因而必须被看作是这些原理的原则的原理,它们是从概念到直观,而不是从直观到概念。

　　在把纯粹知性概念应用于可能经验上时,它们的综合的运用要么是数学性的,要么是力学性的:因为这种综合部分地只涉及一般现象的直观,部分地涉及到一般现象的存有。但直观的那些先天条件对于一个可能经验来说绝对是必然的,一个可能的经验性直观之客体的存有的那些条件则本身是偶然的。所以数学性的运用其原理是无条件的必然的,即表现为无可置疑的,但力学性的运用其原理虽然也会带有某种先天必然性的特征,但只是在某种经验中的经验性思维的条件之下,因而只是间接的而非直接的,于是也并不包含有前一种原理所特有的那种直接的自明性(虽然也并不损害它们普遍地与经验相关的确定性)。但这一点我们在这个原理体系的结束部分将会更好地加以评判。

B200

范畴表给我们的这个原理表很自然地提供了指示,因为这些原理毕竟只不过是那些范畴的客观运用的规则而已。因此所有纯粹知性原理就是

1.

直观的公理

2.　　　　　　　　　　3.

知觉的预测　　　　　　　经验的类比

4.

一般经验性思维的公设

B201

我有意选择了这些名称,为的是让人不要忽视这些原理在自明性上和在实行上的区别。但马上就会表明的是:不论按照量和质(如果只注意质的形式的话)的范畴所涉及的是自明性还是对现象的先天规定,量和质这两条原理都是与其他两条原理明显不同的;因为虽然双方都能具有完全的确定性,但前两条原理是一种直觉的确定性,后两者则只是推论的确定性。

B202

所以我将把前两者称为数学性的原理,把后两者称为力学性的原理①。但

---

① 一切联结(conjunctio)或者是组合(compositio),或者是结合(nexus)。前者是杂多而并不必然相互隶属的东西的综合,例如由对角线所划分的一个正方形中的两个三角形就是各自并不必然相互隶属的。在一切可从数学上来考虑的东西中同质的东西的综合就是这种情况(这种综合又可以分为集合的综合和联合的综合,前者针对着广延的量,后者针对着强弱的量)。第二种联结(nexus)是杂多东西就其必然相互隶属而言的综合,例如偶性必然隶属于实体,或者结果必然隶属于原因,——因而表现为即使是不同质的、但毕竟是先天的联结。这种联结由于不是任意的,所以我将它称为力学性的,因为它涉及杂多之物的存有的联结(这种联结又可以分为现象相互之间的物理学的联结和现

B202　象在先天知识能力中的形而上学的联结)。——康德

要充分注意:我在这里一方面既不是着眼于数学的原理,另方面也不是着眼于普通(物理学的)力学原理,而只是着眼于与内感官相关(不论在其中给出的表象如何)的纯粹知性原理,这样一来,前面那些原理全都获得了自己的可能性。所以我对它们的命名不是由于它们的内容,而是着眼于其应用。现在我就按照上表中呈示出来的那个次序来讨论它们。

……　……

B. 第 二 类 比

B232

按照因果律的时间相继的原理

一切变化都按照因果联结的规律而发生

证明

（前一条原理①已经表明,时间相继的一切现象全都只是变化而已,即都是在此持续着的实体之诸规定的相继存在和非存在,因而实体自身的存在接续着它的非存在、而它的非存在接续着它的存有这种情况,换言之,实体自身的产生和消失,是不会发生的。这条原理或许可以这样来表达:现象的一切交替(承继)都只是变化;实体的产生和消失不是它的变化,因为变化这个概念恰好是以带有两个相反规定的同一个实存着和持续着的主体为前提的。——在这个预先提醒之后,现在来进行证明。） B233

我知觉到现象一个一个地接续而来,即在一个时间里有物的一种状态,其反面曾经存在于前一个状态②里。所以真正说来我是在该时间里联结两个知觉。现在,联结并不单纯是感官和直观的工作,而在此也是想象力的综合能力的产物,想象力在时间关系上规定着内感官。但它可以用两种不同的方式联结前述两个状态,使得这一状态或者那一状态在时间上先发生;因为时间自在地本身并不能被知觉,而在客体方面也不能在与时间的关系中

---

① 指"第一类比:实体的持久性原理"。——编译者
② Wille 认为,"状态"应为"时间"之误。——德文编者

仿佛经验性地规定何者在先、何者在后。因而我只是意识到,我的想象力把一个置于前面,把另一个置于后面,而不是在客体中一个状态先行于另一个状态;换言之,通过单纯的知觉,相互继起的诸现象之客观关系仍然还是未定的。为了使这种关系被视为确定的,两种状态之间的这一关系必须这样来设想,即通过它,两种状态中何者必须置于前面,何者必须置于后面,而不是相反,这被规定为必然的。但是,带有综合统一的必然性的这个概念只能是一个纯粹知性概念,它并不处于知觉之中,而在此它就是因果关系的概念,在这种关系中,原因在时间中把结果规定为接续而来的东西,而不是规定为某种单是在想像中有可能先行(或者任何地方都不可能知觉到)的东西。所以甚至经验、也就是关于现象的经验性的知识,也只有通过我们把现象的接续、因而把一切变化从属于因果律之下,才是可能的;因此现象本身作为经验的对象,也只有按照同一个因果律才是可能的。

对现象的杂多的领会总是承继性的。各部分的表象相互接续。这些表象是否在对象中也相继而来,这是反思的第二点,它是不包含在第一点之中的。现在,我们虽然可以把一切东西、甚至每个表象,只要意识到了,都称之为客体;但是这个词在现象中,不从现象(作为表象)就是客体这方面说,而是就它们只是标志一个客体而言,应当表示什么意思,这是有更深的讲究的。只要现象仅仅作为诸表象而同时就是意识的对象,那么它们就与想象力的综合中的领会即接受完全没有什么区别,这样我们就必须说:现象的杂多在内心总是相继产生的。假如现象就是自在之物本身,那就会没有人能够从关于它们的杂多的表象之前后相继而估量出,这种杂多在客体中将会如何联结。因为我们毕竟只是在和我们的表象打交道;自在之物本身(不考虑它们用来刺激我们的那些表象)会是怎样的,这完全越出了我们的知识范围之外。即使现象不是自在之物本身,却仍然是唯一能给我们来认识的东西,那么我们应该指出,既然杂多的表象在领会中总是前后相继的,应把怎样一种时间中的联结归于现象本身上的杂多。例如,立于我面前的一栋房子,对于它的现象中杂多的领会是前后相继的。现在要问:这房子本身的杂多是否也自行前后相继呢? 这一点当然是不会有人承认的。但现在,一旦我把我关于一个对象的概念一直提升到先验的含义上,这房子就根本不是什么自在之物本身,而只是一个现象,即一个表象,它的先验对象是未知的;那么,我如何理解这个问题:在现象本身(但并非自在的东西本身)中杂多如何有可能被联结起来? 在这里,处于相继的领会中的东西被看作是表象,而被给予我的现象,虽然不过是这些表象的总和,却被看作这些表象的对象,我从领会的这些表象中抽出的概念应当与该对象相符合。立刻可以看出,由于知识和客体的一致即是真理,在这里所能探究的只是经验性真理的形式条件,而现象在与领会的表象的对立关系中,只有以这种方式才能被表现为与表象不同的、诸表象的客体,即:该现象从属于某条使之与任何别的领会相区别的规则,这规则使杂多联结的一种方式成为必然的。在现象中包含有领会的这一必然规则之条件的那个东西,就是客体。

　　现在让我们深入我们的课题。某物发生了,亦即某物或某种以前还没有的状态形成了,这一点并不能被经验性地知觉到,如果不是有一个不包含这一状态的现象先行发生的话;因为一种紧跟一个空的时间的现实性,因而一个以前没有任何事物状态先行的产生,正如一个空的时间本身一样,是无 B237
法领会的。所以对一个事件的任何领会都是跟着另一个知觉的知觉。但由于这是在所有的对领会的综合中都出现的情况,正如我上面在一所房子的现象上所指出的那样,所以这还没有把这个现象和别的现象区别开来。不过我也注意到:当我在包含着一种发生的现象身上把先行的知觉状态称为 A,而把继起的状态称为 B,则 B 在领会中只能跟随在 A 之后,A 的知觉却不能跟随于 B 之后,而只能先行于 B。例如我看见一艘船顺流而下。我对这艘船在这条河下游的位置的知觉是跟随在对它在上游的位置的知觉之后的,而不可能在领会这个现象时想要首先知觉到这艘船在下游,然后才知觉到它在上游。所以在这里,知觉在领会中相继而来的秩序是规定了的,而领会就受到这一秩序的约束。在前面那个关于房子的例子中,我的知觉在领会时可以从房顶开始,到底层结束,但也可以从底下开始,到上面结束,同样 B238
还可以从右边或从左边来领会经验性直观的杂多。所以在这些知觉的系列中没有任何确定的秩序,可以使得我在领会中必须从哪里①开始来经验性

---

① “哪里”(wo)原文为“如果”(wenn),文意不通,兹据 Mellin 校正。——德文编者

地联结杂多这一点成为必然的。但在有关发生的事情的知觉这里,这一规则总是能遇到的,它使得相互继起的那些知觉(在对这一现象的领会中)的秩序成为必然的。

所以,在现在的情况下,我就不能不从现象的客观相继中推出领会的主观的相继来,因为否则那种主观相继就会是完全不确定的,也就不能把任何一个现象与另一个现象区别开来了。单是主观相继丝毫不能证明杂多在客体上的联结,因为它完全是随意的。所以客观的相继就在于现象之杂多的秩序,按照这个秩序,对一个(发生的)某物的领会是根据一条规则而跟随在对另一个(先行的)某物的领会之后的。只有这样,我才能有权对现象本身、而不只是对我的领会说:在那里面有一个次序,而这也就等于说:我不能以别的方式、而只能恰好在这一次序中来进行领会。

B239　所以,根据这样一条规则,在一般先行于一个事件的某物中必定有成为一条规则的条件,按照这条规则该事件总是必然地跟随在后;但反过来,我却不能从这个事件倒退回去,(通过领会)去规定那个先行的某物。因为任何现象都不从随后而来的时间点倒退回先前的时间点,但的确是和某个先前的时间点相关的;反之,从某个给定的时间出发而前进到某个确定的后来的时间则是必然的。所以,由于这毕竟是某种后继的某物,我就必须把它与另一个一般的先行的某物必然地相联系,它是按照一条规则、也就是必然地跟随在这另一个某物之后的,这样一来,该事件作为一个有条件者就提供了某种条件的可靠指示,这条件则规定着该事件。

我们设想在一个事件之前没有任何它按照一条规则必须跟随其后的东西先行发生,那么知觉的一切相继就会只是仅仅在领会中、亦即仅仅是主观的,但这一来就完全不能客观地确定何者必定是真正的先行者,何者必定是随后的知觉。我们以这种方式将只会有某种表象游戏,它与任何客体都没有关系,就是说,凭借我们的知觉将根本不会有一个现象按照时间关系与任何别的现象区别开来;因为在领会中的承继性到处都是一样的,因而在现象中没有任何规定现象的东西,来使得某个一定的次序成为客观上必然的。

B240　于是我不会说:两个状态在现象中前后相继;而只会说:一个领会跟随着另一个领会,这只不过是某种主观的东西,而不规定任何客体,因而根本不能被视为①任何一个对象的知识（甚至也不是现象中的对象的知识）。

所以当我们经验到某物发生了，那么我们在这时总是预先假定了它按照一条规则跟随其后的某样东西先行于前。否则我就不会从客体方面说它跟随在后，因为单纯在我的领会中的这个次序如果不是通过一条规则在与先行之物的关系中被规定下来，是根本没有资格成为客体中的次序的。所以，我使我的主观的（领会的）综合成为可能的，这件事总是在考虑到一条规则时发生的，根据这条规则，现象在其次序中、也就是像它们发生时那样，是由在前的状态得到规定的，而且唯一地，只有在这个前提之下，甚至关于某种发生的东西的经验才成为可能。

当然，看起来这与人们对于我们知性运用的进程一直所作的那些解释相矛盾，按照他们的看法，我们只有通过知觉和比较了许多事件协调一致地跟随先行现象这样一些次序，才被引导着去发现某种规则，按照这种规则某些事件总是跟随在一定的现象之后，由此才首次促使我们给自己制造出原因的概念。这个概念基于这一点就会只不过是经验性的，而它所带来的规则即一切发生的事情都有原因就会同经验本身一样是偶然的：这样一来，它的普遍性和必然性就会只是杜撰出来的，而不会有真正的普遍有效性了，因为这种有效性将不是先天的，而只是建立在归纳之上的。但这里的情况正如其他那些纯粹先天表象（例如空间和时间）一样，我们之所以能把它们作为清楚的概念从经验中抽出来，只是由于我们已将它们放到经验中去了，所以这些经验是通过那些概念才得到完成的。当然，一条规定诸事件的序列的规则、也就是一个原因概念的这个表象的逻辑清晰性，只有当我们已把它运用于经验中以后才是可能的，但把这条规则作为时间中诸现象的综合统一之条件来考虑，这毕竟曾是经验本身的基础，所以是先天地先行于经验的。

因此关键就在于用例子来说明，我们哪怕在经验中也从来不把次序（某种从前不存在而现在发生的事件的次序）赋予客体，并将它与我们领会的主观次序区别开来，除非有一种规则作基础，它强迫我们遵守知觉的这种

B241

B242

---

① "被视为"原文为 vor……gelten，据 Hartenstein 校改为 für……gelten.——编译者

秩序而不是别的秩序,乃至于这种强迫本来应是使客体中某种承继性表象首次成为可能的东西。

我们自己拥有表象,我们也能意识到它们。但这种意识尽管可以随意地伸展到如此之远,如此精密或准确,却仍然只不过是些表象,即我们内心在这种或那种时间关系中的内在规定。那么,我们是怎样做到为这些表象建立一个客体,或者超出它们的主观实在性的各种变形,还要赋予它们以某种我所不知道是什么样的客观实在性呢?客观的意义并不能存在于与另外一个表象(即关于我们想称作对象的东西的表象)的关系之中,因为否则这个问题又再次提出:该表象又是如何超出自身、并在它作为内心状态的规定而固有的主观意义之外还获得了客观的意义的?如果我们研究一下,与对象的关系究竟会给予我们的诸表象以什么样的新的性状,这些表象由此将获得的尊严是什么,那么我们就发现,这种关系所造成的只不过是使诸表象以某种形式的结合成为必然的,并使它们从属于某条规则;反过来说,只是由于在我们表象的时间关系中某种秩序是必然的,这些表象才被赋予了客观的意义。

B243

在现象的综合里,表象的杂多总是一个接一个相继而来的。通过这一点是根本表象不出什么客体来的;因为凭借这种一切领会所共有的次序,并没有将任何东西与其他东西区别开来。但是,一旦我知觉到、或是预先假定,在这种次序中有某种对先行状态的关系,表象是从这先行状态中按照某条规则而随后产生的,这样,某物就作为事件或发生的事情而表象出来了,也就是说,我就认识到了某种对象,我必须把它放置在时间中某个确定的位置上,这个位置可以在先行的状态的后面、而不能以别的方式归之于它。所以当我知觉到某物发生了时,在这个表象中首先就包含了有某物先行的意思,因为正是在与这一先行物的关系中该现象才获得了自己的时间关系,即在一个先行的、它不曾在其中存在的时间之后才实存的时间关系。但它之所以得到自己在这种关系中确定的时间位置,是由于在先行的状态中预先假定了某物,而发生的事情是任何时候、也就是按照一条规则跟随其后的:由此就得出,第一,我不能颠倒这个序列,而把发生的某物置于它跟随其后的某物之前;紧接着是:第二,如果先行的状态被设定,则这个确定的事件就

B244

免不了必然地会跟随而来。这样一来所发生的情况就是:在我们的诸表象之间形成了一种秩序,在其中当前之物(只要它已形成了)对某种先行状态提供了指示,将它看作这个已经给予的事件的某个相关物,这相关物虽然尚未确定,但却对这个作为其后果的给予事件有规定性的关系,并且将它和自己在时间序列中必然地联结起来。

现在,如果我们的感性有一条必然规律,因而一切知觉有一个形式条件:在先的时间必然规定随后的时间(因为我只有通过先行的时间才能达到随后的时间),那么时间序列的经验性表象也有一条不可或缺的规律:过去时间的现象规定着继起时间中的每一个存有,而这些作为事件的现象只有当那些先行现象在时间中为它们规定了存有,即按照一条规则确定了它们的存有时,才会发生。因为只有在现象上我们才能经验性地认识到时间关联中的这种连续性。

一切经验及其可能性都需要知性,而知性为它们所做的第一件事并不是使对象的表象变得清楚,而是使一个对象的表象一般说来成为可能。这件事的做成是由于知性把时间秩序加到了现象及其存有身上,因为它赋予 B245 每个作为结果的现象以时间中的一个就先行现象而言的先天规定了的位置,没有这个位置,该现象就不会与时间本身达成一致,而时间是先天地为自己的一切部分规定其位置的。现在,这个位置规定不能从诸现象与绝对时间的关系中借来(因为绝对时间不是知觉的对象),恰恰相反,诸现象必须在时间中相互规定其位置,并使这一位置在时间秩序中成为必然的,就是说,跟随而来或发生出来的事情必须按照一条普遍规则而跟随于已包含在先行状态中的东西之后,由此而形成一个诸现象的序列,它借助于知性在可能知觉序列中产生出来,并使之成为必然的这个秩序和持续的关联,正和在所有的知觉都必须在其中拥有其位置的那个内直观形式(时间)中先天地见到的秩序和关联一样。

所以,某件事情发生了,这是一个属于可能经验的知觉,这可能经验当我把现象按照其在时间中的位置而看作规定了的、因而看作能根据在知觉关联中的某种规则而随时发现的客体时,就成了现实的经验。但这条按照时间次序来规定某物的规则就是:在先行的东西中必定有使该事件永远 B246

（也就是必然地）跟随而来的条件。所以充足理由律就是可能经验的根据，亦即现象就其在时间的相继序列中的关系而言的客观知识的根据。

但充足理由律的论据仅仅是基于下面的情况。一切经验性的知识都需要想象力对杂多的综合，这综合永远是承继性的，也就是在其中诸表象永远是一个跟随一个的。但这种相继在想象力中还根本没有按照秩序确定何者必须先行、何者必须随后，一个个跟随而来的诸表象的这个序列同样既可以视为后退的也可以视为前进的。但如果这种综合是（对一个给予现象的杂多的）领会①的综合，那么这一秩序就在客体中被确定了，更确切地说，在这综合里有规定着客体的一种承继性综合的秩序，按照这一秩序，某物必然先行于前，而这点一经确定，另一物则必然跟随于后。所以，如果我的知觉要包含某种事件的知识，也就是某物在此现实地发生的知识，那么它就必须是B247 一种经验性的判断，在其中我们想到，这次序是确定的，即它在时间上把另外一个现象作为前提，它必然地、或者说按照一条规则跟随着这个现象。反之，如果我设定了先行之物，而事件不是必然地跟随其后，那么我就会不得不把它只看作我的想象力的主观游戏，如果我在其中却表象出了某种客观的东西，我也必须只把它们称之为一个梦。所以，诸现象（作为可能的知觉）的关系——按照这种关系，后继之物（发生的事情）是被某种先行之物在其存有上必然地、并且是按照某种时间规则而规定了的——，因而，原因与结果的关系，就是我们的经验性判断在知觉序列方面的客观有效性条件，因而是知觉的经验性真理的、所以也就是经验的客观有效性条件。这样，在现象的相继中的因果关系原理甚至是先于②经验的一切对象（它们服从承继性这个条件）而起作用的，因为它本身就是这样一个经验的可能性根据。

但在这里还表现出某种疑点，是必须提出来的。现象之间因果联结的原理在我们的表达方式中是局限于现象的相继序列上的，但在其运用中却有这种情况，即也适用于诸现象的相伴随，而原因和结果可以是同时的。例

---

① 原文为 Apprehension（领会），据 Wille 应为 Apperzeption（统觉）之误。——德文编者

② Hartenstein 认为这里应为"对于"，Erdmann 不同意这一看法。——德文编者

如房间中是温暖的,在室外的空气中则不觉得温暖。我寻其原因,发现一个
烧热的炉子。既然这个火炉作为原因与其结果即房间的温暖是同时的,那 B248
么在这里,从时间上说并没有原因和结果之间的相继序列,而是两者同时
的,但这条规律仍然有效。在自然中,绝大部分的致动因都是与它们的结果
同时的,而结果在时间上的继起,只不过是由原因不能在一瞬间就完全成其
全部结果而导致的。但在结果最初产生的那一瞬间,它总是与其原因的因
果作用同时的,因为假如原因在前面一瞬间停止存在,该结果就根本不会产
生了。在此我们必须充分注意,我们针对的是时间秩序,而不是时间过程;
即使没有任何时间流逝,这种关系仍在。在原因的原因性及其直接结果之
间的时间可以是无限小(verschwindend)的(因此它们可以是同时的),但前
者对后者的关系却仍然总是可以按照时间来规定的。如果我把一个放在膨
起的床垫上压出一个小凹陷的球看作原因,那么它与结果就是同时的。不
过我毕竟通过二者的力学联结的时间关系而区分了这两者。因为,如果我
把这球放到床垫上,那么在床垫原先平坦的形状上就会随之有一个凹陷,但
如果床垫有一个(我不知从何而来的)凹陷,那么在其上并不随之就有一个 B249
铅球。

这样,时间相继当然就是结果在与先行的原因的因果关系中唯一的经
验性标准了。一杯水乃是水上升到它的水平面以上的原因,虽然这两种现
象是同时存在的。因为我一旦用杯把水从较大的容器中舀出来,随之就有
某件事发生,即水从原先在容器中的水平位置变得下陷了杯中所装的那
么多。

这种因果关系引出了动作的概念,动作则引出了力的概念,并由此引出
了实体的概念。由于我的批判的意图只涉及先天综合知识的来源,我并不
想将它混同于只是从事阐明(而不是扩展)概念的分析,所以我把对这些概
念的麻烦的讨论留给未来的纯粹理性体系:即使在迄今所知的这一类教科
书中也已经有大量的这种分析。不过,在一个实体显得不是通过现象的持
久性、而是通过动作而能更好更容易地显露出来时,对于它的经验性标准,
我是不能置之不顾的。

凡是在有动作、因而有活动和力的地方,也就有实体,并且只有在实体 B250

里才必定找得到现象的那种富有成效的来源之地。这一切都说得很对；但是，如果我们想要解释什么是我们对实体的理解，并想在这种解释中避免错误的循环论证，那么这个问题就不是很容易回答的了。我们怎么会从动作过程（Behandlung）立刻得出动作者（Handelnden）——它毕竟是实体（现象）的一个如此根本的和特有的标志——的持久性的结论的呢？这个问题虽然按照通常的方式（即只是分析地处理这些概念）是完全不会得到解决的，不过根据我们前面所说的，解答这一问题倒是没有这样一种困难。动作已经意味着原因性的主体对结果的关系了。既然一切结果都在于具体发生的事情，因而在于按照前后承继性来标明时间的可变易之物，那么可变易之物的最终主体就是作为一切变更者的基底的持久不变的东西，即实体。因为按照因果性原理，动作永远是现象的一切变更的最初根据，因而不能包含在本身变更着的某个主体之中，否则就会需要有其他的动作和另一个规定这种变更的主体。为此之故，动作作为一种充分的经验性标准，就证明了那种实体性，而无须我通过比较各个知觉才去寻找该实体的持久性，这也是后一种方式不能以由这概念的量和严格的普适性所要求的那种详尽性而做到的。因为一切产生和消失的因果作用的最初主体本身（在现象的领域中）不能产生和消失，这是一个可靠的结论，它导致存有中的经验性的必然性和持久性、因而也导致一个作为现象的实体这个概念。

B251

如果有某物发生，那么单是这一产生本身自在地已经是一个研究对象了，而无须考虑在此产生的东西。从一个状态的非存在到这种状态的过渡，即使假定它不包含有现象中的任何质，就已经必须单独地加以研究了。正如在 A 这一小节中①已经指出的，这一产生所涉及的不是实体（因为实体并不产生），而是实体的状态。所以这只不过是变化，而不是从虚无中发源。如果这种发源被看作来自某种陌生原因的结果，它就叫作创造，创造作为事件在现象中是不能允许的，因为单是它的可能性就已经会取消经验的统一性，虽然如果我把一切物不是看作现象、而是看作自在之物，看作单纯知性的对象，则它们尽管是实体，却可以被视为就其存有来说是依赖于陌生原因

B252

---

① 指前面的"A. 第一类比"即有关"实体性"的一小节。——编译者

的;但这样一来就会引起完全不同的语词含义,而与作为经验之可能对象的现象不适合了。

那么,一般来说某物如何能够被改变,它如何可能在一个时间点的状态之后跟随着另一个时间点的某种相反的状态:对此我们先天不具有起码的概念。为此需要只能经验性地给予出来的现实的力的知识,如运动的力的知识,或者(这也一样)使这种力得以表现出来的(作为运动的)某些承继性现象的知识。但是,每个变化的形式,即变化唯有在其下才能作为另一状态的产生而发生的条件(其内容、也就是被改变的状态可以听便),因而这些状态的承继性本身(发生的事),毕竟是可以根据因果律和时间的诸条件而先天地来考虑的①。

如果一个实体从一个状态 a 过渡到另一个状态 b,那么这第二个状态　B253
的时间点就与前一个状态的时间点有了区别,并跟随其后。同样地,就连作为(现象中的)实在性的第二个状态,也与它当时不在其中的第一个状态有了区别,正如 b 和零的区别一样;也就是说,即使状态 b 与状态 a 只是在量上有区别,这一变化也是一个从 b 中减去 a 的东西的产生,它在前一状态里是不曾有的,对它而言前一状态＝0。

所以问题就在于,一物将如何从一个状态 a 过渡到另一个状态 b。在两个瞬间之间总是有一个时间,而在两个瞬间的两个状态之间总是有种区别,它含有一个量(因为现象的所有部分仍然还是量)。所以从一个状态到另一个状态的任何过渡总是在两个瞬间之间所包含的时间中发生的,其中第一个瞬间规定着该物从中走出来的那个状态,第二个瞬间规定着它所达到的那个状态。因此这两者就是一个变化的时间界限,因而是两个状态之间的中间状态的时间界限,并且作为这种时间界限是共同属于这整个变化的。于是每一个变化都有一个原因,这原因在变化所发生的整个时间中表现出它的因果作用。因此这个原因就不是突然地(一下子或在一瞬间中)　B254

———————————

①　应当倍加注意的是:我所说的不是一般关系的变化,而是状态的变化。因此,当一个物体匀速地运动时,它完全没有改变其(运动的)状态;但在它加速和减速运动时,倒是改变了状态。——康德

产生出它的变化来的,而是经过一个时间,以至于,正如时间从 a 这一初始瞬间一直增长到它在 b 中结束一样,这个(b 减 a 的)实在性的量也是通过包含在最初和最终之间的所有那些更小的程度而产生出来的。所以一切变化都只是通过因果作用的连续动作才可能的,而这动作就其是匀速的而言,就称之为力率(Moment)。变化不是由这些力率构成的,而是借助于力率作为其结果产生出来的。

这就是一切变化的连续律,其根据是这样的:时间以及时间中的现象都不是由一些最小的部分构成的,而物的状态在其变化时却毕竟经由所有这些部分的要素而过渡到了它的第二种状态;现象中实在之物的区别正如时间中量的区别一样,没有一个是最小的,所以实在的新状态是从它还不存在的前一状态开始,通过其一切无限的等级而形成起来的,这些等级相互之间的区别全都比 0 和 a 之间的区别更小。

这条原理在自然研究中将会有什么样的用处,这不是我们这里要讨论的。但是,这样一条似乎很能扩展我们的自然知识的原理如何可能是完全先天的,这是亟待我们来检验的,即使从表面上证明了它是真实的和正确的,因而人们会相信用不着提出它是如何可能的这一问题。因为有这样多毫无根据的企图,要求通过纯粹理性来扩大我们的知识,以至于必须被看作普遍的原理的是:正因此而完全不信任这一类要求,并且,若没有可以获得一个彻底的演绎的证据,哪怕依据最清楚的独断证明也决不能相信和接受这一类要求。

经验性知识的一切增加,及知觉的每一步进展,都只不过是内感官的规定的某种扩展,亦即时间中的某种进步,其对象则可以随便是现象或是纯粹直观。这个时间中的进步规定一切,而本身自在地却不再被任何东西所规定;就是说,这一进步的各部分只是在时间中并通过时间的综合而被给予,但不是先于时间的综合而被给予。因此,知觉向时间中跟随其后的东西的每一过渡都是通过这一知觉的产生而对时间的规定,而由于时间总是、并且在其一切部分中都是某种量,则一个知觉作为一个量,其产生就是通过所有的等级(其中任何一个都不是最小的等级)而从零开始,一直达到它的确定的等级。这就揭示出了一种按照变化的形式先天地认识一条变化规律的可

B255

能性。我们只是在预测我们自己的领会,其形式条件既然在一切被给予的
经验之前就寓于我们之中,当然就必定能够先天地被认识。

因此,正如时间包含着实存之物向跟随之物连续进展之可能性的先天
感性条件一样,知性借助于统觉的统一就是对现象在这一时间中的一切位
置进行连续规定的可能性之先天条件,而这是通过原因和结果的序列达到
的,原因不可避免地引起结果的存有,并因此而使时间关系的经验性知识对
任何时间而言(普遍地)、因而客观地有效。

…… ……

第三章　把所有一般对象区分为
现象和本体的理由

现在,我们不仅踏遍了纯粹知性的土地并仔细勘察过它的每一部分,而
且还测量过它,给那上面的每一个事物规定了它的位置。但这片土地是一
个岛屿,它本身被大自然包围在不可改变的疆界中。这就是真理之乡(一
个诱人的称号),周围是一片广阔而汹涌的海洋、亦即幻相的大本营,其中
好些海市蜃楼、好些即将融化的冰山都谎称是新大陆,在不停地以空幻的希
望诱骗着东奔西闯的航海家去作出种种发现,将他卷入那永远无法放弃、但
也永远不能抵达目的之冒险。但在我们冒险航行于这个大海、从一切纬度
去搜索它,去确定在其中是否可以希望什么以前,最好事先还再看一看我们
正要离开的那片土地的地图,并且首先要问,我们是否能以这片土地上的东
西为满足,或者如果任何别的地方都没有我们可以居住的基地,我们是否就
不得不被迫满足于它;其次再问一问,我们究竟能以什么名义占领这块土
地,并能有把握抵挡一切敌对的要求。虽然我们在分析论的进程中已经对
这些问题作了充分的回答,但以一个总体的估计把解答这些问题的各个要
点集于一点上,这就可以加强对这些解答的确信。

我们在前面看到,知性从自己本身中获得的一切,无须从经验中借来,

但知性却并不把它们用于任何别的目的,而只是作经验的运用。纯粹知性
的诸原理,不论它们是先天构成性的(如数学性的原理),还是仅仅调节性
的(如力学性的原理),所包含的看来只不过是可能经验的纯粹图型。因为
经验只有从知性在与统觉相关中本源而自发地赋予想象力的综合的那种综
合统一中,才获得自己的统一性,诸现象作为可能知识的材料必定已经先天
地与那种综合统一处于相关联、相符合中了。然而,即使这些知性规则不只
是先天真实的,而且甚至是一切真理(即我们的知识与客体的符合)的根
源,因为它们包含有经验可能性的、即客体能在其中被给予我们的一切知识
总和的根据,但在我们看来,单是能将真实存在的东西阐明出来是不够的,
还要阐明出我们所渴望知道的东西。所以,如果我们通过这种批判的考察
只学到了我们在知性的单纯经验性的运用中即使没有这种精密的研究自己
也能做得到的事,而没有更多的东西,那么从中得出的好处似乎就不值得为
此作这种花费和准备了。我们虽然可以这样来回答这一点:对于扩展我们
的知识来说,没有任何冒失比我们在从事研究之前,在对这种研究的用处
(哪怕这用处已置于眼前)还没有最起码的概念之前,就冒失地总想预先知
道这用处来,更为有害的了。然而毕竟有一种好处,是对这样一种先验研究
哪怕最感困难和厌倦的初学者都能变得易理解,同时又有兴趣的,这就是:
单纯从事于自己的经验性运用的知性,当它对自己知识的来源未作反省时,
虽然可以有很好的成绩,但有一点是它做不到的,这就是给自己规定自己运
用的界限,并知道什么是处在它的全部领域之内、什么是处在这之外的东
西;因为这恰好是我们已着手的这些深入的考察所要做的。但如果知性不
能区分某些问题是否处于它的视野范围之内,那么它对于它的权利和它的
所有物就永远没有保障,而当它不停地跨越自己领地的界限(正如不可避
免地那样)并沉陷于妄想和假象时,就只好等着挨各种各样令人丢脸的斥
责了。

所以,知性永远也不能对它的一切先天原理、乃至于对它的一切概念作
先验的运用,而只能作经验性的运用,这是一条一旦能被确切地认识到就能
看出重要后果的原理。在任何一条原理中一个概念的先验的运用都是这样
一种运用,它与一般物、因而与自在之物本身相关,而经验性的运用则是当

它仅仅与现象、亦即与一个可能经验的对象相关时的运用。但任何地方都只能有后一种运用,这从如下分析可以看出来。任何一个概念所需要的,首先是一般概念(思维)的逻辑形式,其次还要有它与之相关的一个对象被给予它的那种可能性。没有后者它就没有意义,在内容上就完全是空的,哪怕它总还会包含有从可能的材料中制定一个概念的那种逻辑机能。既然对象不能以别的方式、而只能在直观中被提供给一个概念,而且即使一个纯粹直观还在对象之前就是先天可能的,那么这种纯粹直观本身也毕竟只有通过经验性的直观才能获得其对象、因而获得其客观有效性,它只是经验性直观的形式而已。所以一切概念,以及和它们一起,一切原理,不管它们是多么先天可能的,却还是与经验性的直观、因而与可能经验的材料相关的。舍此它们就完全没有任何客观有效性,而只不过是游戏,不论是想象力还是知性各自用它们的表象所作的游戏。我们只须举出数学的概念为例,而且首先 B299 举数学的纯粹直观中的例子。空间有三个量度,两点之间只能有一条直线,等等。虽然所有这些原理以及数学科学所探讨的那些对象的表象完全是先天地在内心里产生出来的,但如果我们不能总是在现象上(在经验性对象上)阐明其含义的话,它们毕竟是什么意思也没有的。因此我们也要求使某个孤立的概念成为感性的,也就是在直观中阐明与之相应的客体,因为没有这个客体,该概念就会仍然是(如人们所说的)没有意义①,亦即没有所指的。数学通过对形状的构造而满足了这一要求,形状是一种对感官的当下的(虽然是先天完成的)显现。正是在这门科学里,量这个概念在数中寻求它的支持和意义(Sinn),但数又是在手指、算盘珠或是小棒和点这些被展示在眼前的东西上来寻求的。概念仍然总是先天产生的,连同从这些概念中来的综合原理或公式也是如此;但它们的运用以及与所认为的那些对象的关系最终却不能在别处、而只能在经验中寻找,它们先天地包含有经验的(在形式上的)可能性。

但这也正是一切范畴及从中引出的原理的情况,这一点也可以这样来 B300

---

① "意义"(Sinn)一词在德文中又具有"感官"、"感觉"之义,康德在此一语双关。下一个"意义"也是双关语。——编译者

阐明:当范畴必须随之而限制在作为其唯一对象的现象上时,如果我们不立刻下降到感性的条件上、因而下降到现象的形式上,我们就根本不能对任何一个范畴作出实在的定义,即不能使它的客体的可能性得到理解,因为,如果我们去掉这一条件,一切所指、即对客体的一切关系就都取消了,我们就没有任何实例可以使自己理解到,在这样一类概念中本来究竟指的是何物。

一般量的概念无人能作别的解释,只能解释为:量是一物的这种规定,它使我们能思考物中被设定了一(Eine)的多少倍。只是这个"多少倍"是建立在相继而来的重复之上,因而是建立在时间和时间中(同质东西)的综合之上的。对于实在性,我们只有在想到一个时间(作为一切存在的总括),它要么是以此来充实的,要么就是空的,这时我们才能在与否定性的对立中对它作出解释。如果我把持久性(它是在一切时间中的存有)去掉,那么我在实体的概念中就什么也没有留下来,只有一个主体的逻辑表象,这个表象我以为通过把某物想像为只能作为主词(而不是有关主词的谓词)而存在,就使之实在化了。但我不仅完全不知道这种逻辑的好处具体到任何一物究竟该有什么条件,而且也不能从中得出任何更多的东西,不能推出起码的结论来,因为这样做根本没有为这个概念的运用规定任何客体,所以我们完全不知道这个概念在任何地方是否会意味着什么。关于原因这个概念,我(如果我去掉某物按照规则跟随另一个某物所经过的时间)在这个纯粹范畴中不会找到别的东西,只会发现它是可以由此推出另一物之存有的某物而已,但这不仅根本没有可能把原因和结果相互区别开来,而且由于这种推论的可能性马上需要种种我一无所知的条件,所以这个概念对于它会如何与任何一个客体相适合将完全没有规定。"一切偶然的东西都有一个原因"被认为是一条原理,它虽然显得颇为威严,仿佛它自己独立地就具有自己的尊严似的。但如果我问:您说的偶然是什么意思?而您回答,偶然就是它的非存在是可能的,那么我就很想知道,您想凭什么来认识这种非存在的可能性,如果您不在现象的序列中设想一种前后承继,并在这种承继中设想一种跟随于这个非存在之后的存有(或者相反),因而设想出一种变更?因为一物的非存在并不自相矛盾这种说法是对一种逻辑条件的无力的援引,这种逻辑条件虽然是概念所必须的,但对实在的可能性来说则远不是充

B301

B302

分的;尽管我可以在思想中取消任何实存着的实体而不会自相矛盾,但由此完全不可能推出该实体在其存有中的客观上的偶然性,亦即它的非存在本身自在的可能性。至于协同性的概念,那么很容易估计:既然实体的纯粹范畴和因果性的纯粹范畴都不允许有那种对客体作出规定的解释,那么交互因果性在与实体的相互关系(commercium)中同样没有能力做这种解释。可能性、存有性和必然性更没有人能用别的方式来解释,而只能是同义反复,如果要把它们的定义只从纯粹知性中得出来的话。因为要把概念(由于它本身不自相矛盾)的逻辑可能性偷换成物(由于有一个对象与概念相应)的先验①可能性,这种障眼法只能蒙骗没有经验的人并使他满足。②

由此无矛盾地得出的就是:纯粹知性概念永远也不能有先验的运用,而任何时候都只能有经验性的运用,纯粹知性原理只能和某种可能经验的普遍条件、与感官对象发生关系,但决不能与一般物(不考虑我们如何能直观它们的方式)发生关系。 B303

于是,先验分析论就得到了这样一个重要结论:知性先天可以做到的无非只是对一般可能经验的形式作出预测,凡不是现象的东西,由于它不能是经验的对象,知性就永远不能跨越感性的限制,只有在感性中对象才被给予我们。知性原理只是说明现象的一些原则,而本体论自以为能够在一个系统的学说中提供出有关一般物的先天综合知识(例如因果性原理),它的这一自负的名称必须让位于那谦虚的名字,即只不过是纯粹知性的一种分析论而已。

思维就是把给予的直观与一个对象联系起来的行动。如果这种直观的方式根本无法给予出来,则该对象就只是先验的,知性概念就没有别的运用,而只有先验的运用,即具有思维对一般杂多的统一性。于是,一个纯粹的范畴,如果其中抽掉了我们唯一能具有的那种感性直观的所有条件,那么 B304

――――――――――――

①　康德在《补遗 CXXI》中将"先验"改为"实在"。――德文编者

②　总之,如果把(我们唯一拥有的)一切感性的直观都去掉,那么所有这些概念就不能用任何东西来证明自己,以及借此来阐明自己的实在的可能性了,这时还剩下来的只是逻辑的可能性,亦即这个概念(观念)是可能的,但这点并不是我们所要谈论的,我们所谈的是这个概念是否与一个客体有关、因而意指着任何某物。――康德

就没有客体被它所规定,而只有某种一般客体的思维在按照各种不同的样态被表达。现在,一个概念的运用还应该有一个对象借以被归摄到这个概念之下的某种判断力机能,因而至少应有使某物得以在直观中被给予出来的形式条件。缺乏判断力的这一条件(图型),所有的归摄都会作废;因为没有给出任何能归摄到概念之下的东西。所以,范畴的单纯先验的运用事实上就根本不是什么运用,而且没有任何确定的对象,哪怕仅仅是可从形式上来确定的对象。由此可见,纯粹范畴甚至对先天综合原理也不是充分的,B305　纯粹知性的原理只有经验性的运用,决没有先验的运用,而越出可能经验的范围之外,任何地方都将不能提供先天综合原理。

因此我们可以不妨这样来表达:纯粹范畴没有感性的形式条件就只不过具有先验的含义,但它们不具有任何先验的运用,因为这种运用在其本身是不可能的,这些范畴缺少(在判断中)任何一种运用的一切条件,也就是把任何一个所认为的对象归摄到这些概念之下的形式条件。既然当我们将它们和一切感性分离开来时,它们(单作为纯粹范畴)不应具有经验性的运用,又不能具有先验的运用,那么它们就完全没有任何运用了,就是说,它们根本不能应用于所认为的对象身上;毋宁说,它们只不过是知性运用于一般对象上的纯形式及思维的纯形式,但却不能仅仅由这形式而思维和规定任何一个客体。

然而在这里根本上有一种难以避免的幻觉。范畴按照其来源不是像空间和时间这些直观形式那样建立在感性之上的;因此它们似乎允许超出一切感官对象去作一种扩展的应用。不过这些范畴本身又无非是思维的形式,它们只包含有把直观中所给予的杂多东西先天地结合在一个意识中的B306　逻辑能力,而一旦把我们唯一可能的直观从它们那里去掉,它们所能具有的意义就比那些纯感性形式更少,通过后者至少还给出一个客体,而我们的知性所特有的结合杂多的方式如果不加上杂多唯一能在其中给出的那种直观,就毫无意义了。——可是,如果我们把某些作为现象的对象称为感官物(Phänomena 显现物),而把我们直观它们的方式和它们自在的性状本身区别开来,那么在我们的概念中就毕竟已经蕴含着这样的意思:我们要么按照后一种自在的性状而把这同一些对象(哪怕并没有在这种性状中直观到它们)仿佛置于与前面那种对象的对立之中,并把它们叫作知性物(Noumena 本体),要么也对另外一些完全不是我们感官的客体、而只是由知性当作对象来思维的可能之物这样做。现在要问:我们的纯粹知性概念是否在本体方面具有意义,是否能成为关于本体的知识形式?

但在这里一开始就表现出某种可能引起严重误解的歧义性:既然知性当它在某种关系中把一个对象称之为现象时,同时又在这种关系之外仍具有关于自在的对象本身的一个表象,因而它想像它也可以对这样一个对象 B307 制定一些概念,并且,既然知性所提供出来的无非是范畴,所以,对象在后一种含义上至少必须能够通过这些纯粹知性概念来思维,但这就诱使人们把有关一个知性物、即我们感性之外的一个一般某物的不确定的概念,当作有关一个我们有可能通过知性以某种方式认识到的存在物的确定的概念了。

如果我们把本体理解为一个这样的物,由于我们抽掉了我们直观它的方式,它不是我们感性直观的客体;那么,这就是一个消极地理解的本体。但如果我们把它理解为一个非感性的直观的客体,那么我们就假定了一种特殊的直观方式,即智性的直观方式,但它不是我们所具有的,我们甚至不能看出它的可能性,而这将会是积极的含义上的本体。

于是,感性的学说同时就是消极理解的本体的学说,也就是关于那些必须由知性撇开与我们的直观方式的关系、因而不仅作为现象而且作为自在之物本身来思维的物的学说,但知性在对这些物作这样一种区分时同时也懂得,它在以这种方式考虑它们时对于它的那些范畴完全不能有任何运用, B308 因为这些范畴只有在与空间和时间中的直观统一性发生关系时才有意义,甚至它们之所以能借助于普遍的联结概念而先天地规定这种统一性,也只是由于空间和时间的单纯观念性。一旦见不到这种时间统一性,也就是在本体的情况下,范畴的全部运用、甚至它们的全部意义都会完全终止了;因为甚至会根本看不出应当与这些范畴相适合的那些物的可能性;因此请让我援引我在前一章的总注释中一开头所说的话。既然一物之可能性决不能单凭该物的概念不自相矛盾来证明,而只能通过我们赋予它以与之相应的直观来证明,所以当我们要把范畴应用于不被视为现象的那些对象上时,我们就必须以不同于感性直观的另一种直观作基础,这样一来,对象就会是一

个积极意义上的本体。既然这样一个直观、也就是智性的直观完全处于我
们的认识能力之外,所以就连范畴的运用也决不能超出经验对象的界限,而
与感官物相应的固然是知性物,就算我们的感性直观能力与之完全无关的
知性物可以存在,但我们的知性概念作为我们感性直观的单纯观念形式却
丝毫也通达不了它们那里;因此凡是被我们称为本体的东西,都必须作为某
种只有消极意义的东西来理解。

B309

　　如果我从某种经验性的知识中去掉一切(借助于范畴进行的)思维,那
么就完全不会有任何对象的知识余留下来;因为通过单纯的直观没有任何
东西被思维,并且,这种感性刺激在我里面发生,这根本不构成这类表象与
某个客体的任何一种关系。但反过来,如果我把一切直观都撇开,那毕竟还
会留下思维的形式,亦即给可能直观的杂多规定一个对象的那种方式。因
此范畴就这样扩展到比感性直观更远的地方,因为它们思维一般客体,还没
有看看那种使这些客体能被给出的特殊的方式(即感性的方式)。但范畴
并不因此就规定了诸对象的一个更大的范围,因为我们不能在把某种不同
于感性的直观方式的直观方式预先假定为可能的之前,就承认这些对象能
够被给予,而我们又根本无权作这种预先假定。

B310

　　如果一个概念并不含有任何矛盾,甚至还作为那些被给予的概念的边
界而与其他的知识相关联,但它的客观实在性却不能以任何方式被认识,我
就把它称为悬拟的(problematisch)概念。一个本体的概念,即一个完全不
应被思考为一个感官对象、而应(只通过纯粹知性)被思考为一个自在之物
本身的物的概念,是完全不自相矛盾的;因为我们对于感性并不能断言,它
就是直观的唯一可能的方式。此外,为了不使感性直观扩展到自在之物本
身上去,从而限制感性知识的客观有效性,这个概念又是必要的(因为感性
直观所达不到的东西之所以称为本体,正是为了借此表明那些知识不能把
自己的领土扩展到知性所思维的一切东西上去)。但最终,我们一点也看
不出这样一些本体的可能性,现象领域之外的范围(对我们来说)是空的,
这就是说,我们有某种把自己悬拟地扩展到比现象领域更远的地方的知性,
但没有能超出感性领域之外给我们提供对象并使知性超出这一领域而作实
然的运用的那种直观,哪怕有关这种直观的概念都没有。所以某种本体的

概念只不过是一个限度概念,为的是限制感性的僭越,因而只有消极的运 B311
用。但这个概念毕竟不是杜撰出来的,而是与感性的限制相关联的,只是不
能在感性的范围之外建立某种积极的东西。

因此把对象划分为现象和本体,而把世界划分为感性世界和知性世界,
在积极的意义上是完全不能容许的,虽然概念的确容许被划分为感性的和
智性的;因为我们不能为后者规定对象,那么这些概念也就不能冒充为客观
有效的。如果我们离开感官,我们将如何能理解我们的范畴(它们将是唯
一给本体留下来的概念)还会到处有某种含义? 因为在它们与某个对象的
关系上还必须给出某种比单纯思维的统一性更多的东西,亦即还要加上某
种可能的直观,以便它们能应用其上。即使如此,只被当作悬拟的本体的这
个概念仍然不仅仅是容许的,而且甚至作为一个在限制中来建立感性的概
念也是不可避免的。但这样一来,本体就不是为我们的知性所特有的一个
智性对象了,相反,它可能会隶属的那种知性本身就是一个问题,即是说,这
种知性不是通过范畴推论式地认识其对象,而是在某种非感性的直观里直 B312
觉地认识其对象,而对这种知性的可能性我们是不能产生最起码的表象的。
既然我们的知性以这种方式获得一种消极的扩展,这就是说,知性与其说是
由于感性而受到限制,不如说是通过它用本体来称谓物自体本身(而不把
它看作现象),知性就限制了感性。但知性同时也限制了自己,不能通过任
何范畴来认识本体,因而只能以未知某物的名义来思维这些本体。

然而,在近代的文献中我发现对 mundi sensibilis(可感世界)和 mundi
intelligibilis(理知世界)这两个术语①与古代的意思完全不同、完全相左的
一种运用,这种运用当然没有什么难理解的,但其中所有的只不过是玩弄词
藻。按照这种用法,一些人更愿意把现象的总和就其被直观到而言称之为
感官世界,而就其关联按照普遍知性规律被思考而言,则称之为知性世界 B313
(Verstandeswelt)。前者据说表现为单只报道对星空的观察的理论天文学,

———————

①　我们不必像人们在以德国人的表达方式通常习惯于做的那样,用智性世界
(eine intellektuelle Welt)这个词来取代理知世界这一术语;因为只有知识才是智性的或
感性的。然而只要是能成为这种那种直观方式的、因而客体方面的对象的东西,都必须
叫作理知的和可感的(尽管这很难听)。——康德

而后者,也就是理知世界(intelligible Welt),则表现为(例如根据哥白尼的宇宙体系或牛顿的引力定律来解释的)静观的天文学①。但这样一种词意的歪曲只不过是诡辩的遁辞,为的是将它们的意义降低到适合自己的意思以回避麻烦的问题。当然,知性和理性都可以在现象上运用;但问题是如果对象不是现象(而是本体),它们是否还有某种运用,而人们就是在这种意义上,当对象自身只是被思维为理知的,也就是被思维为只被给予知性而根本不被给予感官的东西时,来设想对象的。所以问题就在于,是否知性在它的那种经验性的运用以外还可能有(哪怕在牛顿的宇宙结构表象中)一种先验的运用,它指向作为某种对象的本体。对这个问题我们已作了否定的回答。

　　所以当我们说:感官向我们表现出对象如它们所显现的样子,知性却表现出对象如它们所是的样子,这时后一情况并不能在先验的含义中、而只能在经验性的含义中来设想,也就是像它们必须在现象的彻底关联中被表现为经验对象那样,而不是按照它们在与可能经验的关系之外、因而在一般意义上并作为纯粹知性的对象所可能的那样来设想。因为后面这种情况将会是我们永远不知道的,甚至于就连这样一种特殊的②先验知识在任何地方是否可能、至少是作为从属于我们通常范畴的知识是否可能,也仍然不知道。知性和感性在我们这里只有结合起来才能规定对象。如果我们把它们分开,那么我们有直观则无概念,或者有概念则无直观,而在这两种情况下我们所具有的表象都不能与任何一个确定的对象发生关系。

　　如果有人还未下决心由于这一切讨论而放弃范畴的单纯先验的运用,那么他可以试试从范畴中得出任何一个综合的断言来。因为一个分析的断言并不使知性走得更远,知性在这里只是在讨论概念中已被想到的东西,所以它并不能决定这概念是自在地与对象本身有关,还是只意味着一般思维的统一性(这统一性完全抽掉了一个对象有可能被给予出来的那种方式),

B314

---

　　①　据 Wille,"静观的"应与前面"理论的"互换。——德文编者
　　②　根据瓦欣格尔,"特殊的"(außerordentliche)应该为"感官外的"(außersinnliche)。——德文编者

对它说来,只要知道在它的概念中有什么就足够了;这概念本身针对着什么,这对它来说是无所谓的。因此他也可以试试任何一个综合的、被以为的先验的原理的效果,如:一切存在的东西都是作为实体或某种依赖于实体的规定性而实存的;一切偶然的东西都是作为另一物、也就是它的原因的结果而实存的如此等等。现在我要问:既然这些概念不想与可能的经验发生关系,而是要适用于自在之物本身(本体),知性将从何处得到这些综合命题呢? 综合命题总是需要一个第三者,以便在其中把那些完全没有任何逻辑的(分析的)亲和性的概念相互联结起来,而在这里,那个第三者又在何处呢? 不顾及到知性的经验性的运用,因而不完全放弃那种纯粹的、摆脱感官的判断,知性就永不能证明它的命题,更有甚者,就连以这样一个纯粹命题的可能性为自己辩护都做不到。所以纯粹只是理知的对象这样一个概念在其应用的一切原理上完全是一片空白,因为我们不能虚构出它们应当被给予的方式,这个悬拟的观念毕竟为这些对象留下一个位置,只是为了像一个空的空间一样对经验性的原理作出限制,但却并未把经验性范围以外的任何别的知识客体包含在自身中并表明出来。

······ ······

先验辩证论

导　言

Ⅰ.先 验 幻 相

我们在前面曾把一般的辩证法称为幻相的逻辑。这并不意味着它就是一种或然性的学说;因为后者是真理,只是通过不充分的根据被认识罢了,因而它的知识虽然是有缺陷的,但并不因此就是骗人的,因而不必与逻辑的分析部分划分开来。更不能把现象和幻相看作一回事。因为真理或幻相并不在被直观的对象中,而是在关于被思维的那个对象的判断中。所以人们虽然正确地说:感官不犯错误,但这并不是由于它们任何时候都正确地作出判断,而是由于它们根本不作判断。因此真理也好,谬误也好,诱导出谬误的幻相也好,都只是在判断中、即只有在对象与我们知性的关系中才能发现。在一个与知性的规律彻底符合的知识中是没有错误的。在一个感官表象中也没有错误(因为它根本不包含判断)。但没有任何自然力会自发地从它自己的规律偏离开。所以不仅知性独自(没有其他原因的影响)不会犯错误,感官独自也不会犯错误;因此,知性不会犯错误是由于,当它只按自己的规律行事时,其结果(即判断)必然会与该规律一致。但与知性的规律处于一致中的是一切真理的形式的东西。在感官中根本没有判断,既无真判断也无假判断。既然我们除了这两种知识来源之外没有别的来源,所以结论是:错误只是由于感性对知性的不被察觉的影响而导致的,它使判断的主观根据和客观根据发生了混合,并使它们从自己的使命那里偏离开来①。 B351 例如一个运动的物体虽然总是会在同一方向上自己保持着直线,但如果有另一个力按照另一个方向同时影响它,它就会转入曲线运动。因此,为了把知性所特有的活动与混在其中的力区别开来,有必要把错误的判断看作两个力之间的对角线,这两种力按照两个不同的方向来规定这个判断,好像夹有一个角度,并把那个复杂的作用分解为知性和感性这两个简单的作用。这件事在纯粹先天判断中必须由先验的反思来做,这就使每个表象(如我们已经指出过的)在与之相适合的认识能力中被指定了自己的位置,因而感性作用对知性作用的影响也就被区分开来了。

我们在这里的任务不是要讨论经验性的幻相(例如视觉的幻相),这种幻相是在对那些本来是正确的知性规则的经验性运用中出现的,通过它判 B352 断力就受到了想象的影响的诱惑。相反,我们所要谈的只是先验的幻相,这种幻相影响着那些根本不是着眼于经验来运用的原理,如果它们用于经验,我们至少还会有一种衡量这些原则的正确性的标准。然而先验幻相甚至不顾批判的一切警告,把我们引向完全超出范畴的经验性运用之外,并用对纯粹知性的某种扩展的错觉来搪塞我们。我们可以把那些完全限定在可能经验范围之内来应用的原理称为内在的原理,而把想要超出这一界限的原理称为超验的原理。但我并不把这些超验的原理理解为范畴的先验的运用或误用,后者只不过是未受到本应由批判而来的束缚的判断力的一个错误,这个判断力没有充分注意到纯粹知性唯一允许它起作用的那个基地的界限;相反,我把它们理解为一些现实的原理,它们鼓励我们拆除所有那些界标,而自以为拥有一个在任何地方都不承认有什么边界的全新的基地。所以先验的和超验的并不是等同的。我们在前面所阐述的纯粹知性原理只应当具

———————

① 感性在从属于知性而作为知性施展其机能的对象时,就是实在的知识的来源。但同一个感性,当它影响知性本身的活动并规定它的判断时,就是错误的根据。——康德

B353　有经验性的运用,而不能具有先验的、即超出经验范围之外的运用。但一条取消这些限制甚至要求人们跨越这些限制的原理,就叫作超验的。如果我们的批判能够做到揭示这些僭越的原理的幻相,则前一类只有经验性运用的原理就与后一类原理相反,可以称为纯粹知性的内在的原理。

　　逻辑的幻相(误推的幻相)在于对理性形式的单纯模仿,它只是产生于对逻辑规则的缺乏重视。所以一旦加强了对当前具体情况的重视,这种幻相就会完全消失。相反,先验幻相不论我们是否已经把它揭示出来,是否已经通过先验批判清楚地看出了它的无效性,它仍然不会停止。(例如这一命题中的幻相:世界在时间上必定有一个开端)。其原因就在于,在我们的理性(它被主观地看作人的认识能力)中,包含着理性运用的一些基本规则和准则,它们完全具有客观原理的外表,并导致把我们的概念为了知性作某种联结的主观必要性,看作了对自在之物本身进行规定的客观必然性①。这是一种幻觉,它是完全不可避免的,正如我们不能避免海面在中央比在岸
B354　边对我们显得更高,因为我们是通过比岸边更高的光线看到海中央的;或者更有甚者,正如哪怕一个天文学家也不能阻止月亮在升起来时对他显得更大些,尽管他并不受这种幻相的欺骗。

　　所以先验辩证论将满足于揭示先验判断的幻相,同时防止我们被它所欺骗;但它永远也做不到使这种幻相(如同逻辑的幻相一样)也完全消失并不再是幻相。因为我们与之打交道的是一种自然的和不可避免的幻觉,它本身基于主观的原理,却把这些主观原理偷换成了客观原理;反之,逻辑的辩证论在解决谬误推理时却只是在处理遵守这些原理时的错误,或在模仿这些原理时的某种人为的幻相。所以纯粹理性有一种自然的和不可避免的辩证论,它不是某个生手由于缺乏知识而陷入进去的,或者是某个诡辩论者为了迷惑有理性的人而故意编造出来的,而是不可阻挡地依附于人类理性身上的,甚至在我们揭穿了它的假象之后,它仍然不断地迷乱人类理性,使
B355　之不停地碰上随时需要消除掉的一时糊涂。

---

　　①　此句中"必要性"和"必然性"均为德文 Notwendigkeit 一词。——编译者

Ⅱ.作为先验幻相之驻地的纯粹理性

A.一　般　理　性

　　我们的一切知识都开始于感官,由此前进到知性,而终止于理性,在理性之上我们再没有更高的能力来加工直观材料并将之纳入思维的最高统一性之下了。现在,当我要对这一最高认识能力作出一种解释时,我感到有某种尴尬。在理性这里,正如在知性那里一样,当它抽掉了一切知识内容时,有一种单纯形式的、亦即逻辑的运用,但它也有一种实在的运用,因为它本身包含有既非借自感官、亦非借自知性的某些概念和原理的起源。前一种能力固然早已由逻辑学家们以间接推理的能力(不同于直接推理即 consequentiis immediatis)而作了解释;但后面这种自身产生概念的能力却还没有借此得到理解。既然在这里出现了理性的逻辑能力和先验能力的划分,那么就必须去寻求有关这一知识来源的一个更高的概念,它把那两个概念都包括在自身之下,我们在这里可以指望通过与知性概念的类比而使逻辑概念成为先验概念的钥匙,同时前者的机能表则提供出理性概念的谱系。　B356

　　我们在先验逻辑的第一部分曾以规则的能力来解释知性;在这里我们把理性与知性相区别,将把理性称为原则的能力。

　　原则这个术语是含糊不清的,它通常意味着一种能被作为一条原则来运用的知识,哪怕它自己本身及根据其自身来源并不是什么原则。任何一个全称命题,即使它是从经验中(通过归纳)得出来的,都可以在一个理性推论中用作大前提;但它并不因此而本身成为一条原则。数学公理(例如两点间只能有一条直线)甚至是先天的普遍知识,因此它相对于能归摄于其下的那些情况而言有权叫作原则。但我仍然不能因此而说我　B357

是从原则而认识直线的一般的和自身的属性的,而只是在纯粹直观中认识它的。

　　所以我将把出自原则的知识叫作这样一种知识,即我通过概念在普遍中认识特殊的知识。这样一来,每一个理性推论都是从一个原则中推出一个知识来的形式。因为大前提总是提供一个概念,它使得所有被归摄于该概念条件下的东西都按照一条原则而从这概念中得到认识。既然任何普遍知识都可以在理性推论中被用作大前提,而知性则为这种知识提供普遍的先天原理,那么这些原理就其可能的运用而言,也可以叫作原则。

　　但如果我们按照其来源考察这些纯粹知性原理本身,那么它们就根本不是来自概念的知识了。因为假如我们不是援引纯粹直观(在数学中),或援引可能经验的诸条件,这些知识甚至都不会是先天可能的。"一切发生的事都有原因"完全不能从"一般发生的事"这个概念中推出来;毋宁说,这一原理表明我们如何才能对于发生的事得到一个确定的经验概念。

B358　　所以,知性根本不可能获得来自概念的综合知识,而这些知识才真正是我不折不扣地称作原则的知识;当然,所有的一般全称命题在比较上都可以称为原则。

　　有这样一个不知哪一天也许会实现出来的古老的愿望,即:我们总有一天可以不去寻求民法的无穷无尽的杂多条款,而去寻求它们的原则;因为只有在这里面,才包含着人们所说的立法简化的秘密。但这些法律在这里也只是把我们的自由限制在它们得以与自身彻底一致的那些条件之上;因而法律所针对的是完全由我们自己所造成、并且我们能通过那些概念本身而成为其原因的那种东西。但正如自在的对象本身那样,事物的本性应如何从属于原则之下以及应如何根据单纯概念来对它作出规定,这一点如果不是不可能的事,至少在其要求中总归是极为荒谬的。但不论这里的情况将会如何(因为这是我们目前还要探讨的),至少有一点是明确的:来自原则的知识(就其自身来说)完全不同于单纯的知性知识,后者虽然也能以某种原则的形式而先行于其他知识,但就其自身来说(如果它是综合性的)却不是基于单纯思维之上的,更不包含依照概念的普遍性。

知性尽管可以是借助于规则使诸现象统一的能力,而理性则是使知性 B359
规则统一于原则之下的能力。所以理性从来都不是直接针对着经验或任何
一个对象,而是针对着知性,为的是通过概念赋予杂多的知性知识以先天的
统一性,这种统一性可以叫作理性的统一性,它具有与知性所能达到的那种
统一性完全不同的种类。

这就是在完全缺乏(如我们想在下面才提供出来的)实例的情况下,我
们已能理解到的关于理性能力的普遍概念。

B.理性的逻辑运用

人们在直接认识到的东西和只是推论出来的东西之间作出了区别。在
由三条直线所界定的一个图形中有三个角,这是直接认识到的;但这三个角
的和等于两直角,这只是推论出来的。由于我们总是需要推论并因此终于
完全习惯于它,我们最终就不再注意这一区别了,且常常像在所谓感官的欺
骗的场合那样,把我们只是推论出来的某种东西当作直接知觉到的东西。
在每个推论中都有一个作为基础的命题,以及另外一个、也就是从前一个中 B360
引出来的结论命题,最后还有推论程序(Konsequenz),按照这一程序,结论
的真实性就不可避免地与前提的真实性联结起来。如果推论出来的判断已
经包含于前一判断中,以至于不必借助于第三个表象就可以从中推导出来,
则这种推论就叫作直接推论(consequentia immediata);我更愿意把它称为
知性推论。但如果除了那作为基础的知识外,还需要另一个判断才能产生
结论,那么这一推论就叫作理性推论。在一切人都是会死的这个命题中已
经包含着这几个命题:有些人是会死的,有些会死的是人,没有任何不会死
的东西是人。因而这些命题都是直接从第一个命题中得出来的结论。反
之,"一切有学问者都是会死的"这一命题则不包含在那个基础判断中(因
为"有学问"这一概念在其中根本没有出现),它只有借助于一个中间判断
才能从中推出来。

在每一个理性推论中我首先通过知性想到一条规则（大前提）。其次我借助于判断力把一个知识归摄到该规则的条件之下（小前提）。最后，我通过该规则的谓词、因而先天地通过理性来规定我的知识（结论）。所以，作为规则的大前提在一个知识与其条件之间所前设的关系就构成了理性推论的各种不同的类型。因而这些类型正如一切判断一般地被按照如同在知性中表达知识关系的那种方式来划分那样，恰好有三个：定言的，或假言的，或选言的理性推论。

如果像多数情况下那样，结论作为一个判断被当作一项任务，为的是看它是否是从已经给出的、也就是使一个完全不同的对象被思维的判断中推出来的：那么我就是在知性中寻求这个结论命题的肯定，看它是否在该命题中按照一条普遍规则而处于某些条件之下。如果现在我发现了这样一个条件，而该结论命题的客体又能归摄到这个被给予的条件之下，那么该命题就是从这条对其他知识对象也有效的规则中推断出来的。我们从中可以看出：理性在推论中力图将知性知识的大量杂多性归结为最少数的原则（普遍性条件），并以此来实现它们的最高统一。

C. 理性的纯粹运用

我们能否孤立理性？如果能，理性是否还是概念和判断的一个特有的来源，它们惟有从理性里面才产生出来，而理性借它们与对象发生关系？还是说理性只是向已给予的知识提供某种形式的从属的能力，这种形式是逻辑上的，它只是使知性知识相互从属，并使低级规则从属于高级规则（后者的条件在其范围内包含着前者的条件），只要通过对它们的比较能做到这一点？这就是我们现在马上要讨论的问题。实际上，规则的杂多性和原则的统一性是理性的要求，为的是把知性带进和自己的彻底关联之中，正如知性把直观杂多纳入概念之下并由此将它们联结起来一样。但这样一条原理并未给客体预先规定任何规律，也未包含把客体作为一般客体来认识和规定的可能性根据，而只是一条日常处理我们知性的储备的主观规律，即通过

比较知性的诸概念而把它们的普遍运用归结为尽可能最小的数目,而并不
因此就有权要求对象本身有这样一种一致性,来助长我们的知性按照自己
的意思去扩充,同时也无权赋予那条准则以客观有效性。总之一句话,问题
是:理性本身、也就是纯粹理性,是否先天地包含有综合原理和规则,以及这
些原则有可能存在于何处? B363

在理性推论中,对理性的形式的和逻辑的处理方式已经给我们提供了
充分的指示,指出在由纯粹理性而来的综合知识中理性的先验原则将基于
何种根据之上。

首先,理性推论并不是针对直观、以便将其纳入到规则之下(如知性以
其范畴所做的那样),而是针对概念和判断的。所以纯粹理性即使针对对
象,它也没有与这些对象及其直观的直接的关系,而只有与知性及其判断的
直接关系,这些判断是最先指向感官及其直观以便为它们规定自己的对象
的。所以理性的统一不是可能经验的统一,而是与这种知性统一本质上不
同的。“一切发生的事情都有原因”决不是通过理性而认识和预先规定的
原理。这原理使经验的统一性成为可能,而没有从理性那里借来任何东西,
理性没有这种与可能经验的关系单从概念中是根本不可能提供出这一综合 B364
统一性来的。

其次,理性在其逻辑运用中寻求的是它的判断(结论命题)的普遍条
件,而理性推论本身也无非是通过将其条件归摄到一条普遍规则之下而来
的判断(大前提)。既然这条规则又要接受理性的同一个检验,因而只要行
得通,就必须(通过前溯推论法 prosyllogismus)再去寻求条件的条件,那么
我们就看到,一般理性(在逻辑的运用中)所特有的原理就是为知性的有条
件的知识找到无条件者,借此来完成知性的统一。

但这条逻辑准则不能以别的方式成为纯粹理性的一条原则,而只能这
样来假定:如果有条件者被给予,则整个相互从属的条件序列(它本身是无
条件的)也被给予(即包含在对象及其联结之中)。

而纯粹理性的这样一条原理显然是综合的;因为有条件者虽然与某一
个条件分析地相关,但并不与无条件者分析地相关。这就必须从这条原理
中再产生出知性在只和可能经验的对象打交道时根本不知道的一些综合原 B365

理,对可能经验的知识和综合总是有条件的。但无条件者如果确实存在,就会被按照将它与那个有条件者区别开来的一切规定性来加以特殊的思量,并由此而给某些先天综合命题提供材料。

　　然而,由这种纯粹理性最高原则中产生出来的原理将对于一切现象都是超验的,也就是说,将永远不可能有任何与这原则相适合的对它的经验性运用。所以它是与一切知性原理完全不同的(后者的运用完全是内在的,因为它们只把经验的可能性作为自己的主题)。现在,条件序列将(在经验的综合中,乃至在对一般物的思维的综合中)一直伸展到无条件者,这条原理是否有其客观正确性? 它将对知性的经验性的运用产生什么结果? 或者,是否任何地方其实都没有这样一类客观有效的理性原理,而只有一种逻辑上的规范,即向越来越高的诸条件逐步上升而逼近它们的完成,并借此把理性最高可能的统一性带入到我们的知识中来? 或者,是否理性的这一需要由于误解曾被看作了纯粹理性的某种先验原理,这个原理太急于把诸条件序列的这样一种有限的完整性设定在对象本身之中? 但即使是这种情况,又是什么样的误解和蒙蔽会潜入这些从纯粹理性中取得大前提(它与其说是公设,不如说是公则①)并从经验上升到经验条件的理性推论中来呢? 这些就是我们在先验辩证论中要探讨的,我们现在要将这种辩证论从它深深埋藏于人类理性中的根源处阐发出来。……

B366

　　……　……

第一卷　纯粹理性的概念

　　……　……

----

　　① "公设"与"公则",原文为 Postulat 和 Petition,在拉丁语中均有"诉求"之意,但后者更具法律强制的含义。——编译者

第二节　先 验 理 念

　　先验分析论曾向我们示范,我们知识的单纯逻辑形式如何可能包含先天纯粹概念的起源,这些概念先于一切经验而表象对象,或不如说表明了唯一使有关对象的经验性知识得以成为可能的那种综合统一。这种判断形式（在转化为直观综合的概念时）产生了对知性在经验中的一切运用有指导作用的诸范畴。同样,我们也可以期望理性推论的形式当它按照范畴的标准应用于直观的综合统一时,将包含某些特殊的先天概念的起源,这些先天概念我们可以称之为纯粹理性概念,或先验理念,它们将根据原则而在全部经验的整体上对知性的运用作出规定。

　　理性在其推论中的机能在于知识根据概念而来的普遍性,而理性推论本身是在其条件的全部范围内被先天地规定的一个判断。“卡尤斯是会死的”这一命题我也有可能单凭知性从经验中得出来。但我寻求的是一个概念（在这里就是“人”这个概念）,它包含着该判断的谓词（一般的断言）被给予出来的条件,因为我把该谓词归摄到这个条件的全部范围之下（一切人都是会死的）;这样,我才把我的对象的知识（卡尤斯是会死的）按照这一点规定下来。

　　因此我们是先在大前提的全部范围内于某个特定的条件下思考了一个确定的对象,然后再在一个理性推论的结论中将某个谓词限定于该对象上的。这一范围的完全的量在与这样一个条件的关系中就叫作普遍性（Universalitas）。与它相应地,在直观的综合中就是诸条件的全体性（Universitas）或总体性。所以先验理性概念无非是有关一个给予的有条件者的诸条件的总体性的概念。既然只有无条件者才使得条件的这个总体成为可能,反过来诸条件的总体性本身总是无条件的,所以一个纯粹理性概念一般说可以用无条件者的概念来说明,只要后者包含有条件者的综合的某种根据。

　　现在,知性借助于范畴所表现出来的关系有多少种类,也就会有多少纯

B378

B379

粹理性的概念,所以必须去寻求的是:**第一**,一个主体中定言综合的无条件者;**第二**,一个序列中假言综合的无条件者;**第三**,一个系统中选言综合的无条件者。

　　这就是说,正好有这么多理性推论,其中的每一个都是通过前溯推论法而推进到无条件者的,一个是推进到本身不再是谓词的主词(主体),另一B380 个是推进到不再以别的东西为前提的前提,第三个是推进到划分出来的各环节的集合,对这些环节来说,要完成一个概念的划分不再需要任何别的东西了。所以有关诸条件的综合之中的总体性的这些纯粹理性概念,至少是作为要求知性的统一性尽可能地继续前进到无条件者这样一种任务,就是必要的,并植根于人类理性的本性里的,哪怕除此而外这些先验概念缺乏与之相适合的具体运用,因而除了使知性在其极端扩展中同时做到使自己的运用纳入与自己本身彻底符合一致的方向之外,没有任何用处。

　　但由于我们在这里把诸条件的总体和无条件者当作一切理性概念的共同称号来谈论,所以我们又碰到了一个术语,它是我们所不可缺少的,但却是不能按照由长期的误解而强加于它的那种含混性来可靠地运用的。**绝对**B381 这个词就是少数这种词语之一,它在其原初含义上是用来衡量一个在同一语言中没有任何别的词可以现成地与之精确符合的概念的,因而丧失这个词,或者(这也一样)滥用这个词,必然会导致这个概念本身的丧失,也就是说,它是这样一个概念,由于它使理性高度地关注于心,所以如果不想大大地损害一切先验的判断,就不能够缺少它。绝对这个词现在常常只是被用来指某物从自在事物本身来看待、因而在内部有效。在这种含义上绝对可能的就意味着本身自在地(在内部)可能的东西,它实际上是我们关于一个对象至少能够说的东西。相反,它有时也被用于指,某物在一切关系上(无限制地)有效(例如说绝对的统治),而在这种含义上绝对可能的就意味着在一切关系中任何意图上都是可能的,这又是我关于一物的可能性至多能够说的东西。现在这两种含义虽然有时会碰在一起,例如那在内部不可能的东西,在一切关系上、因而绝对地也会是不可能的,但在大多数情况下这两种含义是相距无限远的,我不能以任何方式推论说,某物自在地本身是可能的,因此它也就在一切关系上、因而绝对地是可能的。的确,对于绝对的必然性,我将在下面指出,它决不是在任何情况下都依赖于内部的必然性的,因而没有必要与后者视为同等含义的。内部必然性的反面是在内部不可能的,当然它的反面也就是在一切意图上都不可能的,因而它本身是绝对必然的;但我不能倒过来推出,凡是绝对必然的东西,其反面就是在内部不可能的,亦即一物的绝对必然性就是某种内部必然性;因为这种内部必然性在某些情况下是一个很空洞的说法,我们不能把它和起码的概念联结起来;相反,一物在一切关系(对所有可能性的关系)上的必然性这个概念就带有一些完全特殊的规定性。既然丧失一个在思辨的人生智慧中有大用的概念对于哲学家来说永远不可能是无所谓的,所以我希望,将这一概念所依赖的那个术语加以规定和仔细保存,这对于哲学家也不会是无所谓的事。

B382

　　因此我将把绝对的这个词在这种扩展了的含义上来使用,并把它和那种只是比较而言的、或只是在特殊考虑中的有效性相对立;因为后者是限制在诸条件之上的,前者则是无限制地有效的。

　　于是,先验的理性概念任何时候都只指向在诸条件综合中的绝对的总体性,并且永远也不会终止,除非在绝对的、因而对一切方面的无条件者那里。因为纯粹理性把一切都委托给了知性,后者首先与直观对象、或不如说与想象力中的直观综合发生关系。前者则只给自己保留了在知性概念的运用中的绝对总体性,并试图把在范畴中所想到的这种综合统一延伸出去直到绝对的无条件者。因此我们可以把这种统一性称之为诸现象的理性的统一性,正如在范畴中所表现的那种统一性被称为知性的统一性一样。这样一来,理性就只和知性的运用发生关系了,就是说,不是就知性包含可能经验的根据而言(因为诸条件的绝对的总体性由于没有任何经验是无条件者,而不是可以用在经验中的概念),而是为了要给知性指定某种确定的统一性的方向,知性对此是没有任何概念的,而理性则要超越到把每一个对象方面的一切知性活动都总括在一个绝对的整体之中。所以纯粹理性概念的客观运用任何时候都是超验的,而纯粹知性概念的客观运用按其本性任何时候都必须是内在的,因为它只是局限于可能经验之上的。

B383

　　我把理念理解为一个必然的理性概念,它在感官中是不能有任何与之

B384　重合的对象的。所以我们现在所考虑的纯粹理性概念就是超验的理念。它们都是纯粹理性的概念,因为它们把一切经验知识都看作是由诸条件的绝对总体性所规定的。它们不是任意虚构出来的,而是由理性的本性自身发出的,因而是与全部知性运用必然相关的。最后,它们是超验的,是超出一切经验的界限的,所以在经验中永远不会有一个和先验理念相符合的对象出现。如果我们举出一个理念,那么按照客体(即当作具有一个纯粹知性对象的理念)来说它,我们就说得太多,但如果按照主体(即就其在经验性条件之下的现实性而言)来说它,就恰恰因此而说得太少,因为这个现实性作为一个极大值的概念,永远也不能与之重合地具体给予出来。既然这个只是在理性的思辨运用中的极大值本来就是全部意图,并且,既然对一个在实行中毕竟永远无法达到的概念的逼近与把它当作好像完全是虚设的正好是一样的,所以关于这样一个概念人们就说:它只是一个理念。这样一来人们就可以说:一切现象的这个绝对的整体只是一个理念,因为,既然我们永远也不能构想出它的形象,那么这个整体就仍然还是一个没有任何答案的问题。相反,如果在知性的实践运用中整个说来唯一关注的只是按照规则

B385　的实行,那么实践理性的理念就总是可以现实地、虽然只是部分地具体给予出来,它甚至是理性的任何实践运用的不可或缺的条件。理性的实行总是受限制的、有缺陷的,但却总是处于不可规定的界限之下,因而永远处于某种绝对完整性的概念的影响之下。因此实践的理念总是具有最丰富的成果,并在实际活动中是不可避免的、必要的。在它里面纯粹理性甚至拥有将其概念中所包含的东西现实地产生出来的那种因果性;因此对于这种智慧我们不能抱着仿佛是蔑视的态度说:它只不过是一个理念;而是正因为它是有关一切可能的目的的必然统一性的理念,所以它就必须作为一个本源的、至少是限制性的条件而用作一切实践活动的规则。

　　现在,即使我们对先验的理性概念不得不说:它们只是些理念,但我们决不是要把它们看作多余的和无意义的。因为即使它们不能规定任何客体,它们毕竟可以从根本上并暗中用作知性的扩展的和前后一致的运用的法规,知性虽然不能借此比它按照其概念所能认识的更多地认识对象,但毕

B386　竟在这种认识中得到了更好、更进一步的指导。更不用说,它们或许能使从

自然概念到实践概念的一个过渡成为可能,并使道德理念本身以这种方式获得支持及与理性的思辨知识的关联。关于这一切,我们只能指望在讨论的进程中阐明。

但按照我们的目的,我们在此把实践的理念放在一旁,因而只是在思辨的运用中,并在这方面更窄一些,即只是在先验的运用中来考察理性。于是我们在这里必须选择我们在前面的范畴演绎那里采取过的同一条道路;也就是考虑理性概念的逻辑形式,并看看例如说理性凭借这种形式是否也会成为概念的一个来源,这些概念把自在的客体本身看作在这个那个理性机能方面先天综合地被规定了的。

作为知识的某种确定的逻辑形式的机能来看,理性就是推理的能力,也就是间接地(即通过把一个可能判断的条件归摄到一个给予判断的条件之下)作出判断的能力。这给予的判断就是普遍规则(大前提,Major)。把另外一个可能判断的条件归摄到该规则的条件之下,这就是小前提(Minor)。在这种被归摄的情况下陈述该规则的断言的那个现实的判断就是结论(Conclusio)。这样,规则就说出了一定条件下的某种普遍的东西。现在, B387 规则的条件就在某种出现的情况中发生了。所以在那个条件下普遍有效的东西也被看作在这个出现的情况下(该情况具有这一条件)有效的。很容易看出,理性将通过那些构成一个条件序列的知性活动来达到知识。当我得到"一切物体都是变化的"这一命题,只是由于我从"一切复合物都是变化的"这个更远的知识(其中物体概念还未出现,但该命题却包含着物体概念的条件)开始,从它进向一个更切近的、从属于前一命题的条件之下的命题:"物体是复合的";并由此才进向了现在就把那个更远的知识(变化的)与面前这个知识联结起来的第三个命题:"所以物体是变化的";这时,我就是通过一个条件序列(前提序列)而达到了一个知识(结论)。于是,每一个序列,只要它的实例(定言的或假言的判断的实例)被给予出来,就可以继续下去;因而正是同一个理性活动导致了 ratiocinatio polysyllogistica①,它是一个推论序列,这序列可以要么向条件方面(通过前溯推论法 prosyllogis-

————————

①　拉丁文:复合三段论推理。——编译者

mos)、要么向有条件者方面(通过后续推论法 episyllogismos) 朝不限定的远
B388　处延续。

　　但我们马上感到,前溯推论、即对一个给予知识的根据方面或条件方面
的推理的知识,换言之,理性推论的上升序列,其处理方式必定是完全不同
于下降序列、即理性通过后续推论而在有条件者方面继续下去的处理方式
的。因为,在前一种情况下知识(结论)只是作为有条件的而给予的;于是
我们只能以这种方式来凭理性达到这种知识,即至少要预设在条件方面的
该序列的所有环节都已被给予出来(前提序列中的总体性),因为只有在这
个前提下,眼前的这一判断才是先天可能的;反之,在有条件者或后果方面,
所想到的只是一个形成着的、而不是已经完全预先设定了的或给予了的序
列,因而只是一个潜在的继续过程。所以,如果把一个知识看作有条件的,
那么理性就有必要把上升线上的这一条件序列看作完成了的,或按其总体
B389　性而被给予了的。但如果同一个知识同时被看作其他那些相互构成下降线
上一个后果序列的知识的条件,那么理性就可以完全不在乎这一继续进展
a parte posterio-ri① 伸展到多么远,以及这一序列的总体性是否在任何地方
有可能存在;因为它要得出摆在它面前的这一结论并不需要这样一个序列,
这个结论已经通过它的根据而在先天的方面充分地得到了规定和保证。不
论在条件方面这一前提序列有没有一个作为最高条件的第一项、因而是否
在先天方面是没有界限的,它肯定都必须包含诸条件的总体,哪怕我们永远
也不可能做到把握这一总体;并且,如果那被看作由整个序列中产生出来的
后果的有条件者应当被看作是真的,则整个序列都必须无条件地是真的。
这是理性的要求,理性宣称它的知识是先天确定的和必然的,要么是就其本
身而言,这时就不需要任何根据;要么就是作为一个根据序列的某个环节推
出来的,而这序列本身则无条件地是真的。

　　……　……

---

　　①　拉丁文:在后天的方面。——编译者

第二卷　纯粹理性的辩证推论

B399

第一章　纯粹理性的谬误推理

逻辑的谬误推理在于一个理性推论在形式上的错误,而其内容则尽可以是随便什么别的东西。但一个先验的谬误推理拥有一个先验的根据:在形式上作出虚假的推论。以这种方式,这一类的错误结论在人类理性的本性中将有自己的根据,并带有某种不可避免的、虽然不是不可消解的幻觉。

现在我们来看看这样一个概念,它并未被列入上面的先验概念的一览表中,但却必须被算入该表之中,而并不因此而对那个表有丝毫的改变和说明它有什么缺点。这就是这样一个概念、或如果愿意的话也可称为判断:我思。但很容易看出,这概念是所有的一般概念的承载者,因而也是先验概念的承载者,所以它在这些总是伴随着它的先验概念之间形成起来,因而本身同样是先验的;但它不能有任何特殊的称号,因为它只是用于把一切思维作 B400 为属于意识的东西来引述。然而,不论它对于经验性的东西(感官印象)如何纯粹不杂,它毕竟用来从我们表象能力之本性中把两个不同的对象区别开来。我,作为思维者,是一个内感官的对象,称之为灵魂。作为外感官对象的"我"则称之为肉体。因此作为能思的存在者的"我"这个术语已经意味着心理学的对象了,这种心理学可以称为合理的灵魂学说,如果我不要求对灵魂知道得比从我这个概念中,就其出现在一切思维中而言,不依赖于所有的经验(它是进一步具体地规定我的)所能推论出来的更多的话。

于是实际上,合理的灵魂学说就是这样一种冒险;因为,如果我思维的任何一点经验性的东西、我的内部状态的任何一个特殊的知觉还混杂在这门科学的知识根据中的话,那么这门科学就会不再是合理的,而只是经验性的灵魂学说了。所以我们准备考察的是一门唯一建立在我思这一命题上的所谓的科学,我们在这里可以最适当地按照先验哲学的性质来对它的根据

B401 或无根据加以研究。至于这一命题毕竟表达出对自我本身的知觉,自我在此之上毕竟拥有某种内部的经验,因而建立于这上面的合理的灵魂学说从来都不是纯粹的,而是部分根据某种经验性的原则的:人们对此不要有什么不满。因为这种内部的知觉不是别的,只是统觉:我思;它甚至是使一切先验概念成为可能的,在这些先验概念中所说的是:我思维实体,我思维原因等等。因为一般内部经验及其可能性,或一般知觉及其与其他知觉的关系,如果不是给出了它们的任何一种区别和经验性的规定,就不能看作经验性的知识,而必须看作对一般经验性的东西的知识,属于对任何一个经验之可能性的研究,而这种研究是先验的。知觉(例如哪怕是愉快和不愉快)的任何客体,只要它参加到自我意识的这一普遍表象中来,就立刻会使合理的心理学转变为经验性的心理学。

所以合理的心理学所做的唯一文章就是我思,它要从其中发挥出自己的全部智慧。很容易看出,如果要把这个思想与某个对象(我自身)联系起来,它就只可能包含该对象的一些先验谓词;因为任何经验性的谓词都会败坏这门科学摆脱一切经验的合理的纯粹性和独立性。

B402 但我们在这里将只需跟随范畴的引线,只不过由于在这里首先给出了一物,即作为能思的存在者的我,所以我们虽然不会改变诸范畴在它们前述的范畴表中所表现的那样的相互秩序,但在这里毕竟要从实体范畴开始,以便表现自在之物本身,并由此对范畴序列进行回溯。所以,合理的灵魂学说所能包含的一切别的东西都必须从它的正位论(Topik)中推导出来,合理的灵魂学说的这一正位论有如下表:

1.
灵魂是实体
2.   3.
就其质而言灵魂是   就其所在的不同时

单纯的	间而言灵魂在号数

间而言灵魂在号数
上是同一的，亦即
单一性（非多数性）

4.

灵魂与空间中可能的对象相关①

从这些要素中，仅仅通过组合，而丝毫不用认识别的原则，就产生出纯粹灵魂学说的一切概念。该实体仅仅作为内感官的对象，就给出了非物质性概念；它作为单纯的实体，就给出了不朽性的概念；它作为智性实体的同一性，就给出了人格性；所有这三项一起则给出了精神性（Spiritualität）；与空间中的对象的关系给出了与物体的交感（Kommerzium）；因而这种关系也把能思的实体表现为物质中的生命原则，亦即把它表现为灵魂（anima②），并表现为动物性的根据；灵魂被精神性所限制，则给出了不死性。

于是与此相关地就有先验的灵魂学说的四个谬误推理，这个学说误被当作纯粹理性关于我们的能思的存在者之本性的科学。但我们为这门科学所能找到的根据，只不过是这个单纯的、在自身的内容上完全是空洞的表 B404
象:我；关于这个表象我们甚至不能说它是一个概念，它只不过是一个伴随着一切概念的意识。通过这个能思的我或者他或者它（物），所表象出来的不是别的，而只是思维的一个先验主体＝X，它只有通过作为它的谓词的那些思维才被认识，而孤立地来看我们对它永远不能有任何起码的概念；所以我们围绕它在一个不断的循环中打转，因为我们如要对它作出任何一个判断，总是不得不已经使用了它的表象；与它不可分离的这种不便是因为，意

_____

① 如果读者不太容易从这些术语的先验的抽象性中猜测到它们的心理学的意义，
以及为什么灵魂的最后这个特征属于实存性范畴，那么下面他将会找到对它们的充分的 B403
解释和正当理由。此外，我还要为我不仅在本节中、而且在全书中违反纯正的文风而引入拉丁词来取代同等含义的德语词请求原谅:我宁可在语言的优雅上有所损失，而不想因丝毫的晦涩给教学上的用途增加困难。——康德

② 该拉丁文主要指动物性的灵魂，比"精神性"层次较低。——编译者

识本身并不真的是对一个客体作出区分的表象,而是一般表象要称得上是知识时所具有的形式;因为只有对于知识我才能说我借此思维到了任何某物。

但在最初看来必定显得好像很奇怪的是,我思一般得以成立的条件、因而这条件作为不过是我的主体的某种性状,同时又应当对于一切思维者都是有效的;而我们竟能够妄想在一个看起来是经验性的命题上建立起一个无可置疑的和普遍的判断,即是说,一切思维者都似乎具有像自我意识在陈B405述有关"我"的意见时那样的性状。但个中原因却在于:我们必然要先天地赋予诸物以构成我们唯一得以思维到它们的那些条件的一切属性。既然我对于一个能思的存在者不能通过外部经验、而只有通过自我意识才可以拥有最起码的表象,所以这一类的对象只不过是这个我的意识传给了只有借此才被表象为能思的存在者的另一些物。但是"我思"这个命题在这里只是被看作悬拟的;不是就其有可能包含关于一个存有的知觉而言(笛卡尔的 cogito, ergo sum①),而只是按照其可能性,以便看看从这个如此简单的命题中可能把哪一些属性引申到它的主词上来(不论这一类的对象是否实存着的)。

假如给我们的纯粹理性有关一般能思的存在者的知识奠定基础的不只是 cogito(我思),假如我们还要求助于对我们思维的活动及必须由此而获取的、能思的自我的自然规律的观察,那么就会产生出一种经验性的心理学,它将是内感官的一种自然之学(Physiologie),它也许能用来解释内感官的现象,但决不能用于揭示这样一些完全不属于可能经验的属性(如"单纯B406的东西"的属性),也不能无可置疑地告诉我们关于一般能思的存在者的本性方面的事;那么它就不会是什么合理的心理学了。

既然"我思"这个命题(作为悬拟的来看)包含有任何一般知性判断的形式,并作为承载者伴随着一切范畴,那么很明显,从它得出的推论就只能包含知性的某种先验的运用,这种运用排除了一切经验的混杂,对于它的进展,按照我们前面所指出的,我们不可能预先已经构成什么有利的概念。所

---

① 拉丁文:我思故我在。——编译者

以我们想以一种批判的眼光通过纯粹灵魂学说的一切云谓关系来追踪这一命题,但为了简短起见,我们想把对这些云谓关系的检查放在一个不被打断的关联中来进行。

首先,下面的总的评论可以增强我们对这一推论方式的重视。我不是通过单纯的"我思"而认识一个客体的,而只有当我关系到一切思维都在其中的那种意识的统一性而规定一个给予的直观时,我才能认识任何一个对象。因此,我甚至也不是通过我意识到我自己作为思维活动,来认识我自己的,而是当我意识到对我自己的直观是在思维机能方面被规定了的时,才认识我自己的。所以,在思维中自我意识的一切样态(modi)自身还不是有关客体的知性概念(范畴),而只是一些根本不把任何对象、因而也不把自我作为对象提供给思维来认识的机能。客体并不是对进行规定的自我的意识,而只是对可被规定的自我、亦即对我的内直观(只要它的杂多能按照思维中统觉的统一之普遍条件而联结起来)的意识。

(1)在所有的判断中,"我"总是构成判断的那种关系中的进行规定的主体。但说自我,这个"我思",在思维中永远必须被看作主词,看作不是像谓词那样只能视为依赖于思维的东西,这却是一个无可置疑的、甚至是同一性的命题;但它并不意味着"我"作为客体是一个自我持存着的存在者,或实体。后一种说法走得非常远,因而它还要求在思维中根本找不到的一些材料,或许(只要我把思维者只是看作思维者)要求比我在(思维者中)所有的地方将会找到的东西更多。

(2)统觉的我、因而在每次思维中的我是一个单数,它不能被分解为多数主体,因而标明了一个逻辑上单纯的主词:这一点已经包含在思维的概念之中了,所以这是一个分析命题;但这并不意味着能思的我是一个单纯的实体,那将会是一个综合命题。实体概念总是与直观相关的,这些直观在我这里只有作为感性的才有可能,因而完全处于知性及其思维的领域之外,知性思维在这里本来只是当我们说自我在思维中是单纯的时才涉及到的。如果某件事在别的情况下需要作如此多的准备,以便在直观所表明的东西中分辨出其中什么是实体,乃至于还分辨出这实体是否也是单纯的(如在物质的诸部分中),而在这里却会如此直接地从一切表

B407

B408

象的最贫乏的表象中仿佛通过启示而向我提供出来,这甚至会令人惊讶。

　　(3)我意识到我自己在一切杂多中的同一性,这个命题是一个同样在概念自身中包含着的、因而也是分析性的命题;但这个我能在我的一切表象中意识到的主体同一性,并不涉及使主体被作为客体给出的那个主体直观,因而也不可能意味着那种人格同一性,它使我自己的实体的同一性的意识在一切状态变更中被理解为能思的存在者的同一性意识,在这方面,为了证明这种同一性,单是凭"我思"这个分析命题是办不到的,而是需要建立在
B409　给予直观之上的各种综合判断。

　　(4)我把我自己的实存作为一个能思的存在者与在我之外的(也包括我的身体的)他物区别开来,这同样是一个分析命题;因为他物正是我作为与我有区别的东西来思维的。但我借此完全不知道,对我自己的这个意识若没有我之外的、给我带来各种表象的物,是否还有可能,因而我是否可以只是作为能思的存在者(不是作为人)而实存。

　　所以,通过对在一般思维中的我自己的意识的这种分析,对于我自己作为客体的知识并没有获得丝毫进展。对一般思维的逻辑探讨被错误地当作了对客体的某种形而上学规定。

　　如果有可能在先天证明:一切思维的存在者都自在地是单纯的实体,因而(这是从同一个论据得出的结果)作为这种实体都不可分割地具有人格性,且意识到自己与一切物质相分离的实存,那么,这将是反对我们的全部批判的最大的、乃至于唯一的绊脚石。因为以这种方式我们就已经跨出了
B410　超出感官世界的一步,踏入了本体的领域,这就没有人能否认我们有权在这个领域中进一步扩展、定居,并且任何一个人只要吉星高照,都可以占领这个领域。因为"每一个能思的存在者本身都是单纯的实体"这个命题是一个先天综合命题,这首先是由于它超出了为它奠定基础的概念,在一般思维之上加上了存有的方式,其次是由于它在那个概念上添加了一个谓词(单纯性),这个谓词是根本不能在经验中给予出来的。所以先天综合判断并不仅仅如我所主张的,在与可能经验的对象的关系中、也就是作为这个经验本身的可能性的原则,是可行的和可允许的,而且它们还可

以针对一般的和自在的物本身,这一结论就会葬送这整个的批判,并要求我们一切照旧就行了。但如果我们更接近事实的话,这种危险在这里并没有那么大。

在合理的心理学的处理方式中,起支配作用的是某种谬误推理,它通过下面的理性推论而体现出来:

凡是只能被思考为主词的东西也只能作为主体①而实存,因而也就是实体。

现在,一个能思的存在者仅仅作为本身来看,只能被思考为主词。　　B411
所以,它也只作为一个主体、也就是作为实体而实存。

在大前提中所谈到的存在者是可以一般地在任何意图上、因而也在它有可能于直观中被给出的这种意图上来思考的。但在小前提中所谈到的存在者却只是把自己当作相对于思维和意识统一性的主词来考察的,而不是同时又当作在(使它作为思维的客体被给出的)直观的关系中的主体来考察的。所以这一结论是 per Sophisma figurae dictionis②、因而是通过某种错误的推论而得出来的③。

如果我们在这里回顾一下“原理的系统演示”一节中的“总注释”及关　　B412
于“本体”的一章④,那就会很清楚地显示出,将这个著名的论证归结为一个

────────

① 句中“主词”和“主体”均为 Subjekt,该词具有逻辑的和现实的双重含义,中文依据不同场合有不同译法,请注意原文并无这一区别。——编译者

② 拉丁文:通过修辞格的诡辩。——编译者

③ “思维”在这两个前提中是在完全不同的含义上来理解的:在大前提中是如同它针对一般客体那样(因而是像该客体可以在直观中被给出的那样);但在小前提中则只是像它处在与自我意识的关系中那样,因而在这里根本没有什么客体被思考,而只是表象了与自我、与主词(作为思维的形式)的关系。前者所谈及的是只能作为主体来思考的物;但后者所谈的并不是物,而只是思维(因为我们已抽掉了一切客体),在其中这个“我”永远被用作意识的主词;因此在结论中并不能推出:“我只能作为主体而实存”,　　B412
而只能推出:“我在对我的实存的思维中只能把我用作判断的主词”,而这是一个同一性命题,它对我的存有的方式丝毫也没有揭示出什么。——康德

④ 指“原理分析论”中的第二章第三节“纯粹知性一切综合原理的系统演示”的“总注释”(本书未收入)及第三章“把所有一般对象区分为现象与本体的理由”。——编译者

谬误推理是完全正确的。因为在那里曾经证明,有关一个可以独自作为主词而不能单作为谓词实存的物的概念还根本不具有任何客观实在性,就是说,我们不可能知道是否能在任何地方把一个对象归之于它,因为我们看不出这样一种实存方式的可能性,因而这概念根本没有提供任何知识。所以如果它想在实体这个名称下标志一个能被给予出来的客体,如果它要成为一种知识,那就必须奠基在一个持久性的直观之上,后者是一个概念的客观B413 实在性之不可缺少的条件,即该对象唯一由此而被给予出来的东西。但现在我们在内直观中根本没有什么持久性的东西,因为自我只是我的思维的意识;所以如果我们只是停留在思维上面,我们也就缺乏把实体概念、即一个独立持存的主体的概念用在作为能思的存在者的自我本身上的必要条件,而与此相联的实体的单纯性也就和这个概念的客观实在性一起取消了,而转化为在一般思维中自我意识单纯逻辑上的质的单一性了,而不论这个主体是不是复合的。

…… ……

第二章　纯粹理性的二律背反

先验理念的第一个冲突

B454　　　　　正题	反题　　　　　B455
世界在时间中有一个开端,在空间上也包含于界限之中。	世界没有开端,在空间中也没有界限,而是不论在时间还是空间方面都是无限的。

证明

因为,让我们假定世界在时间上没有开端:那么直到每个被给予的时间点为止都有一个永恒流逝了,因而有一个在世界中诸事物前后相继状态的无限序列流失了。但既然一个序列的无限性正好在于它永远不能通过相继的综合来完成,所以一个无限流失的世界序列是不可能的,因而世界的一个开端是它的存有的一个必要条件;这是首先要证明的一点。

对于第二点,还让我们假定相反的情况:这样世界将是一个无限的被给予了的、具有同时实存着的诸事物的整体。既然我们不能以别的方式、而只有通过各部分的综合,才能设想一个并未在任何直观的某个界限内部被给予①的量的大小,并且只有通过完全的综合或者单位自身反复相加才能设想这样一个量的总体②,因此,为了把充实

证明

因为,让我们设它有一个开端。既然开端就是一个存有,在它之前先行有一个无物存在于其中的时间,那么就必须有一个不曾有世界存在于其中的时间、即一个空的时间过去了。但现在,在一个空的时间中是不可能有任何一个事物产生的;因为这样一个时间的任何部分本身都不先于另一部分而在非有的条件之前就具有某种作出区分的存有条件(不论我们假定该条件是由自己产生还是由别的原因产生)。所以,虽然在世界中有可能开始一些事物序列,但世界本身却决不可能有什么开端,因此它在过去的时间方面是无限的。

至于第二点,那么让我们先假定相反的方面,即世界在空间上是有限的和有界限的;于是世界就处于一个未被限定的空的空间之中。这样就不仅会发现诸事物在空间中

---

① 当一个不确定的量被包含在界限中时,我们就能够把它作为一个整体来直观,而不需要通过测量、即通过对其各部分的相继的综合来构成它的总体。因为这界限通过把一切多余东西加以截断,就已经规定了这个完整性。——康德

② 总体的概念在这种情况下无非是其各部分的完成了的综合的表象,因为既然我们不能从整体的直观中(当这种直观在这种情况下是不可能的时)引出这个概念,我们就只有通过对各部分进行综合,直到完成、至少在理念中完成这个无限,才能把握这个概念。——康德

一切空间的这个世界设想为一个整体，就必须把一个无限世界各部分的相继综合看作完成了的，亦即一个无限的时间就必须通过历数一切并存之物而被看作流逝了的；而这是不可能的。因此现实事物的一个无限集合不能被看作一个被给予了的整体，因而也不能被看作同时被给予了的。所以一个世界就其空间中的广延而言不是无限的，而是包含于其界限中的，这是第二点。

…… ……

的关系，而且也会发现诸事物对空间的关系。既然世界是一个绝对的整体，在它之外找不到任何直观对象、因而找不到任何世界与之处于关系中的相关物，那么世界对空的空间的关系就会是它不对任何对象的关系了。但这样一种关系、乃至于通过空的空间对世界所作的限制都是无；所以世界在空间上根本是没有界限的，亦即它在广延上是无限的。①

B457

先验理念的第二个冲突

<table>
<tr><td>B462</td><td style="text-align:center">正题</td><td style="text-align:center">反题</td><td>B463</td></tr>
<tr><td></td><td>在世界中每个复合的实体都是由单纯的部分构成的，并且除了单纯的东西或由单纯的东西复合而成的东西之外，任何地方都没有什么东西实存着。</td><td>在世界中没有什么复合之物是由单纯的部分构成的，并且在世界中任何地方都没有单纯的东西实存着。</td><td></td></tr>
</table>

---

①　空间只是外直观的形式（形式直观），但不是外部可直观到的现实的对象。空间，先于所有那些规定着（充实或限制着）它的、或不如说给出一个符合它的形式的经验性直观的物，在绝对空间的名称下只不过是外部现象的单纯可能性，只要这些外部现象或者是本身能够实存的，或者是能加在所予的现象上的。所以经验性的直观不是由现象和空间（知觉和空的直观）复合起来的。一个并非另一个的综合相关者，而只是在同一个经验性的直观中作为该直观的质料和形式联结起来的。如果我们要把这两者一个置于另一个之外（把空间置于一切现象之外），那就从中产生出对外部直观的各种各样空洞的规定，这些规定却并非可能的知觉。例如在无限的空的空间中世界的运动或静止，就是对运动和静止相互关系的永远不可能知觉到的规定，因而也是一个单纯思想物的谓词。——康德

证明

因为，让我们假定复合的实体不是由单纯的部分构成的；那么当一切复合在思想中都被取消之际，就会没有什么复合的部分留存下来，并且（因为不存在任何单纯的部分）也没有任何单纯的部分留存下来，因而也就根本没有什么东西留存下来了，这样一来，就会没有什么实体已被给予了。所以，要么不可能在思想中取消一切复合，要么在取消之后必定留存有某种不带任何复合的存在物，它就是单纯的东西。但在前一种情况下复合物仍然不会是由实体构成的（因为在实体身上复合只是实体的一种偶然的关系，没有这种关系实体也必然作为独立持存的东西而存在）。既然这 B464 种情况与前提相矛盾，那么就只剩下第二种情况：即在世界中实体性的复合物是由单纯的部分构成的。

由此便直接推出：世上之物全都是单纯的存在物，复合只是它们的外部状态，并且，即使我们永远不能完全把这些基本实体从这种结合状态中提取出来和孤立起来，理性却仍然必须把它们思考为一切组合中的第一主体，因而思考为先于一切组合的单纯存在物。

证明

假定：一个复合的物（作为实体）是由单纯的部分构成的。由于一切外部的关系、因而甚至一切由实体而来的复合，都只有在空间中才是可能的：那么由多少部分构成该复合物，也就必须由这么多部分构成它所占据的空间。既然空间不是由单纯的部分所构成的，而是由诸空间所构成的，所以复合物的每一部分都必须占据一个空间。但一切复合物的绝对最初的部分是单纯的。因而这单纯的东西占据着一个空间。既然所有占据一个空间的实在东西都包含有处于相互外在状态中的杂多，因而是复合起来的，也就是作为实在的复合物而非由偶性复合起来的（因为偶性不能没有实体而相互外在地存在），因而是由实体复合起来的，那么，单纯物就会是一个实体性的复合物了，而这是自相矛盾的。

反题的第二个命题，即世界中根本没有什么单纯的东西实存着，B465 在这里只是想说出这个意思：绝对单纯东西的存有不能从任何经验或知觉、不管是外知觉还是内知觉中得到阐明，所以绝对单纯的东西只不过是一个理念，它的客观实在性永远不能在任何一个可能经验中得到阐明,因而在说明现象时毫无用处,也无任何对象。因为我们想要假定的是可以为这种先验理念找到一个经验对象:这样,对某个对象的经验性的直观就必须被认为是这样一种直观,它绝对不包含任何相互外在并结为统一体的杂多。既然从对这样一种杂多的无意识并不能有效地推论出这种杂多在对客体的任何一个直观中都完全不可能,而后者对于绝对的简单性又是完全必要的,所以这样一来,这种简单性就不能从任何一种知觉(无论是哪一种)中推论出来了。因此,由于作为绝对单纯客体的某物永远也不能在某个可能经验中被给予,而感官世界却必须被视为一切可能经验的总和:所以,在感官世界中任何地方都没有什么单纯的东西被给予。

反题的这第二个命题比第一个命题走得更远,第一个命题只是把单纯物从对复合物的直观中排除掉了,而这里却把单纯物从整个自然界中去掉了;所以这个命题本来也可以不从一个外部直观给予的对象的概念中(从复合物的概念中)、而是从这概念对一个一般可能经验的关系中得到证明。

先验理念的第三个冲突

正题

反题

按照自然律的因果性并不是世界的全部现象都可以由之导出的唯一因果性。为了解释这些现象，还有必要假定一种由自由而来的因果性。

没有什么自由，相反，世界上一切东西都只是按照自然律而发生的。

证明

证明

且让我们假定，除了按照自然律的因果性之外，没有任何其他的因果性；那么一切发生的事情都以某个在前的状态为前提，它按照一条规则不可避免地跟随着这个状态。但现在，这个在前的状态本身也必须是某种发生起来的东西（在时间中形成起来的东西，因为它原先是没有的），因为，假如它任何时候都存在着，它的后果也就不会才产生出来，而会一直存在着了。所以使某物得以发生的原因的因果性本身也是某种发生起来的东西，它按照自然律又要以某种在前的状态及其因果性为前提，但这个状态同样要以一个更早的状态为前提，

设：有一种先验理解中的自由作为一种特殊的因果性在起作用，世界上的事情据此才能产生出来，这就是绝对地开始一种状态、因而也开始这状态的一个诸后果的序列的能力；这样，就不单是一个序列将通过这种自发性而绝对地开始，而且是导致产生这序列的这个自发性本身的规定性、也就是因果性也将绝对地开始，以至于没有任何东西先行在前而使这一发生的行动按照常住的规律得到规定。但行动的每一个开端都是以那尚未行动的原因的某种状态为前提的，而该行动的动力学上的第一开端以这种状态为前提，这种状态与刚才这种先行

B474　如此等等。所以，如果一切都是按照单纯的自然律而发生的，那么任何时候都只有一种特定的开始，而永远没有一个最初的开始，因而一般说来在一个溯源于另一个的诸原因方面并没有什么序列的完整性。但既然自然律恰好在于：没有先天地得到充分规定的原因就不会有任何东西发生，所以如果说一切因果性都只有按照自然律才是可能的，则这个命题在其无限制的普遍性中就是自相矛盾的，因此这种因果性不可能被看作是唯一的因果性。

　　根据这一点，必须假定有一种因果性，某物通过它发生，而无需对它的原因再通过别的先行的原因按照必然律来加以规定，也就是要假定原因的一种绝对的自发性，它使那个按照自然律进行的现象序列由自身开始，因而是先验的自由，没有它，甚至在自然的进程中现象在原因方面的延续系列也永远不会得到完成。

的原因没有任何因果性的关联，也就是不以任何方式从其中产生出来。所以先验自由是与因果律相对立的，并且是起作用的诸原因之相互承继状态的这样一种联结，按照这种联结，B475经验的任何统一性都是不可能的，因而在任何经验之中也都找不到这种联结，所以它是一个空洞的观念物。

　　这样，我们所拥有的就只不过是自然界，我们必须到其中去寻求世界上的事情的关联和秩序。脱离自然律的自由（独立）虽然是从强制中解放出来，但也摆脱了一切规则的引导。因为我们不能说，进入世界进程的因果作用的不是自然的规律而是自由的规律，因为假如按照规律来规定自由的话，自由就将不是自由、而本身无非就是自然了。所以自然和先验自由的区别正如合规律性和无规律性的区别一样，在其中，自然虽然给知性提出了困难的任务，要它到原因序列的越来越高处寻求诸事件的根源（因为因果性任何时候都是以这些事件为条件的），但它也许诺了经验的彻底的合规律的统一性作为补偿。相反，自由的幻觉虽然给进行研究的知性在原因的链条中承诺了一个休息地，因为它把知性带到某种无条件的因果性上,这种因果性是从自身发动其行动的,但由于它本身是盲目的,它就中断了规则的导线,而只有凭借这种导线,一种彻底关联的经验才是可能的。

…… ……

先验理念的第四个冲突

B480

正题

世界上应有某种要么作为世界的一部分、要么作为世界的原因而存在的绝对必然的存在者。

证明

感官世界作为一切现象的整体,同时包含着一个变化序列。因为,没有这个序列,就连作为感官世界之可能性条件的时间序列的表象都将不会给予我们①。但每一个变化都从属于在时间上先行于它、而它必然处于其下的条件。既然任何被给予的有条件者在其实存方面都以一个从诸条件直到绝对的无条件

B481

反题

任何地方,不论是在世界之中,还是在世界之外作为世界的原因,都不实存有任何绝对必然的存在者。

证明

假定世界本身是一个必然的存在者,或在它里面有一个必然的存在者,那么在其变化序列中要么有一个开端,它是无条件的、因而是没有原因的,而这是与时间中一切现象之规定的力学规律相矛盾的;要么这个序列本身没有任何开端,尽管它在其一切部分中都是偶然的和有条件的,在整体上却依然是绝对

———————————

① 时间作为这些变化的可能性的形式条件,虽然客观上先行于这些变化,但在主观上并在意识的现实中,时间表象毕竟只是如同任何别的表象一样,是通过对知觉的引起而被给予的。——康德

者的完整序列为前提,而这绝对的无条件者是唯一绝对必然的,所以某种绝对必然的东西如果有一个变化作为其后果而实存,那就必定是实存着的。但这个必然之物本身是属于感官世界的。因为假定它处于 B482 感官世界之外,那么世界的变化序列就会从它引出自己的开端,而这个必然的原因本身却又不属于感官世界。于是这就是不可能的。因为,既然一个时间序列的开端只有通过在时间上先行的东西才能得到规定,那么一个变化序列的开端之最高条件就必须实存于该序列尚不存在的那个时间中(因为这开端是有一个时间先行于前的存有,在这时间中开端之物尚不存在)。因此,变化的必然原因的因果性,乃至于这原因本身,都是属于时间、因而属于现象的(时间只有在现象上作为其形式才是可能的),所以它不能与作为一切现象的总和的感官世界脱离开来而被思考。因此,在世界本身中包含有某种绝对必然的东西(不论这个东西是整个世界序列本身还是它的一部分)。

必然的和无条件的,而这是自相矛盾的,因为一个集合体,如果它的任何一个部分都不拥有本身就是必然的存有的话,它的存有就不可能是必然的。

反之,假定有一个绝对必然的世界原因在世界之外,那么它作为世界变化的原因序列中的最高项,就会首先开始这些世界变化及其序 B483 列的存有①。但这样一来,这个世界原因也就必须开始行动起来,而它的因果性就将归属于时间,但正因此将归属于现象的总和,即归属于世界,所以它本身,这个原因,不是在世界之外的,而这是与前提矛盾的。所以不论是在世界之中还是在世界之外(但与世界处在因果联结中),都不存在任何绝对必然的存在者。

---

　　① “开始”这个词是在两重意义上来理解的:第一是能动的,这时原因开始了一个状态序列作为它的结果(infit 开端)。第二是被动的,这时因果性是在原因本身中起始的(fit 发作)。我在这里从第一种含义推出第二种含义。——康德

第三章　纯粹理性的理想

……

第三节　思辨理性推出最高存在者存有的各种证据

尽管理性有这样一种迫切的需要,即预先设定某种完全能为知性彻底规定自己的概念而奠定基础的东西,然而,理性要发觉这样一种预设的理想性和单纯虚构性是太容易了,以至于不会单凭这点就被说服把它的思维的一个单纯自己的创造立即假定为一个现实的存在物,如果它不是以另外的方式被什么东西所迫,要通过从给予的有条件者回溯到无条件者而在某个地方寻求自己的休息地的话。虽然无条件者就其本身和依其单纯概念而言并不是作为现实而被给予出来的,但只有它能够完成那些被引向其根据的诸条件的系列。这就是每个人的理性、哪怕最普通的理性都在采取的自然进程,虽然并非每个人的理性都在这上面坚持不懈。人类理性不是从概念开始的,而是从普通经验开始的,所以是以某种实存之物为基础的。但如果这个基地不是立足于绝对必然之物这块不可动摇的磐石上,它就会沉陷。但如果这不可动摇的磐石的外面和底下还有空的空间,而且如果不是它本身充满着一切并因此不再给"为什么"留下任何余地,亦即它就其实在性而言不是无限的,那么,它自己就会失去支撑而悬浮起来。

如果有物(不论何物)实存,那么也必须承认总有某物以必然的方式实存。因为偶然之物只有在一个作为其原因的其他偶然之物的条件下才实存,而对这个原因又继续适用这一推论,直到一个非偶然地、正因此也无条件必然地存有的原因。这就是理性前进到原始存在者所依据的那个论证。

B613　　于是,理性到处寻找一个作为无条件的必然性而与这一优先实存相适合的存在者概念,不是为了这样一来就从这存在者概念中先天地推出它的存有来(因为如果理性胆敢这样干,那它完全只须在纯然概念之间进行研究,而不必以一个给予的存有作为基础),而只是为了在可能之物的一切概念中找到那个自身不包含任何与绝对必然性相冲突的东西的概念。因为对于终归必须有某种绝对必然的某物实存着,这一点理性按照第一个推论就已经看作是决定了的。既然理性可以把一切和这种必然性不相容的东西都去掉,只除开一个东西,那么这个东西就是那绝对必然的存在者,而不论我们是否能理解它的必然性,亦即是否能把这种必然性单从其概念中推出来。

　　于是看起来,那样一个东西,即它的概念对一切"为什么"而言包含"就为这",而它的任何部分和任何方面都是无缺损的,在任何地方作为条件都是充分的,这个东西正因为如此,就是适合于绝对必然性的那个存在者,因为这个东西由于自身具有一切可能之物的所有条件,而本身不需要任何条件,甚至不能有这种条件,因而至少在这一点上是符合无条件的必然性这个概念的,在这方面没有任何别的概念能够与它并肩而立,别的概念由于是有

B614　　缺陷的和需要补充的,它们没有表现出不依赖于一切其他条件的任何这样一种特征。的确,从这里还不能肯定地推出:凡是自身不包含最高的及在一切方面都完备的条件的东西,也因此而本身必定是在其实存上被条件所规定了的;但它毕竟自身不具有那无条件的存有之唯一的标志,理性掌握这一标志,为的是通过一个先天概念将任何某个存在者作为无条件的来认识。

　　所以,一个具有最高实在性的存在者这个概念在可能之物的一切概念中是最适合于一个无条件的必然存在者这一概念的,并且,如果它也不完全满足这一概念,那么我们也终归没有别的选择,不能不依据于它,因为我们不可将一个必然存在者的实存置之不顾;但如果我们承认它的实存,我们毕竟不能在可能性的整个领域中发现任何可以对存有中的这样一种优越性提出更有根据的要求的东西。

　　所以,人类理性的自然进程就具有这样的性质。首先,它相信某一个必

然的存在者是存有的。它从这个存在者中看出某种无条件的实存。于是它就去寻求那不依赖于一切条件者的概念，并在那个本身是一切其他事物的充分条件的东西中，亦即在那个包含着一切实在性的东西中，找到了这一概念。但这个没有限制的大全就是绝对的统一性，它具有一个唯一的存在者、也就是最高存在者的概念，于是理性就推论：最高存在者作为一切事物的原始根据，是绝对必然地存有的。B615

　　这一概念有一定的彻底性是无可争议的，如果谈到作出决断，也就是说，如果一旦承认了任何某个必然的存在者的存有、而我们又一致同意我们必须为我们要把这个必然存在者置于何处作辩护的话；因为那样一来，我们就不能有更适当的选择，或者不如说我们毫无选择，而是不得不对作为可能性的原始根源的这个完备实在性之绝对统一性表示赞同。但如果没有任何东西逼迫我们去作出决断，如果我们直到有足够分量的证据迫使我们赞同之前，宁可把这整个事情都束之高阁，也就是说，如果这只是牵涉到对于我们有关这一课题知道多少以及哪怕是我们自以为知道些什么作出评判：那么上述推论就显得远不是如此形象良好，而是需要惠爱（Gunst）来弥补其合法要求上的不足了。

　　这是因为，如果我们让一切都如同它在此向我们摆明的那样，即首先，对于任何一个给予的实存（也许甚至只是我自己的实存）都有一个正确的 B616 推论，推到某个无条件的必然存在者的实存；其次，我必须把一个包含一切实在性、因而也包含一切条件的存在者看作是绝对无条件的，从而以这种方式找到那与绝对必然性相适合之物的概念：那么，从这里毕竟还完全不能推论说，一个不具有最高实在性的受限制存在者的概念因此就会与绝对必然性相矛盾。因为，尽管我在受限制存在者的概念中没有找到那已具有条件之大全的无条件者，但从中完全不能得出结论说，它的存有正因此而必然是有条件的；正如我在一个假言的理性推论中不能说：凡是不存在某个一定的条件（在这里也就是根据概念而来的完备性的条件）的地方，也就不存在有条件者。毋宁说，我们会随便地让一切其他受限制存在者都同样地被视为无条件地必然的，虽然我们不能从我们对它们所拥有的普遍概念中推论出它们的必然性来。但以这种方式，这个论证并不会给我们带来有关一个必然存在者的属性的最起码的概念,并且在任何方面都丝毫不会有什么成就。

B617　　　尽管如此,这个论证仍然具有某种重要性,并且有某种还不能因为这个客观上的不充分性而马上就从它那里被剥夺掉的威望。因为,如果假定有一些在理性的理念中完全正当的义务,但是,假如不预设一个能给予实践法则以效果和力度的最高存在者,则这些义务在用于我们自身时就会没有任何实在性,亦即没有动机:那么,我们就会也有一种追踪这些概念的义务,这些概念即使不可能是客观上充分的,但根据我们理性的尺度毕竟是更被看重的,并且和它们相比我们再不知道什么更好而更有确证作用的东西了。对义务的选择在这里将会通过实践的加入使思辨的犹豫不决走出相持状态,甚至理性在作为最严厉的法官的它自己面前,如果不在那些重大动因之中去追随自己判断的这样一些根据,哪怕只是缺乏理解的、但至少我们不知道有什么比它们更好的根据,那就也将找不出任何辩护理由了。

　　　这个论证虽然由于它基于偶然性的内部不充分性之上,因而事实上是先验的,但却是如此简单而自然,以至于最普通的人的想法一旦被引到这上面来,立刻就会认为是适当的。我们看到事物变化、产生和消失,所以它们、或者至少是它们的状态必定有一个原因。但每次在经验中①有可能给出的

B618　任何一个原因,又可以再次受到这种追问。那么我们应当把至上的(oberste)原因性置于何处才更合理呢? 除非那里也有最高的(höchste)原因性,就是说,在那种自身本源地包含有充分性来产生一切可能结果的存在者中,这种存在者的概念也是很容易通过无所不包的完善性这个唯一的特性建立起来的。这样,我们就把这个最高的原因看作绝对必然的,因为我们感到绝对有必要上升到它,而没有任何理由还要进一步超出它。所以,我们在一切民族那里都看到,哪怕他们最盲目的多神教里,都还是有几丝一神教的微光透射出来,导致这一点的不是反思和深刻的思辨,而只是普通知性的逐步变得明白起来的自然进程。

_____

　　① Hartenstein 将"经验"校改为"现象"。——德文编者

从思辨理性证明上帝的存有只能有三种方式

　　我们为了这一目的所可能选择的所有的途径,要么是从确定的经验及由这经验所认识到的我们感官世界的特殊性状开始,并由此按照因果律一直上升到世界之外的最高原因;要么只是以不定的经验、即经验性地以任何某个存有为基础;要么最后抽掉一切经验,并完全先天地从单纯概念中推出一个最高原因的存有。第一种证明是自然神学的证明,第二种证明是宇宙论的证明,第三种证明是本体论的证明。没有其他的证明,也不可能有其他的证明。 B619

　　我将表明:理性按照一条途径(经验性的途径)和按照另一条途径(先验的途径)同样不会有什么建树,而理性张开它的双翼、单凭思辨的力量来超出于感官世界之上,是徒然的。至于这些证明必须在其中得到检验的那个程序,则恰好和逐步扩展的理性所采取的以及我们最初提出这些证明的那个程序相反。因为将要表明:尽管经验在这方面提供了最初的诱因,但只有先验的概念才在理性的这一努力中引导着理性,并在所有这一切尝试中标出了理性在自己前面设定的目标。所以我将从检验先验的证明开始,然后再来看看,经验性的东西在扩展这一证明的力度上能够添加些什么。

第四节　上帝的存有之本体论证明的不可能性 B620

　　从以上所说的很容易看出:一个绝对必然的存在者的概念是一个纯粹理性概念,亦即一个单纯的理念,它的客观实在性凭理性对它的需要还远远没有得到证明,它甚至只对某个一定的、虽然是无法达到的完备性提供了指示,而且真正说来与其说是用来把知性扩大到新的对象上去,不如说是用于限制知性。在这里现在令人感到怪异和荒谬的是,从一个给予的一般存有推论到某个绝对必然的存有似乎是紧要的和正确的,然而我们为了形成这样一个必然性的概念的一切知性条件却完全与我们相违背。

各个时代的人们都谈论过绝对必然的存在者,而并没有像证明它的存有那样也花更多力气去理解我们是否、且如何能够哪怕只是思维这一类的事物。现在,虽然有关这个概念的名义上的解释是很容易的,就是说它是这样一个其非存在是不可能的某物;但通过这种解释,在使一物的非存在被看作绝对不可设想的这一点成为不可能的那些条件方面,我们却丝毫也没有变得更聪明些①,而这些条件本来是我们想要知道的东西,即我们是否通过这个概念在任何地方思考了某物。因为知性为了把某物看作必然的而永远需要的一切条件都借助于"无条件的"这个词而被抛弃掉,这还远不足以使我明白,我是否这样一来就通过一个无条件必然之物的概念还在思考什么东西,或者也许根本没有思考任何东西。

更有甚者:对于这个仅仅是冒险碰运气而来的、最后完全成了流行的概念,人们还以为已用大量的例子进行了说明,以至于一切进一步的追问似乎都由于它的清楚明白性而完全不必要了。几何学的任何一个命题,例如一个三角形有三个角,是绝对必然的,于是我们就谈论起一个完全处于我们知性范围之外的对象,好像我们完全清楚地懂得我们借这个对象的概念想要说些什么似的。

所有预先给定的例子毫无例外都只是从判断中、却并非从物及其存有中取来的。但判断的无条件的必然性并不是事物的绝对必然性。因为判断的绝对必然性只是事物的有条件的必然性,或者是判断中的谓词的有条件的必然性。上面那个命题并不是说三个角是绝对必然的,而是说在存有了(给予了)一个三角形的条件下,(其中的)三个角也必然是存有的。然而这一逻辑的必然性证明了它的幻觉具有如此巨大的威力,以至于由于人们给自己制造出一个关于某物的先天概念,这个概念就被这样提出来,使得人们根据自己的意见也把存有包括在这概念的范围内,人们由此相信可以有把

---

① Noiré 将"成为不可能的"校改为"成为必然的",Adickes 则将"不可设想的"校改为"可设想的"。——德文编者

握地推论:由于存有必然应归于这个概念的客体,也就是在我把此物设定为给予的(实存着的)这一条件之下,则它的存有也会被必然地(根据同一律)设定下来,因而这个存在者本身也会是绝对必然的,因为它的存有在一个随意假定的概念中、并在我设定了这概念的对象这个条件下被一起想到了。

当我在一个同一性判断中取消谓词而保留主词时,就产生出一个矛盾,所以我才会说:那个谓词必然应归于这个主词。但如果我连同谓词一起把主词也取消掉,那就不会产生任何矛盾;因为不再有什么东西能够与之相矛盾的了。设定一个三角形却又取消它的三个角,这是矛盾的;但把三角形连同其三个角一起取消,这没有任何矛盾。一个绝对必然的存在者的概念也正是同样的情况。如果你取消它的存有,你也就把该物本身连同其一切谓词都取消了;这样一来,哪里还会产生矛盾呢? 在外部并没有任何会与之相矛盾的东西,因为该物不应当是由外部而必然的;在内部也没有,因为你通过取消该物本身,已把一切内部的东西都同时取消了。上帝是全能的,这是一个必然判断。如果你设定一位神,也就是一位无限的存在者,其概念与那个全能的概念是同一的,则全能是不能被取消的。但如果你说:没有上帝,那就既没有全能、也没有它的任何一个别的谓词被给予;因为它们已连同主词一起全都被取消了,而这就表明在这个观念中并没有丝毫的矛盾。

B623

所以你已经看到,如果我把一个判断的谓词连同主词一起取消掉,则永远不会产生一个内部的矛盾,而不论该谓词是什么。现在你不再有任何回避的余地,你只能说:有一些根本不能被取消的主词,所以这些主词必须保留下来。但这正好比是说:有一些绝对必然的主体;这个前提的正确性恰恰是我所怀疑、而你想要给我指出它的可能性的。因为对于一个和它的一切谓词一起被取消时还留下某种矛盾的那个东西,我不能形成起码的概念,而没有矛盾,我单凭纯粹先天概念也就不会有不可能性的任何标志。

B624

针对所有这些一般性的推论(这些推论是没有任何人能够拒绝的)你会用一个具体情况来反诘我,你把这个具体情况当作一个事实证据提出来:毕竟有一个、而且只有这一个概念,其对象的非存在或取消在本身是自相矛盾的,而这就是最高实在的存在者概念。你会说:它具有一切实在性,而你有权假定这样一个存在者是可能的(我姑且同意这一点,尽管不自相矛盾的概念还远不足以证明该对象的可能性①)。既然在一切实在性下面也包括了存有,那么在一个可能之物的概念中就包含了存有。如果该物被取消,

B625 那么该物的内部可能性也就被取消,而这是矛盾的。

我的回答是:当你在一个你只想根据其可能性来思考的物的概念中,不论以何种暗藏的名目,已经带进了该物的实存的概念时,你就已经陷入某种矛盾了。如果我们认可你这样做,那么你表面上好像是赢了,但实际上却什么也没有说;因为你只不过是在作同义反复。我会问你:此物或彼物(不论它可能是什么,我都姑且承认它是可能的)实存着,这个命题例如说,是一个分析命题还是一个综合命题? 如果它是分析命题,那么你通过该物的存有对你有关该物的观念没有任何增加,但这样一来,要么你心中的观念就必须是该物本身,要么你就预设了一个存有是属于可能性的,然后就以这个借口从内部的可能性中推出这一存有,而这无非是一种可怜的同义反复。"实在性"这个词——它在物的概念里听起来是不同于在谓词的概念里的"实存"这个词的——对此无济于事。因为,如果你把所有的设定(不论你设定什么)都称作实在的,那么你就已经把这个物连同它的一切谓词都设

B626 定在主词中了,并假定它是现实的,而在谓词中你只是在重复这点而已。相反,如果你承认——正如每个有理性者都必须明智地承认的那样——,任何一个实存性命题都是综合的,那么你如何还会主张实存的谓词不可以无矛盾地被取消呢? 因为这个优点只是分析命题所特有的,正是作为分析命题的特性而建立在它上面的。

如果我不是发现了混淆逻辑的谓词和实在的谓词(即一物的规定性)的这种幻觉几乎是拒绝一切教导的话,那我就会希望直截了当地通过对实存概念的一个精确的规定来打破这一挖空心思的论证了。人们可以随心所

---

① 如果概念不自相矛盾,它就总是可能的。这就是可能性的逻辑标志,凭借这一点,概念的对象就和 nihil negativum(否定的无)区别开来。只是这个概念一点也不能免于是一个空洞的概念,如果这概念由以产生的综合的客观实在性没有被特别阐明出来的话;但这种阐明任何时候都是(如前所述)基于可能经验的原则之上的,而不是基于分析的原理(矛盾律)上的。这是一个警告,即不要从概念的(逻辑的)可能性马上推出事物的(实在的)可能性。——康德

欲地把任何东西用作逻辑的谓词,甚至主词也可以被自己所谓述;因为逻辑抽掉了一切内容。但规定性却是一个添加在主词概念之上的谓词,它扩大了这个概念。所以它必须不是已经包含在这个概念之中的。

　　"是"①显然不是什么实在的谓词,即不是有关可以加在一物的概念之上的某种东西的一个概念。它只不过是对一物或某些规定性本身的肯定。用在逻辑上,它只是一个判断的联系词。"上帝是全能的"这个命题包含有两个概念,它们拥有自己的对象"上帝"和"全能";小词"是"并非又是一个另外的谓词,而只是把谓词设定在与主词的关系中的东西。现在,如果我把　B627
主词(上帝)和它的一切谓词(其中也包括"全能的")总括起来说:"上帝存在",或者"有一个上帝",那么我对于上帝的概念并没有设定什么新的谓词,而只是把主词本身连同它的一切谓词、也就是把对象设定在与我的概念的关系中。概念和对象两者所包含的必然完全相等,因此不可能因为我将概念的对象思考为绝对被给予的(通过"它存在"这种表达方式),而有更多的东西添加到这个仅仅表达可能性的概念上去。所以,现实的东西所包含的决不会比单纯可能的东西更多。一百个现实的塔勒②所包含的丝毫也不比一百个可能的塔勒更多。因为,后者在这里意味着概念,前者却意味着对象及其肯定本身,所以,假如后者比前者包含的更多,我的概念就会没有表达出整个对象,因而也就不是该对象的合适的概念。但是在我的财产状况中,现实的一百塔勒比一百塔勒的单纯概念(即一百塔勒的可能性)有更多的东西。因为对象在现实性方面并不只是分析地包含在我的概念中,而是综合地添加在我的概念之上(这概念是我的状态的一个规定),而通过在我的概念之外的这个存在,丝毫也没有对这被想到的一百塔勒本身有什么增多。

　　所以,如果我思维一物,不管我通过什么谓词和通过多少谓词(哪怕在完全的规定中)来思维它,那么就凭我再加上"该物存在",也并未对该物有　B628

---

　　①　德文为 Sein,含"是"、"存在"、"有"等意,前文"存有"(Dasein)即来自该词,译者视不同情况采用不同译法。——编译者
　　②　原文 Taler,德国钱币。——编译者

丝毫的增加。因为否则的话,所实存的就并不恰好是该物,而是比我在概念中所想到的更多的东西了,而我也不能说实存着的正好是我的概念的对象了。甚至即使我在一物中除了一种实在性外想到了一切实在性,那么我也不能凭我说这样一个有缺陷的物"实存着"而把那个缺损的实在性补加上去,相反,该物恰好带着当我想到它时的这种缺陷而实存着,否则就会有不同于我所想到的另一个某物实存着了。现在,如果我想到了一个作为最高的(没有缺陷的)实在性的存在者,那么总是还留下"它是否实存着"这个问题。因为,虽然在我对一般某物的可能的实在内容的概念上没有什么缺少的,但在对我的整个思维状态的关系上仍然有某种缺陷,这就是:对那个客体的知识也可以是后天才可能的。而这里也就表明了在此所发生的困难的原因。假如所谈论的是一个感官对象,那么我是不能将该物的实存和该物的单纯概念混为一谈的。因为通过概念,对象只是被思考为与一般可能的经验知识的那些普遍条件相一致的,但通过实存,它却被设想为在全部经验的连贯关系中包含着的;因为通过与全部经验的内容相联结,有关对象的概念并没有丝毫的增加,但我们的思维却由这内容而多获得了一种可能的知觉。反之,如果我们想单靠纯粹范畴来思考实存,那就毫不奇怪,我们无法提出任何标志来把实存和单纯的可能性区别开来。

B629

所以,不论我们有关一个对象的概念包含什么及包含多少东西,我们还是不得不超出它,才能把实存赋予它。这在感官对象那里是通过按照经验性规律与我的任何一个知觉发生关联而进行的;但是对于纯粹思维的客体来说,根本不存在任何手段来认识它们的存有,因为这存有必须完全先天地去认识,而我们对一切实存的意识(不论是通过知觉直接地意识,还是通过把某物和知觉联结起来的推论而意识)却是完完全全属于经验的统一性的,在这一领域之外的实存虽然不可以绝对地宣布为不可能,但却是一个我们没有任何办法能为之辩护的预设。

一个最高存在者的概念是一个在好些方面十分有用的理念;但它正因为仅仅是理念,所以完全没有能力单凭自己来扩展我们在实存的东西上的知识。它甚至连在可能性方面教给我们更多的东西也做不到。可能性的分析的标志在于单纯的肯定(实在性)不产生矛盾,这个标志虽然在最高存在

B630

者的概念身上是无可争议的;但既然把一切实在属性联结在一物中是一种综合,其可能性是我们不能够先天判断的,因为这些实在性并没有特别①给予我们,并且即使被这样给予了我们,在其中任何地方也都不会发生什么判断,因为综合知识的可能性标志必须永远只在经验中去寻求,但一个理念的对象却不可能属于经验;所以著名的莱布尼茨就远没有做到他所自吹的,即他想先天地洞察一个如此崇高的理想存在者的可能性。

所以,在对一个最高存在者的存有从概念来进行的这个如此有名的(笛卡尔派的)本体论证明那里,一切力气和劳动都白费了,而一个人想要从单纯理念中丰富自己的见解,这正如一个商人为了改善他的境况而想给他的库存现金添上几个零以增加他的财产一样不可能。

---

① Adickes 将"特别"(spezifisch)校改为"思辨地"(spekulativ)。——德文编者

先验方法论

......

第二章　纯粹理性的法规

对于人类理性来说,感到耻辱的是它在其纯粹的运用中一事无成,甚至还需要一种训练来抑制它的放纵,并防止由此而给它带来的错觉。但另一方面,使它重新振奋并给它以自信的是,理性能够且必须自己实行这一训练,而不允许别的检查官来检查自己;并且,它不得不为自己的思辨运用所设定的那些界限,同时也限制着每个对手的玄想的僭妄,因而能保障从它以前的过分要求中还可以为它保留下来的一切东西免遭任何攻击。所以,纯粹理性的一切哲学最大的、也许是唯一的用处的确只是消极的;因为它不是作为工具论用来扩张,而是作为训练用来规定界限,而且,它的不声不响的功劳在于防止谬误,而不是去揭示真理。

然而,必定在某个地方存在着属于纯粹理性领域的积极知识的根源,这些知识也许只是由于误解而引起了种种谬误,但事实上却构成理性努力的目标。因为,除此之外,又该用哪一种原因来说明这种无法抑制的、绝对要在超出经验界限之外的某个地方站稳脚跟的欲望呢?理性预感到了对于它具有重要意义的那些对象。它踏上这条单纯思辨之路,为的是靠近它们;但它们却在它的面前逃开了。它或许可以指望在给它剩下的唯一的道路上,也就是在实践运用的道路上,会有更好的运气。

我把法规理解为某些一般认识能力的正确运用的先天原理的总和。所以普遍逻辑在其分析的部分对于一般知性和理性而言就是某种法规,但只是在形式上,因为它抽掉了一切内容。于是先验分析论就是纯粹知性的法规;因为只有它能得出真正的先天综合知识。但是,凡是对一种认识能力不能有正确的运用的地方,也就没有任何法规。现在,根据我们迄今所作的一切证明,纯粹理性在其思辨的运用中的一切综合知识都是完全不可能的。所以根本没有纯粹理性的思辨运用的任何法规(因为这种运用彻头彻尾都是辩证的),相反,一切先验逻辑在这方面都只不过是训练。这样一来,如果什么地方有纯粹理性的一种正确运用,并在这种情况下也必定有理性的 B825 一种法规的话,则这种法规将不涉及思辨的运用,而是关系到理性的实践的运用,而这就是我们现在所要研究的。

第一节　我们理性的纯粹运用之最后目的

理性由其本性中某种偏好驱使着超出经验的运用之外,在其纯粹的运用中并借助于单纯的理念冒险冲破一切知识的极限,而只有结束自己的循环,在一个独立存在的系统整体中,才会安息。那么,这种努力只不过是建立在它的思辨的兴趣之上呢,还是唯一地只建立在它的实践的兴趣之上?

我想暂且撇开纯粹理性在其思辨的意图中所得手的方面,只去追问这样一些任务,它们的解决构成理性的最后目的,而不管理性现在能否达到它,并且在它那里一切别的目的都只具有手段的价值。这些最高目的依据理性的本性又必定会是具有统一性的,以便结合起来去促进人类的不再从 B826 属于更高兴趣的那种兴趣。

理性在先验运用中的思辨最后所导致的终极意图涉及到三个对象:意志自由,灵魂不朽和上帝存有。就所有这三方面来说,理性的单纯思辨的兴趣少得很,以这种兴趣为目标,一种令人疲倦的、与连续不断的障碍作斗争的工作对于先验的研究也许会是难以接受的,因为对此所可能作出的一切发现我们都终归不可能有任何具体地、亦即在研究中证明其用处的运用。意志尽可以是自由的,但这却只能与我们意愿的理知原因有关。因为,凡是涉及到意志所表现出来的现象,即行动,那么我们就必须按照一条不可违反的基本准则(没有这条准则,我们就不能在经验性的运用中施展理性)永远如同对其他一切自然现象那样、亦即按照自然的永恒的规律来解释这些行动。第二点,即使有可能洞察灵魂的精神本性(并与之一道洞察灵魂的不

B827 朽性),但却既不能因此就把它作为解释此生的现象的根据,也不能由此而对来世的特殊性状作指望,因为我们关于无形自然的概念只是否定性的,且丝毫也不能扩展我们的知识,又没有为推论提供有用的材料,也许除了对那些只能被看作虚构、但却不被哲学所承认的推论以外。第三,就算证明了一个最高理智的存有,那么我们虽然可以由此而理解到世界安排和普遍秩序中的合目的性,但却根本无权由此推导出任何一种特殊的部署和秩序来,或者在它们未被知觉的地方把它们大胆地推论出来,因为理性的思辨运用的一条必要的规则是,不要跳过自然的原因和放弃经验可能教给我们的东西,而去把我们所知道的东西从完全超出我们的一切知识之上的东西中推导出来。总而言之,这三个命题对于思辨理性来说任何时候都仍然是超验的,而根本没有什么内在的、亦即为经验对象所容许的、因而以某种方式对我们有用的运用,而是就其本身来看是毫无用处的、但对于我们的理性来说还是极为沉重的劳作。

因此,如果说这三个基本命题对我们的知识来说是根本不必要的,而仍然又被我们的理性迫切地向我们推荐的话,那么它们的重要性也许本来就

B828 必须只涉及到实践。

一切通过自由而可能的东西都是实践的。但如果施行我们自由的任意的条件是经验性的,那么理性在此就只能有一种调节性的运用,并且只用于产生经验性规律的统一性,例如在教人明智的训导中,把我们的爱好向我们提出的一切目的都在一个唯一的目的、也就是幸福里面结合起来,并使达到幸福的手段协调一致,这构成了理性的全部工作,理性因此之故只能提供出自由行为的实用的规律,以达到感官向我们推荐的那些目的,因而决不能提

供完全先天规定的纯粹规律。与此相反,纯粹实践规律的目的是理性完全先天地给出的,这些规律不以经验性的东西为条件,而是绝对地命令着的,它们将是纯粹理性的产物。但这样一些规律就是道德的规律,因而它们只属于纯粹理性的实践的运用并容许有一种法规。

因此,在人们称之为纯粹哲学的这种探究中,理性的全部装备实际上都是针对所提到的这三个问题的。但这三个问题本身又有其更深远的意图,即:如果意志自由,如果有上帝和来世,那么应该做什么。既然这涉及到我们与最高目的相关的行为,那么,明智地为我们着想的大自然在安排我们的理性时,其最后意图本来就只是放在道德上的。　　　　　　　　　　　　　　B829

但必须谨慎的是,当我们把自己的注意力投向一个对于先验哲学陌生的对象①时,不要在题外话上放纵自己而损害了系统的统一性,另一方面,也不要因为对于我们这个新的话题说得太少而使之缺乏清晰性或说服力。我希望通过尽量靠拢先验的东西、而完全排斥在这里可能是心理学的亦即经验性的东西来做到这两点。

而且在此首先要说明的是,我目前只是在实践的理解中使用自由这个概念,而在这里排除了先验意义上的自由概念,后者不能经验性地预设为解释现象的根据,相反,它本身对于理性是一个问题,如同前面所揭示的那样。　B830
就是说,有一种任意仅仅是动物性的(arbitrium brutum②),它只能由感性的冲动来规定,亦即从病理学上来规定。但那种不依赖于感性冲动、也就是能通过仅由理性所提出的动因来规定的任意,就叫作自由的任意(arbitrium li-berum③),而一切与这种任意相关联的,不论是作为根据还是后果,都称之为实践的。实践的自由可以通过经验来证明。因为,不仅是刺激性的东西,即直接刺激感官的东西,在规定着人的任意,而且,我们有一种能力,能通过

----

①　一切实践的概念都是指向合意或讨厌、也就是愉快和不愉快的对象的,因而至少是间接地指向我们的情感的对象的。但由于情感不是对物的表象能力,而是处于全部认识能力之外的,所以我们判断的要素只要与愉快或不愉快相关、因而作为实践的判断要素,就不属于先验哲学的范围,后者只与纯粹的先天知识相关。——康德

②　拉丁文:"动物的任意"。——编译者

③　拉丁文:"自由的任意"。——编译者

把本身以更为间接的方式有利或有害的东西表象出来,而克服我们感性欲求能力上的那些印象;但这些对于我们的整体状况方面值得欲求的、即好和有利的东西的考虑,是建立在理性之上的。所以理性也给出了一些规律,它们是一些命令,亦即客观的自由规律,它们告诉我们什么是应该发生的,哪怕它也许永远也不会发生,并且它们在这点上与只涉及发生的事的自然律区别开来,因此也被称之为实践的规律。

B831　　　但理性本身在它由以制定规律的这些行动中是否又是由别的方面的影响所规定的,而那在感性冲动方面被称作自由的东西在更高的和更间接地起作用的原因方面是否又会是自然,这点在实践中与我们毫不相干,我们在实践中首先只向理性求得行为的规范,而那个问题只是一个思辨性的问题,只要我们的意图是针对行为举止,我们就可以把它置于不顾。所以我们通过经验而认识到,实践的自由是自然原因之一,也就是理性在对意志作规定时的原因性,而先验的自由却要求这个理性本身(就其开始一个现象序列的原因性而言)独立于感官世界的一切起规定作用的原因,就此而言先验的自由看起来是和自然律、因而和一切可能的经验相违背的,所以仍然是一个问题。但是对于理性的实践运用来说这个问题是不该提出的,所以我们在纯粹理性的法规中只涉及到两个与纯粹理性的实践兴趣相关的问题,鉴于这两个问题,纯粹理性运用的某种法规必定是可能的,这就是:有一个上
B832　帝吗? 有来世吗? 先验自由的问题只涉及到思辨的知识,我们完全可以在讨论实践时把它作为毫不相干的问题置之不顾,何况在纯粹理性的二律背反中已经可以找到对这个问题的充分的探讨。

第二节　至善理想作为纯粹理性
最后目的之规定根据

　　　理性在其思辨的运用中引领我们经过经验的领域,并且由于这个领域对于理性来说永远也找不到完全的满足,而把我们从那里引领到思辨的理

念,但这些理念最终又把我们带回到经验上来,因而把它们的意图以一种虽然有利、但却根本不符合我们的期望的方式实现出来了。现在留待我们去做的还有一个尝试,就是看看纯粹理性是否也能在实践的运用中被找到,是否它在这种运用中会导致那些使我们前面提到的纯粹理性之最高目的实现出来的理念,因而是否它能够从其实践兴趣的观点出发,提供出它在思辨的兴趣方面完全拒绝给我们的东西。

我们理性的一切兴趣(思辨的以及实践的)集中于下面三个问题:

1. 我能够知道什么?　　　　　　　　　　　　　　　　　　B833

2. 我应当做什么?

3. 我可以希望什么?

第一个问题是单纯思辨的。对此我们(正如我自认为的)已穷尽了一切可能的回答,并最终找到了理性必定会感到满意的那个回答,而且如果理性不是着眼于实践的事,它也有理由感到满足;但我们离纯粹理性的这一全部努力本来所针对的那两大目的仍然还是这样遥远,仿佛我们耽于安逸一开始就拒绝了这项劳作似的。所以如果涉及到知识,那么至少有一点是有把握和确定了的,就是在那两个问题上永远也不能给予我们知识。

第二个问题是单纯实践的。它作为这样一个问题虽然属于纯粹理性的范围,但它却并不因此就是先验的,而是道德性的,因而它是我们的批判就本身而言不能研究的。

第三个问题,即:如果我做了我应当做的,那么我可以希望什么? 这是实践的同时又是理论的,以至于实践方面只是作为引线而导向对理论问题以及(如果理论问题提高一步的话)思辨问题的回答。因为一切希望都是指向幸福的,并且它在关于实践和道德律方面所是的东西,恰好和知识及自然律在对事物的理论认识方面所是的是同一个东西。前者最终会推出这种结论,即某物有(它规定着最后可能的目的),是因为某物应当发生;后者则　　B834
会推出那种结论,即某物有(它作为至上原因而起作用),是因为有某物发生了。

幸福是对我们的一切爱好的满足(按照满足的多样性,这幸福是扩展的,按照满足的程度,幸福是强弱的,而按照满足的持续性,幸福则是延伸的）。出自幸福动机的实践规律我称之为实用的规律（明智的规则）；但如果有这样一种实践规律，它在动机上没有别的，只是要配得上幸福，那我就称它为道德的（道德律）。前者建议我们，如果要享有幸福的话必须做什么，后者命令我们，仅仅为了配得上幸福我们应当怎样做。前者基于经验性的原则，因为除了借助于经验以外，我既不会知道有哪些要满足的爱好，也不会知道能导致满足这些爱好的那些自然原因是什么。后者抽掉了爱好及满足这些爱好的自然手段，只一般地考察一个理性存在者的自由，以及这自由唯有在其之下才与幸福的按照原则的分配相一致的那个必要条件，所以至少是有可能基于纯粹理性的单纯理念之上并被先天地认识的。

B835　　我认为实际上是有纯粹的道德律的，这些道德律完全先天地（不考虑经验性的动机，即幸福）规定行为举止，即规定一般有理性的存在者的自由的运用，而且我认为这些规律绝对地（而不只是在其他经验性目的之前提下假言式地）发出命令，因而在任何方面都是必然的。我可以有权假定这一命题，这不只是因为我援引了那些最明察秋毫的道德学家们的证据，而且是因为我依据的是每一个人的道德判断，如果他愿意清楚地思考这样一条规律的话。

　　所以，纯粹理性虽然不是在其思辨的运用中、但却是在某种实践的运用中，也就是在道德的运用中，包含有经验可能性的原则，即这样一些行动的原则，这些行动在人类历史中有可能以合乎道德规范的方式见到。因为，既然理性命令这样一些行动应当发生，那么这些行动也必定能够发生，所以某种特殊种类的系统统一、即道德的统一必定是可能的，然而这种系统的自然统一按照理性的思辨原则是不可能证明的，因为理性虽然就一般自由而言具有原因性，但并非就全体自然而言具有原因性，而理性的道德原则虽然能产生自由的行动，但不能产生自然律。因此纯粹理性的这些原则在其实践
B836　的、尤其是道德的运用中具有客观实在性。

　　我把和一切道德律相符合的世界（就如同它按照有理性的存在者的自由而能够是的那样，以及按照道德性的必然规律所应当是的那样）称之为**一个道德的世界**。这个世界由于在其中抽掉了里面的一切条件（目的）、甚至道德的一切阻碍（人类本性的软弱和邪癖），因而只被设想为一个理知的

世界。所以就此而言它只是一个理念，但却是一个实践的理念，它能够、也应当对感官世界现实地有其影响，以便使感官世界尽可能地符合这个理念。因此一个道德世界的理念具有客观的实在性，它并不是好像在指向一个理知的直观的对象（这样一类对象我们完全不能思维），而是指向感官世界的，但这感官世界是作为一个纯粹理性在其实践的运用中的对象，以及有理性的存在者在感官世界中的一个 corpus mysticum①，只要他们的自由任意在道德律之下具有既和自己、也和每个别人的自由任意普遍而系统地相统一的特点。

这曾是对纯粹理性涉及实践的兴趣的两个问题中前一个问题的回答：去做那使你成为配得上是幸福的事情吧。现在，第二个问题问道：如果我现 B837 在这样做了，从而我是并非配不上幸福的，我也可以希望由此而能够享有幸福吗？ 在回答这个问题时取决于，先天地制定这条规律的那些纯粹理性原则是否也必然地把这种希望与该规律联结起来。

所以我说：正如同按照在实践的运用中的理性来看，诸道德原则是必要的一样，按照在理论的运用中的理性来看，同样也有必要假定，每个人都有理由希望依照他在其行为中使自己配得幸福的那个程度而得到幸福，因而德性体系和幸福体系是不可分地、但只是在纯粹理性的理念中结合着的。

现在，在一个理知的、即道德的世界里，在这个我们从其概念中抽掉了一切德性障碍（爱好）的世界里，这样一个与道德性成比例地结合着的幸福的体系也可以被设想成必然的，因为那一边为道德律所推动、一边又为它所约束的自由，本身就会是普遍幸福的原因，因而有理性的存在者在这些原则的引导下，本身也就会成为他们自己的、同时也是别人的持久福利的创造者。但这一自我酬报的道德体系只是一个理念，它的实行基于这样的条件， B838 即每个人都做他应当做的，就是说，有理性的存在者的一切行动都是这样发生，就像它们是出自一个把一切私人任意都包括在自身之中或之下的至上的意志似的。但即使别人并不采取符合道德律的态度，由于出自道德律的

_____

①　拉丁文："神秘体"，教会用语，意为"基督身体"（Mystical Body of Christ），指教会。——编译者

义务对自由的每一种特殊的运用都仍然有效,所以不论是根据世上之物的本性还是根据行动本身的原因性及其与道德的关系,都并未确定行动的后果将会如何与幸福相关,而如果我们单纯基于自然的话,则获得幸福的希望与使自己配得幸福的不懈努力之间的上述那种必然联结就不能通过理性来认识,相反,对于这种联结,只有当我们把一个依照道德律发布命令的最高理性同时又作为自然的原因而置于基础的位置上时,才可以有希望。

我把对这样一种理智的理念称之为至善的理想,在这种理念中,与最高永福结合着的道德上最完善的意志是世上一切幸福的原因,只要这幸福与德性(作为配得幸福的)具有精确的比例。所以纯粹理性只能在这个最高的本源的善的理想中找到那两个最高的派生的善的要素在实践上必然联结

B839 的根据,也就是一个理智的、即道德的世界的根据。既然我们必须通过理性把自己设想为必然属于这样一个世界的,哪怕感官向我们呈现出的只不过是一个现象的世界,则我们也必须假定那个道德世界是我们在感官世界中的行为的一个后果,而由于感官世界并未向我们显露出那种联结,所以必须假定那个道德世界是我们未来的世界。所以上帝和来世是两个按照纯粹理性的原则而与这同一个理性让我们承担的义务不可分的预设。

德性自在地本身就构成一个体系,但幸福却不是如此,除非它精确地按照道德性而被分配。但这只有在理知的世界中、在一个智慧的创造者和统治者手下才有可能。理性看到,这样一个统治者,连同在我们必须看作来世的这样一个世界中的生活,都是它所不得不假定的,要么,它就必须把道德律看作空洞的幻影,因为道德律的必然后果(理性把这后果与道德律联结起来)没有那种预设就必然会取消。因此甚至每一个人都会把道德律视为命令,但如果道德律不是先天地把相应的后果与它们的规则联结起来,因而具有预兆作用和威胁作用的话,道德律就不会是命令。但道德律如果不是

B840 包含在一个必然存在者里,即包含在那个唯一能使这样一个合目的性的统一成为可能的至善中的话,则道德律也不会具有那种作用。

莱布尼茨曾把人们在其中只注重理性存在者及它们在至善统治下按照道德律发生的关联的那个世界,称之为恩宠之国,并把它区别于自然之国,在自然之国中,有理性的存在者虽然是从属于道德律的,但并不指望它们的

行为有任何别的后果,而只有依据我们感官世界的自然进程而来的后果。因此在恩宠之国中看待自己,认为在那里一切幸福在期待着我们,除非我们由于自己不配得幸福而限制了自己的幸福份额,这就是理性的一个在实践上必要的理念。

实践的规律当它同时又是行动的主观根据、也就是主观原理时,它就叫作准则。对德性在纯粹性和后果上的评判是按照理念进行的,对道德律的遵守则是按照准则进行的。

把我们的整个生活作风从属于道德律之下是有必要的;但同时这也是不可能发生的,如果理性不把仅仅是一个理念的道德律和这样一个起作用的原因联结起来的话,这原因给按照道德律的行为规定了一个与我们的最高目的严格相符的结局,不管是在今生还是来世。因此,没有一个上帝和一个我们现在看不见但却希望着的世界,德性的这些高尚的理念虽然是赞许和惊叹的对象,但却不是立意和实行的动机,因为它们并未实现那对于每一个理性存在者是自然的、而且被同一个纯粹理性先天规定的、也是必然的全部目的。 B841

单是幸福对于我们的理性来说还远不是完整的善。这种幸福,如果不是与配得上幸福、即与道德的善行结合起来,理性是不赞同它的(不管爱好是多么希望得到它)。然而,单是德性,以及和它一起,单是配得上幸福,也还远不是完整的善。为了达到完整的善,那不曾做过不配幸福的事的人就必须能够有希望分享幸福。甚至那摆脱了一切私人意图的理性,当它置身于一个要给别的存在者分配一切幸福的存在者的位置而不从中考虑自己的利益时,它也不能作出另外的判断;因为在实践的理念中这两方面是本质上结合着的,尽管是这样结合着的,即道德的意向是最先使分享幸福成为可能的条件,而不是反过来,对幸福的指望首先使道德意向成为可能。因为在后 B842 一种情况下这种指望就不会是道德的、因而也就不配得到全部幸福了,对理性来说幸福不知道有任何别的限制,只有来自我们自己的不道德行为的限制。

所以,幸福只有在与理性存在者的德性严格成比例、因而使理性存在者配得幸福时,才构成一个世界的至善,我们必须根据纯粹的但却是实践的理性的规范在这个世界中安身立命,但这个世界只是一个理知的世界,因为感官世界并没有从物的本性中给我们预示出目的的这样一种系统的统一,这种统一的实在性也不能建立在别的东西之上,而只能建立在一个最高的本源的善的预设之上,在那里,以某种至上原因的一切充分性装备起来的独立理性,按照最完善的合目的性,而把普遍的、虽然在感官世界中极力向我们隐藏着的事物秩序建立起来、维持下来和完成起来。

　　这种道德神学在此具有胜过思辨神学的特有的优点:它不可避免地导致一个唯一的、最高完善性的、有理性的原始存在者的概念,对此思辨神学就连从客观的根据中给我们作出暗示也做不到,更谈不上能使我们确信这点了。因为不论在先验神学中还是在自然神学中,不管理性在其中把我们引领到多么远,我们都找不到一点有价值的根据来哪怕假定一个唯一的存在者,以便我们可以有充分的理由把它置于一切自然的原因之先、同时使自然原因在一切方面都依赖于它。相反,当我们从道德统一性的观点这样一个必然的世界规律来考虑那唯一能给这一规律提供相应的效果、因而也提供对我们有约束性的力量的原因时,那么这原因必定是一个唯一的至上意志,它把所有这一切规律都包含于自身。因为,我们如何会在各种不同的意志中发现诸目的的完善统一性呢? 这个意志必须是全能的,以便整个自然及其与德性在世上的关系都服从于它;必须是全知的,以便知悉最内在的意向及其道德价值;必须是全在的,以便直接贴近由世上最高至善所提出的一切需要;必须是永恒的,以便在任何时间中都不缺少自然和自由的这种和谐一致,如此等等。

　　但在这个诸理智的世界中——它虽然作为单纯自然只能称之为感官世界,但作为自由的系统却可以称之为理知的、也就是道德的世界(regnum gratiae①)——,诸目的的这种系统统一也不可避免地导致万物的合目的性的统一,万物按照普遍的自然律构成这个大全,正如前一种统一按照普遍必然的道德律构成了这个大全一样,而诸目的的系统统一就把实践理性和思辨理性结合起来了。这个世界如果应当与那种理性的运用(没有这种运用

B843

B844

————————

　　①　拉丁文:恩宠之国。——编译者

我们甚至就会认为自己不配有理性)、也就是与那种道德运用(它本身是绝对基于至善理念上的)相一致的话,那它就必须被设想为出自一个理念。一切自然研究由此而得到了一个指向目的系统形式的方向,并在其最高的扩张中成为了自然神学。但这种自然神学由于毕竟是从道德秩序这种在自由的存在者中有其根基、而不是由外部命令偶然建立的统一体中开始的,它就把自然的合目的性放到了那些必须先天地与物的内在可能性不可分地联结在一起的根据上,并由此而导致一种先验神学,这种先验神学把最高的本体论的完善性这一理想采用为一条按照普遍必然的自然律把万物联结起来的系统统一性原则,是因为万物全都在一个唯一的原始存在者的绝对必然性中拥有自己的来源。

如果我们没有为自己拟定目的,那么我们又能对我们的知性哪怕在经验上作出怎样一种运用呢?但最高的目的就是道德的目的,且只有纯粹理性才能把它们提供给我们来认识。具备了这一目的并以之为线索,我们并不能在自然本身没有表现出合目的性统一的地方,对自然本身的知识就认识而言作任何合目的性的运用;因为没有这种合目的性的统一我们甚至 B845 不会有任何理性,这是由于我们将不会有理性的学校,也没有能给这些概念提供材料的那些对象来训练我们。但前一种合目的性的统一是必然的,并且是建立在任意性自身的本质之中的,因而后一种包含着任意性具体运用的条件的合目的性的统一也必定是如此,所以对我们理性知识的先验提升并不是纯粹理性叫我们承担的实践合目的性的原因,而只是它的结果。

因此甚至在人类理性的历史中我们也发现:在道德概念充分被纯化、被规定,而诸目的的系统统一按照这些概念、而且从必然原则中被看出以前,自然的知识,甚至理性在好些别的科学中的相当程度的教养,都要么只能产生关于神性的一些粗糙的和漂浮不定的概念,要么就在这个问题上只留下一种令人佩服的根本无所谓的态度。由我们宗教中极为纯粹的道德律所必然造成的对道德理念的更大的修订,曾通过那种强迫理性在对象上去获得的利益来使理性渴望着这个对象,而对此作出了贡献的既不是被扩展的自然知识,也不是正确可靠的先验洞察(这种洞察任何时候都是有缺陷的), B846

是诸道德理念把关于神性存在者的这样一个概念实现出来,这个概念我们现在认为是正确的,并不是由于思辨理性使我们确信它的正确性,而是由于它与道德上的理性原则完满地协调一致。这样,最终却仍然只是纯粹理性,当然只是在其实践运用中,立下了这一功劳,即把一种可以单纯由思辨臆想出来但不能作数的知识与我们的最高兴趣联结起来,借此虽然并未使这种知识成为证明了的教条,但毕竟使它在纯粹理性最根本的目的上成了一个绝对必要的前提。

但如果现在实践理性达到了这一高度,也就是达到了作为至善的一个唯一的原始存在者的概念,那么它决不可以冒险以为它已经超越了其应用的一切经验性的条件,并高高飞升到了对那些新对象的直接知识,于是就能从这一概念出发并从中推导出道德律本身。因为这些道德律恰好是由其内部的实践必然性而把我们引向一个独立原因的预设或一个智慧的世界统治者的预设的,为的是赋予那些规律以效力,所以我们就不能根据这种效力反过来又把道德律看作是偶然的和由单纯的意志推出来的,尤其不能看成由这样一个我们若不依照道德律来构想就对其完全没有概念的意志推出来

B847 的。只要实践理性有权引导我们,我们就不会由于行动是上帝的命令而把这些行动看作是义务性的,相反,我们之所以把它们看作是神的命令,倒是由于我们从内心感到有义务。我们将会在以理性原则为根据的合目的性的统一之下来探讨自由,并且我们只有使理性出自行动本身的本性①教给我们的那个道德律保持圣洁,我们才相信自己是合乎神的意志的,而我们只有通过促进我们自己和别人身上的世上至善,才相信自己是服务于神的意志的。所以道德神学只具有内在的运用,即通过我们适合于一切目的的体系而在现世中实现我们的使命,而不是狂热地或也许是罪恶地放弃道德立法的理性在良好生活作风上的指导,去把这种指导直接寄于最高存在者的理念,这将会是一种超验的运用,但正如单纯思辨的超验运用一样,这必将颠倒理性的最后目的并阻碍它的实现。

---

① Wille 将这几个词校改为:"把出自理性本性的行动本身"。——德文编者

第三节　意见、知识和信念

B848

　　视其为真是我们知性中的一桩事情,它可以是建立在客观的根据上,但也要求在此作判断的人内心中有主观原因。如果这件事对每个人,只要他具有理性,都是有效的,那么它的根据就是客观上充分的,而这时视其为真就叫作确信。如果它只是在主观的特殊性状中有其根据,那么它就称之为置信。

　　置信是一种单纯的幻相,因为那只存在于主观中的判断根据被看作了客观的。因此这样一个判断也只有私人有效性,这种视其为真是不能传达的。但真理是建立在与客体相一致之上的,因而就客体而言,每一个知性的判断都必然是相互一致的(consentientia uni tertio, consentiunt inter se①)。所以,检验视其为真是确信或只不过是置信的试金石是在外部,即它的传达的可能性,以及这个视其为真对于每个人的理性都被认为有效的可能性;因为这样一来至少就有一种推测,即一切判断相一致的根据尽管有主体相互间的不同差异,也将立足于共同的基础上,亦即立足于客体之上,因此这些判断就全都与该客体相一致,而判断的真实性就由此而得到了证明。

B849

　　因此尽管当主体仅仅把视其为真看作他自己内心的现象时,置信和确信不能够从主观上区分开来;但借助于视其为真在我们这里有效的那些根据而在别人的知性上做一个试验,看看这些根据在别人的理性那里是否会产生和在我们的理性上同样的结果,这却是一个手段,它虽然只是主观的,虽然并不导致确信,但毕竟揭示出判断的单纯私人的有效性,即揭示出判断中某种只是置信的东西。

　　此外,如果我们能够把我们认为是判断的客观根据的那些主观原因展示出来,因而将这种欺骗性的视其为真解释为我们内心的一桩事情,而不需

---

　　①　拉丁文:凡与第三者相一致者相互间也一致。——编译者

要为此取得客体的性状，那么我们就揭露了这一幻相，并不再被它所蒙骗，虽然总还是在某种程度上被它所诱惑，如果幻相的主观原因与我们的本性相关的话。

我所能断言的，也就是当作一个对任何人都必然有效的判断说出来的，无非是产生确信的东西。我可以为自己保持置信，如果我愿意这样的话，但我不能、也不应当企图在我之外使它成为有效的。

视其为真，或者判断的主观有效性，在与确信（它同时又是客观有效的）的关系中有如下三个层次：意见、信念和知识。意见是一种被意识到既在主观上、又在客观上都不充分的视其为真。如果视其为真只是在主观上充分，同时却被看作在客观上是不充分的，那么它就叫作信念。最后，主观上和客观上都是充分的那种视其为真就叫作知识。主观上的充分性叫作确信（对我自己而言），客观上的充分性则叫作确定性（对任何人而言）。对这些如此容易领会的概念我将不再解释了。

如果不是至少知道点什么，我决不会让自己抱有什么意见。凭这知道的一点什么，那本身只不过是悬拟的判断就获得了与真实性的某种联结，这种联结虽然是不完全的，但毕竟胜于任意的虚构。此外，一个这样联结的规律必须是确定的。因为，如果我在这种规律方面所拥有的也只是意见，那么一切都只是想像的游戏，而失去与真实性的最起码的联系了。在出自纯粹理性的判断中是根本不允许抱有意见的，因为这些判断不是建立在经验的根据之上的，而是一切都应当先天地被认识，在这里一切都是必然的，所以这个联结的原则要求普遍性和必然性，因而要求完全的确定性，否则就根本找不到通往真理的指导。所以在纯粹数学中抱有意见是荒谬的；我们必须知道，要么就放弃一切判断。在道德原理中情况也是如此，因为我们不可以单凭"某事是可以允许的"这一意见就冒险行动，而必须知道这一点。

反之，在理性的先验运用中说意见当然是太少了，但说知识却又太多。所以出于单纯思辨的意图我们在这里根本不能作出判断；因为视其为真的主观根据，正如能够产生出信念来的那些根据一样，在思辨的问题上是一点也不值得赞同的，因为它们脱离了一切经验性的帮助就无法站住脚，也不能以同一尺度传达给别人。

　　但是,无论在哪里,只有通过实践的关系,那理论上不充分的视其为真才能被称之为信念。于是,这一实践的意图要么是熟巧的意图,要么是道德的意图,前者指向随意的和偶然的目的,后者则指向绝对必然的目的。

　　一个目的一旦被设定下来,那么达到它的那些条件也就在假设上是必然的了。如果我根本不知道达到该目的所需要的其他任何条件,那么这种必然性就是主观的,但却只就比较而言才是充分的;但如果我确定地知道没 B852
有人能够了解导致所设定的目的的其他条件,那么这种必然性就是绝对的和对任何人都是充分的。在前一种情况下我的预设和对某些条件的视其为真只是一种偶然的信念,在后一种情况下则是一种必然的信念。医生必须对处在危险中的病人有所作为,但他不了解这种病。他观察现象,判断这可能是肺结核,因为他不知道有更好的判断。他的信念甚至就他自己的判断来看也只是偶然的,另一个人也许可以得出一个更好的判断。我把这种偶然的、但却给现实地运用手段于某些行动上提供根据的信念称为实用的信念。

　　对于某人所断言的东西,要看其只不过是置信呢,抑或至少是主观的确信即坚定的信念,通常的试金石就是打赌。某人常常以如此深信不疑的和倔强的固执说出自己的信条,以至于看起来他好像完全把一切犯错误的担忧撇在了一边。打一个赌就使他疑惑起来。有时表明,他虽然充分具有可以估价一个杜卡登①的置信,但并不能估价十个杜卡登。因为对于一个杜 B853
卡登他还可以坦然无忌,但面对十个杜卡登他才第一次体会到他从前没有注意的事,即毕竟很有可能是他错了。如果我们在思想上设想我们应当以全部生活的幸福为之下注,则我们得意洋洋的判断就会大打折扣,我们会极其谨慎并头一次发现,我们的信念并没有达到这么远。所以实用的信念所具有的程度只是根据在赌博中利益的差异而可大可小的。

　　尽管我们在与客体的关系中不能采取任何行动,因而视其为真只不过是理论上的,但由于我们仍然能够在许多情况下在思想中拟定和想象出某种行动,我们以为这种行动是有充分根据的,如果有某种办法来裁定这件事

———————————

　　①　Dukaten,德国钱币。——编译者

的确定性的话,这样,在单纯理论的判断中就有实践的判断的一个类似物,对它的视其为真是适合于信念一词的,我们可以把这种信念称之为学理上的信念。假如有可能以某种经验来裁决的话,我愿意以我所有的一切来下注,说在我们所看到的星球上至少有一个是有人居住的。所以我说,在别的世界上也有人居住,这不只是意见,而是一种坚强的信念(对于它的正确性我已经准备拿生活中的许多好处来冒险)。

B854　　于是我们必须承认,有关上帝存有的学说属于学理的信念。因为,尽管我在理论的世界知识方面并不能指定任何东西去把这个观念必然地假定为我对这个世界的现象所作解释的条件,反而被束缚于这样来使用我的理性,仿佛一切都只不过是自然似的;然而,合目的性的统一仍然是理性应用于自然的一个如此重大的条件,而经验又给我呈献出这方面丰富的例证,以至于我完全不能够忽略它。但对于这种统一性,我不知道有什么别的条件可以使它成为我的自然研究的引导,我只有假定有一个最高的理智按照最为明智的目的对一切作了如此的安排。所以这是某种虽说是偶然的、但毕竟不是无足轻重的意图的一个条件,即为了在对自然的研究中有一种指导,要假定一个智慧的创世者。我的研究的结果也经常证实这一假定的有用性,而不能提出任何对此有决定性的反驳;如果我想把我的视其为真仅仅称为一种意见,我就说得太少了,相反,甚至在这种理论的关系上都可以说:我坚定地相信一个上帝;但这样一来这个信念在严格的意义上却不是实践的,而必

B855　须被称作一个学理的信念,它是自然神学(物理神学)一定会到处都必然地产生出来的。正是在这同一个智慧那里,考虑到人类本性的卓越装备及与之如此难以相配的短暂生命,我们可以为人类灵魂的来世生活的某种学理的信念找到同样充分的根据。

　　在这种情况下,信念这种说法在客观的方面看是一种谦虚的说法,但在主观的方面看同时又是对相信的坚定性的说法。即使我仅仅是想在此把单纯理论上的视其为真称之为我有权采纳的一种假设,那么我单凭这一点也就会去自告奋勇地拥有关于一个世界原因和一个来世的性状的概念了,这就比我实际所能指出的做得更多;因为凡是我也只认为是假设的东西,我对它至少在其属性方面必定知道这么多,以至于我可以虚构的不是它的概念,

而只是它的存有。但信念这个词只是针对着某个理念所给予我的引导、针对着在促进我的理性活动而使我执著于该理念方面的主观影响的,尽管我对这个理念并没有能力从思辨的方面提出解释。

但单纯学理上的信念是含有某种摇摆不定的;我们经常由于在思辨中所碰到的困难而放弃它,虽然我们总是不可避免地又要返回到它那里去。 B856

道德的信念的情况就完全不同了。因为在这里绝对必然的是,有件事必须发生,这就是我会在一切方面听从道德律。这个目的在这里是不可回避地固定了的,并且按照我的一切洞见,只有一个唯一的条件可以使这个目的与所有的目的全都关联起来,并使之具有实践的效力,这就是:有一个上帝和一个来世;我甚至完全确定地知道,没有人会知道可以在道德律之下导致诸目的的这种统一的其他条件。但既然道德规范同时就是我的准则(正如理性命令它应该是的那样),那么我将不可避免地相信上帝的存有和一个来世生活,并且我肯定没有任何东西可以动摇这一信念,因为那样一来我的道德原理本身将会遭到颠覆,而这些道德原理是我如果不在自己眼里成为可憎的就不能放弃的。

以这样一种方式,在超出一切经验界限之外四处漂游的理性的所有那些沽名钓誉的意图都失败了之后,还给我们留下了足够的东西,就是我们有理由在实践的意图上对此感到满意。当然,没有人可以自诩说:他知道有上帝和来生;因为如果他知道这一点,那么他正是我长期以来所要找的人。一切知识(如果它牵涉到一个单纯理性的对象的话)都能够传达,因而我也将会有可能希望通过他的教导而在一个如此值得惊叹的程度上看到我的知识得到扩展。非也,这种确信不是逻辑上的确定性,而是道德上的确定性,而且由于它是基于(道德意向的)主观根据,所以我甚至不能说:上帝存在等等,这是在道德上确定的;而只能说:我是在道德上确信的等等。这就是说:对上帝和来世的信念和我的道德意向是如此交织在一起的,以至于我很少面临使前者受到损失的危险,同样也不用担心什么时候会把后者从我手中夺走①。 B857

在这里唯一感到可疑的一点是:这种理性信念建立在道德意向的前提

---

① Mellin 认为这里的"前者"和"后者"应颠倒次序。——德文编者

之上。如果我们放弃这一点，而假定有一个在道德律方面完全无所谓的人，那么理性所提出的这一问题就成为一个仅仅思辨的课题，这样一来，它虽然还能够以出自类比的有力根据来支持，但却得不到最顽固的怀疑癖也不得不向其屈服的那样一些根据的支持①。但在这个问题上没有人是摆脱一切兴趣[利害]的。因为，尽管他可能由于缺乏善良的意向而与道德兴趣隔绝了，但即使在这种情况下也仍然足够使他畏惧上帝的存有和来世了。因为要做到这点并不要求别的，只要他起码不能借口没有确定性，既没有见到这样一个存在者也没有见到来生的可能，就行了，因为这必须通过单纯的理性、因而无可置疑地得到证明，所以他为此将不得不阐明这两者的不可能性，而这肯定是没有任何有理性的人能够接受的。这将是一种消极的信念，它虽然不能产生道德和善良意向，但毕竟可以产生它们的类似物，就是说，能够有力地遏制恶劣意向的发作。

　　但人们会说，这就是纯粹理性超越经验界限之外展望前景所达到的一切吗？除了两个信条就没有别的了吗？这些事不需要向哲学家们请教就连普通知性也能做得到的啊！

　　我不想在这里赞扬哲学通过自己的批判的艰苦奋斗为人类理性所作出的贡献；就算它在结论上也许应当被看作是消极的吧；因为对此在下面的章节中还要有所触及。然而，你真的盼望要有这样一种涉及到一切人类的、应当超越普通知性而只由哲学家揭示给你的知识吗？你所责备的这一点，正好是前述主张的正确性的最好证明，因为这揭示出人们一开始不能预见到的事，即大自然在人们无区别地关切的事情中，并没有在分配他们的禀赋上有什么偏心的过错，而最高的哲学在人类本性的根本目的方面，除了人类本性已赋予哪怕最普通的知性的那种指导作用以外，也不能带来更多东西。

_____

　　① 人的内心禀赋有(同样我相信，这种事在每个有理性的存在者身上都必然会发生)对道德的一种自然兴趣，尽管这种兴趣并不是不可分离的和实践上占优势的。如果你加固和扩展这种兴趣，你将会发现理性是很好教化的，并且甚至对于在实践的兴趣上再结合进思辨的兴趣是更为开明的。但如果你不关心首先使自己成为好人，至少是在成为好人的途中，那么你将永远不会使你自己成为有诚实信仰的人！——康德

实践理性批判

编译者导语

　　《实践理性批判》出版于 1788 年。全书除了序言、一个简短的导言和同样简短的结语外,分为"纯粹实践理性的要素论"和"纯粹实践理性的方法论",前一部分占了全书百分之九十的篇幅,它分为"纯粹实践理性的分析论"和"纯粹实践理性的辩证论"。这里选译的是原书的序言、导言,以及"要素论"中的"分析论"和"辩证论"的绝大部分内容。译文均按原书章节顺序排列。

　　序言从道德法则作为纯粹理性的一个不可争辩的事实已证明了人的意志自由的实在性这个实践理性批判的基点出发,阐明了实践理性批判中的自由概念作为整个思辨体系的拱顶石的意义、它和思辨理性(即理论理性)批判中的自由概念的区别和联系,以及它们和思辨理性批判所确立的现象和本体的划分之间的内在关联;进而就实践理性批判的论述特点、主要任务、方法、意义及先天知识等问题进行了说明和辩护。

　　导言指明,纯粹理性是否自身就足以成为意志的规定根据是实践理性批判的首要问题;"分析论"是对这个问题的回答,其进程不是像第一批判的分析论那样从感觉到概念再到原理,而是从原理到概念再到感觉。

　　纯粹实践理性的原理阐明纯粹理性本身是实践的,它直接提供的实践法则——道德法则就足以成为意志的规定根据,它以行为准则的适合于普遍立法的形式规定意志,是对意志的一道无条件的命令,其核心是意志的自律,而一切意志的他律都可归结为幸福原则,都只能导致道德的毁灭;道德律的实在性和可能性不需要、也不可能有第一批判中对范畴所做的那种先验演绎,它是意识中所给予的不可否认的事实。

纯粹实践理性的对象阐明善与恶是纯粹实践理性的唯一的对象,它们不是就行为的对象来说的,而是指意志的行为准则是否和道德律一致,因而善与恶的概念后于道德法则并通过它而得到规定。

纯粹实践理性的动机阐明道德的唯一动机是对道德法则的敬重感,它决定着行为的合法性和道德性之间、合乎义务和出于义务之间的区别:人之所以能出于对道德律的敬重或出于义务而行动,是因为他的独立而自由的"人格",人因其"人格"、即作为道德法则的主体而本身就是自在的目的,这正是人的尊严之所在。

纯粹实践理性的辩证论阐明实践理性的全部对象是道德和幸福统一的"至善";在规定"至善"理念上发生了德性与幸福谁产生谁的实践理性的"二律背反",在批判地解决二律背反的基础上,依据实践理性在同理论理性的结合中占优先地位的原则,提出了实践理性关于灵魂不朽、自由意志和上帝存有的悬设。

序　言

　　为什么不把这个批判命名为纯粹的实践理性批判，而是直接地就称作一般的实践理性批判，尽管实践理性与思辨理性的平行关系似乎需要前一个名称①，对此这部著作给予了充分的解释。它应当阐明的只是有纯粹实践理性，并为此而批判理性的全部实践能力。如果它在这一点上成功了，那么它就不需要批判这个纯粹能力本身，以便看看理性是否用这样一种能力作为不过是僭妄的要求而超出了自身（正如在思辨理性那里曾发生的）。因为，如果理性作为纯粹理性现实地是实践的，那么它就通过这个事实而证明了它及其概念的实在性，而反对它存在的可能性的一切玄想就都是白费力气了。

　　凭借这种能力，从此也就肯定了先验的自由，而且是在这种绝对意义上来说的，即思辨理性在运用原因性概念时需要自由，以便把自己从二律背反中拯救出来，这种二律背反是思辨理性如果要在因果关系的序列中思维无条件者就不可避免地会陷入的，但理性只能把这个无条件者的概念悬拟地、而不是作为不可思维的提出来，并不保证它的客观实在性，而只是为了不至于借口理性至少还必须承认是可思维的那种东西是不可能的，来使理性的本质受到攻击并被推入怀疑论的深渊。

　　自由的概念，一旦其实在性通过实践理性的一条无可争辩的规律而被证明了，它现在就构成了纯粹理性的、甚至思辨理性的体系的整个大厦的拱

---

　　①　意即：思辨理性有《纯粹理性批判》，实践理性也应有"纯粹实践理性批判"。——编译者

顶石,而一切其他的、作为一些单纯理念在思辨理性中始终没有支撑的概念(上帝和不朽的概念),现在就与这个概念相联结,同它一起并通过它而得到了持存及客观实在性,就是说,它们的可能性由于自由是现实的而得到了证明;因为这个理念通过道德律而启示出来了。

但自由在思辨理性的一切理念中,也是唯一的这种理念,我们先天地知道其可能性,但却看不透它,因为它是我们所知道的道德律的条件①。但上帝和不朽的理念并不是道德律的条件,而只是一个由道德律来规定的意志的必要客体的条件,亦即我们的纯粹理性的单纯实践运用的条件;所以,关于那些理念,我不仅要说对它的现实性,而且就连其可能性,我们也都不能声称是认识和看透了的。但尽管如此,它们却是在道德上被规定了的意志运用于先天地被给予它的那个客体(至善)之上的诸条件。这样,它们的可能性就能够和必须在这种实践的关系中被假定下来,但却不是在理论上认识和看透它们。对于后面这种要求来说,在实践的意图中它们不包含任何内部的不可能性(不包含矛盾)就够了。在这里,于是就有与思辨理性相比较只是主观的认其为真(Fürwahrhalten)的根据,而这根据毕竟对某种同样纯粹的、但却是实践的理性而言是客观有效的,因而就通过自由的概念使上帝和不朽的理念获得了客观的实在性和权限,甚至获得了假定它们的主观必要性(纯粹理性的需要),而理性却并没有借此在理论的知识中有所扩

5　展,倒只是这种原先不过是问题、而这里成了断言的可能性被给予了,于是,理性的实践运用就和理论运用的诸要素联结起来了。而这种需要绝不是思辨的随便哪个意图的假设性的需要,即如果人们想要在思辨中上升到理性运用的完成就必须假定某种东西,相反,它是一种合规律的假定某物的需要,舍此,我们应当不放松地建立为自己行为举止的意图的东西就不可能发

───────────

①　当我现在把自由称之为道德律的条件、而在本书后面又主张道德律是我们在其之下才首次意识到自由的条件时,为了人们不至于误以为在此找到了不一致的地方,所以我只想提醒一点,即自由固然是道德律的 ratio essendi[存在理由],但道德律却是自由的 ratio cognoscendi[认识理由]。因为如果不是道德律在我们的理性中早就被清楚地想到了,则我们是决不会认为自己有理由去假定有像自由这样一种东西的(尽管它也并不自相矛盾)。但假如没有自由,则道德律也就根本不会在我们心中被找到了。——康德

生了。

　　当然,会使我们的思辨理性更为满意的是,直截了当地独立解决那些课题,并把它们作为洞见而为实践的运用保存下来;不过我们的思辨能力却从来不曾处于这么好的状况。那些自夸有这样一种高级知识的人在这方面不应当保守,而应当把它们公开地展示出来,供人检验和赞扬。他们想要证明;好吧! 他们尽可以去证明,而批判将把自己的全部武器放到他们这些胜利者的脚边。Quid statis? Nolint. Atqui licet esse beatis.①——所以,既然他们事实上不愿意,估计是由于他们不能够,我们就不得不只又重新拿起那些武器,以便到理性的道德运用中去寻找、并在这种运用中建立起上帝、自由和不朽这些概念,而思辨并未给它们的可能性找到充分的担保。

　　在这里也就第一次澄清了这个批判之谜:为什么我们能够否认在思辨中诸范畴的超感官运用有客观的实在性,却又承认它们在纯粹实践理性的客体方面有这种实在性;因为这一点只要我们仅仅按照名称来了解这样一种实践的运用,就不能不在事先看起来必定显得是前后不一致的。但现在,如果我们通过对这种实践运用的彻底的分析而觉察到,上述实在性在这里根本不是通向范畴的任何理论性的使命和把知识扩展到超感官的东西上去的,而只是借此指明,无论何处这些范畴在这种关系中都应得到一个客体,因为它们要么被包含在先天必然的意志规定之中,要么就是与意志规定的对象不可分割地结合着的,这样,那种前后不一致就消失了,因为我们对那些概念作了一种不同于思辨理性所需要的另外的运用。相反,现在就展示了一种原先几乎不能指望的、对思辨性批判的一贯思维方式的十分令人满意的证明,即由于这个批判再三叮嘱,要把经验的对象本身、甚至其中我们自己的主体都看作现象,但又要把自在之物本身作为这些现象的基础,因而并不把一切超感官的东西都看作虚构、也不把它们的概念看作空无内容的:则实践理性自身现在就独立地、未与那个思辨理性相约定地,使原因性范畴的某种超感官的对象、也就是自由,获得了实在性(尽管是作为实践的概

6

----

① 拉丁文:"为什么站着? 他们不愿意。但他们本可以是幸福的。"语出贺拉斯:《讽刺诗集》,第一卷,第一节,第19行。——编译者

念、也只是为了实践的运用),因而就通过一个事实证实了这个在那里只能被思维的东西。于是与此同时,思辨的批判的那个令人惊讶的、虽然是无可争议的主张,即甚至思维的主体**在内部直观中**对它自己来说也只是现象,也就显然在实践理性的批判中如此好地得到了它完全的证实,以至于即使前一个批判根本不曾证明这一命题,我们也必定会想到这个证实①。

由此我也就懂得了,为什么至今还在向我提出的针对批判的最大反驳恰好都在围绕着两个要点打转:一方面,被使用于本体上的范畴在理论知识上被否定而在实践知识上被肯定的客观实在性,另一方面,那个似非而是的要求,就是使自己作为自由的主体成为本体,同时却又在自然方面使自己成为自己独特的经验性意识中的现象。因为只要人们还没有为自己形成任何有关自由和德性的确定概念,人们就不能猜出,一方面,他们要把什么当作本体来为所谓的现象奠定基础,另一方面,假如人们预先已经把纯粹知性在理论的运用中的一切概念都唯一地用在现象上了,那么是否在任何地方也有可能还对本体形成某种概念。只有对实践理性的一个详细的批判才能消除这一切误解,并把正好构成实践理性最大优点的那种一贯的思维方式置于澄明之中。

需要辩护的只是:为什么在这部著作中,纯粹思辨理性的那些概念和原理,固然已经经受过了它们的特殊的批判,在此还时时再一次地被加以检验,这种做法通常对于一门必须建立的科学的系统化进程来说是不太适当的(因为已被判定的事按理来说只须引证,而不必再加讨论),但在此处却是允许的,甚至是必要的:因为理性连同那些概念是在向另一种运用的过渡中被考察的,这种运用完全不同于理性在彼处对这些概念的运用。但一个这样的过渡就使得把旧的运用和新的运用加以比较有了必要,以便把新的轨道和以前的轨道很好地区别开来,同时又让人注意到它们的关联。所以

---

①　由道德律来确定的作为自由的原因性和由自然律来确定的作为自然机械作用的原因性,都是在同一个主体即人之中确定下来的,前者与后者的协调一致,如果不把人与前者相关设想为在纯粹的意识中的自在的存在者本身,与后者相关则设想为在经验性的意识中的现象,那就是不可能的。不这样做,理性与自己本身的矛盾就是不可避免的。——康德

我们将把这种类型的考察,此外还有那些再次针对自由概念、但却在纯粹理
性的实践运用中的考察,不是看作例如仅仅要用来弥补思辨理性之批判体
系的漏洞的插叙(因为这个体系在自己的意图中是完备的),也不是像在一
栋仓促建造的房子那里常会做的那样,在后面还安上支柱和扶垛,而是看作
使体系的关联变得明显可见的真实环节,为的是使那些在彼处只能悬拟地
设想的概念,现在可以在其实在的体现中被看出来。这个提醒尤其是针对
自由概念的,对这个概念我们不能不惊奇地注意到,还有这么多人,仅仅由
于他们在心理学的关系中来考察它,就自夸可以完全看穿它并能解释它的
可能性。然而,假如他们事先在先验的关系中仔细掂量过这个概念,他们就
既会认识到它作为在思辨理性的完备运用中的悬拟概念的不可缺少性,同
时也会认识到它的不可理解性,并且,假如他们此后将它带到实践的运用上
来,他们必定会自己在这运用的诸原理上恰好想到这种运用的同一个规定,
这个规定是他们平时不会太愿意承认的。自由概念对于一切经验论者都是
绊脚石,但对于批判的道德学家也是开启最崇高的实践原理的钥匙,这些道
德学家由此看出,他们不可避免地必须合理地行事。为此之故,我请求读者
不要把在分析论的结论那里关于这个概念所说的话以草率的眼光忽略而过。

　　这样一个体系,当它在这里由纯粹实践理性从对自己的批判中发展出
来时,所花费的辛劳,尤其在为了不误解那个正确的观点、即这个体系的整
体借以能被准确勾画出来的那个正确观点这方面的辛劳是多还是少,我必
须留给这样一类工作的行家去评判。该体系虽然以《道德形而上学基础》
为前提,但只限于这部著作使人预先熟悉一下义务原则、提出一个确定的义
务公式并为之说明理由的范围内①;除此之外这个体系是独立自存的。至

————————

　　①　一个曾想对这本书表示某种责难的评论家,当他说:这里面没有提出任何新的
道德原则,而只是提出了一个新的公式,这时他比他自己也许想要表达的意思更为切中
要点。但是,谁想过还要引进一切道德的某种新原理并仿佛要首次发现它呢?就好像在
他之前世界曾经在什么是义务这点上一无所知或是陷入了完全的错误似的。但谁要是
知道一个极其严格地规定依照题目应该做什么而不许出错的公式对于数学家意味着什
么,他就不会把一个对所有的一般义务而言都做着同一件事的公式看作某种无意义的和
多余的了。——康德

于说没有把对一切实践科学的划分像思辨理性的批判曾做过的那样为了完备性而附加进来,对此也可以在这个实践理性能力的性状中找到有效的根据。因为把义务特殊地规定为人类的义务以便对它们进行划分,这只有当这一规定的主体(人)按照他借以现实存在的性状尽管只是在关系到一般义务而必要的范围内预先被认识以后,才有可能;但这种规定不属于一般实践理性批判,后者只应当完备地指出一般实践理性的可能性、它的范围和界限的诸原则,而不与人的自然本性发生特殊的关系。所以这种划分在这里属于科学的体系,而不属于批判的体系。

　　某位热爱真理、思想尖刻、但正因此却永远值得敬重的评论家对《道德形而上学基础》提出自己的反驳说,善的概念在那里没有先于道德原则而得到确定(而在他看来这是必要的)①,对此我相信我已在分析论的第二章中给予了充分的考虑;我同样也顾及到了那些显露出一心要弄清真相的意

---

　　①　人们还有可能对我作这样的反驳:为什么我对欲求能力或是愉快情感的概念事先也没有加以解释;虽然这种责难将会是不公平的,因为人们应当可以正当地把这一解释当作在心理学中已被给予的预设下来。当然,在那里这个定义有可能这样来建立,即愉快的情感将会是对欲求能力进行规定的基础(如同通常大部分事情实际上也是这样发生的一样),但这样一来,实践哲学的最高原则就必然会不得不丧失于经验性中了,而这一点却是首先必须澄清的,并在这个批判中受到了完全的驳斥。所以我想在这里作这样一个说明,这是为了一开始就不偏不倚地将这一争执之点存而不论所必须做的。——**生命**是一个存在者按照欲求能力的规律去行动的能力。**欲求能力**是存在者的这种能力,即通过其表象而成为该表象的对象的现实性之原因的能力。**愉快**是对象或行动与生命的主观条件、也就是与一个表象就其客体的现实性而言的原因性能力(或对主体产生一个客体的行动之诸力进行规定的能力)相一致的表象。为了批判从心理学中借用的那些概念,我不再需要什么了,剩下的是批判本身的事。人们很容易看出,愉快是否任何时候都必须为欲求能力奠定基础,或者它是否在某些条件下也会仅仅是跟随着欲求能力的规定而来,这个问题通过这一解释仍然是未决定的;因为这种解释完全是由纯粹知性的标志、即不含有任何经验性成分的诸范畴组成起来的。这样一种谨慎在全部哲学中都是十分值得推荐的,但却往往被忽视了,也就是忽视了在对概念进行完备的分析之前不要用一个冒失的定义抢先作出自己的判断,那种完备的分析常常只是在很晚才达到的。人们也将通过(理论理性的和实践理性的)批判的这个全过程发觉,在这一过程中存在有多种多样的机会去弥补在哲学的陈旧的独断进程中的一些缺陷,并改正那些错误,这些错误在人们对诸概念作某种涉及这些概念的整体的理性运用之前是发现不了的。——康德

愿的人士对我提出的好些别的反驳（因为那些只是死盯着自己的旧体系、已经事先决定了应当赞成什么或反对什么的人，反正不需要任何有可能妨碍他们的私人意图的讨论）；并且我也将坚持继续这样做。

当涉及到按照其来源、内容和界限对人类灵魂的一种特殊能力进行规定时，人们虽然只能根据人类知识的本性从这些知识的各部分开始，从它们的精确的和（就按我们已经获得的知识诸要素的目前状况来看是可能的而言）完备的描述开始。但还有另一种关注是更具有哲学性和建筑术性质的：这就是正确地把握整体的理念，并从这个理念出发，借助于通过某种纯粹理性能力把一切部分从那个整体概念中推导出来，而在其彼此之间的交互关系中紧盯住那一切部分。这种检验和保障只有通过最内在地熟知这个体系才有可能，而那些在最初的探讨上已经感到厌烦、因而认为不值得花力气去获得这种熟知的人，是达不到第二个阶段、即综合地再现那原先分析地被给予的东西的综观阶段的，并且毫不奇怪，他们到处都发现不一致，虽然让他们费猜的那些漏洞并不会在体系本身中、而只会在他们自己的不相连贯的思路中找到。

我丝毫不担心对这部著作想要引入一种新的语言的责备，因为这一类的知识在这里本身是接近通俗性的。这种责备即使在第一批判那里也未能得到过任何一个不只是翻阅过这本书、而且详细研究过它的人的赞同。当语言在对给予的概念本来已经不缺乏任何表达的时候人为地去制造新语词，这是一种不通过新的真实思想、却想通过在一件旧衣服上加一块新补丁来使自己突出于众人之上的幼稚做法。因此，如果那本书的读者知道有更通俗的表达方式，它们却与我心目中那些表达方式那样同等地适合于表达那种思想，或者他们敢于表明这些思想本身、因而每个标志这思想的表达方式同时也都是无意义的：那么在第一种情况下他们将使我十分感激，因为我只求被人所理解，但在第二种情况下他们就为哲学作出了贡献。但只要那些思想还站得住，则我很怀疑对此还可以找到既合适但又更通俗的表达方式。①

---

① 我在这里有时（比那种不理解）更为担忧的是对一些表达方式的误解，这些表达方式，我是以最大的小心挑选出来的，为的是使它们所指示的那个概念不被弄错。所

(marginal note: 11)

采取这种方式，内心的两种能力、即认识能力和欲求能力的先天原则从现在起就会被查清，并按照它们运用的条件、范围和界限得到规定了，但由此就会为一种作为科学的系统的、既是理论的也是实践的哲学奠定更可靠的基础。

但假如有人出乎意料地发现，任何地方都根本不会有、也不可能有什么先天的知识，那么我们这番努力也许就不会遭遇到比这更糟糕的事了。不过对此我们丝毫不必担忧。这就如同有人想要通过理性来证明根本没有什

13

以在实践理性的范畴表上处于模态这一标题下的允许和不允许（实践上客观的可能和不可能），与接下来的范畴义务和违背义务，在日常的语言用法中具有几乎相等的意义；但在这里，前者应当意味着与一个单纯可能的实践规范相协调或是相违背的东西（例如在解决几何学和机械学的所有问题时那样）。后者则应当意味着与一个现实地存在于一般理性中的规律处于这样一种关系中的东西；而这种含义的区分即使对于日常的语言用法也并不完全是陌生的，尽管有些不习惯。于是，例如对于一个演说家以这种身份是不允许去锻造新的语词和语词搭配的；对于诗人这在某种程度上是允许的；在这里人们在双方任何一方身上都没有想到义务。因为谁要抛弃自己演说家的名声，没有人能够阻止他。这里所涉及的只是将命令放在或然的、实然的和必然的三种规定根据之下进行区分。同样，我在那个使不同哲学学派中的实践完善性的道德理念相互对立起来的附注中，区分开了智慧的理念和神圣的理念，虽然我自己把它们从根本上和客观上解释成了同样的。不过在这一处地方，我所理解的只是这样的智慧，即人们（斯多亚派）自以为拥有的、因而被主观地说成是人的属性的智慧。（也许斯多亚派也用来极力夸耀的德行这个术语可以更好地表明这一学派的特征。）但纯粹实践理性的悬设这一术语仍然是最会引起误解的，假如人们把它与纯粹数学上的、且带有必然的确定性的那些设定〔按：这里的"设定"和"悬设"均为德文 Postulat 一词，它来自拉丁文，兼有"要求"和"假设"二义。作为实践理性的"假设"显然还带有道德上的"要求"的意思，凡在此种场合权依关文运译作"悬设"，即高悬一个理想目标之意，以与一般意义上的"假设"（如《纯粹理性批判》中曾译为"公设"，见"经验思维的公设"部分）相区别。——译者〕所具有的含义混淆起来的话。但纯粹数学上的假设所设定的是某种行动的可能性，这种行动的对象我们可以先天地从理论上以完全的确定性预先认识到是可能的。而那个纯粹实践理性的悬设却是出自必然的实践规律来设定某种对象（上帝和灵魂不朽）本身的可能性的，所以只是为了实践理性而设定的；因为这种被设定了可能性的确定性根本不是在理论上、因而也不是必然地、亦即不是在客体方面被认识到的必然性，而是在主体方面为了遵守实践理性的那些客观的、但却是实践的规律所必要的设定，因而只是必要的假设。我看不出能为这种主观的、但却真实和无条件的理性必要性找到什么更好的表达方式。——康德

12

么理性,是一样的情况。因为我们所说的只是,当我们意识到某物即使没有如在经验中那样对我们出现我们也是有可能知道它的,这时我们就通过理性而认识了某物;因而理性的知识和先天的知识是同样的。要想从一个经验命题中榨取必然性(ex pumice aquam)①,甚至想借这种必然性而使一个判断获得真正的普遍性(没有这种普遍性就没有理性的推理,因而也没有出自类比的推理,类比是一种至少是推测的普遍性和客观的必然性,因而总还是以真正的普遍性为前提的),那简直是自相矛盾。用主观必然性也就是习惯来偷换只发生于先天判断中的客观必然性,这就是否认理性有对对象下判断的能力,亦即否认它有认识对象、认识应归于对象的东西的能力,例如对于那经常和总是跟随在某种先行的状态之后的东西,不可以说我们能够从这种状态推论出那种东西(因为那就会意味着客观的必然性和关于某种先天联结的概念了),而只可以(以和动物类似的方式)指望相似的情况,这就是把原因的概念从根本上当作虚假的和仅仅是思维的欺骗而抛弃了。有人说,我们毕竟看不到任何理由赋予别的有理性的存在者以另外一种表象方式,想要以这种说法来弥补客观的和由此得出的普遍的有效性的不足;假如这可以当作一个有效的推论的话,那么我们的无知就可以比一切深思更多地有助于扩展我们的知识了。因为,仅仅由于我们并不知道在人类之外的别的有理性的存在者,我们就将会有权假定他们具有像我们对自己所认识到的那种性状,这就是说,我们就将会现实地知道他们了。我在这里甚至连提都没有提到:并不是认其为真的普遍性证明了一个判断的客观有效性(亦即它作为知识的有效性),而是哪怕那样一个普遍性偶尔也说得对,这却毕竟还不能当作是与客体相一致的一个证明;毋宁说,只有客观有效性才构成了一个必然的普遍同意的根据。

14

　　休谟也可能会在各种原理中的这一普遍经验论体系那里感到十分心安理得;因为众所周知,他所要求的不是别的,而是要在原因概念中假定一个单纯主观的必然性含义,也就是习惯,来取代必然性的一切客观含义,以便否定理性的一切有关上帝、自由和不朽的判断;并且他肯定十分擅长于这一

---

　　① 拉丁文:从石中取水。——编译者

点,以便只要人们承认了他的这些原则,就能以一切逻辑的简明性从中得出结论来。但就连休谟也没有使经验论达到这样一种普遍性,以便把数学也囊括于其中。他认为数学命题是分析的,而假如这一点有其正确性的话,这些命题事实上也将会是必然的,然而从中却决不能引出结论说,理性在哲学中也有作出必然判断的能力,因为这些判断将会是综合的(如因果性的命题)。但如果我们假定了对这些原则的经验论是普遍的,那么数学也将会因此而被卷入其中。

既然数学陷入了与只容许经验性原理的那种理性的冲突,例如这点在二律背反中就是不可避免的,这时数学无可反驳地证明了空间的无限可分性,经验论却不能允许这种无限可分性:那么演证的最大可能的自明性与出自经验原则的所谓推论就处在明显的矛盾之中,于是我们就不得不像切斯尔登①的盲人那样问道:是什么在欺骗我,视觉还是触觉?(因为经验论是建立在一种被感知到的必然性之上,唯理论则是建立在一种被洞见到的必然性之上。)这样,普遍的经验论就表现为一种真正的怀疑论了,人们曾错误地把这种怀疑论这样不作意义限制地加在休谟的头上②,因为他至少还在数学上为经验留下了一块可靠的试金石,而另一方面,怀疑论则完全不容许有经验的任何试金石(这永远只能在先天原则中找到),尽管经验不仅仅是由感知构成,而且也是由判断构成的。

但毕竟,由于在这样一个哲学的和批判的时代,很难有人认真地主张那种经验论,它也许只是为了要对判断力进行练习,而且想通过对照把先天的理性原则的必然性更清楚地揭示出来,才被提出来的:所以人们对于那些愿意费力去从事这样一种本来恰好并无教益的工作的人,倒是会心怀感激的。

---

① Cheselden, William(1688—1752),英国著名外科医生和解剖学家。——编译者

② 表明某一宗派的追随者的名称任何时候都带有许多曲解,当有人说:某某是一个观念论者时,大约就是这样。因为即使他不仅完全承认、而且坚决主张,与我们对外物的表象相应的是外物的现实的对象,他却还是声称这些外物的直观形式不与这些对象相关,而只是与人的内心相关。——康德

导言　实践理性批判的理念

　　理性的理论运用所关心的是单纯认识能力的对象,而关于这种运用的理性批判真正说来涉及的只是纯粹的认识能力,因为这种能力激起了在后来也得到了证实的疑虑,即它很容易超出自己的界限而迷失于那些不可达到的对象或者甚至是相互冲突的概念之中。理性的实践运用则是另一种情况。在这种运用中理性所关心的是意志的规定根据,这种意志要么是一种产生出与表象相符合的对象的能力,要么毕竟是一种自己规定自己去造成这些对象(不论身体上的能力现在是否充分)、亦即规定自己的原因性的能力。因为理性在这里至少能够获得意志规定,并且在事情只取决于意愿时,总是具有客观实在性的。所以在此第一个问题是:是否单是纯粹理性自身就足以对意志进行规定,还是它只能作为以经验性为条件的理性才是意志的规定根据。现在,这里出现了一个由纯粹理性批判提供了辩护理由、虽然不能作任何经验性描述的原因性概念,这就是自由的概念,并且如果我们目前能够找到一些理由去证明,这种属性事实上应属于人类的意志(并同样也属于一切有理性的存在者的意志),那么由此就并不只是说明了纯粹理性可以是实践的,而且也说明只有纯粹理性、而不是受到经验性的局限的理性,才是无条件地实践的。这样一来,我们将要探讨的就不是一种纯粹实践的理性的批判,而只是一般实践的理性的批判。因为纯粹理性一经被阐明了有这样一种理性,就不需要任何批判了。纯粹理性是本身包含有对它的一切运用进行批判的准绳的。所以,一般实践理性批判有责任阻止以经验性为条件的理性想要单独充当唯一对意志进行规定的根据的僭妄。纯粹理性的运用,只是当有这样一种理性已被断定时,才是内在的;相反,自以为具有独裁地位的、以经验性为条件的纯粹理性运用则是超验的,它表现出完全超出自己领域之外去提要求、发命令的特点,这与有关在思辨的运用中的纯粹理性所能说出的东西是恰好倒过来的关系。

　　然而,由于以其知识在这里为实践的运用奠定基础的总还是纯粹理性,所以实践理性批判的划分就总的纲要而言还是必须按照思辨理性批判那样来安排。所以我们将必须有实践理性的一个要素论和一个方法论,在第一部分要素论中,将必须有作为真理规则的分析论,和作为对实践理性判断中的幻相的描述和解决的辩证论。不过,在分析论底下的划分中的次序又将与纯粹思辨理性批判中的次序相反。因为在当前的批判中,我们将从原理开始而进到概念,而从概念出发才尽可能地进达感觉;反之,在思辨理性那里我们则必须从感觉开始而在原理那里结束。其中的理由又是在于:我们现在要涉及到的是意志,并且必须不是在与对象的关系中、而是在与这个意志及其原因性的关系中来考虑理性,因为不以经验性为条件的原因性的那些原理必须成为开端,在此之后才能够尝试去确定我们关于一个这样的意志的规定根据的、关于它在对象上的运用的、最后关于它在主体及其感性上的运用的那些概念。出自自由的原因性的规律,也就是任何一个纯粹实践原理,在这里都不可避免地成为开端,并规定着唯有这条原理才能够涉及到的那些对象。

第一卷　纯粹实践理性的分析论

第一章　纯粹实践理性的诸原理

§ 1. 解　题

实践的诸原理是包含有意志的一个普遍规定的那些命题，这个普遍规定统率着多个实践的规则。如果这个条件只被主体看作对他的意志有效的，这些原理就是主观的，或者是一些准则；但如果那个条件被认识到是客观的、即作为对每个有理性的存在者的意志都有效的，这些原理就是客观的，或者是一些实践的法则。①

注　释

如果我们假定纯粹理性在自身中就能包含有一个实践的、即足以规定意志的根据，那么就有实践的法则；但如果不是这样，则一切实践原理就会

————————

① 法则（Gesetze），亦可译为"规律"，但在实践问题上译"法则"为好，在自然科学上仍译"规律"。——编译者

只是准则而已。在一个有理性的存在者受到病理学上的①刺激的意志中，可以发现有诸准则与他自己所认识到的实践法则的冲突。例如，一个人可以将有辱必报作为自己的准则，但同时却又看到这并非什么实践的法则，而只是他的准则，反之，它作为对每一个有理性的存在者的意志而言的规则，就可能在同一个准则中自己与自己不一致。在自然知识中凡发生的事情的
22 原则（例如在运动的传递中作用和反作用相等的原则）同时就是自然规律［法则］；因为理性的运用在那里是理论上的，是通过客体的性状规定了的。在实践的知识中，即在只是涉及到意志的规定根据的知识中，人们为自己所制定的那些原理还并不因此就是他不可避免地要服从的法则，因为理性在实践中与主体相关、即与欲求能力相关，而这规则又会以多种方式视欲求能力的特殊性状而定。——实践的规则任何时候都是理性的产物，因为它把行动规定为达到作为目的的效果的手段。但这种规则对于一个不完全以理性作为意志的唯一规定根据的存在者来说是一种命令，即这样一条规则，它以表达出行动的客观必要性的应当作为标志，并且也意味着，假如理性完全规定了意志，那么行动就会不可避免地按照这一规则发生。所以这些命令是客观有效的，并且完全不同于作为主观原理的准则。但这些命令要么单只考虑到结果及其充分性，来规定有理性的存在者的、作为起作用的原因的原因性的那些条件，要么只规定意志，不管它是否足以达到结果。前者将会是假言命令，并只包含熟巧的规范；反之，后者则将是定言的，并且将是唯一的实践法则。所以准则虽然是一些原理，但并不是命令。但命令本身如果是有条件的，就是说，如果它们不是把意志绝对地作为意志来规定，而只是考虑到某种被欲求的结果来规定，即如果只是些假言命令，那么它们虽然是实践的规范，却决不是实践的法则。实践的法则必须还在我问自己是否根本上具有达到一个欲求的结果所要求的能力或为了产生这一结果我必须做什么之前，就足以把意志作为意志来规定了，因而它们必须是定言的，否则就不是什么法则了：因为它们没有必然性，这种必然性如果要作为实践的必

---

① "病理学上的"（pathologisch）在康德哲学中的含义是"由感性冲动所规定的"，即合乎自然律的，可看《纯粹理性批判》A534 即 B562 和 A802 即 B830。——编译者

然性,就必须不依赖于那些病理学上的、因而是偶然附着于意志之上的条 23
件。例如,如果有人说,他在年轻时必须劳动和节省,以免老来受穷;那么这
就是意志的一条正确的同时又是重要的实践规范。但我们很容易看出,意
志在这里是被指向了某种别的东西,即人们预设为它所欲求的那种东西,而
人们不必过问他这个行动者本人的这一欲求,是他在他自己所挣得的财产
之外还指望有别的资助来源呢,还是他根本就不希望活到老,或者是想自己
在将来处于困境时可以勉强应付。唯一能够从中产生出应含有必然性的一
切规则的那个理性,虽然也把必然性置于它的这个规范中(因为否则这个
规范就根本不会是命令了),但这个必然性只是以主观为条件的,且我们不
能在一切主体中以同等程度来预设它。但理性的立法所要求的是,它只需
要以自己本身为前提,因为规则只有当它无须那些使有理性的存在者一个
与另一个区别开来的偶然的主观条件而起作用时,才会是客观而普遍地有
效的。当我们对一个人说,他决不应当以谎言作许诺,那么这是一个只涉及
到他的意志的规则;不管这人所可能有的那些意图是否能够通过这个意志
而达到;只有这个意愿才是应当通过那个规则完全先天地得到规定的东西。
现在如果发现这条规则在实践上是正确的,那么它就是一条法则,因为它是
一个定言命令。所以,实践法则仅仅与意志相关,而不管通过意志的原因性
做出了什么,而且我们可以把这种原因性(作为属于感官世界的东西)抽象
掉,以便纯粹地拥有法则。

§2. 定　理　一

将欲求能力的一个客体(质料)预设为意志的规定根据的一切实践原
则,全都是经验性的,并且不能充当任何实践法则。

我把欲求能力的质料理解为一个被欲求有现实性的对象。既然对这个
对象的欲望先行于实践规则,并且是使这一规则成为自己的原则的条件,所 24
以我就说(第一):这条原则于是任何时候都是经验性的。因为这样一来,
规定这个任意的根据就是一个客体的表象,以及这表象对主体的那样一种

关系,通过它,欲求能力就被指定去使这客体成为现实。但对主体的这样一种关系就是对一个对象的现实性感到的愉快。所以这种愉快必将被预设为规定这任意的可能性条件。但关于某一个对象的不论哪一个表象都决不能先天地认识到:它是与愉快或不愉快结合在一起的,还是与之漠不相关的。所以在这种情况下对任意的规定根据任何时候都必定是经验性的,因而把这规定根据预设为条件的那条实践的质料原则也必定是经验性的。

既然(第二)一个仅仅建立在某种愉快或不快的感受性(它任何时候都只能被经验性地认识,而不能对于一切有理性的存在者都以同样的方式有效)这一主观条件之上的原则,虽然对拥有这种感受性的那个主体也许可以用作感受性的准则,但甚至就对这种感受性①本身来说(由于这原则缺乏必须被先天认识到的客观必然性)也不能用作法则:那么,一个这样的原则永远也不能充当一条实践的法则。

§3.定　理　二

一切质料的实践原则本身全都具有同一种类型,并隶属于自爱或自身幸福这一普遍原则之下。

出自一件事物的实存的表象的愉快,只要它应当作为对这个事物的欲求的规定根据,它就是建立在主体的感受性之上的,因为它依赖于一个对象的存有;因而它属于感官(情感),而不属于知性,后者按照概念来表达表象与一个客体的关系,却不是按照情感来表达表象与主体的关系。所以这种愉快只有当主体对于对象的现实性所期待的那种快意的感觉规定着欲求能力时,才是实践的。但现在,一个有理性的存在者对于不断伴随着他的整个存在的那种生命快意的意识,就是幸福,而使幸福成为规定任意的最高根据的那个原则,就是自爱的原则。所以,在从任何一个对象的现实性都可以感觉到的愉快或不快中建立起规定任意的最高根据的那一切质料的原则,就

———————

① 后面这两个"感受性"据 Wille 均应作"主体"。——编译者

它们全部属于自爱或自身幸福的原则而言，都完全具有同一个类型。

绎　　理

一切质料的实践规则都在低级欲求能力中建立意志的规定根据，并且，假如根本没有足以规定意志的单纯形式的意志法则，那甚至就会没有任何高级的欲求能力能够得到承认了。

注　释　一

人们必定会奇怪，为何有些平时很精明的人士会相信，从与愉快情感结合着的**诸表象**是在感官中还是在知性中有其来源，就可以找出低级欲求能力和高级欲求能力之间的区别。因为当我们追问欲求能力的规定根据，并将这些根据建立在可从任何某物那里期待的快意中时，问题的关键根本不在于这个令人快乐的对象的表象来自何处，而只在于它令人快乐到什么程度。如果一个表象，哪怕它在知性中有其位置和起源，却只能通过以主体中某种愉快的情感为其前提来规定任意，那么它要作为规定任意的根据就完全依赖于内感官的这种性状，亦即内感官由此而能被激发起快意来的性状。诸对象表象尽可以有如此不同的性质，尽可以是与感官表象对立的知性的、甚至理性的表象，但毕竟，它们本来唯一借以构成意志的规定根据的那种愉快情感（快意，及人们从那推动着创造客体的活动的东西中所期待的快乐）却具有同一种类型，这不仅在于它任何时候都只能被经验性地认识，而且也在于它刺激起了表现在欲求能力中的同一个生命力，并由于这一点而与任何其他规定根据除了在程度上之外不能够有任何差异。否则的话，我们将如何能够在两个就表象方式而言完全不同的规定根据之间依其大小来作一比较，以优选出那最多地刺激起欲求能力的规定根据呢？正是同一个人，他可以将他只到手一次的一本对他富有教益的书未经阅读就退还，以免耽误

26

打猎,可以在一场精彩讲演的中途退场,以免迟误进餐,可以抛开一次他平时很看重的理性话题的交谈,以便坐到牌桌的旁边,甚至可以拒绝他平时乐意接济的穷人,因为他现在口袋里刚好只剩下要用来买一张喜剧门票的钱了。如果意志的规定建立在他从任何一个原因那里都可以期待的快意和不快意的情感之上,那么他通过哪一个表象方式被刺激起来,这对于他完全是一样的。唯独这种快意有多么强烈,多么长久,多么容易获得和多么经常重复,才是他为了作出选择而看重的。正如对于那需要花费金钱的人,只要这金钱到处都被以同样的价值接受,那么它的材料、即金子是从矿山挖出来的,还是从沙里淘出来的,这都完全是一样的,同样,如果一个人只看重生命的快意,他就决不会问是知性表象还是感性表象,而只会问这些表象在最长时间内给他带来多少和多大的快乐。只有那些想要否认纯粹理性有能力不

27 预设任何一种情感而规定意志的人,才可能如此远离他们自己的解释而误入歧途,以至于将他们先已用同一个原则表达出来的东西在后来却解释为完全不同性质的。例如我们发现,人们也能够由于单纯使用力量,由于意识到在战胜那些与我们决心作对的障碍时自己的刚毅精神,由于对心灵天赋的培养等等而感到快乐,我们有理由把这称之为高尚的兴致情趣,因为这些快乐比别种的快乐更受我们的控制,不会被耗损,反而增强着还要更多地享受它们的情感,并在它们使人心旷神怡之际同时陶冶这种情感。但是,因为这些高尚的兴致情趣为了那些快乐的可能性而毕竟一度把我们心中的一种针对它们的情感预设为这种愉悦的首要条件,就把它们冒充为不同于单纯通过感官的某种另外的规定意志的方式,这就正如同那些热衷于在形而上学中招摇撞骗的无知之辈,他们设想物质如此精细,如此过于精细,以至于他们自己对此都要感到晕眩,于是就相信自己以这种方式臆想出了一种精神的但却有广延的存在物。如果我们同意伊壁鸠鲁,在德行上仅仅听任它所许诺的快乐来规定意志:那么我们就不能此后又责备他,说他把这种快乐与那些最粗劣的感官快乐看作是完全等同的;因为我们根本没有理由透过于他,说他把我们心中的这种情感借以激发起来的那些表象仅仅归之于肉体感官了。如同人们能够猜到的,他同样也曾在更高的认识能力的运用中为这些表象中的许多寻求了来源;但这并没有阻止他、也不能阻止他根据前

述原则把那些或许是由智性的表象提供给我们、而这些表象唯有借此才能作为意志的规定根据的那种快乐本身完全看作是同样的。前后一贯是一个哲学家的最大责任，但却极少见到。古希腊的那些学派在这方面给我们提供的例证比我们在我们这个调和主义的时代所找到的更多，在我们这里，各种相矛盾的原理的结合体系被极其虚伪和肤浅地做作出来，因为它更受那种公众的欢迎，他们满足于什么都知道一点，而整体上一无所知，但却对一切都能应付自如。自身幸福的原则，不论知性和理性在其上可以有多少运用，对于意志来说却只不过包含有与低级欲求能力相适合的那些规定根据，所以，要么就根本没有什么高级欲求能力，要么纯粹理性必定自身独自就是实践的，也就是可以只通过实践规则的形式来规定意志，而无须任何一个情感作为前提，因而无须那些快适或不快适的表象、即欲求能力的质料的表象，这种质料任何时候都是诸原则的经验性条件。只不过这样一来，理性只有在它自己独立地规定意志(而不是服务于爱好)时，它才是病理学上可规定的欲求能力所从属的真正高级的欲求能力，并且是现实地、甚至在种类上与前一种欲求能力不同的，以至于哪怕和那些爱好的冲动有丝毫的混杂都会损害理性的强度和优越性，正如把丝毫经验性的东西作为一个数学演证的条件就会贬低和取消这一演证的尊严和坚定性。理性以一个实践法则直接规定意志，不借助于某种参与其间的愉快和不愉快的情感、哪怕是对这一法则的愉快和不愉快的情感，而是只有凭借它作为纯粹理性能够是实践的这一点，才使它是立法的成为了可能。

注 释 二

获得幸福必然是每个有理性但却有限的存在者的要求，因而也是他的欲求能力的一个不可避免的规定根据。因为对他自己全部存有的心满意足决不是某种原始的所有物，也不是以对他的独立自足的意识为前提的永福，而是一个由他的有限本性自身纠缠着他的问题，因为他有需要，而这种需要涉及到他的欲求能力的质料，也就是某种与作为主观基础的愉快或不愉快的情感相关的东西,借此就使他为了对自己的状态心满意足所需要的东西得到了规定。但正是由于这个质料上的规定根据只能经验性地被主体所认识,所以就不可能把这项任务看作一个法则,因为法则作为在一切场合、对一切有理性的存在者都是客观的,而必定会包含有意志的同一个规定根据。因为,虽然幸福的概念到处都成为诸客体与欲求能力的实践关系的基础,但这个概念毕竟只是那些主观的规定根据的普遍称谓,而并未作任何特殊的规定,而这种规定却正是在这一实践的任务中所唯一要关心的,没有这个规定这一任务就根本不可能得到解决。因为每个人要将他的幸福建立在什么之中,这取决于每个人自己特殊的愉快和不愉快的情感,甚至在同一个主体中也取决于依照这种情感的变化的各不相同的需要,所以一个主观上必要的法则(作为自然法则)在客观上就是一个极其偶然的实践原则,它在不同的主体中可以且必定是很不相同的,因而永远不能充当一条法则,因为在对幸福的欲望上并不取决于合法则性的形式,而只是取决于质料,亦即取决于我在遵守法则时是否可以期望快乐,和可以期望有多少快乐。自爱的原则虽然可以包含有熟巧(即为意图找到手段)的普遍规则,但这样它们就只是一些理论性的原则①(例如那想要吃面包的人就必须想出一副磨子来)。不过,基于这些原则的实践规范却永远不能是普遍的,因为欲求能力的规定根据是建立在愉快和不愉快的情感上的,这种情感永远也不能被看作是普遍地指向同一些对象的。

　　但假定即使有限的理性存在者在他们必须看作是他们的快乐或痛苦的情感的客体的东西上,同时甚至在他们必须用来达到快乐的客体、防止痛苦的客体的手段上,都想得完全一样,自爱的原则却仍然绝对没有可能被他们冒充为实践的法则,因为这种一致性本身仍然只会是偶然的。这个规定根据将仍然只不过是主观有效的和单纯经验性的,并且不会具有在每一个法则中所设想的那种必然性,即出自先天根据的客观必然性;除非我们决不把

---

　　①　在数学或自然学说中被称之为实践性的那些命题真正说来应当叫作技术性的。因为这些学说根本不关心意志规定;它们只表明可能行动的、足够产生出某种结果来的多样性而已,所以正如同所有那些表述原因与某个结果的关联的命题一样,也是理论性的。谁既然愿意有结果,他也就必须容忍有原因。——康德

这种必然性冒充为实践的,而只是当作身体上的,亦即这行动是通过我们的爱好不可避免地强加于我们的,正如我们见到别人打呵欠时也不禁要打呵欠一样。人们宁可主张根本就没有什么实践的法则,而只有为了我们的欲望起见的劝告,而不能主张把单纯主观的原则提升至实践法则的等级,这些法则拥有完全客观的而非仅仅主观的必然性,并且必须通过理性先天地被认识,而不是通过经验(不论这经验如何具有经验性的普遍性)来认识。甚至那些一致的现象的规则被称之为自然规律[法则](例如机械学的规律),也只是当我们要么实际上先天地认识它们,要么毕竟假定(如在化学中)如果我们看得更深刻时它们就会由客观根据而被先天认识的情况下。不过在那些单纯主观的实践原则那里明确地被当成条件的是,不能把这任意的客观条件、而必须把这任意的主观条件作为它们的基础;因而,它们任何时候都只允许被作为单纯的准则、而永远不允许被作为实践的法则来说明。这第二个注释初看起来似乎只不过是咬文嚼字;但它却对只有在实践的研究 31 中才可能被考察的极为重要的区别作了词语的规定。

§4. 定　理　三

　　如果一个有理性的存在者应当把他的准则思考为实践的普遍法则,那么他就只能把这些准则思考为这样一些不是按照质料、而只是按照形式包含有意志的规定根据的原则。

　　一个实践原则的质料是意志的对象。这个对象要么是意志的规定根据,要么不是。如果它是意志的规定根据,那么意志的规则就会服从于一个经验性的条件(服从于进行规定的表象对愉快和不愉快的情感的关系),于是它就不会是什么实践法则了。现在,如果我们把一切质料、即意志的每个对象(作为规定根据)都排除掉,那么在一个法则中,除了一个普遍立法的单纯形式之外,就什么也没有剩下来。所以一个有理性的存在者要么根本不能把自己的主观实践的诸原则即各种准则同时思考为普遍的法则,要么必须假定,唯有这些准则的那个单纯形式,即它们据以适合于普遍立法的形式,才使它们独立地成为了实践的法则。

注　释

准则中的何种形式适合于普遍立法,何种形式不适合于普遍立法,这一点最普通的知性没有指导也能分辨。例如,我把用一切可靠的手段增大我的财产定为了我的准则。现在我手中有一项寄存物,它的所有者已经去世,且没有留下任何与此相关的字据。这当然是我的准则所想要的。现在我想知道的只是,那条准则是否也可以被看作普遍的法则。于是我把那条准则应用到当前这个场合下,并且问,它是否能采取一个法则的形式,因而我是否有可能通过我的准则同时给出一条这样的法则:每个人都可以否认一件无人能证明是存放在他这里的寄存物。我马上就发觉,这样一条原则作为法则将会自我毁灭,因为它将使得任何寄存物都不会有了。我在这方面所认识到的实践法则必须具有普遍立法的资格;这是一个同一性命题,因而是自明的。现在如果我说:我的意志服从一条实践法则,那么我就不能援引我的爱好(例如在当前情况下即我的占有欲)来作为意志的适合于某条普遍实践法则的规定根据;因为这种爱好要说它适于用作某种普遍的立法,那就大错特错了,毋宁说,它在一个普遍的立法形式中必定会自我耗尽。

因此,奇怪的是,那些明白事理的人士怎么会由于那对幸福的欲望、乃至每个人借以将这种欲望建立为自己意志的规定根据的那条准则是普遍的,就想到了由此而将之冒充为普遍的实践法则。因为一条普遍的自然规律[法则]既然通常都使一切相一致,那么在这里,如果人们想把一条法则的普遍性赋予这个准则,就恰好会导致与一致性的极端对立,导致这个准则本身和它的意图的严重冲突及完全毁灭。因为这时一切人的意志并不具有同一个客体,而是每个人都有自己的客体(他自己的称心事),这个客体即使能与别人的那些同样是针对他们自身的意图偶然相合,但还远不足以成为法则,因为人们有权偶尔所做的那些例外是无穷的,而根本不能被确定地包括进一个普遍的规则中去。以这种方式就出现了某种和谐,它类似于某一首讽刺诗中关于一对自杀夫妇的志同道合所描述的:啊! 美妙的和谐! 他之所愿,亦她之所想等等,或者人们关于国王弗兰西斯一世在皇帝查理五世①面前的自命自许所讲述的:我的兄弟查理所想要的(米兰),也是我想要的。经验性的规定根据不宜于用作普遍的外部立法,但同样也不宜于用作内部的立法;因为每个人都以自己的主体作为爱好的基础,另一个人却以另一个主体作为爱好的基础,而在每一个主体本身中具有影响的优先性的一会儿是这个爱好、一会儿是另一个爱好。要找出一条法则将这些爱好全部都统辖在这个条件下,即以所有各方面都协调一致来统辖它们,是绝对不可能的。

§5.课　题　一

　　设　唯有准则的单纯立法形式才是一个意志的充分的规定根据:

　　求　那个唯一由此才能被规定的意志的性状。

　　由于法则的单纯形式只能由理性展示出来,因而决不是感官的对象,所以也不属于现象之列:于是它的表象作为意志的规定根据就不同于在依照原因性法则的自然界中各种事件的任何规定根据,因为在这些事件那里进行规定的根据本身必须是现象。但如果没有对意志的任何别的规定根据、而只有那个普遍的立法形式能够用作意志的法则:那么一个这样的意志就必须被思考为完全独立于现象的自然规律、也就是独立于原因性法则,确切说是独立于相继法则的。但一种这样的独立性在最严格的理解上、即在先验的理解上,就叫作自由。所以,一个唯有准则的单纯立法形式才能充当其法则的意志,就是自由意志。

──────────

　　① 弗兰西斯一世(Francis Ⅰ,1494—1547),法国国王;查理五世(Charles Ⅴ,1500—1558),神圣罗马帝国皇帝。争霸欧洲的双雄,1522 年曾为米兰公国的地位发生争执。──编译者

§6. 课 题 二

设 一个意志是自由的，

求 那个唯一适合于必然地对它进行规定的法则。

由于实践法则的质料、即准则的某个客体永远只能作为经验性的东西
34 被给予,但那独立于经验性的(也就是属于感官世界的)条件的自由意志却
仍然必须是可以规定的;所以一个自由意志,独立于法则的质料却仍然必须
在法则中找到一个规定根据。但在法则中,除了法则的质料之外所包含的
就只有立法的形式了。所以立法的形式只要它被包含在准则之中,就是能
够构成这意志的一个规定根据的唯一的东西。

注 释

所以,自由和无条件的实践法则是交替地互相归结的。我在这里现在
并不问:它们是否事实上也是不同的,而不是相反地,一个无条件的法则只
不过是一个纯粹实践理性的自我意识,而纯粹实践理性却和自由的积极概
念完全一样;而是要问,我们对无条件的实践之事的认识是从哪里开始的,
是从自由开始,还是从实践法则开始。从自由开始是不可能的;这是由于,
我们既不能直接意识到自由,因为自由的最初概念是消极的,也不能从经验
中推出这概念,因为经验提供给我们认识的只是现象的规律[法则],因而
只是自然的机械作用、即正好是自由的对立面。所以,正是我们(一旦为自
己拟定意志的准则就)直接意识到的那个道德法则,它是最先向我们呈现
出来的,并且由于理性将它表现为一种不被任何感性条件所战胜的、甚至完
全独立于这些条件的规定根据,而正好是引向自由概念的。但是,对那个道
德法则的意识又是如何可能的呢? 我们能够意识到纯粹的实践法则,正如
同我们意识到纯粹的理论原理一样,是由于我们注意到理性用来给我们颁

定它们的那种必然性,又注意到理性向我们指出的对一切经验性条件的剥离。一个纯粹意志的概念源于前者,正如一个纯粹知性的意识源于后者一样。至于说这就是我们那些概念的真正的隶属关系,而德性首先向我们揭示了自由概念,因而实践理性以这个概念首先对思辨理性提出了最困惑不解的问题、从而凭这概念使之陷入最大的窘境,这由如下一点就已经得到了说明:由于从自由概念出发在现象中没有任何东西能够得到解释,相反,在这里自然机械作用永远必须充当引线,此外,当纯粹理性想要上升到原因系列中的无条件者时,它的二律背反就在这一方和那一方都同样地陷入到不可理解之中,然而后者(机械作用)至少在解释现象时有适用性,所以如果不是有道德法则及和它一起的实践理性的加入并把这个自由概念强加给了我们的话,我们是永远不会采取这一冒险行动把自由引进科学中来的。但就连经验也证实了我们心中的这一概念秩序。假定有人为自己的淫欲的爱好找借口说,如果所爱的对象和这方面的机会都出现在他面前,这种爱好就将是他完全不能抗拒的:那么,如果在他碰到这种机会的那座房子跟前树立一个绞架,以便把他在享受过淫乐之后马上吊在那上面,这时他是否还会不克制自己的爱好呢? 我们可以很快猜出他将怎样回答。但如果问他,如果他的君王以同一种不可拖延的死刑相威胁,无理要求他对于一个君王想要以莫须有的罪名来坑害的清白人提供伪证,那么这时尽管他如此留恋他的生命,他是否仍会认为克服这种留恋是有可能的呢? 他将会这样做还是不会这样做,这也许是他不敢作出肯定的;但这样做对他来说是可能的,这一点必定是他毫不犹豫地承认的。所以他断定,他能够做某事是因为他意识到他应当做某事,他在自身中认识到了平时没有道德法则就会始终不为他所知的自由。

§7.纯粹实践理性的基本法则

　　要这样行动,使得你的意志的准则任何时候都能同时被看作一个普遍立法的原则。

注　　释

　　纯粹几何学拥有一些作为实践命题的公设,但它们所包含的无非是这一预设,即假如我们被要求应当做某事,我们就能够做某事,而这些命题就是纯粹几何学仅有的那些涉及一个存有的命题。所以这就是一些从属于意志的某种或然条件之下的实践规则。但在这里的这条规则却说:我们应当绝对地以某种方式行事。所以这条实践规则是无条件的,因而是被先天地表象为定言的实践命题的,意志因而就绝对地和直接地(通过这条实践规则本身,因而这规则在此就是法则)在客观上被规定了。因为纯粹的、本身实践的理性在这里是直接立法的。意志作为独立于经验性条件的、因而作为纯粹意志,通过法则的单纯形式被设想为规定了的,而这个规定根据被看作一切准则的最高条件。这件事情是够令人惊讶的,并且在所有其他实践知识中都没有和它同样的事情。因为关于一个可能的普遍立法的、因而只是或然的先天观念,并不从经验中或任何一个外在意志中借来某种东西就被无条件地要求作为法则了。但这也并不是一个使被欲求的效果借此而可能的行动应当据以发生的规范(因为那样一来这规则就会永远以身体上的东西为条件了),而是一个单就意志各准则的形式来先天规定意志的规则,这时一个只是为了诸原理的主观形式之用的法则,作为借助于一般法则的客观形式的规定根据,至少是这样来设想它,就不是不可能的了。我们可以把这个基本法则的意识称之为理性的一个事实,这并不是由于我们能从先行的理性资料中,例如从自由意识中(因为这个意识不是预先给予我们的)推想出这一法则来,而是由于它本身独立地作为先天综合命题而强加于我

37　们,这个命题不是建立在任何直观、不论是纯粹直观还是经验性直观之上,虽然假如我们预设了意志自由的话,它将会是分析的,但这种自由意志作为一个积极的概念就会需要某种智性的直观,而这是我们在这里根本不能假定的。然而我们为了把这一法则准确无误地看作被给予的,就必须十分注意一点:它不是任何经验性的事实,而是纯粹理性的唯一事实,纯粹理性借

此而宣布自己是原始地立法的(sic volo,sic jubeo。①)

绎　　理

纯粹理性单就自身而言就是实践的,它提供(给人)一条我们称之为道德律的普遍法则。

注　　释

前面提到的这个事实是不可否认的。只要我们能分析一下人们对他们行动的合法性所作的判断:那么我们任何时候都会发现,不论爱好在这中间会说些什么,他们的理性却仍然坚定不移地和自我强制地总是在一个行动中把意志的准则保持在纯粹意志、即保持在它自己的方向上,因为它把自己看作先天实践的。现在,正是为了那种不顾意志的一切主观差异而使这个德性原则成为意志的形式上的最高规定根据的普遍形式,理性才同时把这个德性原则宣布为一条对一切有理性的存在者而言的法则,只要他们一般地具有意志,即具有一种通过规则的表象来规定自己的原因性的能力,因而,只要他们有能力根据原理、从而也根据先天的实践原则(因为唯有这些原则才具有理性对原理所要求的那种必然性)来行动。所以这条原则并不仅仅限于人类,而是针对一切具有理性和意志的有限存在者的,甚至也包括作为最高理智的无限存在者在内。但在人类的场合下这条法则具有一个命令的形式,因为我们对于那虽然是有理性的存在者的人类能预设一个纯粹的意志,但对人类作为由需要和感性动机所刺激的存在者却不能预设任何神圣的意志,亦即这样一种意志,它不可能提出任何与道德法则相冲突的准则。因此道德法则在人类那里是一个命令,它以定言的方式提出要求,因为

①　拉丁文:我行我素。直译为:如何想,就如何吩咐。——编译者

这法则是无条件的;这样一个意志与这法则的关系就是以责任为名的从属性,它意味着对一个行动的某种强制,虽然只是由理性及其客观法则来强迫,而这行动因此就称之为义务,因为一种在病理学上被刺激起来的(虽然并不由此而规定了的、因而也总是自由的)任意,本身带有一种愿望,这愿望来源于主观原因,因此也有可能经常与纯粹的客观的规定根据相对立,因而需要实践理性的某种抵抗作为道德的强制,这种抵抗可以称之为内部的、但却是智性的强制。在最大充足性的理智中,任意就被正当地表现为不可能提出任何不同时可以是客观法则的准则,而那个由此之故应归之于它的神圣性概念,虽然没有使任意超乎一切实践法则之上,但却使它超乎一切实践上有限制作用的法则之上,因而超乎责任和义务之上。意志的这种神圣性仍然是一个不可避免地必须用作原型的实践理念,无限地逼近这个原型是一切有限的有理性的存在者有权去做的唯一的事,而这个实践理念就把那自身因而也是神圣的纯粹道德律经常地和正确地向他们指出来,确保道德律的准则之进向无限的进程及这些准则在不断前进中的始终不渝,也就是确保德行,这是有限的实践理性所能做到的极限,这种德行本身至少作为自然获得的能力又是永远不能完成的,因为这种确保在这种情况下永远不会成为无可置疑的确定性,而当作置信则是很危险的。

39

§8.定　理　四

意志自律是一切道德法则和与之相符合的义务的唯一原则:反之,任意的一切他律不仅根本不建立任何责任,而且反倒与责任的原则和意志的德性相对立。因为德性的唯一原则就在于对法则的一切质料(也就是对一个欲求的客体)有独立性,同时却又通过一个准则必须能胜任的单纯普遍立法形式来规定任意。但那种独立性是消极理解的自由,而纯粹的且本身实践的理性的这种自己立法则是积极理解的自由。所以道德法则仅仅表达了纯粹实践理性的自律,亦即自由的自律,而这种自律本身是一切准则的形式条件,只有在这条件之下一切准则才能与最高的实践法则相一致。因此,如果那个只能作为与法则联结着的欲望之客体而存在的意愿质料,被放进实践法则中**作为它的可能性条件**,那么从中就形成任意的他律,也就是对于遵从某一冲动或爱好这种自然规律的依赖性,而意志就不是自己给自己提供法则,而只是提供合理地遵守病理学上的规律的规范;但是,那以这种方式永远不能在自身包含有普遍立法形式的准则,不仅不能以这种方式建立起任何责任,而且甚至是与一个纯粹实践理性的原则、因而同时也与德性的意向相对立的,哪怕从中产生的行动应会是合法的。

注　释　一

所以,一个带有某种质料性的(因而经验性的)条件的实践规范永远不得算作实践法则。因为,纯粹意志是自由的,它的法则把意志置于一个与经验性的领域完全不同的领域,而它所表达的必然性,由于不应当是任何自然必然性,所以就只能是一般法则的可能性的形式条件。实践规则的一切质料总是基于主观条件,这些条件使这些实践规则获得的决不是对于有理性的存在者的普遍性,而只是那种有条件的普遍性(在我欲求这件那件我为了使之实现出来就必须随后去做的事情的场合下),而且它们全都以自身幸福的原则为转移。但现在,不可否认的是,一切意愿也都必须有一个对象,因而有一个质料;但质料并不因此就恰好是准则的规定根据和条件;因为如果它是这样,那么这个准则就不能表现为普遍立法的形式了,因为对于对象的实存的期待就会成了规定这个任意的原因,而欲求能力对某一个事物的实存的依赖性就必然会成为意愿的基础,这种实存永远只能到经验性的条件中去寻求,因此永远不能充当一个必然的和普遍的规则的根据。所以,别的存在者的幸福可以是一个有理性的存在者意志的客体。但假如这种幸福是准则的规定根据,那么我们必定就会预设:我们在他人的福利中不仅会找到一种自然的快乐,而且还会发现一种需要,正如同情的情致在人类那里所带来的那样。但我不能在任何一个有理性的存在者那里都预设这种需要(在上帝那里就根本不能)。所以,虽然准则的质料还保留着,但它不得作为准则的条件,因为否则这个准则就会不宜于用作法则了。所以一个限制质料的法则的单纯形式,必须同时是把这个质料加到意志上去的根据,但并不以质料为前提。例如,这个质料可以是我自身的幸福。这种幸福,如果我将它赋予每个人(如我事实上终归可以在有限的存在者那里做的那样),那么它就只有当我把别人的幸福也一起包括在它里面时,才能成为一41 个客观的实践法则。所以"促进别人的幸福"的法则并不是来自于"这①是对于每个人自己的任意的一个客体"这个前提,而只是来自于:理性当作给自爱准则提供法则的客观有效性的条件来需要的那个普遍性形式,成了意志的规定根据,所以这客体(别人的幸福)不是纯粹意志的规定根据,相反,只有那单纯的合法形式才是如此,我借这种形式来限制我的立于爱好之上的准则,以便使它获得法则的普遍性,并使它这样来与纯粹实践理性相适合,只有从这种限制中,而不是从附加一个外在的动机中,将一个自爱的准则也扩展到别人的幸福上去的责任的概念才能产生出来。

注　释　二

如果自身幸福的原则被当作意志的规定根据,那么这正好是与德性原则相矛盾的,如我前面已指出过的,一切将应当用作法则的规定根据不是建立在准则的立法形式中、而是建立在任何别的地方的一般原则,都必须算作此列。但这一冲突不单纯是逻辑的,如同在那些具有经验性条件、但人们却想将之提升为必然的知识原则的规则之间的冲突那样,而是实践的,并且假如理性向意志所发出的呼声不是如此清晰、如此不可盖过,甚至对于最平庸的人都听得分明,则这一冲突就会将德性完全摧毁了;但这一呼声于是就连在那些学派的搅混头脑的思辨中也仍然能够保持着,这些学派胆子够大的,为了坚持某种不值得伤脑筋的理论而对那种上天的呼声装聋作哑。

如果一位平时你很喜欢的密友以为这样就可以在你面前为自己所提出

---

① 原文 dieses 指"法则",Voländer 拟读为 diese,则是指"别人的幸福"。——编译者

的伪证作辩护:他首先借口自身幸福是他所谓的神圣义务,然后列举他由此 42
所获得的一切好处,举出他保持着防止任何人发现、甚至也防止你本人从各
方面发现的聪明,他之所以只向你披露这个秘密,为的是这样他可以随时否
认这一秘密;然后他却装得一本正经地说,他已履行了一项真正的人类义
务:那么,你将要么会当面直接取笑他,要么会带着对他的厌恶而退避三舍,
哪怕你在有人单依自身的好处来调整自己的原理时不能提出丝毫反对这一
做法的理由也罢。或者假定有人向你们推荐一个人做管家说,你们可以不
假思索地把你们的一切事务都托付给他,并且为了引起你们的信任,他称赞
他是一个聪明人,在他自身的利益方面精于算计,他又是一个不知疲倦的勤
快人,不会让任何这方面的机会不加利用地被放过去,最后,为了打消你们
对他粗俗自私的顾虑,他称赞他如何懂得正派高尚的生活,不是在聚敛钱财
和粗野的淫乐中,而是在扩展自己的知识中,在精心挑选的富有教益的交往
中,甚至在为穷人做好事中,寻求自己的快乐,但此外,他并不会由于手段
(手段的有价值或无价值毕竟只是来自目的)而有所顾忌,别人的钱和财物
用在这方面,对他来说就像用他自己的一样,只要他知道他可以不被发现又
不受阻碍地做这件事:那么你们就会相信,要么这位推荐人是在愚弄你们,
要么他就是失去理智了。——德性和自爱的界限如此清晰明确地判然二
分,以致连最平庸的眼睛都根本不会在区别一件事是属于德性还是属于自
爱上面弄错的。下面几点说明虽然对一个如此明显的真理可能显得是多余
的,不过它们至少还是可以用来使普通人类理性的判断获得更多一点清
晰性。

　　幸福原则虽然可以充当准则,但永远不能充当适宜作意志法则的那样
一些准则,即使人们把普遍的幸福当作自己的客体也罢。这是因为,对这种 43
幸福来说它的知识是基于纯粹的经验素材上的,因为这方面的每个判断都
极其依赖于每个人自己的意见,加之这意见本身又还是极易变化的,所以,
这判断尽可以给出一般性的规则,但决不能给出普遍性的规则,即可以给出
这样一些最经常地切合于平均值的规则,但却不是这样一些必须任何时候
都必然有效的规则,因而,没有任何实践法则可以建立在这判断之上。正因
为如此,既然在这里任意的客体为任意的规则提供了基础,因而必须先行于

这个规则,所以这种规则仅仅只能与人们所建议①的东西、因而与经验发生关系,并仅仅建立在它上面,而在这里判断的差异性必然是无限的。所以这条原则并不为一切有理性的存在者颁定同样一些实践规则,哪怕这些规则都置身于一个共同的名目即"幸福"之下。但道德法则只是由于它对每一个有理性和意志的人都应当是有效的,才被设想为客观必然的。

自爱的准则(明智)只是劝告;德性的法则是命令。但在人们劝告我们做什么和我们有责任做什么之间毕竟有一个巨大的区别。

凡是按照任意的自律原则该做的事,对于最普通的知性来说都是很容易而且不假思考地就可以看出的;凡是在任意的他律前提下必须做的事则很难这样,它要求世界知识;就是说,凡是作为义务的东西都自行向每个人呈现;但凡是带来真实而持久的好处的东西,如果要把这好处扩延到整个一生的话,都总是包藏在难以穿透的黑暗中,并要求有很多聪明来使与之相称的实践规则通过临机应变的例外哪怕只是勉强地与人生的目的相适应。然而道德律却命令每个人遵守,就是说一丝不苟地遵守。所以在评判什么是按照道德律所应该做的事上必定不是很难,最普通、最未经训练的知性哪怕没有处世经验也不会不知道处理的。

44　　遵守德性的定言命令,这是随时都在每个人的控制之中的,遵守经验性上有条件的幸福规范,这却只是很少才如此,且远不是对每个人都可能的,哪怕只在一个唯一的意图上。其原因是,由于事情在前者那里只取决于必然是真正的和纯粹的准则,在后者那里却还取决于使一个欲求对象实现出来的力量和身体能力。每个人应当力求使自己幸福这个命令是愚蠢的;因为人们从不命令某人做他已经免不了自行要做的事。人们只须命令他这样的做法,或不如说把这种做法提交给他,因为他不可能做到他想做的一切。但以义务的名义命令人有德性,这是完全合乎理性的;因为这种规范首先并不是恰好每个人都愿意听从的,如果它与爱好相冲突的话,至于他如何能遵守这一法则的那个做法,那么它在这里是不待别人来教的;因为在这方面凡是他想要做的,他也就能够做到。

----

① 德文 empfiehlt(建议、劝告),依 Hartenstein 应作 empfindet(感觉)。——编译者

在赌博中输了的人,也许会对自己和自己的不明智而恼火;但如果他意识到他在赌博中行了骗(哪怕他因此而赢了),那么只要他用道德律衡量一下自己,他就必定会蔑视自己。所以道德律必定还是和自身幸福的原则有所不同的东西。因为,不得不对自己说:哪怕我的钱袋鼓鼓,我是一个卑鄙小人,这种说法比自我欣赏地说:我是一个明智的人,因为我充实了我的钱箱,毕竟还得有一条不同的判断准绳。

最后,在我们的实践理性的理念中,还有某种与触犯道德律相伴随的东西,这就是它的该当受罚。享受幸福与惩罚本身的概念毕竟是根本不能联系起来的。因为一个人在实行惩罚的同时固然可能有善良的意图,要使这种惩罚针对幸福的目的,但毕竟,这种惩罚必须首先作为惩罚、即作为单纯的坏事而为自己提供理由,使得受罚者在情况依旧而他也看不出在这种严厉后面藏有任何好意的场合,自己都不得不承认这对于他是做得公正的,他的命运与他的行为是完全符合的。在任何惩罚本身中首先必须有正义,正义构成惩罚概念的本质。与正义相联系的虽然也可以有善意,但该当受罚者根据他的行为不能有丝毫理由对它作指望。所以惩罚是一种身体性的坏事,它即使并不会作为自然的后果而与道德上的恶联系起来,但却必定会作为按照道德立法原则的后果而与之联系起来。现在,如果一切犯罪,即使不看它对于作案人的身体性的后果,自身就是可惩罚的,亦即失去了(至少部分失去了)幸福,那么说犯罪恰好在于他由于破坏了他自身的幸福而招致了惩罚(按照自爱原则,一切犯罪的本来的概念必然都会是这样),这就显然会是荒谬的了。按照这种方式,惩罚就会是把某事称之为犯罪的根据了,而正义反倒必定会在于放弃一切惩罚,甚至阻止自然的惩罚;因为这样一来,在行动中就不再会有什么恶,因为本来会跟随而来的、仅仅为此一个行动才叫作恶的那种坏事,从现在起就会被防止了。但除此之外,把一切惩罚和奖励都只看作在一个更高权力手中的机关,它只应当用来促使有理性的存在者借此实现自己的最终意图(即自己的幸福),这一望而知是一种对他们的意志取消一切自由的机械论,所以我们在此不必多说。

虽然同样不真实、却更加精巧的是那些假定某种特殊的道德感官的人的托词,说是这种道德感官,而不是理性,规定了道德法则,按照道德感官,

45

德行的意识是直接与满足和快乐结合着的,而罪恶的意识则是与心灵的不安和痛苦结合着的,这样他们就终归把一切都置于对自身幸福的要求上去了。我在这里不想引述上面已说过的话,我只想对这里发生的那种错觉作点说明。为了把一个有罪之人表现为由于意识到自己的罪过而受内心不安所折磨的,他们就必须依据他品质的最主要的根基预先已经把他表现为至少有某种程度在道德上是善良的,正如把意识到合乎义务的行动就感到快活的人预先已表现为有德之人一样。所以毕竟,道德和义务的概念必须先行于一切对这种满足的考虑,而根本不能从这种满足中引申出来。但现在,为了在意识到自己与义务相符合时感到满足,为了当人们能够责备自己违犯道德法则时感到痛苦的谴责,我们还必须预先估量一下我们称之为义务的东西的重要性、道德法则的威望及遵守它而在个人自己的眼中所提供的直接价值。所以我们不可能先于对责任的知识而感到这种满足或心灵的不安,并将之作为这种知识的根据。为了能对那些感觉哪怕只是形成一个表象,我们也必须至少大体上已经是一个正派的人。此外,如同人类的意志由于自由而可以被道德法则直接规定一样,按照这一规定根据而经常练习也可以最终在主观上造成一种对自己本身的满足感,这点我是完全不否认的;毋宁说,把这种唯一真正值得被称之为道德感的情感建立起来、培养起来,这本身是属于义务的;但义务概念却不能由此引申出来,否则我们就将不得不去设想对一个法则本身的情感,并把那只能通过理性设想的东西作为感觉的对象;这如果还不至于成为一种无聊的矛盾的话,也将会把一切义务的概念都完全取消了,而只不过代之以更精致的、时常与较粗鲁的爱好陷入纷争的那些爱好的机械作用。

如果我们现在比较一下我们的实践理性的那个形式上的(作为意志自律的)至上原理和德性的一切迄今的质料上的原理,那么我们就可以在一个表格中把其余的一切原理展示为这样一些原理,通过它们实际上同时也就穷尽了除唯一的形式上的场合外所有其他可能的场合,这样就显而易见地证明,要去搜求不同于现在所阐明的另外一条原则将是白费力气。——于是,意志的一切可能的规定根据要么是单纯主观的,因而是经验性的,要么也是客观的和合理的;但这两者都或者是外部的,或者是内部的。

德性原则中的实践的质料上的规定根据表　48

主观的				客观的	
外部的		内部的		内部的	外部的
教育 （据蒙田）	公民宪法 （据曼德 维尔①）	自然情感 （据伊壁鸠鲁）	道德情感 （据哈奇逊）	完善 （据沃尔夫和 斯多亚派）	上帝意志 （据克鲁修斯②和 其他神学道德家）

处于左边的原则全都是经验性的,因而显然根本不适合用作普遍的德 49
性原则。但右边的原则是建立在理性之上的（因为作为物的性状的完善和
被表现在实体中的最高完善,即上帝,两者都只有通过理性概念才能设
想）。不过,前一个概念,即完善的概念,要么是在理论的含义上来了解的,
这时它无非意味着任何一物在其种类上的完备性（先验的完备性）,要么它
意味着一物仅仅作为一般的物的完备性（形而上学的完备性）,对此在这里
不能谈及。但在实践含义上的完善概念是一物对各种各样目的的适应性和
充分性。这种完善作为人的性状、因而作为内部的完善,无非就是天分,而
加强或补充天分的东西就是熟巧。实体中的最高完善,即上帝,因而外部的
完善（从实践的意图上来看）,就是这种存在者对所有一般目的的充分性。
所以,既然那些目的必须预先给予我们,而只有联系到这些目的,完善（我
们自身的内部的完善或上帝的外部完善）的概念才能成为意志的规定根
据,但一个作为必须先行于借实践规则对意志所作的规定、并包含着这规定
的可能性根据的客体的目的,因而那作为意志的规定根据来看的意志的质
料,任何时候都是经验性的,从而能够用作伊壁鸠鲁的幸福论的原则,但决
不能用作道德论的和义务的纯粹理性原则（正如天分和对天分的促进只是
由于它们对生活的利益有贡献,或者正如上帝的意志,当与其相一致被当作
意志的客体而无需先行的、不依赖于上帝理念的实践原则时,就只有通过我

---

①　Mandeville,Bernand de（1670—1733）,生于荷兰,本是医生,后定居英国并成为
著名作家、哲学家,著有《蜜蜂寓言》,主张私人的罪过对公众有利。——编译者

②　Crusius,Chr.A.（1712—1775）,德国启蒙学者,反对莱布尼茨—沃尔夫学派的理
性主义和独断论。——编译者

们从中所期待的幸福才能成为意志的动因），那么结果就是，第一，一切在此提出的原则都是质料上的，第二，它们包括了一切可能的质料上的原则，最后，由此推出的结论是：由于质料上的原则完全不适合于用作最高的道德律（如已经证明的），纯粹理性的形式的实践原则，即那种因我们的准则而可能的一个普遍立法的单纯形式必须据以构成意志的最高的直接规定根据的原则，就是适合于在规定意志时用作定言命令即实践法则（这些法则使行动成为义务）、并一般地适合于既在评判中又在应用于人类意志时用作德性原则的唯一可能的原则。

Ⅰ.纯粹实践理性原理的演绎

这个分析论阐明，纯粹理性是实践的，亦即能够独立地、不依赖于一切经验性的东西而规定意志——虽然这种阐明是通过一个事实，在其中纯粹理性在我们身上证明它实际上是实践的，也就是通过理性借以规定意志去行动的那个德性原理中的自律。——这个分析论同时指出，这一事实是和对意志自由的意识不可分割地联系着的，甚至与它是毫无二致的，借此，一个属于感官世界并认识到自己和其他起作用的原因一样必须服从原因性法则的有理性的存在者，他的意志同时却又在实践中从另一方面，也就是作为自在的存在者本身，意识到自己的可以在事物的某种理知秩序中得到规定的存有，虽然不是按照他自己的某种特殊的直观，而是按照某些能在感官世界中规定自己的原因性的力学法则；因为自由，当它被赋予我们时，就把我们置于事物的某种理知秩序中，这是在别处已得到了充分证明的。

现在，如果我们把这个分析论与纯粹思辨理性批判的分析论部分加以比较，那么就显示出两者相互之间的一个鲜明的对比。在那里，使先天知识、确切地说只是对于感官对象的先天知识成为可能的最初的材料，不是原理，而是纯粹感性直观（空间和时间）。——从单纯概念而来的综合原理没有直观都是不可能的，毋宁说，这些原理只有在与本身是感性的那种直观的关系中，因而也只有在与可能经验的对象的关系中，才能发生，因为只有与这种直观结合着的知性概念才使我们称之为经验的那种知识成为可能。超出经验对象之外,因而关于作为本体之物,思辨理性就完全正当地被剥夺了知识的一切积极意义。——但思辨理性也做出了很多成绩:它保住了本体的概念,即保住了思考这类概念的可能性乃至必要性,并且例如说,它不顾一切反对意见,把从消极方面看的自由、即假定为与那纯粹理论理性的那些原理及各种限制完全相容的自由拯救了出来,却并没有提供任何确定的和扩展性的东西来使这些对象得到认识,因为它毋宁说完全切断了对于这方面的一切展望。

　　与此相反,道德法则尽管没有提供任何展望,但却提供出某种从感官世界的一切材料和我们理论理性运用的整个范围都绝对不可解释的事实,这个事实提供了对某个纯粹知性世界的指示,甚至对这个世界作出了积极的规定,并让我们认识到有关它的某种东西、即某种法则。

　　这个法则应当使感官世界作为一个感性的自然(在涉及到有理性的存在者时)获得某种知性世界的形式,即某种超感性的自然的形式,却并不破坏感官世界自身的机械作用。于是,最普遍意义上的自然就是在法则[规律]之下的物的实存。一般有理性的存在者的感性自然就是他们在以经验性为条件的那些规律之下的实存,因而对于理性来说就是他律。反之,正是这同样一些存在者,他们的超感性的自然就是他们按照独立于一切经验性条件、因而属于纯粹理性的自律的那些法则而实存。并且由于这些法则——按照这些法则,物的存有是依赖于知识的——是实践的:所以超感性的自然就我们能够对它形成一个概念而言,无非就是一个在纯粹实践理性的自律之下的自然。但这个自律的法则是道德的法则,所以它是一个超感性自然的及一个纯粹知性世界的基本法则,这个世界的副本应当实存于感官世界中,但同时却并不破坏后者的规律。我们可以把前者称之为原型的世界(natura archetypa①),我们只是在理性中才认识它;而把后者称之为摹本的世界(natura ectypa②),因为它包含有作为意志的规定根据的、前一个

52

---

　　①　拉丁文:原型的自然。——编译者
　　②　拉丁文:复本的自然。——编译者

世界的理念的可能结果。这是因为,实际上这个道德法则依据理念把我们置于某种自然中,在其中,纯粹理性假如伴随有与之相适合的身体能力,就会产生出至善来,这个道德法则还规定我们的意志把这种形式赋予作为一个有理性的存在者整体的感官世界。

对自己本身加以最普通的注意,就会证实这个理念确实如同一种示范那样为我们的意志规定树立了榜样。

如果我在打算出庭作证时所依据的那个准则受到实践理性的检验,那么我总是要查看一下,假如这个准则作为一个普遍的自然律而起作用,它会是什么样子。很明显,它将会以这种方式迫使每个人说真话。因为,承认陈述具有证明作用却又故意不说真话,这是不能与自然律的普遍性相共存的。以同样的方式,我在自由处置自己的生命上所采取的准则也马上就可以规定下来,如果我问问自己,这准则必须是怎样的,才能使一个自然按照它的某种法则维持下去。显然,在这样一个自然中任何人都不会任意结束自己的生命,因为这样一种做法决不会是持久的自然秩序,在所有其他场合下,情况也是如此。但现在,在现实的自然中,只要它是一个经验对象,自由意志就不是由自己来确定这样一些能够独自按照普遍法则建立起一个自然、哪怕是自发地与这样一个按照这些法则来安排的自然相适合的准则;毋宁说,这是一些私人爱好,它们虽然按照病理学上的(身体性的)规律构成一

53　个自然整体,但不是构成一个只有通过我们的意志、按照纯粹实践法则才有可能的自然。但我们仍然通过理性意识到一个法则,它是我们的一切准则都服从的,就好像凭借我们的意志必然会同时产生出一个自然秩序来一样。所以这个法则必定是一个并非经验性地被给予的、但却通过自由而可能的、因而是超感性的自然的理念,我们至少在实践方面给予它以客观实在性,因为我们把它看作我们作为纯粹有理性的存在者的意志的客体。

所以,在意志所服从的那个自然的规律[法则]和某种(就意志与其自由行动有关的事情上)服从一个意志的自然的法则[规律]之间作出区别是基于:在前者,客体必须是规定意志的那些表象的原因,但在后者,意志应当是这些客体的原因,以至于意志的原因性只是在纯粹的理性能力中有自己的规定根据,所以这个能力也可以称之为一个纯粹的实践的理性。

　　所以,这样两个课题是极不相同的:一方面,纯粹理性如何能够先天地认识客体,另一方面,它如何能够直接地(只通过它自己的作为法则的准则的普遍有效性的思想)就是意志的规定根据,即有理性的存在者在客体的现实性上的原因性的规定根据。

　　第一个课题属于纯粹思辨理性批判,它要求首先澄清:直观——没有它们无论什么地方都不能有任何客体被给予我们、因而也没有任何东西能被综合地认识——是如何先天可能的? 这个课题的解决导致这个结果:直观全都只是感性的,所以也不容许任何比可能经验所达到的范围走得更远的思辨知识成为可能,因此,那个纯粹思辨理性的一切原理所达到的无非是使经验成为可能,这经验要么是有关给予对象的,要么是有关那些可以无限地被给予、但却永远也不被完全给予的对象的。

　　第二个课题属于实践理性的批判,它并不要求澄清欲求能力的客体是如何可能的,因为这仍然作为理论的自然知识的课题而委托给了思辨理性的批判,而只要求澄清理性如何能够规定意志的准则,这件事是仅仅借助于作为规定根据的经验性表象而发生的呢,还是就连纯粹理性也是实践的,它是否是一个根本不能经验性地认识的可能的自然秩序的法则。这样一个超感性的自然,它的概念同时能够是通过我们的自由意志将它实现出来的根据,它的可能性不需要任何先天的直观(对一个理知世界的直观),这种直观在这种场合下作为超感性的直观,对我们来说也必然会是不可能的。因为问题只取决于意愿在它的准则中的规定根据,那根据是经验性的呢,还是一个纯粹理性概念(关于一般准则的合法则性的概念),并且它又如何可能是后一种情况。意志的原因性对于实现客体是不是足够的,这仍然是托付给理性的理论原则去评判的事,这就是研究意愿客体的可能性,因而对这些客体的直观在实践的课题中根本不构成它的任何契机。在这里,事情只取决于意志的规定和作为自由意志的意愿的准则的规定根据,而不取决于后果。因为,只要意志对于纯粹理性来说是合法则的,那么意志在实行中的能力就可以是如其所愿的任何情况,既可以按照对一个可能的自然的这些立法准则而现实地从中产生出这样一个自然来,也可以不这样,对此这个批判是根本不关心的,它在此只研究纯粹理性是否和如何能够是实践的、即能够

54

直接规定意志的。

　　所以在这件工作中批判可以不受指责地从纯粹实践法则及其现实性开始，并且必须从此开始。但它不是把直观、而是把这些法则在理知世界中的存有的概念、即自由的概念作为这些法则的基础。因为这个概念并没有任何别的意思，而那些法则只有在与意志自由相关时才是可能的，并且在以意志自由为前提时是必然的，或者相反，意志自由是必然的，是由于那些法则作为实践的悬设是必然的。至于对道德法则的这种意识，或者这样说也一样，对自由的意识，是如何可能的，这是不能进一步解释的，不过它们的可容许性倒是完全可以在理论的批判中得到辩护。

　　对实践理性最高原理的阐述现在已经作出了，就是说，首先指明它包含什么内容，即它是完全先天地、不依赖于经验性原则而独立存在的；其次指明它在什么地方与其他一切实践原理区别开来。至于对这个原理的客观普遍的有效性的演绎即提供辩护理由，以及对这样一种先天综合命题的可能性的洞见，我们不可能指望像在讨论到纯粹理论知性的那些原理时一样顺利进行。因为后者涉及的是可能经验的对象，也就是现象，我们能够证明的是，只有通过把这些现象按照那些法则的标准纳入到诸范畴下来，这些现象才能作为经验的对象被认识，因而一切可能的经验都必须与这些法则相适合。但我不能在对道德法则进行演绎时采用这样一条思路。因为这涉及到的不是可以在别的地方以任何方式给予理性的有关对象性状的知识，而是在这范围内的知识，即它能成为对象本身实存的根据、并且通过这种实存理性就具有一个有理性的存在者中的原因性，这就是涉及到能够被看作一种直接规定着意志的能力的纯粹理性。

　　但现在，一旦我们达到了基本的力量或基本的能力，人类的一切洞见就结束了；因为这些能力的可能性是根本无法理解的，但同样也不容随意虚构和假定。因此在理性的理论运用中只有经验使我们有权假定它们。但在这里，在谈及纯粹的实践理性能力时，这种列举经验性的证据以取代从先天知识来源中进行演绎的代用品也被从我们这里夺走了。因为凡是需要从经验中为自己的现实性取得证明理由的东西，按照其可能性根据都必然依赖于经验原则，然而纯粹的、但却是实践的理性由于其概念就已经不可能被看作这样一类东西了。甚至道德法则也仿佛是作为我们先天意识到并且是必然确定的一个纯粹理性的事实而被给予的，即使假定我们在经验中找不到严格遵守这一法则的任何实例。所以道德法则的客观实在性就不能由任何演绎、任何理论的、思辨的和得到经验性支持的理性努力来证明，因而即使人们想要放弃这种必然确定性，也不能由经验来证实并这样来后天地得到证明，但这种实在性却仍是独自确凿无疑的。

取代对道德原则的这种被劳而无功地寻求的演绎的，是某种另外的但完全背理的东西，因为它反过来自己充当了某种玄妙莫测的能力的演绎的原则，这种能力不必被①任何经验所证明，但思辨理性却（为了在自己的宇宙论理念之下按照这能力的原因性找到无条件者，以便思辨理性不自相矛盾）至少必须把它假定为可能的，这就是自由的能力，对于自由，那本身不需要任何辩护理由的道德法则不仅证明它是可能的，而且证明它在那些认识到这个法则对自己有约束的存在者身上是现实的。道德法则实际上就是出于自由的原因性的一条法则，因而是一个超感性自然的可能性的法则，如同在感官世界中那些事件的形而上学法则是感性自然的原因性法则一样，因而道德法则规定的是思辨哲学曾不得不任其不加规定的东西，也就是其概念在思辨哲学中只具有消极性的那种原因性的法则，这就第一次使这条法则获得了客观实在性。

道德法则由于它本身是作为自由这种纯粹理性原因性的演绎原则而提出来的，它的这种信用就完全足以代替一切先天的辩护理由来补偿理论理性的某种需要，因为理论理性曾被迫至少假定某种自由的可能性。这是由于，道德法则以下述方式对于自己的实在性做出了即使思辨理性批判也会感到满意的证明，即它在一个曾经只是被消极地设想的、思辨理性批判无法理解但却不得不假定其可能性的原因性之上，加上了积极的规定，即一个直接地（通过意志准则的某种普遍合法则形式这个条件）规定着意志的理性的概念，这就第一次有能力做到赋予那在想要思辨地行事时总是用自己的理念夸大其辞的理性以客观的、虽然只是实践上的实在性，而把理性的先验

57

---

① 据 Vorländer，此处应为"不能被"。——编译者

的运用转变成内在的运用(即通过理念而本身就是在经验领域中起作用的原因)。

　　在感官世界本身中对存在者的原因性进行规定,这永远不能是无条件的,但这些条件的全部系列却必须有某种无条件者,因而也必须有一种完全由自身规定自身的原因性。因此自由作为一种绝对自发性能力的理念曾经并不是一种需要,相反,就其可能性而言,乃是一个纯粹思辨理性的分析原理。不过,由于决不可能在任何一个经验中给出与它相符合的一个例子,因为在作为现象的物的原因之中找不到任何对这一本身会是绝对无条件的原因性的规定,所以,我们只有在把一个自由行动的原因这个观念应用在感官世界中的某个存在者身上、即使这个存在者另一方面又被看作本体时,才能为这个观念辩护。因为我们已指出,就存在者的一切行动都是现象而言把这些行动看作是在身体上有条件的,同时却又在这行动的存在者是知性存在者的范围内把这些行动的原因性看作是身体上无条件的,这样使自由概念成为理性的调节性原则,这是并不矛盾的。通过后一种方式,我虽然根本没有认识到被赋予这样一种原因性的那个对象是什么东西,但毕竟为我的下述做法扫除了障碍,即一方面在解释世界的被给予性乃至于有理性存在者的行动时,公正地对待从有条件者到条件的无穷回溯这种自然必然性的机械作用,另方面却又给思辨理性保留一个为它空出来的位置,即保留理知的东西,以便把无条件者放到那里去。但我并不能把这个观念实在化,也就是不能把它转变为对一个哪怕只是单纯按其可能性而言的如此行动的存在者的知识。这个空的位置现在由纯粹实践理性通过在理知世界中的一个确定的原因性法则(通过自由)而填补了,这就是道德法则。这样一来,虽然对于思辨理性在它的洞见方面并没有丝毫增添,但却给它那悬拟的自由概念增加了保障,这个概念在这里获得了客观的、虽然只是实践的但却是无可怀疑的实在性。甚至就连原因性概念,它的应用、乃至于它的含义本来只是在与现象相关联、以便把现象联结为经验时才发生的(就如《纯粹理性批判》所证明的),实践理性也没有把它扩展到使它的运用超出所定的界限。因为假如实践理性意在于此,它就必然会想去指明,根据与后果的逻辑关系如何能够在不同于感性直观的另外一种直观方面得到综合的运用,也就是

causa noumenon① 是如何可能的；这是它根本做不到的，但它作为实践理性也完全不考虑这一点，因为它只是把作为感性存在者的人类的原因性（这是被给予的）的规定根据建立在纯粹理性中（这理性因此而叫做实践的），所以，它就能够在这里把原因概念为了理论知识而在客体上的应用完全弃置不顾（因为这个概念哪怕独立于一切直观，也总是在知性中被先天地见到），不是为了认识对象，而是为了规定一般对象上的原因性、因而只是在 ⁵⁹实践的意图上运用这个原因概念本身，并因而能把意志的规定根据放进事物的理知的秩序中去，因为它同时也乐于承认，它根本不理解这个原因概念对于认识这些事物可以有什么样的规定作用。它当然也必须以一定的方式来认识意志在感官世界中的行动这方面的原因性，因为否则实践理性就不能现实地产生任何行为了。但是，对于这个它所制定的有关它自己作为本体的原因性的概念，它不需要在理论上为了认识这原因性的超感性的实存而作出规定，因而无须在这范围内能够赋予这概念以意义。因为意义它是在别的地方获得的，虽然只是为了实践的运用，也就是通过道德法则而获得的。即使从理论上来看，这个概念也仍然是一个纯粹的、先天被给予的知性概念，它可以被应用于对象身上，不管这些对象是感性地还是非感性地被给予的；虽然在后一种场合下它不具有任何确定的理论意义和理论应用，而只是关于一个一般客体的形式的但却是重要的知性观念。理性通过道德法则使这概念获得的意义只是实践性的，因为一个原因性（即意志）的法则的理念本身就具有原因性，或者本身就是原因性的规定根据。

第二章　纯粹实践理性的对象的概念 ⁶⁸

　　我所说的实践理性的对象概念，是指作为自由所导致的可能结果的一个客体的表象。因而，作为这样一种可能结果而存在的实践知识的对象，只

---

　　①　拉丁文：本体的原因。——编译者

是意味着意志与这对象或者它的对立面将由以被现实地造成的那个行动的关系,而评判某物是不是一个纯粹的实践理性的对象,也只不过是在辨别是否有可能愿意有那样一个行动,这将使得某个客体当我们有这种能力(对此必须由经验来判断)时就会成为现实的。如果这个客体被假定为我们欲求能力的规定根据,那么通过对我们诸能力的自由运用而使它在身体上成为可能就必须先行于对它是不是一个实践理性对象的评判。反之,如果先天法则可以被看作行动的规定根据、因而这个行动可以被看作由纯粹实践理性所规定的,那么对某物是不是纯粹实践理性的对象而作的判断就完全不依赖于与我们身体上的可能性的比较,而问题就仅仅在于,假如事情由我们支配的话,我们是否可以愿意有这样一个针对某个客体的实存的行动,因而这一行动在道德上的可能性就必须是先行的了;因为这时并不是对象、而是意志的法则才是行动的规定根据。

所以,实践理性的唯一客体就是那些善和恶的客体。因为我们通过前者来理解欲求能力的必然对象,通过后者来理解厌恶能力的必然对象,但两者都依据着理性的一条原则。

如果善的概念不是由一条先行的实践法则中推出来的,而是反过来要充当这条法则的基础,那么这个概念就只能是关于这种东西的概念,它以其实存预示着愉快,并这样来规定主体将它产生出来的原因性,也就是规定着欲求能力。既然不可能先天地看出何种表象会带有愉快,何种表象却会带有不愉快,那么识别什么直接地是善或恶的关键就只在于经验了。这种经验唯一能在与主体的那种属性的关系中进行,这种属性就是愉快和不快的情感,即一种属于内感官的接受性,于是关于那直接是善的东西的概念就会仅仅针对着那与快乐的感觉直接结合着的东西,而关于那全然是恶的东西的概念则会必然仅仅与那直接引起痛苦的东西相关了。但这已经与语言的习惯用法相违背了,这种习惯用法把快适与善区别开来,把不快适与恶区别开来,并要求对善和恶任何时候都通过理性、因而通过能够普遍传达的概念来评判,而不是通过单纯的限制于个别主体及其感受性上的感觉来评判,但愉快和不愉快就自身而言却仍然不能先天地和某个客体的任何表象直接结合起来,所以,相信有必要把愉快的情感作为自己的实践评判的基础的哲学家,就会把作为达到快适的手段的东西称之为善的,而把作为不快适和痛苦的原因的东西称之为恶;因为对手段和目的的关系的评判当然是属于理性的。但是,尽管只有理性才有能力看出手段与其意图的关联(以至于我们本来也可以用目的的能力来定义意志,因为目的任何时候都是欲求能力的按照原则的规定根据),然而从上述善的概念中仅仅作为手段而产生的那些实践准则,永远也不会就自身而言包含某物作为意志的对象,而总是只包含对于任何目的是善的东西作为意志的对象:这种善任何时候都将只是有用的东西,而它所对之有用的东西则必定总是外在于意志而处于感觉中的。既然这种感觉作为快适的感觉必定会与善的概念不同,那么任何地方就都不会有什么直接的善,而善就会不得不在达到某种别的东西、即达到任何一种快意的那些手段中去寻求了。

经院派的一句老话是:nihil appetimus, nisi sub ratione boni;nihil aversamur, nisi sub ratione mali①;而这句话有一种往往是正确的、但也往往对哲学非常不利的用法,因为 boni[善]和 mali[恶]这两个术语包含有某种歧义,这要归咎于语言的局限,据此它们可以有双重含义,因而不可避免地使实践法则陷入盘桓不定,而哲学在运用它们时固然完全意识到同一个词的这种概念差异,但却不能为此找到任何特殊的表达方式,它们就迫使哲学作出微妙的区分,对于这些区分人们后来无法达成一致,因为这种区别没有能用任何合适的术语直接表明出来。②

德语有幸拥有一些不使这种差异遭到忽视的表达方式。对于拉丁语用一个唯一的词 bonum[善]来称呼的东西,德语有两个很不相同的概念,也有两种很不相同的表达:对于 bonum 来说就是善(Gute)和福(Wohl),对于

①　拉丁文:只以善为理由去追求,只以恶为理由去拒斥。——编译者

②　此外,sub ratione boni(以善为理由)这个说法也是有歧义的。因为它可以有这样的意思:如果、而且正由于我们欲求(意愿)某物,我们就把它表象为善的;但也可以是说:我们之所以欲求某物,是因为我们将它表象为善的,以至于,要么欲望是作为善的客体的概念之规定根据,要么善的概念是欲求(意志)的规定根据;因为 sub ratione boni(以善为理由)在前一种情况下将意味着我们在善的理念之下去意愿某物,在后一种情况下则意味着我们按照善的理念而意愿某物,善的理念必须是作为意愿的规定根据而先行于意愿的。——康德

malum[恶]来说就是恶(Böse)和祸(Übel 或苦[Weh]),以至于我们对一个行动所考察的是它的善和恶,还是我们的福和苦(祸),这是两种完全不同的评判。由此已经看出,上面那条心理学的原理至少还是很不确定的,如果它被翻译为:除非考虑到我们的福或苦,我们就不去欲求任何东西;相反,如果我们把它表示为:按照理性的指示,除了只是在我们认其为善的或是恶的时候,我们就不去意愿任何东西,那么这条原理就成了确定无疑的,同时又是完全清楚地表达出来的了。

71

福或祸永远只是意味着与我们的快意或不快意、快乐和痛苦的状态的关系,而如果我们因此就欲求或厌恶一个客体,那么这种事只要它与我们的感性及它所引起的愉快和不愉快的情感相关时就会发生。但善或恶任何时候都意味着与意志的关系,只要这意志由理性法则规定去使某物成为自己的客体;正如意志永远也不由客体及其表象直接规定,而是一种使理性规则成为自己的(由以能实现一个客体的)行动的动因的能力一样。所以,善和恶真正说来是与行动、而不是与个人的感觉状态相关的,并且,如果某物应当是绝对地(在一切方面而且再无条件地)善的或恶的,或者应当被看作是这样的,那它就只会是行动的方式,意志的准则,因而是作为善人或恶人的行动着的个人本身,但却不是一件可以被称为善或恶的事物。

所以,一个斯多亚派的人在剧烈的痛风发作时喊道:疼痛,你尽管更厉害地折磨我吧,我是永远也不会承认你是某种恶的东西(κακον,malum)的!我们当然可以嘲笑他。但他毕竟是对的。他所感到的是一种祸,这是他的喊叫所透露了的;但因此就在他身上看出一种恶,这是他根本没有理由承认的;因为疼痛丝毫也不减少他的人格的价值,而只是减少他的健康状况的价值。只要他意识到自己曾说过一次谎,这谎言就必定会打消他的勇气了;但疼痛却只会成为使他高尚的理由,如果他意识到了他并不是由于任何不正

72 当的行动而招致了这种痛苦、并因此而使自己活该受到惩罚的话。

凡是我们要称之为善的,必须在每个有理性的人的判断中都是一个欲求能力的对象,而恶则必须在每个人眼里是一个厌恶的对象;因而这种评判所需要的除了感官之外,还有理性。这种情况与那和谎言相反的真实和强暴相反的公正等等是同样的。但我们可能把某物称之为一种祸,而同时每

个人却又必须把这种祸有时间接地，有时甚至是直接地宣称为善的。一个要接受一次外科手术的人毫无疑问会觉得这场手术是一种祸；但他以及每个人都会通过理性把它解释为善的。但如果有一个人喜欢戏弄和搅扰那些爱好宁静的人们，终于有一次碰了钉子并遭到了一顿痛打：那么这当然是一种祸，但每个人都会为此鼓掌并认为这事本身是善的，哪怕从中并不会产生出任何别的东西；甚至那遭受到这顿痛打的人，通过他的理性也必定会认识到这事对他是公正的，因为他看到理性所不可避免地向他劝告的在安乐和善行之间的相称在这里精确地实现了。

当然，在我们实践理性的评判中，很大程度上取决于我们的福和苦，并且在涉及到我们作为感性存在者的本性时，一切都取决于我们的幸福，如果这种幸福如理性首先所要求的，不是根据转瞬即逝的感觉，而是根据这种偶然性在我们全部实存及对这种实存的满意上所具有的影响来评判的话；但并不是一般说来一切事都取决于这一点。人就他属于感官世界而言是一个有需求的存在者，在这个范围内，他的理性当然有一个不可拒绝的感性方面的任务，要照顾到自己的利益，并给自己制定哪怕是关于此生的幸福、并尽可能也是关于来生的幸福的实践准则。但人毕竟不那么完全是动物，面对理性为自己本身所说的一切都无动于衷，并将理性只是用作满足自己作为感性存在者的需要的工具。因为如果理性只应当为了那本能在动物身上所做到的事情而为他服务的话，那么他具有理性就根本没有将他在价值方面提高到超出单纯动物性之上；这样理性就会只是自然用来装备人以达到它给动物所规定的同一个目的的一种特殊的方式，而并不给他规定一个更高的目的。所以他固然根据这个一度对他作出的自然安排而需要理性，以便随时考察他的福和苦，但此外他拥有理性还有一个更高的目的，也就是不仅仅要把那本身就是善或恶的、且唯一只有纯粹的、对感性完全不感兴趣的理性才能判断的东西也一起纳入到考虑中来，而且要把这种评判与前一种评判完全区别开来，并使它成为前一种评判的至上条件。

在这样评判本身是善的或恶的东西，以区别于那只和福或祸相关而可能被称为善或恶的东西时，有如下几点是关键。要么理性的原则本身已经被思考为意志的规定根据，而无需考虑欲求能力的可能客体（因而仅仅是

73

凭借准则的合法则的形式);于是,那条原则就是先天的实践法则,而纯粹
理性自身就被看作是实践的了。这样一来,这条法则就直接地规定着意志,
按照这种意志的行动就是本身自在地善的,一个意志的准则永远按照着这
条法则,这意志就是绝对地、在一切方面都善的,并且是一切善的东西的至
上条件。要么,欲求能力的规定根据先行于意志的准则,这意志以一个愉快
和不愉快的客体、因而以某种使人快乐或痛苦的东西为前提,并且趋乐避苦
这条理性准则规定那些行动如何相对于我们的爱好而言、因而仅仅间接地
(考虑到另外的目的,而作为这目的的手段)是善的,这样一来,这些准则就
永远不能称之为法则,但仍可以称为理性的实践规范。这目的本身,即我们
所寻求的快乐,在后一种情况下并不是善,而是福,不是一个理性概念,而是
一个有关感觉对象的经验性的概念;不过,对达到这目的的手段的运用、亦
即那个行动(由于为此需要理性的思考)却还是叫作善的,但并不是绝对的
善,而只是在与我们感性的关系中、考虑到它的愉快和不愉快的情感的善;
但由此被刺激起意志的准则时,这个意志就不是纯粹的意志,纯粹的意志只
指向那种东西,在其上纯粹理性能够自身就是实践的。

　　这里正是对这个方法的悖论通过实践理性批判加以解释的地方:就是
说,善和恶的概念必须不先于道德的法则(哪怕这法则表面看来似乎必须
由善恶概念提供基础),而只(正如这里也发生的那样)在这法则之后并通
过它来得到规定。因为即使我们没有意识到德性的原则是一个纯粹的、先
天规定意志的法则,但为了不完全白白地(gratis)假定一些原理,我们至少
总还必须在开始的时候,让意志是只有经验性的规定根据还是也具有纯粹
先天的规定根据这个问题留在未决之中;因为预先把人们应当首先去决定
的东西已经假定为决定了的东西,这是违背哲学研究的一切基本规则的。
假设我们现在要从善的概念开始,以便从中推出意志的法则来,那么关于某
个对象(作为善的对象)的概念就会同时把这个对象说成是意志的唯一规
定根据。由于现在这个概念将没有任何先天实践法则作为准绳,所以善或
恶的标准就只有可能建立在对象与我们的愉快和不愉快的情感的一致之
中了,而理性的运用就只可能部分地在于,在与我的生活的一切感觉的整个关
联中来规定这种愉快或不愉快,部分地在于规定那些使我获得愉快或不愉

快的对象的手段。既然什么是与愉快情感相符合的,这只有通过经验才能 75
够决定,而实践法则按照提示却应当在此之上以之为条件建立起来,那么这
就恰好把先天实践法则的可能性排除掉了:因为人们会认为有必要预先想
到去为意志找出一个对象来,对它的概念作为一个善的东西的概念就必然
会构成意志的那种普遍的、尽管是经验性的规定根据。但原来预先有必要
考察的却是:是否也会有一种先天的意志规定根据(它永远都不会在任何
别的地方、而只会在某种纯粹实践法则中发现,也就是在这个法则仅仅给准
则颁定合法则的形式而不考虑某个对象的限度内发现)。但由于我们已经
把一个对象按照善和恶的概念当作了一切实践法则的基础,而那个对象没
有先行的法则却只能按照经验性的概念来设想,所以我们就已经把哪怕只
是设想一个纯粹实践法则的可能性都预先取消了;因为反过来,我们如果预
先对纯粹实践法则作过分析性的研究的话,我们本来会发现,并不是作为一
个对象的善的东西的概念规定了道德法则并使之成为可能的,而是相反,道
德法则才首先把善的概念就其完全配得上这一名称而言规定下来并使之成
为可能的。

　　这个仅仅涉及到至上的道德研究的方法的说明是很重要的。它一下子
就澄清了哲学家们在道德的至上原则方面的一切迷误的起因。因为这些哲
学家寻找意志的某种对象,以便使它成为一个法则的质料和根据(据说这
样一来,这个法则就不是直接地、而是借助于那个被带到愉快和不愉快的情
感上来的对象而成为意志的规定根据),而不是本来应该做的,首先探求一
条先天地直接规定意志、并按照这意志才来规定对象的法则。于是他们曾
经想把这个愉快的对象,即据说是适合于充当善的至上概念的对象,在幸福
中、在完善中、在道德情感中,或是在上帝的意志中建立起来,于是他们的原 76
理每次都是他律,他们不可避免地必然碰到了一个道德法则的种种经验性
条件:因为他们只有按照意志与每次都是经验性的情感的直接关系,才能把
他们的作为意志之直接规定根据的对象称之为善的或恶的。只有一条形式
的法则,亦即这样一条仅仅将理性的普遍立法形式向理性颁定为诸准则的
最高条件的法则,才能够先天地是实践理性的一个规定根据。然而,古人不
加掩饰地透露了这个错误,因为他们把自己的道德研究完全建立在对至善

概念的规定之上,因而建立在对某种对象的规定之上,然后他们又想使这个对象成为在道德法则中意志的规定根据:即一个客体,它是远在道德法则首先自己得到证明并作为意志的直接规定根据而得到辩护以后,才能对那个从此就按其形式而被先天地规定了的意志表现为对象的,这件事我们将在纯粹实践理性的辩证论中来尝试一下。在近代人那里有关这个至善的问题似乎已经过时了,至少已成为了只是附带的事情,他们把上述错误(如同在许多别的情况下那样)隐藏在一些不确定的词句后面,然而人们仍然从他们的体系中看到这种错误在透露出来,因为这样一来这种错误处处都显露出了实践理性的他律,从这里面永远也不可能产生出一种先天普遍地下命令的道德法则。

　　既然善和恶的概念作为先天意志规定的结果也是以纯粹实践原则、因而是以纯粹理性的某种原因性为前提的:所以它们从根源上说,并不像纯粹知性概念或被理论地运用的理性的范畴那样(例如作为对被给予的直观的杂多在一个意识中的综合统一性所作的规定)与客体相关,那些概念或范畴毋宁说是把这些客体预设为被给予的了;反之,善和恶的概念全都是一个唯一的范畴即原因性范畴的诸样态(modi),只要它们的规定根据在于某个原因性法则的理性表象,理性把这法则作为自由的法则给予它自己,并由此而先天地证明自己是实践的。但由于这些行动一方面虽然是在一条本身并非自然法则、而是自由法则的法则之下,因而是属于理知的存在者的行为的,但另方面却又是作为感性世界的事件而属于现象的,所以一个实践理性的诸规定将只在与感性世界的关系中才能发生,因而虽然是符合于知性范畴的,但不是为了知性的某种理论的运用,以便把(感性的)直观的杂多纳入某种先天的意识之下,而只是为了使欲求的杂多服从于一个以道德法则下命令的实践理性的或一个纯粹先天意志的意识统一性。

　　这些自由范畴,因为我们要这样称呼它们、而不是称呼那些作为自然范畴的理论概念,它们就具有对后面这些概念的明显的优越性,即由于后面这些范畴只是一些仅仅通过普遍概念而不确定地为任何我们所可能的直观表明一般客体的思维形式,与此相反,前面这些范畴则是指向某种自由的任意的规定的(这种规定虽然不能有任何直观与之完全相应地被给出,但却已经以一个先天的纯粹实践法则为基础了,而这是在我们认识能力的理论运用的任何概念那里都不会发生的),所以它们作为实践的要素概念,并不以那种不存在于理性本身中、而必须由别的地方即必须从感性中拿来的直观形式(空间和时间)为基础,而是以在理性中、因而在思维能力本身中作为被给予了的某种纯粹意志的形式为基础;因此就发生了这种情况,即由于在纯粹实践理性的一切规范中所关心的只是意志的规定,而不是实现意志的意图的(实践能力的)自然条件,所以先天的实践概念在与自由的至上原则的关系中立即就成为了知识,而不能期待直观来获得意义,也就是说,是出于这种值得注意的理由,即由于它们是自己产生出它们与之发生关系的东西的现实性(意志意向)的,而这根本不是理论概念的事情。只是我们必须注意,这些范畴所涉及的只是一般的实践理性,因而在它们的秩序中是从在道德上尚未确定并且还以感性为条件的范畴,而逐步进向那些不以感性为条件而完全只由道德法则来规定的范畴。

78

着眼于善恶概念的自由范畴表

1. 量

主观的、按照准则的(个体的执意)

客观的、按照原则的(规范)

既是先天客观的又是主观的自由原则(法则)

2. 质	3. 关系
践行的实践规则(praeceptivae①)	与人格的关系
制止的实践规则(prohibitivae②)	与个人状态的关系

---

① 拉丁文:命令。——编译者

② 拉丁文:禁止。——编译者

| 例外的实践规则（exceptivae①） | 个人对其他个人的状态的交互关系 |

4.模态

允许的事和不允许的事

义务和违背义务的事

完全的义务和不完全的义务

我们在这里马上就会看出，在这张表中自由就通过它而成为可能的那些作为感官世界中的现象的行动而言，将会被看作某种原因性，但这种原因性并不服从经验性的规定根据，因而它会与这些行动的自然可能性的诸范畴相关，然而每个范畴却被这样普遍地来理解，以至于那个原因性的规定根据也可以被认为是外在于感官世界而处在作为某个理知的存在者的属性的自由中的，直到模态的诸范畴引入从一般的实践原则向德性原则的过渡，但只是悬拟地引入，然后德性原则才能通过道德法则被独断地表达出来。

79

我在这里不再对目前这个表附加任何另外的解释，因为它自身是足够明白的。这样的一种按照原则而拟定的划分不论在它的彻底性上还是在明晰性上都是非常有助于一切科学的。所以例如说我们从上表和它的第一栏中马上就知道了，我们在实践的权衡中必须从何处开始：从每个人建立在他的爱好之上的准则开始，从有理性的存在者就他们在某些爱好上相一致而言对他们的类都有效的规范开始，最后是从不管他们的爱好而对一切人都有效的法则开始，等等。以这种方式，我们就概览了全部我们必须做的事情的计划，甚至概览了实践哲学必须回答的每个问题以及同时必须遵守的次序。

…… ……

---

① 拉丁文：例外。——编译者

第三章　纯粹实践理性的动机

84

　　行动的一切德性价值的本质取决于道德法则直接规定意志。如果对意志的规定虽然是符合道德法则而发生的,但却是借助于某种情感,不论这种为了使道德法则成为意志的充分规定根据而必须预设的情感具有何种性质,因而,不是为了这法则而发生的:那么这行动虽然将包含有合法性,但却不包含道德性。既然动机(elater animi①)被理解为存在者意志的主观规定根据,而这存在者的理性并非由于他的天性就已经必然是符合客观法则的,那么由此首先将推出:我们不能赋予上帝的意志以任何动机,但人的意志的动机(以及任何被创造的有理性的存在者的意志的动机)却永远只能是道德法则,因而行动的客观规定根据任何时候、并且唯有它才同时必须又是行动的主观上充分的规定根据,如果这种行动应当实现的不只是法则的不包含其精神②的条文的话。

　　所以,既然我们为了道德法则之故,以及为了使道德法则获得对意志的影响,必须不寻求任何另外的有可能会缺少道德法则的动机,因为这将会导致一切不能持久的十足伪善,甚至哪怕只是在道德法则之外还让别的一些动机(作为利益的动机)一起发生作用,也是要当心的:那么留给我们的就无非只是谨慎地去规定,道德法则成为动机将采取何种方式,以及由于动机是道德法则,与人的欲求能力一起并作为那个规定根据对这种能力的结果而发生的是什么。因为一条规则如何能独自地直接就是意志的规定根据(这毕竟是一切道德性的本质),这是一个人类理性无法解决的问题,它与一个自由的意志是如何可能的这个问题是一样的。所以我们将必须先天地

85

────────────

　　①　拉丁文:心灵的鼓动。——编译者
　　②　对于任何合乎法则但却不是为了法则而发生的行动,我们都可以说:它只是按照条文、而不是按照精神(意向)来说是道德上善的。——康德

指出的,不是道德法则何以会在自身中充当一种动机的那个根据,而是就其作为这样一个动机而言在内心中所起的(更准确地说,必然起的)作用。

由德性的法则对意志所作的一切规定的本质在于:意志作为自由意志,因而并非仅仅是没有感性冲动参与的意志,而是甚至拒绝一切感性冲动并在一切爱好有可能违背这法则时中止这些爱好的意志,它是单纯由这法则来规定的。所以就这范围而言,道德法则作为动机的作用只是否定的,并且这样一种动机本身能够先天地被认识。因为一切爱好和任何感性的冲动都是建立在情感上的,而对情感(通过爱好所遭到的中止)的否定作用本身也是情感。于是我们可以先天地看出,道德法则作为意志的规定根据,由于它损害着我们的一切爱好,而必然会导致一种可以被称之为痛苦的情感,并且在此我们就有了第一个、也许甚至是唯一的一个例子,在其中我们有可能从先天的概念出发来规定一种知识(在这里就是一种纯粹实践理性的知识)对愉快或不愉快的情感的关系。一切爱好合起来(它们当然也可以被归入某种尚可容忍的学说中,这时它们的满足就叫作自身幸福)构成了自私(so-lipsismus①)。这种自私要么是自爱的、即对自己本身超出一切之上地关爱
86　的自私(Philautia②),要么是对自己本身感到称意(Arrogantia③)的自私。前者特别称作自矜,后者特别称作自大。纯粹实践理性对自矜仅仅是中止而已,因为它把这样一种在我们心中自然地并且还是在道德法则之先活动的自矜限制在与这一法则相一致的条件下;于是这时它就被称之为一种有理性的自爱。但纯粹实践理性完全消除自大,因为一切发生在与德性法则相协调之前的对自我尊重的要求都是不值一提的和没有任何资格的,因为正是与这一法则相协调的某个意向的确定性才是一切个人价值的首要条件(如我们马上就会说明的那样),而任何先于这种确定性的强求都是错误的和违背法则的。于是这种自我尊重的偏好就其只是基于感性之上而言,也是属于道德法则所要中止的爱好之列的。所以道德法则消除着自大。但既

---

① 拉丁文:唯我主义。——编译者
② 拉丁文:爱己。——编译者
③ 拉丁文:自负。——编译者

然道德法则毕竟还是某种自身肯定的东西,也就是一种智性的原因性、即自由的形式,那么由于它与主观上的对立物、也就是与我们心中的爱好相反而减弱着自大,所以它同时就是一个敬重的对象,又由于它甚至消除着自大,亦即使之谦卑,所以它是一个最大的敬重的对象,因而也是一种不是来源于经验性而是被先天认识的肯定性情感的根据。所以对道德法则的敬重是一种通过智性的根据起作用的情感,这种情感是我们能完全先天地认识并看出其必然性的唯一情感。

我们在上一章已看到,一切先于道德法则而呈现为意志客体的东西,都通过这个作为实践理性的至上条件的法则本身以无条件的善的名义而被排除在意志的规定根据之外了,并且,这个以诸准则与普遍立法相适应为内容的单纯实践形式才首次对那自在地和绝对地是善的东西进行了规定,并建立起唯一地在一切方面都是善的那个纯粹意志的准则。但现在,我们发现我们的本性作为感性的存在者具有这种性状,即欲求能力的质料(爱好的对象,不论是希望还是恐惧)首先是不由自主的,而我们的可从病理学上规定的自己,虽然通过自身的准则是完全不适合于普遍立法的,但却力图使其要求预先地并作为第一的和原始的要求发生效力,就好像这构成了我们的整个自己一样。我们可以把这种按照其意志的主观规定根据而使自己成为一般意志的客观规定根据的偏好称之为自爱,这种自爱如果把自己当作立法性的、当作无条件的实践原则,就可以叫作自大。于是,那唯一真正(即在一切方面)客观的道德法则就完全排除了自爱对至上的实践原则的影响,并无限地中止了把自爱的主观条件颁定为法则的自大。既然凡是在我们自己的判断中中止我们的自大的东西,都使人谦卑,所以道德法则不可避免地使每个人通过他把自己本性的感性偏好与这法则相比较而感到谦卑。那以其表象作为我们意志的规定根据在我们的自我意识中使我们感到谦卑的东西,就其是肯定的并且是规定根据而言,就为自己唤起敬重。所以道德法则哪怕在主观上也是敬重的一个根据。既然一切在自爱中遇到的东西都属于爱好,一切爱好却基于情感之上,因而凡是使在自爱中所有的爱好全部中止的东西都正因此而必然对情感有影响,那么我们就领会到,如何可能先天地看出,道德法则通过把爱好和使爱好成为至上实践条件的这种偏好、也

87

就是把自爱排除在任何参与至上立法的活动之外,而能够对情感发生作用,这种作用一方面只是否定性的,另一方面,也就是在纯粹实践理性的限制性根据方面,则是肯定性的,并且,为什么根本不允许把任何特殊种类的情感以实践情感和道德情感的名义假定为先行于道德法则并为之奠定基础的。

对情感的这种否定性的作用(不快意),正如对情感的一切影响和对任何一般情感的影响一样,是病理学上的。但作为道德法则意识的作用,因而就某种智性原因即作为至上立法者的纯粹实践理性的主体来看,一个被爱好所刺激着的有理性的主体的这种情感虽然叫作谦卑(智性的轻视),但就这种谦卑的肯定的根据即法则来看同时又是对法则的敬重,对于这种法则根本没有任何情感发生,而是在理性的判断看来,由于克服了前进中的阻力,对障碍的清除就等于是对这原因性的一种肯定的促进了。因此这种情感也就可以称之为对道德法则的一种敬重的情感,但由于把这两个理由加在一起,它就可以被称之为道德情感了。

所以,道德法则,正如它通过实践的纯粹理性而是行动的形式上的规定根据,以及它以善和恶的名义虽然也是行动对象的质料上的、但却只是客观的规定根据那样,它也是该行动的主观的规定根据,即动机,因为它对主体的感性有影响,并产生一种对法则影响意志有促进作用的情感。在这里主体中预先并没有任何与道德性相配的情感发生。这本是不可能的,因为一切情感都是感性的;但德性意向的动机却必须是摆脱一切感性条件的。毋宁说,为我们的一切爱好奠定基础的感性情感虽然是我们称之为敬重的那种感觉的条件,但对这情感进行规定的原因却在纯粹实践理性中,因此这种感觉由于它的来源而不可能是病理学上的,而必定是在实践上产生出来的:因为既然道德法则的表象排除了自爱的影响和自大的妄想,这就减少了纯粹实践理性的阻碍,并产生出纯粹实践理性的客观法则优越于感性冲动的表象,因而在理性判断中使这法则的重量通过减去与之相抗衡的重量而相对地(就一个由感性所刺激的意志而言)产生出来。于是对法则的敬重并不是对德性的动机,相反,它就是在主观上被看作动机的德性本身,这是因为纯粹实践理性由于它拒绝了与它相对立的自爱的一切要求,而为现在唯一有影响的法则取得了尊严。在此我们现在要注意的是:一旦敬重是对情感的一种作用、因而是对一个有理性的存在者的感性的作用,这就预设了这种感性为前提,因而也预设了这样一些存在者的有限性为前提,是道德法则使这些存在者担当起敬重来的,而对一个最高的、乃至摆脱了一切感性、因而感性也决不可能是其实践理性的障碍的存在者,我们是不能赋予他对法则的敬重的。

所以这种(冠以道德情感之名)的情感仅仅是由理性引起的。它并不用来评判行动,也根本不用来建立起客观的德性法则本身,而只是用作动机,以便使德性法则自身成为准则。但我们能给这样一种特异的、不能和任何病理学情感相比拟的情感取一个什么更恰当的名称呢? 它是这样一种特别的情感,即它显得仅仅服从于理性的、也就是实践的纯粹理性的命令。

敬重任何时候都只是针对人的,而决不是针对事物的。后者可以在我们心里唤起爱好,并且如果是动物的话(如马、狗等等),甚至能唤起爱,或者就是恐惧,如大海,一座火山,一头猛兽,但从来不唤起敬重。与这种情感已经很接近的某种情感是惊奇,惊奇作为激情,即惊叹,也可以针对事物,如高耸入云的山峰,天体的巨大、繁多和遥远,有些动物的力量和速度等等。但这一切都不是敬重。一个人可以是我的一个爱的对象,恐惧的对象,或者惊奇的对象,甚至达到惊叹,但毕竟决不能因此就是敬重的对象。他的风趣的性情,他的勇气和强壮,他由于在别人中的地位而具有的影响力,都能引起我这样一类的感觉,但却总还是缺乏对他的内心敬重。丰特奈尔①说:我在贵人面前鞠躬,但我的精神并不鞠躬。我可以补充说:在一位出身微贱的普通市民面前,当我发觉他身上有我在自己身上没有看到的那种程度的正直品格时,我的精神鞠躬,不论我是否愿意,哪怕我仍然昂首挺胸以免他忽视了我的优越地位。这是为什么? 他的榜样在我面前树立了一条法则,当我用它来与我的行为相比较,并通过这个事实的证明而亲眼看到了对这条法则的遵守、因而看到了这条法则的可行性时,它就消除了我的自大。即使我意识到自己有同样程度的正直,这种敬重也仍会保持。因为既然在人身

① Fontenelle, Bernard Le Bover, Sieur de(1657—1757)法国科学家,作家,启蒙思想家。——编译者

上一切善都是有缺陷的,所以那凭借一个榜样而变得直观的法则就仍然总在消除着我的骄傲,对此,我亲眼所见的这位人士就充当了一个尺度,他在自己身上总还是可能带有的那种不纯洁性对我来说并不像我自己的不纯洁性那样为我所熟悉,因而他在我眼里就显示出更纯粹的光辉。敬重是无论我们愿意不愿意,对于功德我们都无法拒绝给予的一种赞许;我们顶多可以在表面上不流露出这一点,但我们却不能防止在心里面感觉到它。

91　　敬重很难说是一种愉快的情感,以致我们在看重一个人时陷入敬重只是不情愿的。我们试图找出能够使我们减轻敬重这一负担的东西,找出任何一种瑕疵,以便补偿由这样一个榜样使我们产生的谦卑所带来的损失。就连死去的人,尤其是当他的榜样显得是无法模仿的时,也并不总是幸免于这种批评的。甚至庄严伟岸的道德法则本身也被暴露于这样一种抵制对它的敬重的企图面前。我们难道可以认为,除了我们想要摆脱这种吓人的、如此严肃地责备我们的不自重的敬重之外,我们之所以喜欢把道德法则贬低为自己的亲切的爱好,可以归咎于某种别的原因吗?难道为了使道德法则成为对我们自己应该注意的利益的随心所欲的规范,所做出的一切这样的努力都是出于别的原因?尽管如此,在这里面却毕竟又很难说有不愉快:以致当我们一旦摆脱了自大并允许那种敬重产生实践上的影响,我们又可以对这条法则的美妙庄严百看不厌,并且当灵魂看到这条神圣的法则超越于自己和自己那脆弱的天性之上的崇高性时,便会相信自己本身在这种程度上被提高了。虽然伟大的天才和与他们相称的活动也可以引起敬重或与此类似的情感,而且把这种情感献给他们也是完全正当的,而这时看起来就好像惊奇和那种感觉就是完全一样的了。不过如果我们更仔细地考察就会发现,由于在这种熟巧上有多少成分应归于天生的天才,有多少成分应归于通过自己的勤奋而来的修养,这永远还是不确定的,所以理性就把这种熟巧推测性地向我们表象为修养的结果,因而表象为功劳,这显然就压抑了我们的自大,并且要么在这点上责备我们,要么责成我们以和我们相适合的方式来遵行这样一种榜样。所以它并不仅仅是惊奇,它是我们对这样一个个人(真正说来是对他的榜样向我们摆明的法则)表示的敬重;这由如下一点也得到证实:当众多平庸的倾慕者相信他们从另外什么地方得知了一个这样

的人物(如伏尔泰)的性格上的劣迹时,就不再对他有任何敬重了,但真正
的学者却至少着眼于他的天才而仍然总还是感到这种敬重,因为他本人卷　92
入某种事务和职业中,这就使对这人的模仿在某种程度上成为他的法则。

　　所以,一当这种情感甚至不针对任何别的客体,而只针对出自这一根据
的客体时,对道德法则的敬重就是唯一的并且同时又是无可怀疑的道德动
机了。首先,道德法则客观地、直接地在理性判断中规定意志;但只有通过
法则才能规定其原因性的自由却正是在于,它把一切爱好、因而把个人的自
尊都限制在对自身纯粹法则的遵守这一条件上。这一限制于是就对情感发
生作用,并产生出能够出于道德法则先天地认识到的不愉快的感觉。但由
于这种限制在这方面只是一种否定的作用,它作为从一个纯粹实践理性的
影响中产生出来的作用,首先对主体的那种以爱好作为其规定根据的活动、
因而对他的个人价值(这种价值不和道德法则相一致就被贬为一钱不值)
的看法造成了损害,所以,这种法则对情感的作用就只是使之谦卑,因而我
们虽然能先天地看出这种谦卑,但在这上面却不能认识到作为动机的纯粹
实践理性法则的力量,而只能认识到对感性动机的抵抗。但由于这条法则
毕竟客观上、也就是在纯粹理性的表象中是意志的一个直接的规定根据,因
而这种谦卑只是相对于法则的纯粹性才发生,所以在感性方面对道德上的
自重的资格的贬低、亦即使之变得谦卑,就是在智性方面对法则本身的道德
上的、即实践的尊重的提升,简言之,就是对法则的敬重,因而也是一种按其
智性原因来说的积极的情感,它是先天被认识到的。因为对一种活动的阻
力的任何减少都是对这种活动本身的促进。但对道德法则的承认就是对实
践理性的某种出自客观根据的活动的意识,这种活动只是由于主观原因
(病理学上的原因)对它的阻碍才没有在行动中表现出自己的作用。所以
对道德法则的敬重也必须被看作这法则对情感的肯定的、但却是间接的作　93
用,只要这法则通过使自大谦卑化而削弱了各种爱好的阻碍性影响,因而,
这敬重也必须被看作活动的主观根据,即看作遵守这法则的动机,以及与这
法则相符合的生活作风的准则的根据。从动机的概念中产生出某种兴趣的
概念,这兴趣永远只能赋予一个有理性的存在者,并且意味着意志的动机,
只要这动机通过理性表象出来。由于法则本身在一个道德上善的意志中必

须是动机,所以道德的兴趣就是单纯实践理性的一个纯粹的不依赖于感性的兴趣。建立在兴趣概念上的也有某种准则的概念。所以准则只有当它仅仅以人们对遵守法则所怀有的兴趣为基础时,它才在道德上是纯正的。但所有这三个概念,即动机概念、兴趣概念和准则概念,只能被应用于有限的存在者上。因为它们全都以一个存在者的本性的某种限制性为前提,因为该存在者的任意性的主观性状与一个实践理性的客观法则并不自发地协调一致;这就有一种通过什么而被推动得活动起来的需要,因为某种内部的阻碍是与这种活动相对抗的。所以这些概念在上帝的意志上是不能应用的。

在对纯粹的、去掉了一切利益的道德法则的无限的尊崇中,有某种如此特别的东西,正如实践理性把它推荐给我们来遵守,而实践理性的声音甚至使最大胆的恶棍也感到战栗、并迫使他躲避这法则的目光那样:以至于我们不必奇怪,我们发现单纯智性的理念对情感的这种影响在思辨理性看来是无法解释的,而且不得不满足于我们竟然还能先天地看出一个这样的情感是不可分割地与每个有限的理性存在者心中的道德法则表象结合着的。假如这种敬重的情感是病理学上的,因而是一种建立在内部感官上的愉快情感,那么想要揭示出这愉快与任何一种先天理念的关联就会是白费力气了。

94　但现在,这是一种仅仅面向实践的情感,并且它只是按照法则的形式、而不是由于法则的任何一个客体而与法则的表象相联系的,因而它既不能算作快乐,也不能算作痛苦,但却对遵守这一法则产生出某种兴趣,我们将它称之为道德的兴趣;这就是为什么就连对法则怀有这样一种兴趣的能力(或对道德法则本身的敬重)真正说来也就是道德情感。

关于意志自由地、却又与某种不可避免的、但只是由自己的理性加于一切爱好上的强制结合着而服从法则的意识,就是对法则的敬重。那要求并且也引起这种敬重的法则,如我们所看到的,无非是道德法则(因为没有任何其他的法则是把一切爱好从它们对意志的影响的直接性中排除出去的)。那在客观实践上按照这一法则并排除一切出自爱好的规定根据的行动叫作义务,它为了这种排除之故在自己的概念中如此不情愿地包含有实践上的强迫,即对行动的规定,不论这些行动如何发生。来自这种强迫意识的情感不是病理学上的、即由一个感性对象引起的那种情感,相反,它仅仅是实践上的,也就是通过一个先行的(客观的)意志规定和理性的原因性才可能的。所以,这种情感作为对法则的服从,即作为命令(它对于受到感性刺激的主体宣告了强制),并不包含任何愉快,而是在这方面毋宁说于自身中包含了对行动的不愉快。不过反过来说,由于这种强制只是通过自己的理性的立法而施行的,这种情感也就包含有提升,包含有对情感的主观作用,只要它的唯一的原因是纯粹实践理性,因而,它也可以叫作只是在纯粹实践理性方面的自我批准,因为我们认识到自己是没有任何利害[兴趣]而只凭法则被规定为这样的,并从此就意识到一种完全不同的、由此而在主观上产生出来的兴趣,它是纯粹实践的和自由的。对某种合乎义务的行动所抱的这种兴趣决不是听从爱好的建议,而是理性通过实践的法则绝对地命令并且也是实际地产生的,但因此也就带有一个完全独特的名称,即敬重这一名称。 95

所以义务的概念客观上要求行动与法则相符合一致,但主观上要求行动的准则对法则的敬重,作为由法则规定意志的唯一的方式。而基于这一点,就有了合乎义务所做的行动的意识和出于义务、即出于对法则的敬重所做的行动的意识之间的区别,其中前者(即合法性)哪怕是只有爱好成了意志的规定根据时也是可能的,但后者(道德性),即道德价值,则必然只是建立在行动出自于义务而发生、也就是仅仅为了法则而发生这一点上。①

在一切道德评判中最具重要性的就是以极大的精确性注意到一切准则的主观原则,以便把行动的一切道德性建立在其出于义务和出于对法则的敬重的必然性上,而不是建立在出于对这些行动会产生的东西的喜爱和好感的那种必然性上。对于人和一切被创造的理性存在者来说,道德的必然性都是强迫,即责任,而任何建立于其上的行动都必须被表现为义务,而不是被表现为已被我们自己所喜爱或可能被我们自己喜爱的做法。就好像,

---

① 如果我们精确地权衡对个人的敬重这个概念,正如它在前面已被阐明的那样,那么我们就发现,它总是建立在给我们树立起一个榜样的义务这种意识上的,因而敬重永远只能拥有一个道德上的根据,而凡是在我们运用这一术语的地方,注意到人在他的评判中对于道德法则所怀有的那种隐秘的和值得惊叹的、但在此也常常表现出来的顾虑,这是非常好的,甚至从心理学的眼光来看对于人的知识也是很有用的。——康德

我们有朝一日能做到无须对于法则抱有那种与害怕违禁的恐惧、至少是耽忧结合着的敬重，我们就能像那超越于一切依赖性之上的神性一样自发地、仿佛是通过一种成为了我们的本性而永远不会动摇的意志与纯粹道德律之间的协调一致（因而道德律由于我们永远不可能被诱使去背弃它，也许最终就有可能完全不再对我们是命令了），而在某个时候能具有意志的某种神圣性似的。

也就是说，道德法则对于一个最高完善的存在者的意志来说是一条神圣性的法则，但对于每个有限的理性存在者的意志来说则是一条义务的法则，道德强迫的法则，以及通过对这法则的敬重并出于对自己义务的敬畏而规定他的行动的法则。不得把另外一条主观原则设定为动机，因为否则行动虽然可以像这法则对它加以规范的那样发生，但由于这行动尽管是合乎义务的，却不是出自义务而发生的，所以对此的意向就不是道德的，而在这种立法中真正重要的却是这个意向。

出于对人们的爱和同情的好意对他们行善，或是出于对秩序的爱而主持正义，这是非常好的，但这还不是我们行为的真正的、与我们在作为人类的理性存在者中的立场相适合的道德准则，如果我们自以为能够仿佛像一个见习生那样凭借高傲的想像而置义务的观念于不顾，并且不依赖于命令而从自己的愉快出发一意孤行，就像没有任何命令迫使我们去那样做的话。我们置身于理性的诫律之下，并且在我们服从这一诫律的一切准则中都不得忘记，不要从它里面抽掉任何东西，也不要由于我们把我们意志的那种虽然是合乎法则的规定根据却仍然建立在不同于法则本身和对法则的敬重的别的东西中，而以自负的妄想使法则（尽管这是我们自己的理性所立之法）的威信有所损失。义务和职责是我们唯一必须给予我们对道德法则的关系的称呼。我们虽然是一个通过自由而可能的、由实践理性推荐我们去敬重的德性王国的立法的成员，但同时还是它的臣民，而不是它的首领，而看不清我们作为被造物的低微等级并对神圣法则的威望加以自大的拒绝，这已经是在精神上对这一法则的背弃了，哪怕这个法则的条文得到了实现。

但与此完全协调一致的是像这样一条命令的可能性：爱上帝甚于一切

和爱你的邻人如爱己①。因为这毕竟是作为命令要求对吩咐人去爱的法则加以敬重，而不是把使爱成为自己的原则这件事委之于随意的选择。但对上帝的爱作为爱好（病理学上的爱）是不可能的；因为上帝不是感官的对象。这样一种爱针对人虽然是可能的，但却不能被命令；因为仅仅按照命令去爱一个人，这是任何人都没有能力做到的。所以这只是被理解为一切法则的那个核心的实践的爱。爱上帝，意思是指乐意做上帝所命令的事；爱邻人，意思是乐意履行对邻人的一切义务。但使这一点成为规则的命令却也不能命令人在合乎义务的行动中具有这种意向，而只能是命令人朝这个方向努力。因为一个要人们应当乐意做某件事的命令是自相矛盾的，因为当我们已经自发地知道我们有责任做什么时，如果我们此外还意识到自己乐意这样做，对此下一个命令就会完全是不必要的了，并且，如果我们虽然做了，但恰好不是乐意的，而只是出于对法则的敬重，则一个使这种敬重正好成为准则的动机的命令就会恰恰违背所命令的意向而起作用。所以那条一切法则的法则正如福音书的一切道德规范一样，就把德性的意向体现在它的全部完善性中了，如同这种完善性作为一个神圣性理想是没有任何被造物能达到的，但它却是一个范本，是我们应当努力去接近并在一个不断的但却无限的进程中与之相同的。就是说，假如一个有理性的被造物有朝一日能够做到完全乐意地去执行一切道德法则，那么这将不过是意味着，在他心里甚至连诱惑他偏离这些道德法则的某种欲望的可能性都不会存在；因为克服这样一种欲望对于主体来说总是要付出牺牲的，因而也需要自我强制，也就是需要内心强迫去做人们不是完全乐意做的事。但达到道德意向的这种程度是一个被造物永远不能做到的。因为既然它是一个被造物，因而就它为了对自己的状况完全满意所要求的东西而言，它总是有所依赖的，所以它永远不能完全摆脱欲望和爱好，这些东西由于基于身体的原因，不会自发地与具有完全不同的来源的道德法则相符合，因而它们任何时候都有必要

98

---

① 与这条法则构成某种奇特对比的是那条有些人想要使之成为德性的最高原理的自身幸福的原则，它将会这样来表述：爱你自己甚于一切，而爱上帝和你的邻人却是为你自己的缘故。——康德

使被造物的准则的意向在考虑到它们时建立在道德强迫上,不是建立在心甘情愿的服从上,而是建立在哪怕是不乐意地遵守这法则所要求的敬重上,不建立在那决不担心内心意志会对法则产生任何拒绝的爱之上,但仍然使这种爱,也就是单纯对法则的爱(因为这样一来法则就会不再是命令了,而主观上现在将转变为神圣性的道德性也就会不再是德行了)成为自己努力的永久的、虽然是不可达到的目标。因为对于我们所尊崇、但却(因为意识到我们的软弱)畏惧的东西,由于更容易适应它,恭敬的畏惧就转变成好感,敬重就转变成爱了;至少这将是一个献身于法则的意向的完成,如果一个被造物有朝一日会有可能达到这种完成的话。

　　这一考察在这里的目的,并不仅仅是要将前述福音书的诫命归到清晰的概念上来,以便在对上帝的爱方面遏制或尽可能预防宗教狂热,而是也要直接地在对人的义务方面精确规定德性意向,并遏制或尽可能预防那感染着大众头脑的单纯道德的狂热。人类(按照我们的一切洞见也包括任何有理性的被造物)所立足的德性层次就是对道德法则的敬重。使人类有责任遵守道德法则的那种意向就是:出于义务,而不是出于自愿的好感,也不是出于哪怕不用命令而自发乐意地从事的努力,而遵守道德法则,而人一向都能够处于其中的那种道德状态就是德行,也就是在奋斗中的道德意向,而不是自以为具有了意志意向的某种完全的纯洁性时的神圣性。这纯粹是道德上的狂热和自大的膨胀,为此人们通过对行动的鼓舞而使内心具有更加高贵、更加崇高、更加慷慨的情绪,借此他们把内心置于妄想中,仿佛那构成他们行动的规定根据、并使他们通过遵守这一法则(听命于它)而越来越谦卑的不是义务,即对法则的敬重,这法则的束缚(虽然由于它是理性本身加给我们的因而是温和的束缚)是他们即使不情愿也必须承担的;反倒好像那些行动不是从义务中、而是作为他们的净赚被期待的。因为,不仅仅是他们通过对这样一些行为、也就是出自这条原则的那些行为的模仿,本来并不曾对这法则的精神有丝毫的符合,这种精神在于那服从法则的意向,而不在于行动的合法则性(不论这条原则是一条什么原则),并且,这些动机都是在病理学上(在同情甚或爱己之中)、而不是在道德上(在法则中)建立起来的,这样,他们就以这种方法产生了一种轻浮的、粗疏的、幻想的思维方式,即用他们内心的某种自愿的忠顺来使自己得意，似乎他们的内心既不需要鞭策也不需要约束，对它而言甚至就连一个命令也是不必要的，而在这方面忘记了他们本应先于他们的赚头而加以考虑的职责。别人的那些以巨大的牺牲、而且只是为了义务所做出的行动，当然也可以在高贵的和崇高的行为的名义下得到赞扬，但也只有在存在着让人猜测这些行动完全是出于对他的义务的敬重、而不是出于心血来潮才发生的迹象时才是如此。但如果我们要把这些行动作为仿效的榜样介绍给一个人，那么绝对必须用对义务的敬重（作为唯一真正的道德情感）当作动机：这种严肃而神圣的规范并不听任我们虚浮的自爱用病理学上的冲动（就其与道德性相类似而言）来戏弄，以赚来的价值自夸。只要我们仔细搜求一下，那么我们就已经会在一切值得称赞的行动上都发现一条义务法则，它在颁布命令，而不容取决于那有可能是我们的偏好所喜欢的我们的愿望。这是唯一从道德上使心灵得到教化的描述方式，因为只有它才能胜任坚定的和精确规定了的原理。

　　如果最广泛意义上的狂热就是按照原理来进行的对人类理性界限的跨越，那么道德狂热就是对人类的实践的纯粹理性所建立的界限的这种跨越，人类的这种理性通过这界限禁止把合乎义务的行动的主观规定根据、也就是它们的道德动机建立在任何别的地方，而只建立在法则本身中，禁止把由此带进准则中的意向建立在任何别的地方，而只建立在对法则的敬重之中，因而它命令使消除一切自负也消除虚荣爱己的义务观念成为人心中一切道德性的至上的生活原则。

　　所以如果是这样，那么不单是小说家或敏感的教育家（尽管他们还如此起劲地反对多愁善感），而且有时甚至哲学家、乃至一切哲学家中最严肃的哲学家斯多亚派，都引入了道德狂热来取代冷静的但却是明智的德性训练，尽管后面这些人的狂热更多地具有英雄气概，前面那些人的狂热则更具萎靡不振的性状，并且我们可以用不着伪装而十分忠实地照着福音书的道德信条说：福音书首先是通过道德原则的纯粹性、但同时也通过这原则与有限存在者的局限的适合性，而使人类的一切善行都服从某种摆在他们眼前的、不容许他们在道德上所梦想的完善性之下狂热起来的义务的管教，并对自大和自矜这两种喜欢弄错自己的界限的东西建立起了谦卑（即自知）的限制。

义务！你这崇高伟大的威名！你不在自身中容纳任何带有献媚的讨好，而是要求人服从，但也绝不为了推动人的意志而以激起内心中自然的厌恶并使人害怕的东西来威胁人，而只是树立一条法则，它自发地找到内心的入口，但却甚至违背意志而为自己赢得崇敬（即使并不总是赢得遵行），面对这法则，一切爱好都哑口无言，即使它们暗中抵制它：你的可敬的起源是什么？我们在哪里寻找你的那条高傲地拒绝了与爱好的一切亲属关系的高贵出身的根？而且，溯源于哪一条根才是人类唯一能自己给予自己的那个价值的不可缺少的条件？

这个东西决不会低于那使人类提升到自身（作为感官世界的一部分）之上的东西，那把人类与只有知性才能思考的事物秩序联系起来的东西，这个事物秩序主宰着整个感官世界，与此同时还主宰着人在时间中的可经验性地规定的存有及一切目的的整体（只有这个整体才是与像道德法则这样一个无条件的实践法则相适合的）。这个东西不是别的，正是人格，也就是摆脱了整个自然的机械作用的自由和独立，但它同时却被看作某个存在者的能力，这个存在者服从于自己特有的、也就是由他自己的理性给予的纯粹实践法则，因而个人作为属于感官世界的个人，就他同时又属于理知世界而言，则服从于他自己的人格；这就不必奇怪，人作为属于两个世界的人，不能不带有崇敬地在与他的第二个和最高的使命的关系中看待自己的本质，也不能不以最高的敬重看待这个使命的法则。

102　　　一些按照道德理念来标明对象价值的术语就是以这个起源为根据的。道德法则是神圣的（不可侵犯的）。人虽然是够不神圣的了，但在其个人中的人性对人来说却必然是神圣的。在全部造物中，人们所想要的和能够支配的一切也都只能作为手段来运用；只有人及连同人在内所有的有理性的造物才是自在的目的本身。因为他凭借其自由的自律而是那本身神圣的道德法则的主体。正是为了自由之故，每个意志、甚至每个个人自己所特有的针对他自己本人的意志，都被限制于与有理性的存在者的自律相一致这个条件之下，也就是不使这个存在者屈从于任何不按照某种从受动主体本身的意志中能够产生出来的法则而可能的意图;所以这个存在者永远不只是用作手段,而是同时本身也用作目的。就这个世界中的有理性的存在者作为上帝意志的造物而言,这个条件我们甚至有理由赋予上帝的意志,因为该条件是基于这些造物的人格之上的,只有凭借人格这些造物才是自在的目的本身。

这个激起敬重的人格理念让我们看见了我们本性(按其使命而言)的崇高性,因为它同时让我们注意到我们的行为在这种崇高性方面缺乏适合性,这样就消除了自大,这个理念甚至对最普通的人类理性来说也是自然的和容易看出来的。每个哪怕只有一般程度的诚实的人难道不是有时也发现,一个本来是无害的谎言,他原可以借此要么使自己从一场麻烦的纠葛中脱身出来,要么很可以为一个所爱的有价值的朋友谋取利益,但却仅仅为了不让自己私下里在自己眼中遭到蔑视而放弃了? 一个陷入生活的巨大不幸的正直的人,只要他能摆脱他的义务,他本来可以避免这种不幸,难道使他挺住的不正是这种意识,即他毕竟保持和尊重了他个人中的人性的尊严,他在他自己面前没有理由感到羞愧,而且没有理由畏惧内心自我拷问的眼光? 103 这种慰藉不是幸福,甚至也不是幸福的最小部分。因为没有人会希望自己遭遇到它,甚至也许就连这样一种处境的生活也不希望有。然而他活着,并且不能忍受在自己眼里配不上这种生活。所以这种内在的镇静对于一切可以使得生活快适的东西只是否定性的;因为这是在他完全放弃了他的现状的价值以后,对在人格价值中沉沦这种危险的阻止。这是对某种完全不同于生活的东西的敬重的结果,与这种东西相比和相对照,生活连同其所有的快意毋宁说根本就没有什么价值。他仅仅只是出于义务还活着,而不是由于他对生活感到丝毫的趣味。

纯粹实践理性的真正动机就是这样的情况;它无非是纯粹道德法则本身,只要这法则让我们发觉我们自己的超感性实存的崇高性,并主观上在人们的心中,在他们同时意识到自己的感性存有和与此结合着的对他们在这方面很受病理学上的刺激的本性的依赖性时,引起了对于自己更高使命的敬重。于是,与这种动机结合着的就很可能是生活的如此之多的魅力和快意,以至于甚至仅仅为了它们之故,一个合理的并对生活的最大福祉深思熟虑的伊壁鸠鲁主义者所作的最明智的选择也已经会表示赞成德行善举了，而把对生活的欢乐享受的这种展望与那个至高的、单凭自身已经足以进行规定的动因结合起来，这种做法也可以是值得推荐的；但如果谈到义务的话，这只是为了与恶习一定会在反面幻化出来的种种诱惑保持一个平衡，而不是为了在这里面把真正的动力放入进来，哪怕一丝一毫也不行。因为这将意味着想要使道德意向在其源头上遭到污染。义务的尊严与生活享受没有任何相干；它有自己特有的法则，甚至自己特有的法庭，而且不论我们还想如何把这两者搅在一起，以便把它们仿佛混合成药剂递给有病的心灵，但它们却马上就自行分离，如果它们不分离，那么前者就完全不起作用，即使肉体的生活会从这里获得某些力量，而道德的生活却会无可救药地衰退下去。

104

第二卷 纯粹实践理性的辩证论

124

第一章 一般纯粹实践理性的辩证论

纯粹理性总是有它的辩证论的,不管我们是在它的思辨运用中还是在它的实践运用中考察它;因为它向一个给予的有条件者要求那绝对的条件总体,而这个总体只有在自在之物本身中才能找到。但由于一切事物概念都必须与直观相关,而直观在我们人类这里永远只能是感性的,因而只让对象不作为自在之物本身、而仅仅作为现象得到认识,在这些现象的有条件者和那个条件系列中是永远不可能遇到无条件者的,所以,从条件总体(因而无条件者)这一理性理念在现象上的应用中就产生出一个不可避免的幻相,似乎这些现象就是自在的事物本身(因为在缺乏一个警戒性的批判时它们总是被认为是这样的),但如果这个幻相不是在理性把它的那个为一切有条件者预设无条件者的原理应用到现象上去时,通过理性的自相冲突而自己暴露出来,它是永远不会被发觉其欺骗性的。但理性由此就被迫去追踪这个幻相,它是从何处产生的,以及如何能消除它,而这只有通过对整个纯粹的理性能力作一个彻底的批判才能做到;所以纯粹理性在其辩证论
中所显示出来的二律背反,事实上是人类理性历来所可能陷入过的最有好处的迷误,因为它最终推动我们去寻求走出这一迷宫的线索,这个线索如果被找到,还会揭示那我们未曾寻求却毕竟需要的东西,即对事物的一种更高的、不变的秩序的展望,我们现在已经处在这种秩序中,并且我们从现在起就可

以由确定的规范指导着,按照最高的理性规定在这个秩序中去继续我们的
生活。

　　在纯粹理性的思辨的运用中,那种自然的辩证论应如何来解决,以及应
如何防止另外来自某个自然幻相的错误,我们可以在那种能力的批判中得悉
详情。但理性在其实践运用中的情况也是半斤八两。它作为纯粹实践的理
性,同样要为实践上的有条件者(基于爱好和自然需要之上的东西)寻求无条
件者,而且不是作为意志的规定根据,而是即使在这个规定根据(在道德法则
中)已被给予时,以**至善**的名义去寻求纯粹实践理性之对象的无条件的总体。

　　把这个理念在实践上、也就是为了我们的合乎理性的行为准则来加以
充分的规定,这就是智慧学,而当智慧学又作为科学时就是古人所理解的这
个词的含义上的哲学,在他们那里,哲学曾是对至善必须由以建立的那个概
念及至善必须借以获得的那个行为的指示。假如我们让这个词保留其古代
的作为一门至善之学的含义,那就好了,只要理性在其中努力使至善成为科
学。因为一方面,这个附带的限制条件将会适合于希腊的这一术语(它意
味着爱智慧),但同时却又足以把爱科学、因而爱一切理性的思辨知识,就
其既在概念上又在实践的规定根据上有助于理性而言,一同包括在哲学的
名义之下,却又不会让唯一能因之而被称为智慧学的那个主要目的逃出自
己的视线。另一方面,对于那胆敢以哲学家头衔自命的人,一旦我们通过定
义把那个将使他的资格大受贬损的自我评估的尺度摆在他面前,就会吓退
他的自大,而这也不坏;因为做一名智慧的导师,比起一名还一直没有进到
足以用对一个如此高尚的目的的有把握的期待来指导自己、更不用说指导
别人的学生来,确实要意味着更多的东西;那将意味着一位知晓智慧的大
师,它所表示的将超过一个谦虚的人会对自己期许的,而哲学将正如智慧本
身那样,仍然还会是一个理想,这理想在客观上只是在理性中才完全被表现
出来,但主观上对个人来说却只是他不停努力的目标,而且只有那能够在自
己个人身上把这种努力的不容置疑的作用(就他对自己的克制和他对普遍
的善首先抱有的无可怀疑的兴趣来看)作为榜样树立起来的人,才有资格
宣称以自命为哲学家的名义达到了这个目标,这也是古人为了能够配得上
这个尊称所要求的。

就纯粹实践理性的辩证论而言,在对至善概念进行规定这一点上(这种规定,当纯粹实践理性的辩证论得到解决时,就正如理论理性的辩证论一样,让人期待最有好处的结果,因为坦率地展开而不是隐瞒纯粹实践理性的自相矛盾,就会迫使它对自己的能力进行彻底的批判),我们只须再作出一个预先的提醒。

道德法则是纯粹意志的唯一的规定根据。但由于这一法则只是形式上的(也就是只要求准则的形式是普遍立法的),所以它作为规定根据就抽掉了一切质料,因而抽掉了一切意志客体。因而尽管至善是一个纯粹实践理性、亦即一个纯粹意志的全部对象,但它却并不因此就能被视为纯粹意志的规定根据,而唯有道德法则才必须被看作是使那个至善及其促成或促进成为意志自身的客体的根据。这一提醒在一个像对德性原则作规定这样一种微妙的场合下是有重要意义的,在此即使最小的误解都会歪曲意向。因为我们将从这种分析看出,如果我们在道德法则之前把任何一个客体以某种善的名义假定为意志的规定根据,然后又从它引出至上的实践原则,那么这种原则任何时候都会带来他律并排斥道德原则。

但不言而喻的是,如果道德法则作为至上条件也已经被包括在至善概念中了,那么就不仅仅至善是客体,而且就连它的概念及它的通过我们的实践理性而可能的实存的表象,也同时会是纯粹意志的规定根据了:因为这样一来,事实上是在这个概念中已经包含着并同时被想到的道德法则,而不是别的对象,在按照自律的原则规定着意志。有关意志规定的诸概念的这种秩序应该受到密切的注意:因为否则我们就会对自己产生误解,以为自己在自相矛盾,其实一切都处于最完满的相互和谐之中。

127

第二章　纯粹理性在规定至善
概念时的辩证论

至高这个概念已经包含有一种歧义,这种歧义如果我们不加重视就会引起不必要的争执。至高的东西可以意味着至上的东西(supremum①)，也可以意味着完满的东西(consummatum②)。前者是这样一种本身无条件的、亦即不从属于任何别的条件的条件(originarium③)；后者是一个整体，它决不是某个同类型的更大整体的部分(perfectissimum④)。德行(作为配得幸福的资格)是一切只要在我们看来可能值得期望的东西的、因而也是我们一切谋求幸福的努力的至上条件，因而是至上的善，这一点在分析论中已证明过了。但因此它就还不是作为有限的理性存在者的欲求能力之对象的全部而完满的善；因为要成为这样一种善，还要求有幸福，而且这不仅是就使自己成为目的的个人的那些偏颇之见而言，甚至也是就把世上一般个人视为目的本身的某种无偏见的理性的判断而言的。因为需要幸福，也配得上幸福，但却没有分享幸福，这是与一个有理性的同时拥有一切强制力的存在者——哪怕我们只是为了试验设想一下这样一个存在者——的完善意愿根本不能共存的。既然德行和幸福一起构成一个人对至善的占有，但与此同时，幸福在完全精确地按照与德性的比例(作为个人的价值及其配享幸福的资格)来分配时，也构成一个可能世界的至善：那么这种至善就意味着整体，意味着完满的善，然而德行在其中始终作为条件而是至上的善，因为它不再具有超越于自己之上的任何条件，而幸福始终是这种东西，它虽然使占有它的人感到快适，但却并不单独就是绝对善的和从一切方面考虑都是善的，而是任何时候都以道德的合乎法则的行为作为前提条件的。

在一个概念中必然结合的两个规定必须作为根据和后果而联结在一起，就是说要么这样，即这个统一体被看作分析的(逻辑的联结)，要么它就被看作综合的(实在的结合)，前者是按照同一律来看的，后者是按照因果律来看的。所以，德行和幸福的联结要么可以这样来理解：努力成为有德性的及有理性地去谋求幸福，这并不是两个不同的行动，而是两个完全同一的

① 拉丁文:最高的、极限的。——编译者
② 拉丁文:完成了的。——编译者
③ 拉丁文:原生的。——编译者
④ 拉丁文:完备无缺。——编译者

行动,因为前一个行动不需要任何别的准则作根据,只需要对后一个行动的准则作根据;要么,那种联结就被置于这种关系中,即德行把幸福当作某种与德行意识不同的东西产生出来,就像原因产生出结果那样。

在古希腊各学派中,真正说来只有两个学派,是在规定至善的概念时,129 虽然就它们不让德行和幸福被看作至善的两个不同要素、因而是按照同一律寻求原则的统一性而言,遵循着同样的方法的,但在它们从两者之中对基本概念作不同的选择上却又是互相分歧的。伊壁鸠鲁派说:意识到自己的导致幸福的准则,这就是德行;斯多亚派说:意识到自己的德行,就是幸福。对于前者来说,明智和德性是一样的;后者给德行挑选了一个更高级的名称,对于这派来说惟有德性才是真正的智慧。

我们不能不遗憾的是,这些人(我们同时却也不由得惊叹他们在如此早的时代就已经尝试过了哲学征服的一切想得出来的方式)的敏锐目光不幸被用于在两个极端不同性质的概念、即幸福概念和德行概念之间挖空心思地想出同一性来。不过这是与他们那个时代的辩证精神相适合的,这种精神甚至现在有时也在诱使那些精敏的头脑,通过力图把那些原则中的本质的和永远无法一致的区别转化为词句之争,并这样在表面上装得有概念的统一性而只是名称不同,来取消它们的这些区别,而这通常发生在这样的场合,在这里不同性质的根据的结合是如此高深,或者是要求那些往常在哲学体系中被假定的学说有一个如此彻底的改变,以至于人们对于深入到那实在的区别感到畏惧,而宁可把这种区别当作仅仅是在表达形式上的不一致来看待。

当这两个学派都力图挖空心思地想出德行和幸福这两个实践原则的等同性时,他们并没有因此就他们想如何硬提出这种同一性而相互达成一致,而是相互有无限大的分歧,因为一派把自己的原则建立在感性的方面,另一派则把它建立于逻辑方面,前者把自己的原则置于感性需要的意识中,后者则把它置于实践理性对一切感性的规定根据的独立性中。按照伊壁鸠鲁 130 派,德行的概念已经包含在促进自身的幸福这一准则中了;反之,按照斯多亚派,幸福的情感已经包含在人的德行的意识中了。但是,凡是在另一个概念中所包含了的东西,虽然与包含者的一个部分是相等的,却并不与那个整体相等,此外,两个整体虽然由同一种材料构成,但如果因为在两者中的那些部分被结合为一个整体的方式是完全不同的,则它们也可以在种类上相互区别开来。斯多亚派主张,德行就是整个至善,幸福只不过是对拥有德行的意识,属于主观的状态。伊壁鸠鲁派主张,幸福就是整个至善,而德行只不过是谋求幸福这一准则的形式,就是说,在于合理地运用手段去达到幸福。

但现在,从分析论中表明,德行的准则和自身幸福的准则在它们的至上实践原则方面是完全不同性质的,而且尽管它们都属于一个至善以便使至善成为可能,但它们是远非一致的,在同一个主体中极力相互限制、相互拆台。所以这个问题:至善在实践上如何可能? 不论迄今已作了怎样多的联合尝试,还仍然是一个未解决的课题。但使它成为一个难以解决的课题的东西已经在分析论中提出来了,这就是,幸福和德性是至善的两个在种类上完全不同的要素,所以它们的结合不是分析地能看得出来的(例如说那个这样寻求着自己幸福的人在他的这个行为中通过对其概念的单纯分解就会发现自己是有德的,或者一个如此遵循德行的人在一个这样行为的意识中就已经会 ipso facto① 感到自己是幸福的了),而是这两个概念的某种综合。但由于这种结合被认为是先天的,因而是实践上必然的,从而就被认识到不是由经验推出来的,而至善的可能性也就不是基于任何经验性的原则的,于是这个概念的演绎就必须是先验的。通过意志自由产生出至善,这是先天地(在道德上)必然的;所以至善的可能性的条件也必须仅仅建立在先天的知识根据之上。

Ⅰ.实践理性的二律背反

在对我们是实践性的、亦即必须通过我们的意志使之实现的至善中,德行和幸福将被设想为必然结合着的,以至于一方若没有另一方也归属于它

---

① 拉丁文:根据行为本身。——编译者

就不能被纯粹实践理性所采纳。现在,这种结合(正如任何一般结合一样)要么是分析的,要么是综合的。但既然现在给予的结合不可能是分析的,如刚才已预先指出的那样,所以它必须被综合地设想,也就是被设想为原因和结果的联结:因为它涉及到一种实践的善,亦即通过行动而可能的东西。所以,要么对幸福的欲求必须是德行的准则的动因,要么德行准则必须是对幸福的起作用的原因。前者是绝对不可能的:因为(正如在分析论中已证明的)把意志的规定根据置于对人的幸福的追求中的那些准则根本不是道德的,也不能建立起任何德行。但后者也是不可能的,因为在现世中作为意志规定的后果,原因和结果的一切实践的联结都不是取决于意志的道德意向,而是取决于对自然规律的知识和将这种知识用于自己的意图的身体上的能力,因而不可能指望在现世通过严格遵守道德法则而对幸福和德行有任何必然的和足以达到至善的联结。既然至善在其概念中包含着这一联结,而对至善的促进是我们意志的一个先天必然的客体,且是与道德法则不可分地关联着的,那么前者的不可能也就必然证明了后者的谬误。所以如果至善按照实践规则是不可能的,那么甚至命令人促进至善的那条道德法则也必定是置于幻想中及某种空虚杜撰的目的上的,因而本身就是虚假的。

132

Ⅱ.实践理性的二律背反的批判的消除

在纯粹思辨理性的二律背反中,在世界上事件的原因性里自然必然性和自由之间发生了一个相似的冲突。这个冲突由于已证明,当我们(正如我们应当做的那样)把事件和事件在其中发生的那个世界都只看作现象时就不会有任何真正的冲突,就被消除了:因为同一个行动着的存在者作为现象(甚至在他自己的内感官面前)具有一种感官世界中的、任何时候都是符合自然机械作用的原因性,但就同一个事件而言,只要行动着的个人同时又把自己看作本体(作为在其不能按照时间来规定的存有中的纯粹理智),就可能包含有对那个按照自然规律的原因性的规定根据,这根据本身是摆脱了一切自然规律的。

　　目前这个纯粹实践理性的二律背反也正是这样一种情况。这两个命题中的第一个命题，即对幸福的追求产生出德行意向的某种根据，是绝对错误的；但第二个命题，即德行意向必然产生出幸福，则不是绝对地错，而只是就德性意向被看作感官世界中的原因性形式而言，因而是当我把感官世界中的存有当作有理性存在者实存的唯一方式时，才是错误的，因此只是有条件地错误的。但由于我不仅仅有权把我的存有也设想为一个知性世界中的本体，而且甚至在道德法则上对我（在感官世界中）的原因性有一种纯粹智性的规定根据，所以意向的德性作为原因，与作为感官世界中的结果的幸福拥有一种即使不是直接的、但却是间接的（借助于一个理知的自然创造者）也就是必然的关联，这并非是不可能的，这种结合在一个仅仅是感官客体的自然中永远只能偶然地发生，而不能达到至善。

133　　所以，尽管实践理性与自身有这种表面的冲突，至善仍是一个被从道德上规定的意志的必然的最高目的，是实践理性的真正客体；因为它在实践上是可能的，而按其质料与此相关的那些意志准则都具有客观实在性，这种实在性最初由于德性与幸福按照一条普遍法则结合时的二律背反而受到冲击，但这只是出于误解，因为人们把现象之间的关系看作了自在之物本身与这些现象的关系。

　　如果我们看到自己不得不在这么远的距离中、即在与某个理知世界的联结中，去寻找至善这种由理性为一切有理性的存在者的一切道德愿望所标定的目标的可能性，那么必然会感到奇怪的是，古代和近代的哲学家们竟能在此生中（在感官世界中）就已经感到了与德行有完全相当比例的幸福，或是能说服人去意识到这种幸福。因为不论是伊壁鸠鲁还是斯多亚派都曾把从生活中的德行意识里产生的幸福提升到一切东西之上，前者在其实践的规范中并不那么思想卑鄙，就像人们有可能从他的理论的那些为了说明、而不是为了行动的原则中所推论出来的那样，或者像许多人以淫乐一词偷换满足一词来阐释这一理论时那样，相反，他把最不自私的行善也算在最发自内心的快活的享乐方式之列，并且如同哪怕最严格的道德哲学家所可能要求的那种知足和对爱好的节制，也都应属于他对快乐（他把这理解为持久喜悦的心情）的计划之列；在这方面他与斯多亚派的突出的分歧仅仅在于，他把动因建立在这种快乐里面，而斯多亚派则拒绝、而且有权拒绝这样做。因为一方面，有德行的伊壁鸠鲁，正如现在还有许多在道德上有良好意向、虽然对自己的原则并没有充分深思熟虑的人士那样，犯了在他最初想要为之指示德行动机的那些个人身上预先假定德行意向的错误（事实上正直的人如果不是事先意识到自己的正直的话，是不可能感到幸福的：因为由于德性意向，他在违禁的行为中将被他自己的思想境界逼迫着对自己作出责备和道德上的自我谴责，这就会剥夺他对本来可能包含在他的状态中的快意的一切享受了）。但问题在于：评估自己的生活价值的这样一种意向和思想境界最初是通过什么而成为可能的，因为在此之前主体中还根本找不到对一般道德价值的任何情感？当然，如果一个人是有德行的，他不在自己的每个行动中意识到自己的正直就不会对生活感到快活，哪怕他身体状态的幸运对他是多么的有利；但是，为了首先使他成为有德行的，因而还在他对自己生存的道德价值作这样高的评估之前，我们此时怎好向他夸赞出自对某种正直的意识而他对之却没有任何感觉的心灵的平静？

134

但另一方面，在这里总是有某种错误的欺骗行为（vitium subreptions①）的根据，仿佛是某种关于我们所做出的事不同于我们所感到的事的自我意识中的视幻觉的根据，这种视幻觉哪怕是最饱经考验的人也都不能完全避免的。道德意向是和直接通过法则规定意志的意识必然结合着的。现在，对欲求能力进行规定的意识总是对由此产生出来的行动感到愉悦的根据；但这种愉快，这种对自己本身的愉悦，并不是行动的规定根据，相反，直接地、只通过理性而对意志的规定才是愉快情感的根据，而那种规定仍然是一种对欲求能力的纯粹实践的、而非感性的规定。既然这种规定在内心对于活动的驱动，起了如同一个从所欲求的行动中被期待的快意情感将会起的恰好一样的作用，所以我们很容易把我们自己所做出的事看作只是我们被动地所感到的事，而把道德的动机当作是感性的驱动，正如这在所谓感官的

135

---

　　① 拉丁文：偷换的错误。——编译者

（这里是在内感官的）错觉中通常总在发生的那样。人类本性中的某种非常崇高的东西，是直接被某种纯粹理性法则规定着去行动，甚至是这种错觉，即把意志可以智性地规定这种性质的主观性看作某种感性的东西和某种特殊感官的情感（因为一种智性的情感将会是一个矛盾）的作用。使人注意到我们人格的这一属性并尽可能地培养理性对这种情感的作用，这也是具有重要意义的。但我们也必须提防通过我们把特殊的快活的情感放在这种作为动机的道德规定根据底下作基础（它们毕竟只是后果），而对这种规定根据作出不真实的过高估价，这样使得那真正的真实动机即法则本身仿佛是被一种虚假的衬托而贬低和变得面目全非了。所以，敬重而不是快乐或对幸福的享受，才是某种不可能对它有任何先行的、为理性提供根据的情感的东西（因为这种情感永远都会是感性的和病理学上的），它作为通过法则对意志直接强迫的意识，与愉快的情感几乎没有类比性，因为这种意识在与欲求能力的关系中恰好造成同样的东西，但却是出自另外的来源；但我们惟有通过这种表象方式才能达到我们所寻求的东西，即行动不仅仅是合乎义务（依照快适情感）地发生，而且是出自义务而发生的，这必须是一切道德教养的真正目的。

但我们是否就没有一个词，它不像幸福一词那样表示着一种享受，但却指明了一种对我们实存的愉悦，一种与必然会伴随着德行意识的幸福的类比？有！这个词就是自我满足，它在自己本来的含义上永远只是暗示着对136 我们实存的一种消极的愉悦，在其中我们意识到自己一无所求。自由和对自由作为一种以压倒性的意向遵守道德法则的能力的意识，就是对于爱好的独立性，至少是对于作为我们的欲求之规定性的（即使不是作为刺激性的）动因的那些爱好的独立性，并且，就我遵守自己的道德准则时意识到这独立性而言，它就是某种必然与之结合在一起的、不是基于任何特殊情感的、恒久不变的满足的唯一根源，而这种满足可以称之为智性的满足。那基于对爱好的满意之上的审美的（不是在本来意义上这样称呼①的）满足，不

---

① 康德这里用的是 ästhetisch，其希腊文原意为"感性的"，引申为"审美的"。——编译者

论它被苦心琢磨得多么细致,也永远不能适合于我们对此所思考的东西。因为爱好是变易的,是随着我们让其受到的宠幸而增长的,并且永远还留下一个比我们已想到去填满的要更大的壑洞。因此这些爱好对于一个有理性的存在者永远是一种累赘,而且即使他没有能力摆脱它们,它们却迫使他希望从它们解脱出来。甚至对合乎义务的事(例如对慈善行为)的爱好,虽然能使道德准则更容易起作用,但并不产生任何这种作用。因为在道德准则中一切都必须着眼于作为规定根据的法则表象,如果行动所包含的不应当只是合法性,而且也是道德性的话。爱好是盲目的和奴性的,不论它是否具有好的性质,而理性当事情取决于德性时不仅必须扮演爱好的监护人,而且必须不考虑爱好而作为纯粹实践理性完全只操心它自己的利益[兴趣]。甚至同情的情感和贴心关怀的情感,如果先行于考虑什么是义务而成为规定根据的话,对于善于思维的人来说本身也是累赘,将把他们经过思虑的准则带入混乱,并引发要从中解脱出来而只服从立法的理性的愿望。

　　由此可以理解:对一个纯粹实践理性的这种能力的意识如何能够通过行动(德行)而产生出战胜自己的爱好的意识,同时也就产生出独立于这些爱好、因而也独立于总是伴随这些爱好的不满足的意识,这样就产生了对自己的状态的一种消极的愉悦,即满足,它在其根源上就是对自己人格的满足。自由本身以这样一种方式(亦即间接地)就可以是一种享受,这种享受不能称之为幸福,因为它不依赖于某种情感的积极参加,严格说来也不能称之为永福,因为它并不包含对爱好和需要的完全的独立性,但它毕竟和永福是近似的,因为至少它的意志规定可以免于这些爱好和需要的影响,因而至少按照其起源来说是与我们只能赋予最高存在者的那种自足相类似的。

　　由实践的纯粹理性的二律背反的这种解决中得出的是,在实践原理中,在德性意识和对于作为德性的后果并与之比例相当的幸福的期望之间,一种自然的和必然的结合至少是可以设想为可能的(但当然还并不因此就是认识和洞见到的);相反,谋求幸福的原理要产生出德性是不可能的;因此,那至上的善(作为至善的第一个条件)构成德性,反之幸福则虽然构成至善

137

的第二个要素,但却是这样构成的,即它只是前者的那个以道德为条件的、但毕竟是必然的后果。只有在这种隶属关系中至善才是纯粹实践理性的全部客体,纯粹实践理性必须把至善必然地表象为可能的,因为尽一切可能促使至善的产生是它的一条命令。但由于有条件者与其条件的这样一种结合的可能性完全属于事物的超感官的关系,并且按照感官世界的法则是根本不能被给予的,哪怕这个理念的后果、也就是以实现至善为目的的行动是属于感官世界的:所以我们将试图对于那个可能性的诸根据,首先就直接受我们支配的东西而言,其次通过理性为了弥补我们在至善的可能性上的无能而(按照实践原则必然)呈示给我们的、不受我们支配的东西,来加以描述。

Ⅲ. 纯粹实践理性在其与思辨理性结合时的优先地位

138

对于在两个或多个由理性结合起来的事物之间的优先地位,我理解为其中之一是与所有其他事物相结合的最初规定根据这种优先权。在狭义的实践意义上,这意味着其中之一的兴趣在其他事物的兴趣都服从于它(这种兴趣决不能置于其他兴趣之后)的场合下所具有的优先权。对每一种内心能力我们都可以赋予一种兴趣,亦即一条原则,它包含着惟有在其之下这能力的实施才得到促进的条件。理性作为原则的能力,规定着一切内心能力的兴趣,但它自己的兴趣却是自我规定的。它的思辨运用的兴趣在于认识客体,直到那些最高的先天原则,而实践运用的兴趣则在于就最后的完整的目的而言规定意志。一般理性运用的可能性所要求的是,理性的各个原则和主张不可相互矛盾,这并不构成理性的兴趣的任何部分,而是拥有理性的一般条件;只有理性的扩展,而不仅仅是与自身相一致,才被算做理性的兴趣。

如果实践理性除了思辨理性单独从自己的见地出发所能呈献给它的东西之外,不再能假定任何东西并把它思考为被给予的,那么思辨理性就领有优先地位。但假设实践理性自身拥有本源的先天原则,与这些原则不可分割地结合着的是某些理论性的肯定,而这些肯定却仍然是思辨理性的任何可能的见地所见不到的(虽然它们也必定不是与思辨理性相矛盾的),那么问题是,何种兴趣将是至上的兴趣(而不是:何种兴趣必须退出,因为一种兴趣并不必然地与另一种兴趣相矛盾):对于实践理性交给它去采纳的东西一无所知的思辨理性是否必须接受这些命题,并且即使这些命题在思辨理性看来是过甚其辞的,它也不得不力图把它们作为一笔外来的转移给它的财产与自己的概念一致起来,或者,思辨理性是否有权顽固地恪守它自己特有的兴趣,并按照伊壁鸠鲁的理则学(Kanonik),把一切不能由明显可见的、可在经验中提出的例证来认可其客观实在性的东西,都作为空洞的玄想而加以拒绝,哪怕这些东西还是与实践的(纯粹的)运用紧密交织在一起的,本身也和理论的运用并不矛盾,只是由于它们在取消思辨理性为自己建立起来的界限并使理性听任想象力的一切胡闹与疯癫的限度内,现实地损害了思辨理性的兴趣。

　　实际上,只要实践理性是作为以病理学上的东西为条件的,亦即作为只是在幸福的感性原则之下管理对各种爱好的兴趣的,而被建立为基础,那么就根本不能对思辨理性作这种苛求。穆罕默德的天国,或是神智学家和神秘主义者的与神性融合为一,如同每个人兴之所致那样,都会把他们的大而无当强加于理性,而完全没有理性就会和把理性以这种方式委诸一切梦幻是同样的情况了。不过,如果纯粹理性独自就可以是实践的,并且这种情况是现实的,如同道德法则的意识所证明的那样,那么毕竟总是只有同一个理性,不论是出于理论的还是实践的意图,在按照先天原则作判断,而这就很明显,即使理性的能力在前一种意图中做不到肯定地确立某些命题,然而这些命题同样也并不与理性相矛盾,正是这些命题,只要它们不可分割地属于纯粹理性的实践兴趣,虽然是作为某种并非在纯粹理性基地上生长起来的外来的赠品,但毕竟是得到了充分认可的赠品,理性就同样必须采纳它们,必须力图把它们和理性作为思辨的理性所能支配的一切东西相比较、相联结;但却要满足于:这并非理性的洞见,但却是理性的运用向某种别的意图、即向实践意图中的扩展,这与理性的兴趣在于限制思辨的违禁是一点也不相悖的。

所以,在纯粹思辨理性与纯粹实践理性结合为一种知识时,后者领有优先地位,因为前提是,这种结合绝不是偶然的和随意的,而是先天地建立在理性本身之上的,因而是必然的。因为,假如没有这种从属关系,理性与自身的一种冲突就会产生出来:因为如果两者只是相互并列(并立),前者就会独自紧紧地封锁住它的边界,而不从后者中接受任何东西到自己的领域中来,后者却仍然会把自己的边界扩展到一切之上,并且在自己需要的要求下就会力图把前者一起包括到自己的边界之内来。但我们根本不能指望纯粹实践理性从属于思辨理性,因而把这个秩序颠倒过来,因为一切兴趣最后都是实践的,而且甚至思辨理性的兴趣也只是有条件的,惟有在实践的运用中才是完整的。

Ⅳ. 灵魂不朽,作为纯粹实践理性的一个悬设

至善在现世中的实现是一个可以通过道德法则来规定的意志的必然客体。但在这个意志中意向与道德法则的完全适合却是至善的至上条件。所以这种适合必须正如它的客体一样也是可能的,因为它被包括在必须促进这个客体的同一个命令之中。但意志与道德法则的完全的适合就是神圣性,是任何在感官世界中的有理性的存在者在其存有的任何时刻都不能做到的某种完善性。然而由于它仍然是作为实践上的而被必然要求着,所以它只是在一个朝着那种完全的适合而进向无限的进程中才能找到,而按照纯粹实践理性的原则是有必要假定这样一个实践的进步作为我们意志的实在客体的。

141

但这个无限的进程只有在同一个有理性的存在者的某种无限持续下去的生存和人格(我们将它称之为灵魂不朽)的前提之下才有可能。所以至善在实践上只有以灵魂不朽为前提才有可能,因而灵魂不朽当其与道德法则不可分割地结合着时,就是纯粹实践理性的一个**悬设**(我把这理解为一种理论上的、但本身未经证明的命题,只要它不可分割地与某种无条件地先天有效的实践法则联系着)。

　　关于我们的本性只有在一个无限行进的进步中才能达到与道德律完全相适合这一道德使命的命题,具有最大的用处,这不仅是考虑到目前对思辨理性的无能加以弥补,而且也是着眼于宗教。缺少这个命题,要么道德法则就会完全不配有它的神圣性,因为人们把它矫饰成宽大无边的(宽纵的),以适合于我们的怡然自得,要么就把自己的天职、同时也把自己的期望绷紧到某种无法达到的规定,亦即绷紧到所希望的对意志的神圣性的完全获得,而迷失在狂热的、与自我认识完全相矛盾的神智学的梦呓之中,通过这两者,所阻碍的只是那种不停息的努力,即努力准确地和彻底地遵守一种严格而不宽纵的、但却也不是理想化的而是真实的理性命令。对于一个有理性的但却是有限的存在者来说,只有那从道德完善性的低级阶段到高级阶段的无限进程才是可能的。那不存在任何时间条件的无限者,则把这个对于我们是无限的序列看作与道德法则相适合的整体,而为了在他给每个人规定至善的份额上与他的公正相称,他的命令所毫不含糊地要求的那种神圣性,则是在对这些有理性的存在者的此生的某种唯一的智性直观之中才能全部见到的。至于就这种份额的希望方面可以归于被造物的东西,那将是对他的这种经过考验的意向的意识,以便从他的迄今由比较恶劣到道德上较为改善的进步中,从他由此得知的不可改变的决心中,希望这个进步更加不断地继续下去,而不论他的生存能达到多么长久,甚至超出此生①,也就

---

　　① 当然,对自己的意向在向善的进步中不可改变抱有确信,看来对一个被造物独自来说也是不可能的。为此之故,基督教的宗教教义也仅仅让这种确信来自同一个圣灵,这圣灵产生出虔诚、也就是这种坚定的决心,及与此一道产生出对在道德进程中的始终不渝的意识。但是,一个意识到自己一生的一个很长时间直到生命结束都在向着更加善良、也就是出于纯正道德动因而持续进步的人,当然也很可以使自己产生这种即使并不确定的令人慰藉的希望,即他甚至在一个超出此生而继续下去的生存中也会坚持这些原理,并且尽管在他自己的眼中,他在这里是绝对没有根据的,也不可以凭未来所指望的他的自然完善性的增长、甚至与此同时他的义务的增长而有朝一日希望这一点,但他却仍然可以在这个进步中拥有一个永福的未来的前景,这种进步虽然涉及到一个被推延至无限的目标,但毕竟对于上帝来说是被当作已具有的;因为永福这个词是理性用来表示一种不依赖于世上一切偶然原因的完整的福祉的,这正如神圣性一样是一个只能包含在无限的进程及其总体中的理念,因而被造物是永远不会完全达到的。——康德

是永远不是在这里或在他此生任何可预见的将来某个时候,而只是在(惟有上帝才能一目了然的)他的延续的无限性中,与上帝的意志完全相符合(而无须与公正性不合拍的宽容和姑息)。

V. 上帝存有,作为纯粹实践理性的一个悬设

在前面进行的分析中,道德法则导致了一个没有任何感性动机的加入而只通过纯粹理性来颁定的实践任务,这就是导致至善的最先和最重要的部分即**德性**的必然完整性,并且由于这个任务只有在某种永恒中才能完全得到解决,就导致了对不朽的悬设。正是这条法则,也必然如同以前那样无私地只是出于不偏不倚的理性,也就是在与这一结果相符合的某种原因的存有的前提下,而导致至善的第二个要素、即与那个德性相适合的**幸福**的可能性,亦即必定把上帝实存悬设为必然是属于至善(这一我们意志的客体是与纯粹理性的道德立法必然结合着的)的可能性的。我们要以使人信服的方式来描述这一关联。

幸福是现世中一个有理性的存在者的这种状态,对他来说在他的一生中一切都按照愿望和意志在发生,因而是基于自然与他的全部目的、同样也与他的意志的本质性的规定根据相一致之上的。现在,道德法则作为一种自由的法则,是通过应当完全独立于自然、也独立于它与我们的(作为动机的)欲求能力的协调一致的那些规定根据来发布命令的;但现世中行动着的有理性的存在者却并不同时又是这个世界和自然的原因。所以在道德法则中没有丝毫的根据,来使一个作为部分而属于这个世界因而也依赖于这个世界的存在者的德性和与之成比例的幸福之间有必然的关联,这个存在者正因此而不能通过他的意志而成为这个自然的原因,也不能出于自己的力量使自然就涉及到他的幸福而言与他的实践原理完全一致。然而在纯粹理性的这个实践任务中,即在对至善的必然探讨中,这样一种关联却被悬设为必然的:我们应当力图去促进至善(所以至善终归必须是可能的)。这样,甚至全部自然的一个与自然不同的原因的

存有也就被悬设了,这个原因将包含有这一关联、也就是幸福与德性之间
精确一致的根据。但这个至上的原因不应当只是包含自然与有理性的存
在者的某种意志法则协调一致的根据,而应当包含自然与这一法则就他
们将它建立为自己意志的至上规定根据而言的表象协调一致的根据,因
而不仅应当包含与形式上的道德风尚协调一致的根据,而且还应包含与
作为有理性的存在者的动机的他们的德性、即与他们的道德意向协调一
致的根据。所以至善在现世中只有在假定了一个拥有某种符合道德意向
的原因性的至上的自然原因时才有可能。现在,一个具有按照法则的表
象行动的能力的存在者是一个理智存在者(有理性的存在者),而按照法
则的这种表象的这样一个存在者的原因性就是它的意志。所以,自然的
至上原因,只要它必须被预设为至善,就是一个通过知性和意志而成为自
然的原因(因而是自然的创造者)的存在者,也就是**上帝**。因此,最高的
派生的善(最好的世界)的可能性的悬设同时就是某个最高的本源的善
的现实性的悬设,亦即上帝实存的悬设。现在,我们的义务是促进至善,
因而不仅有权、而且也有与这个作为需要的义务结合着的必要,来把这个
至善的可能性预设为前提,至善由于只有在上帝存有的条件下才会发生,
它就把它的这个预设与义务不可分割地结合起来,即在道德上有必要假
定上帝的存有。

　　这里必须多加注意的是,这种道德必要性是主观的,亦即是需要,而不
是客观的,亦即本身不是义务;因为根本就不可能有假定某物实存的义务
(因为这只是关系到理性的理论运用)。甚至这也不意味着,对上帝存有的
假定是作为对任何一般的责任的根据的假定而必要的(因为这种根据正如
已充分证明了的,只是建立在理性本身的自律上的)。在此属于义务的只
是致力于造成和促进在现世中的至善,因而这种至善的可能性是可以悬设
的,但我们的理性却发现这种可能性只能设想为以某种最高理智存在者为
前提的,因而假定这个最高理智存在者的存有是与我们的义务的意识结合
在一起的,尽管这种假定本身是属于理论理性的,不过,就理论理性而言,这
种假定作为解释的根据来看可以称之为假设,但在与一个毕竟是由道德法
则提交给我们的客体(至善)的可理解性发生关系时,因而在与一种实践意

144

145

图中的需要的可理解性发生关系时，就可以称之为信仰，而且是纯粹的理性信仰，因为只有纯粹理性（既按照其理论运用又按照其实践运用）才是这种信仰产生出来的源泉。

这样一来，从这个演绎中就理解到，为什么希腊的那些学派在解决他们有关至善的实践可能性的问题上永远也不可能成功了：因为他们总是只把人的意志运用自己的自由的那个规则当成这种可能性的唯一的和独自充分的理由，依他们看来为此并不需要上帝的存有。虽然他们在把德性的原则不依赖于这一悬设而从理性单单与意志的关系中独自确定下来，并因而使之成为至善的至上的实践条件方面是对的：但这并不因此就是至善的可能性的全部条件。于是，伊壁鸠鲁派虽然把一个完全错误的德性原则、即幸福原则假定为了至上的原则，并把按照每个人自己的爱好作随意选择的准则偷换为了一条法则：但在这里他们的行事倒还是充分前后一贯的，他们按照这样的比例，即按照他们原理的低下的比例而贬低了他们的至善，而且决不期望比通过人的明智（属于此列的也有对爱好的节制和调控）所能获取到的更大的幸福，这种幸福的结果，如所周知，必定是够贫乏的，并且必定是按照不同情况而极其不同的；这还不算他们的准则所不得不连连承认的例外，这些例外使这些准则不适合于用作法则。反之，斯多亚派完全正确地选择了他们的至上的实践原则、亦即德行作为至善的条件，但由于他们把德行的纯粹法则所需要的德行程度想像成可以在今生完全达到的，他们不仅把人的道德能力以某种智者的名义张扬到超越于他的本性的一切局限的高度，并假定了某种与一切人类知识相矛盾的东西，而且尤其也根本没有想要让属于至善的第二个组成部分即幸福被看作人的欲求能力的一个特殊对象，而只是使他们的智者如同一个神那样通过意识到自己人格的杰出性而完全独立于自然（在他的满足方面），因为他们虽然把智者委之于恶劣的生活，但却不使他屈服于其下（同时也把他表现为摆脱了恶的），这样就把至善的第二个要素即自身幸福实际上省略掉了，因为他们把这要素仅仅建立于行动和对自己人格价值的满足中，并因而只将它包括在对道德思想境界的意识之中，但在其中，他们通过他们自己本性的声音本来就已经能够被充分驳倒了。

　　基督教的学说①,即使人们还没有把它作为宗教学说来考察,就在这一点上提供了一个至善的(上帝之国的)概念,只有这个概念才使实践理性的这种最严格的要求得到满足。道德法则是神圣的(分毫不爽的),并要求德性的神圣性,虽然人所能够达到的一切道德完善性永远只是德行,即出于对法则的敬重的合乎法则的意向,因而是对于违禁、至少是不正派、亦即在遵守法则上混杂进许多不纯正的(非道德的)动因这样一种不断的偏好的意识,所以是一种与谦恭结合着的自重,因而在基督的法则所要求的神圣性方面,留给被造物的就只剩下无限的进步,也正因此,被造物有资格希望自己持续地进向无限。一个与道德法则完全适合的意向的价值是无限的:因为一切可能的幸福在一个智慧的和万能的幸福分配者作出判分时没有任何别的限制,除了有理性的存在者缺乏与自己的义务的适合性之外。但单独的　148

──────────

　　① 　人们通常认为基督教对德性的规范就其纯粹性而言并不在斯多亚派的道德概念之上;不过两者的区别仍然是十分明显的。斯多亚派的体系使刚毅精神的意识成为一切德性意向应当绕之旋转的枢纽,并且虽然这个体系的追随者也谈及义务,也对义务作了极好的规定,但他们毕竟把意志的动机和真正的规定根据建立在思想境界的提升中,即超越于低级的、只是通过精神脆弱来主宰的那些感性动机之上。这样,德行在他们那里就是超然于人类的动物本性之上的智者的某种英雄主义,对于智者自己,英雄主义就足够了,他虽然向别人讲义务,他自己却超然于义务之上,而决不屈服于违犯德性法则的诱惑。但对于这一切,他们假如以纯粹性和严格来设想了德性法则,如同福音书的规范所做的那样,则是不可能做到的。如果我把一个理念理解为一种在经验中不能有任何东西与之相符合的完善性,那么道德理念并不因此就是什么过甚其辞的东西,亦即并非那种我们甚至连它的概念也不能充分规定的东西,或是那种它是否任何地方会有某个对象与之相应都不确定的东西,就像思辨理性的理念那样;相反,这些理念作为实践的完善性的范本,充当着德性行为的不可缺少的准绳,同时也充当着比较的尺度。现在,假如我对基督教道德从它的哲学方面来考察,那么它在与希腊各学派的理念相比较时就会这样显现出来:犬儒派、伊壁鸠鲁派、斯多亚派和基督教的理念分别就是:素朴、明智、智慧和神圣。至于达到它们的方式,希腊哲学家们是如此相互不同,即犬儒派觉得普通人类知性对此就足够了,另两派则认为只有科学的方式才行,因而这两派终归认为只要运用自然力量就足以做到这点。基督教道德由于它把自己的规范(如同也是必须的那样)设立得如此纯粹和不爽分毫,就剥夺了对人至少在此生中与这种规范完全符合的信任,但它毕竟又以下述方式把这种信任重新树立起来,即如果我们尽我们所能地行善,我们就可以希望凡是我们所不能做到的,将在另外的地方使我们受益,不论我们现在是否知道以何种方式。亚里士多德和柏拉图的区别只在我们的德性概念的起源方面。——康德　147

道德法则却不预示任何的幸福；因为幸福按照一般自然秩序的概念是并不与对道德法则的遵守结合在一起的。现在，基督教的德性论通过把有理性的存在者在其中全心全意地献身于德性法则的世界描述为一个上帝之国，而补足了这一（至善的第二个不可缺少的组成部分的）缺陷，在这个国度里，自然和德性通过一个使这种派生的至善成为可能的神圣的创造者，而进入到了对两者中的任何一个本身单独来说都是陌生的和谐之中。德性的神圣性已经被指定给他们当作此生中的准绳了，但与之成比例的福祉，即永福，却只是被表现为在永恒中才能达到的：因为前者在任何情况下都必须永远是他们行为的范本，而朝它前进在此生中已经是可能的和必要的了，但后者在现世中却是根本不可能以幸福的名义达到的（这取决于我们的能力），因此只能被当作希望的对象。尽管如此，基督教的道德原则本身毕竟不是神学的（因而不是他律），而是纯粹实践理性自身独立的自律，因为它使对上帝及其意志的知识不是成为道德法则的根据，而是成为在遵守这些法则的条件下达到至善的根据，它甚至把遵守法则的真正动机不是置于遵守它们时的被指望的后果中，而是仅仅置于义务的表象中，同时，获得被指望的后果的资格也只在于对这种义务的忠实的遵循。

以这种方式，道德法则就通过至善作为纯粹实践理性的客体和终极目的的概念而引向了宗教，亦即引向对一切义务作为上帝的命令的知识，这种命令不是强令，亦即不是一个陌生意志的任意的、单独来看本身是偶然的指令，而是每一个自由意志的自身独立的根本法则，但这些法则却必须被看作最高存在者的命令，因为我们只有从一个道德上完善的（神圣的和善意的）、同时也是全能的意志那里，才能希望至善，因而只有通过与这个意志协调一致才能希望达到至善，而道德法则就使得把至善设立为我们努力的对象成了我们的义务。因此，即使在这里，一切都仍然是无私的，仅仅建立在义务之上的；不允许把作为动机的恐惧或希望当作基础，它们如果成为原则，就会取消行动的全部道德价值。道德法则命令，要使一个世界中的可能的至善成为我的一切行为的最后的对象。但这个至善，除非通过我的意志与一个神圣的和善意的创世者的意志协调一致，我是不能希望实现它的；尽

管在作为一个整体的概念的至善概念中,最大的幸福和最大程度的德性的
(在被造物中所可能的)完善被表象为在一个最精确的比例中结合着,而我
自身的幸福也一起包括在内:但毕竟不是幸福,而是道德法则(它勿宁说把
我对幸福的无限制的追求严格限制在一些条件上),才是被指定去促进至
善的那个意志的规定根据。

因此,即使道德学真正说来也不是我们如何使得自己幸福的学说,而是
我们应当如何配得幸福的学说。只有当宗教达到这一步时,也才会出现有
朝一日按照我们曾考虑过的不至于不配享幸福的程度来分享幸福的希望。

每个人都配得上拥有一件事物或一种状态,如果他在这种拥有中与至
善相协调的话。现在可以很容易地看出,任何配得上都取决于德性的行为,
因为这种行为在至善的概念中构成其他的(属于状态的)东西的条件,也就
是构成分享幸福的条件。于是由此得出:我们必须永远不把道德学本身当
作幸福学说来对待,亦即当作某种分享幸福的指南来对待;因为它只是与幸
福的理性条件(conditio sine qua non①)相关,而与获得幸福的手段无关。但
假如道德学(它仅仅提出义务,而不给自私的愿望提供做法)被完整地阐述
出来:那么只有在这时,当基于一个法则之上的、以前未能从任何自私的心
灵中产生的促进至善(把上帝之国带给我们)的道德愿望被唤醒,并为着这
个愿望向宗教迈出了步伐之后,这种伦理学说才能够也被称之为幸福学说,
因为对幸福的希望只是从宗教才开始的。

我们从中也可以看出:如果我们追问在创造世界中上帝的最后目的,我
们不得举出在世界中有理性的存在者的幸福,而必须举出至善,后者在这些
存在者的那个愿望之上还加上了一个条件,即配享幸福这个条件,也就是这
同一些理性存在者的德性,惟有它才包含着他们能够据以希望从一个智慧
的创造者手中分得幸福的尺度。因为智慧从理论上来看意味着对至善的知
识,而从实践上看意味着意志对至善的适合性,所以我们不能赋予一个最高
的独立智慧以某种仅仅建立在善意上的目的。因为善意的这一(在有理性

①　拉丁文:不可或缺的条件。——编译者

（右侧页边）150

的存在者的幸福方面的)结果,我们只有在与创造者的意志的神圣性①协调
151　一致这个限制条件下,才能思考为与本源的至善相适合的。所以那些把创
造的目的建立在上帝的荣耀中(前提是,人们不要把这种荣耀拟人化地设
想为得到颂扬的爱好)的人,也许是找到了最好的表达。因为最使上帝荣
耀的莫过于这个世界上最可尊重的东西:敬重上帝的命令,遵循上帝的法则
交付给我们的神圣义务,如果他的宏伟部署达到以相适合的幸福来使这样
一个美好的秩序得以圆满完成的话。如果说后面这种情况(以人类的方式
来说)使上帝值得爱,那么通过前一种情况上帝就是谟拜(崇拜)的对象。
甚至人类虽然也能够通过做好事而为自己获得爱,但永远也不能仅仅由此
而获得敬重,以至于最大的慈善行为也只有按照配得的资格来施行时才会
给他们带来荣耀。

在这个目的秩序中,人(与他一起每一个有理性的存在者)就是自在的
目的本身,亦即他永远不能被某个人(甚至不能被上帝)单纯用作手段而不
是在此同时自身又是目的,所以在我们人格中的人性对我们来说本身必定
是神圣的:这就是从现在起自然得出的结论,因为人是道德法则的主体,因
而是那种自在地就是神圣的东西的主体,甚至一般说来,只是为着道德法则
并与此相一致,某物才能被称之为神圣的。因为这个道德法则是建立在他
的意志的自律之上的,而他的意志乃是一个自由意志,它根据自己的普遍法
则,必然能够同时与它应当服从的东西相一致。

---

① 在这里,为了标明这个概念的特征,我只想再说明一点:当我们赋予上帝以不
同的属性时,我们发现这些属性的性质也是适合于被造物,只是它们在上帝那里被提
升到最高的程度而已,例如力量、知识、在场、善意等等被冠以全能、全知、全在、全善等
等名称,但毕竟有三种性质是唯一地赋予上帝但却不带大小上的同位语的,它们全都
是道德上的:上帝是唯一神圣的、唯一永福的、唯一智慧的;因为这些概念已经具有不
受限制性了。这样一来,上帝按照这些概念的秩序也就是神圣的立法者(和创造者)、
善意的统治者(和保护者)及公正的审判者:这三种属性包含了上帝借以成为宗教对象
的一切,而与这些属性相适合,种种形而上学的完善性就自然添加到理性中来
了。——康德

Ⅵ. 总论纯粹实践理性的悬设

这些悬设全都是从道德性的原理出发的,这个原理不是悬设,而是理性用来直接规定意志的法则,这个意志正由于它被这样规定而作为纯粹意志要求着遵守其规范所必要的这样一些条件。这些悬设不是理论的教条,而是在必要的实践考虑中的诸种前提,因而它们虽然并不扩展思辨的知识,然而却普遍地(借助于它们与实践的关系)赋予思辨理性的诸理念以客观实在性,并使思辨理性对于那些它本来甚至哪怕自以为能断言其可能性都无法做到的概念具有了权利。

这些悬设就是不朽的悬设,从积极意义看(作为一个存在者就其属于理知世界而言的原因性)的自由的悬设,和上帝存有的悬设。第一个悬设来源于持续性要与道德法则的完整实现相适合这个实践上的必要条件;第二个悬设来源于对感官世界的独立性及按照理知世界的法则规定其意志的能力,亦即自由这个必要的前提;第三个悬设来源于通过独立的至善、即上帝存有这个前提来给这样一个理知世界提供为了成为至善的条件的必要性。

所以,由于对道德法则的敬重而成为必要的对至善的意图,以及至善的由此发源的客观实在性前提,通过实践理性的悬设就引向了思辨理性虽然作为课题提出、但却不能解决的诸概念。于是就 1)引向了这样一个课题,在它的解决中思辨理性只会陷入谬误推理(这就是不朽的课题),因为在它那里,为了把在自我意识中必然赋予灵魂的那个关于最后主体的心理学概念补足为一个实体的实在表象,缺乏的是持久性的特征,而这一点实践理性通过对某种与作为实践理性的全部目的的至善中的道德法则相适合所要求的持续性加以悬设,就做到了。2)它引向了这种概念,思辨理性关于它只包含有二律背反,并只能把这种二律背反的解决建立在某种虽然可以或然地思维、但按其客观实在性却并不能对思辨理性证明和确定下来的概念之上,这就是一个理知世界的宇宙论的理念,及借助于自由的悬设对我们在这

152

153

个理知世界中的存有的意识(对自由的实在性,理性是通过道德法则、并与此同时通过一个理知世界的法则来阐明的,对这个理知世界的法则思辨理性只是指出来,但却不能规定它的概念)。3)它使思辨理性虽然想到了、但却不得不让它作为单纯的先验理想而不加规定的东西,即原始存在者的神学概念,获得了意义(在实践意图中的意义,也就是作为由那个法则所规定的意志的客体之所以可能的条件),也就是在一个理知世界中通过其中统治着的道德立法而使至善这一至上原则获得了意义。

但我们的知识以这样一种方式通过纯粹实践理性难道就有了现实的扩展,而对于思辨理性来说曾是超验的东西,难道在实践理性中就是内在的了吗?当然,不过仅仅是在实践的意图中。因为我们虽然由此既没有对于我们灵魂的本性,也没有对于理知的世界,更没有对于最高存在者,按照它们自在本身所是的而有所认识,而只是使它们的概念在作为我们意志客体的至善这一实践的概念中结合起来了,而我们是完全先天地通过纯粹理性、但只是借助于道德法则并且也只在与道德法则的关系中,就其所要求的客体而言来结合的。但为什么哪怕自由也仅仅是可能的,而我们又是如何能从理论上积极地表达这种原因性,这却并没有因此而被看出来,而只是通过道德法则并为了道德法则而悬设了有这样一种原因性存在。同样,别的那些理念的情况也是如此,它们的可能性是没有任何人类知性在任何时候会去探索的,但它们是非真实的概念这一点,也是任何诡辩在任何时候都不会从哪怕最普通的人的确信中夺走的。

······ ······

判断力批判

编译者导语

《判断力批判》出版于1790年。全书除了序言和一个完整系统的导言外,分为"审美判断力批判"和"目的论判断力批判"。前者分为审美判断力的"分析论"和"辩证论"(其最后一小节题为"附录:关于鉴赏的方法论"),后者也分为目的论判断力的"分析论"和"辩证论"及一个计有13节的"附录:目的论判断力的方法论",加上"目的论判断力的总注"。这里选译的是:序言,导言,"审美判断力的分析论"中的"美的分析"和"崇高的分析"两章,"审美判断力的辩证论"的主要内容,"目的论判断力"的"分析论"、"辩证论"、"方法论"的主要内容。译文均按原书章节顺序排列。

序言提纲挈领地总括了《判断力批判》对于联结前两个批判从而完成纯粹理性的全部批判的必要性和意义,也是全书导言的一个简短的纲要。

导言是关于批判哲学体系的总体结构和《判断力批判》的基本概念及总体构想的一篇独立论著,也是研究康德哲学及其思想发展的重要文献。导言前三节通过判断力的先天原理在联结彼此独立的知性立法和理性立法所造成的相互分裂的自然和自由、认识和道德上所起的作用和所处的地位,阐明了批判哲学必须是由三个批判组成的总体;四、五、六节阐明了作为联结中介的判断力不是知性认识中从普遍概念出发规定特殊对象的"规定性的"判断力,而是从给予的特殊出发去寻求其可能的普遍原则的"反思性的"判断力,它出于这种需要而给自己立了一条法,即自然的形式的合目的性这条先验的原则,这种合目的性只与对象对于主体认识能力的适合性相关,因而具有形式上普遍引起愉快的特点;第七、八、九节阐明了自然合目的性之区分为直接与愉快相关的主观的、形式的合目的性,和建立于其上的不直接与愉快相关而与对客体的知识相关的客观的、质料的合目的性,与这种区分相应,反思判断力也就区分为通过愉快对主观形式的合目的性作评判的审美判断力和通过知性和理性的关系对客观质料的合目的性作评判的目的论判断力,并在探讨两种反思判断力的概念、作用、相互关系的基础上阐明了它们各自联结自然和自由、认识和道德的方式。

审美判断力的分析论中的美的分析部分,通过鉴赏判断的四个契机概括出对于美的普遍一般的说明:前两个契机提出鉴赏的愉快的两个特点,即无利害的快感和无概念的普遍性;后两个契机则追溯到这两个特点的先天根据,即无目的的合目的性形式和人类的共通感,从而说明了鉴赏判断是想象力和知性这两种认识能力的自由协调活动或"游戏",它所判定的是普遍可传达的愉快感,这就是"美"。崇高的分析从崇高的对象是自然界的"无形式"出发,阐明了崇高是想象力和知性不能和谐(因而带来痛苦)却跳过知性去和理性达到和谐(因而带来更高层次的愉快),因而同样显示为想象力的合目的性活动;无论数学的崇高还是力学的崇高,都不是在自然对象或自然力上寻找到的,而是想象力在评价自然界时借助于理性的理念在自己内心中激发起来的,或者是为了抵抗、战胜盲目的自然界,或者是以自然界的伟力象征和加强理性的人格力量或道德精神。审美判断力的辩证论则考察了鉴赏所必然陷入的审美标准问题的二律背反及其批判的解决。

目的论判断力批判强调自然的客观合目的性只是反思性判断力反思自然的一条调节性原理,而非构成性原理。其中,分析论阐明了作为自然目的之物的有机体不是一种外在目的,而是内在目的,即"有组织的和自组织的存在者",它的一切部分都是互为目的和手段;有机体的内在目的性的确立必然导致整个自然界的目的论等级系统;但这个系统对于自然科学只是一种外来的辅助手段,它不是理论自然科学的一部分,而是神学的入门。辩证论阐明了反思性判断力一旦将其目的论的主观调节性准则误解为对象的构成性原理,就必然陷入目的论和机械论的二律背反,而解决这个二律背反的必要准备就是不承认反思性判断力的主观准则有客观实在性。"方法论"对自然界的最终目的进行了追溯,这一追溯实际上是从以人为最后目的的自然目的论系统出发,通过对人身上体现的最后目的进一步反思而追溯到道德目的论,并由此而向超自然的最终目的即神学目的过渡。在人身上体现的最终目的就是作为道德法则的主体并遵照这个法则而使自己成为自由的存在者的、作为本体看的人。在道德目的建立之后,幸福也才能成为值得追求和希望的,而为此就需要上帝,这就从自然神学过渡到了"伦理学神学"。

序　言

第一版,1790 年

　　我们可以把出自先天原则的认识能力称之为纯粹理性,而把对它的可能性和界限所作的一般研究称之为纯粹理性批判:尽管我们所理解的这种能力只是在其理论运用中的理性,如同在第一部著作中也已经以那种命名出现过的那样,那时还没有打算把理性能力作为实践理性并按照其特殊原则来加以研究。于是那种批判就只是指向我们先天地认识事物的能力,所以只是讨论认识能力,而排除愉快和不愉快的情感和欲求能力;而在诸认识能力中则根据其先天原则来讨论知性,而排除(作为同属于理论认识的能力的)判断力和理性,因为在这一进程中的情况是,除了知性以外,任何别的认识能力都不可能提供出构成性的先天认识原则。所以这个批判按照其他每一种能力或许会自以为出于自己的根芽而在知识的现金资产中所拥有的份额,对所有这些能力加以审查,不让剩下别的,而只有知性先天地作为对自然、即诸现象的总和(这些现象的形式同样也是先天被给予的)的规律而颁定的东西;但这个批判使所有其他的纯粹概念都听从理念的指点,这些理念对于我们的理论认识能力来说是过甚其辞的,但却或许并不是无用的和可以缺少的,而是用作调节性的原则:一方面抑制知性的这种令人担忧的僭妄,好像它(由于它能够先天地定出它所能认识的一切事物的可能性条件)由此就把任何一般物的可能性也包括在这个界限内了似的;另方面在考察自然界时按照一条知性永远也达不到的完整性原则来引导知性本身,并由此来促进一切知识的最终意图。

所以真正说来是知性,就其含有先天的构成性认识原则而言,作为拥有、也就是在认识能力中拥有它自己的领地的知性,本应当通过一般地这样称呼的纯粹理性批判而在所有其他有资格的能力面前确保自己独占的财产。同样,仅仅只在欲求能力方面包含有先天构成性原则的那种理性,它的财产已在实践理性批判中被分得了。

那么,在我们认识能力的秩序中,在知性和理性之间构成一个中介环节的判断力,是否也有自己的先天原则;这些先天原则是构成性的还是仅仅调节性的(因而表明没有任何自己的领地),并且它是否会把规则先天地赋予作为认识能力和欲求能力之间的中介环节的愉快和不愉快的情感(正如同知性对认识能力、理性对欲求能力先天地制定规律那样):这些正是目前的这个判断力的批判所要讨论的。

对于纯粹理性、即对我们根据先天原则进行判断的能力所作的一个批判,如果不把判断力的批判(判断力作为认识能力自身也提出了这一要求)作为自己的一个特殊部分来讨论的话,它就会是不完整的;尽管判断力的诸原则在一个纯粹哲学体系里并不能在理论哲学和实践哲学之间构成任何特殊的部分,而只能在必要时随机附加于双方中的任何一方。因为,如果这样一个体系要想有一天在形而上学这个普遍的名称下实现出来的话(完全做到这一点是可能的,而且对于理性在一切方面的运用是极为重要的):那么这个批判就必须对这个大厦的基地预先作出这样深的探查,直到奠定不依赖于经验的那些原则之能力的最初基础,以便大厦的任何一个部分都不会沉陷下去,否则就将不可避免地导致全体的倒塌。

但从判断力(它的正确运用是如此地必要和被普遍地要求着,因而在健全知性这一名目下所意指的没有别的,而正是这种能力)的本性中我们很容易相信,要发现它所特有的某种原则,必定会伴随着巨大的困难(因为任何一条原则它都必须先天地包含于自身内,否则它就不会作为一种特殊的认识能力而本身被置于最普通的批判之下了),尽管如此,这种原则必须不是从先天概念中推导出来的;因为这些概念属于知性,而判断力只针对知性的应用。所以判断力本身应当指示某种概念,通过这概念本来并不是认识事物,而只是充当判断力本身的规则,但也不是充当一条判断力可以使自己的判断与之相适合的客观规则,因为为此又将需要一个另外的判断力,以便能够分辨该判断是否属于这个规则的场合。

为了一条原则(不管它是主观的还是客观的)而感到的这种窘境主要发生在我们称之为审美的、与自然界和艺术的美及崇高相关的评判中。尽管如此,对判断力在这些评判中的某种原则的批判性研究是对这种能力的一个批判的最重要的部分。因为即使这些评判自身单独不能对于事物的认识有丝毫的贡献,它们毕竟只是隶属于认识能力的,并证明这种认识能力按照某条先天原则而与愉快或不愉快的情感有一种直接的关系,而不与那可能是欲求能力的规定根据的东西相混淆,因为欲求能力在理性的概念中有其先天的原则。——至于对自然界的逻辑的评判,那么凡是在经验提出诸物的某种不再能由关于感性东西的普遍知性概念所理解和解释的合规律性的地方,以及凡是在判断力能够从自身取得自然物对不可知的超感性东西的关系的某种原则、并且也必须只是着眼于它自身而运用这原则于自然知识上的地方,则一条这样的先天原则虽然能够和必须应用于对世间存在物的认识,同时开启着对实践理性有利的前景:但它并不具有对愉快和不愉快的情感的直接关系,这种关系正是在判断力的原则中那神秘难解之处,它使得在批判中为这种能力划分出一个特殊部门成为必要,因为按照概念(从中永远不可能引出对愉快和不愉快的情感的直接结论)而进行的这种逻辑评判本来顶多能够附属于哲学的理论部分以及对它的批判性限制。

对于作为审美判断力的鉴赏能力的研究在这里不是为了陶冶和培养趣味(因为这种陶冶和培养即使没有迄今和往后的所有这类研究也会进行下去的),而只是出于先验的意图来做的:所以我自认为这一研究在缺乏那种目的方面也会得到宽容的评判。但说到先验的意图,那么它必须准备经受最严格的检验。然而我希望,即使在这里,解决一个如此纠缠着自然的问题的这种巨大困难,可以用来为我在解决这问题时有某些不能完全避免的模糊性作出辩解,只要这个原则被正确地指出、足够清楚地加以说明就行了;假使说,从这里面引出判断力的现象,这种方式并不具有我们在别的地方、即对于依据概念的认识所可以正当要求的全部的清晰性,那么这种清晰性我相信在本书的第二部分①中也已经做到了。

　　于是我就以此结束我全部的批判工作。我将马不停蹄地奔赴学理的探究，以便尽可能地为我渐高的年齿再争取到在这方面还算有利的时间。不言而喻的是，在学理的探究中，对判断力来说并没有特殊的部分，因为就判断力而言，有用的是批判，而不是理论；相反，按照哲学被划分为理论哲学和实践哲学、而纯粹哲学也被划分为同样两个部分，构成学理探究的将是自然的形而上学和道德的形而上学。

---

① 　指"目的论判断力批判"。——编译者

导　言

Ⅰ.哲学的划分

如果我们就哲学凭借概念而包含有事物的理性认识的诸原则(而不单是像逻辑学那样不对客体作区别而包含有一般思维形式的诸原则)而言,把哲学像通常那样划分为理论哲学和实践哲学,那么我们做得完全对。但这样一来,为这个理性认识的诸原则指定了它们的客体的那些概念在特殊性上必定是各不相同的,因为否则它们将没有理由作出划分,划分总是以属于一门科学的各个不同部分的那些理性知识之诸原则的某种对立为前提的。

但是,只有两类概念,是容许它们的对象的可能性有正好两种各不相同的原则的:这就是自然诸概念和自由概念。既然前者使按照先天原则的某种理论知识成为可能,后者却在这些理论知识方面在其概念本身中就已经只具有某种否定的原则(单纯对立的原则),相反,对于意志的规定则建立起扩展性的原理,这些原理因而叫作实践的原理:所以,哲学被划分为在原则上完全不同的两个部分,即作为自然哲学的理论部分和作为道德哲学的实践部分(因为理性根据自由概念所作的实践立法就是这样被称呼的),这是有道理的。但迄今为止,在以这些术语来划分不同的原则、又以这些原则来划分哲学方面,流行着一种很大的误用:由于人们把按照自然概念的实践和按照自由概念的实践等同起来,这样就在理论哲学和实践哲学这些相同的名称下进行了一种划分,通过这种划分事实上什么也没有划分出来(因为这两部分可以拥有同一些原则)。

所以意志,作为欲求的能力,它是尘世间好些自然原因之一,就是说,它是那种按照概念起作用的原因;而一切被设想为通过意志而成为可能(或必然)的东西,就叫作实践上可能(或必然)的,以与某个结果的自然的可能性或必然性区别开来,后者的原因不是通过概念(而是像在无生命的物质那里通过机械作用,在动物那里通过本能)而被规定为原因性的。——而现在,就实践而言在这里还没有规定,那赋予意志的原因性以规则的概念是一个自然概念,还是一个自由概念。

但辨明后面这点是根本性的。因为如果规定这原因性的概念是一个自然概念,那么这些原则就是技术上实践的;但如果它是一个自由概念,那么这些原则就是道德上实践的;而由于在对理性科学的划分中完全取决于那些需要不同原则来认识的对象的差异性,所以前一类原则就属于理论哲学(作为自然学说),后一类则完全独立地构成第二部分,也就是(作为道德学说的)实践哲学。

一切技术上实践的规则(亦即艺术和一般熟练技巧的规则,或者也有作为对人和人的意志施加影响的熟练技巧的明智的规则),就其原则是基于概念的而言,也必须只被算作对理论哲学的补充。因为它们只涉及到按照自然概念的物的可能性,属于自然概念的不只是在自然界中可以为此找到的手段,而且甚至有意志(作为欲求能力、因而作为自然能力),就其可以按照那种规则被自然动机所规定而言。但这样一类实践规则并不称之为规律(例如像物理学规律那样),而只能叫作规范:这是因为,意志不仅仅从属于自然概念,而且也从属于自由概念,它的诸原则在与自由概念相关时就叫作规律,只有这些原则连同其推论才构成了哲学的第二部分,即实践的部分。

所以,如同纯粹几何学问题的解答并不属于几何学的一个特殊的部分,或者丈量术不配称之为某种与纯粹几何学不同的实践的几何学而作为一般几何学的第二部分一样,实验的或观察的机械技术或化学技术同样不可以并且更不可以被视为自然学说的一个实践部分,最后,家庭经济、地区经济

8

和国民经济,社交艺术,饮食规范,且不说普遍的幸福学说,更不用说为了幸福学说的要求而对爱好的约束和对激情的节制了,这些都不可以算作实践哲学,或者说,这些东西根本不能构成一般哲学的第二部分;因为它们所包含的全都只是一些熟巧规则,因而只是些技术上的实践规则,为的是产生按照因果的自然概念所可能有的结果,由于自然概念只属于理论哲学,这些东西所服从的只是作为出自理论哲学(自然科学)的补充的那些规范,所以不能要求在一个被称为实践性的特殊哲学中有任何位置。反之,那些完全建立在自由概念之上,同时完全排除意志由自然而来的规定根据的道德上实践的规范,则构成了规范的一种完全特殊的方式:它们也像自然所服从的那些规则一样,不折不扣地叫作规律,但不是像后者那样基于感性的条件,而是基于某种超感性的原则,并且和哲学的理论部分并列而完全独立地为自己要求一个另外的部分,名叫实践哲学。

由此可见,哲学所提供的实践规范的总和,并不由于它们是实践的,就构成哲学的一个被置于理论部分旁边的特殊部分;因为即使它们的原则完全是从自然的理论知识那里拿来的(作为技术上实践的规则),它们也可以是实践的;而是由于这样的原因和条件,即它们的原则完全不是从永远以感性为条件的自然概念中借来的,因而是基于超感性的东西之上,后者是只有自由概念借助于形式规律才使之成为可知的,所以它们是道德上实践的,就是说,不只是在这种或那种意图中的规范和规则,而是不与任何目的和意图发生先行关系的规律。

Ⅱ.一般哲学的领地

先天概念所具有的应用的范围,也就是我们的认识能力根据原则来运用以及哲学借这种运用所达到的范围。

但那些概念为了尽可能实现某种对于对象的知识而与之发生关系的那一切对象的总和,可以按照我们的能力对这一意图的胜任或不胜任的差别而作出划分。

概念只要与对象发生关系,不论对于这些对象的知识是否可能,它们都拥有自己的领域,这个领域仅仅是依照它们的客体所具有的对我们一般认识能力的关系来规定的。——该领域中对我们来说可以认识的那个部分,就是对于概念和为此所需要的认识能力的一个基地(territorium)。在这个基地上有这些概念在行使立法的那个部分,就是这些概念和它们所该有的那些认识能力的领地(ditio)。所以经验概念虽然在自然亦即一切感官对象的总和中拥有自己的基地,但不拥有领地(而只有自己的暂居地,domicilium):因为它们虽然合法地被产生出来,但并不是立法者,而是在它们之上所建立的规则都是经验性的、因而是偶然的。 10

我们全部认识能力有两个领地,即自然概念的领地和自由概念的领地;因为认识能力是通过这两者而先天地立法的。现在,哲学也据此而分为理论哲学和实践哲学。但哲学的领地建立于其上且哲学的立法施行于其上的这个基地却永远只是一切可能经验的对象的总和,只要这些对象不被看作别的、只被看作单纯的现象;因为否则知性对于这些对象的立法就是不可思议的。

通过自然概念来立法是由知性进行的并且是理论性的。通过自由概念来立法是由理性造成的并且只是实践性的。不过只有在实践中理性才是立法性的;在理论认识(自然知识)方面它只能(作为凭借知性而精通法律地)从给予的规律①中通过推理而引出结论来,而这些结论终归永远只是停留在自然界那里的。但反之,如果规则是实践的,理性却并不因而立刻就是立法的,因为这些规则也可能是技术上实践的。

因此,理性和知性对于同一个经验的基地拥有两种各不相同的立法,而不允许一方损害另一方。因为自然概念对于通过自由概念的立法没有影响,正如自由概念也不干扰自然的立法一样。这两种立法及属于它们的那些能力在同一个主体中的共存至少可以无矛盾地被思维,这种可能性是

---

① 德文中"法律"和"规律"均为 Gesetz 一词,中文表达不出这一双关义。——编译者

《纯粹理性批判》通过揭示反对理由中的辩证幻相而摧毁这些反对理由时所证明了的。

但这两个不同的领地虽然并不在它们的立法中、却毕竟在感性世界里它们的效果中不停地牵制着,不能构成为一体,这是因为:自然概念虽然在直观中设想它的对象,但不是作为自在之物本身,而只是作为现象,反之,自由概念在其客体中虽然设想出一个自在之物本身,但却不是在直观中设想的,因而双方没有一方能够获得有关自己的客体(甚至有关思维着的主体)作为自在之物的理论知识,那个自在之物将会是超感官的东西,我们虽然必须用关于这个超感官东西的理念来解释那一切经验对象的可能性,但却永远不能把这个理念本身提升和扩展为一种知识。

因此对于我们的全部认识能力来说,有一个无限制的、但也是不可接近的领域,这就是超感官之物的领域,在那里我们不能为自己找到任何基地,因而在上面既不能为知性概念也不能为理性概念拥有一块用于理论认识的领地;这个领域我们虽然必须为了理性的理论运用以及实践运用而以理念去占领,但对这些理念我们在与出自自由概念的规律的关系中所能提供的无非是实践的实在性,所以我们的理论知识丝毫也不能由此而扩展到超感官之物上去。

现在,虽然在作为感官之物的自然概念领域和作为超感官之物的自由概念领域之间固定下来了一道不可估量的鸿沟,以至于从前者到后者(因而借助于理性的理论运用)根本不可能有任何过渡,好像这是两个各不相同的世界一样,前者不能对后者发生任何影响:那么毕竟,后者应当对前者有某种影响,也就是自由概念应当使通过它的规律所提出的目的在感官世界中成为现实;因而自然界也必须能够这样被设想,即它的形式的合规律性至少会与依照自由规律可在它里面实现的那些目的的可能性相协调。——所以终归必须有自然界之以之为基础的那个超感官之物与自由概念在实践上所包含的东西相统一的某种根据,关于这根据的概念虽然既没有在理论上也没有在实践上达到对这根据的认识,因而不拥有特别的领地,但却仍然使按照一方的原则的思维方式向按照另一方的原则的思维方式的过渡成为可能。

Ⅲ. 判断力的批判作为把哲学的这两部分结合为一个整体的手段

就认识能力可以先天地提供的东西而言,对这些认识能力的批判本来就不拥有在客体方面的任何领地:因为它不是什么学理,而只是必须去调查一下:按照我们的能力现有的情况,一种学理通过这些能力是否以及如何是可能的。这个批判的领域伸展到这些能力的一切僭妄之上,以便将它们置于它们的合法性的界限之内。但是那不能进入到这一哲学划分中来的,却有可能作为一个主要部分进入到对一般纯粹认识能力的批判中来,就是说,如果它包含有一些自身既不适合于理论的运用又不适合于实践的运用的原则的话。

含有一切先天的理论知识的根据的那些自然概念是基于知性立法之上的。——含有一切感性上无条件的先天实践规范之根据的那个自由概念是基于理性立法之上的。所以这两种能力除了它们按逻辑形式能应用于不论是何种来源的诸原则之外,它们每一个按内容还都有自己独特的立法,在这立法之上没有别的(先天的)立法,所以这种立法就表明哲学之划分为理论哲学和实践哲学是有道理的。

不过,在高层认识能力的家族内却还有一个处于知性和理性之间的中间环节。这个中间环节就是判断力,对它我们有理由按照类比来猜测,即使它不可能先天地包含自己特有的立法,但却同样可以先天地包含一条它所特有的寻求规律的原则,也许只是主观的原则:这个原则虽然不应有任何对象领域作为它的领地,却仍可以拥有某一个基地和该基地的某种性状,对此恰好只有这条原则才会有效。

但这方面(按照类比来判断)还应该有一个新的根据来把判断力和我们表象能力的另一种秩序联结起来,这种联结看起来比和认识能力家族的亲属关系的联结还更具重要性。因为所有的心灵能力或机能可以归结为这

13

三种不能再从一个共同根据推导出来的机能:认识能力、愉快和不愉快的情

14 感和欲求能力①。对于认识能力来说只有知性是立法的,如果认识能力(正
如它不和欲求能力相混淆而单独被考察时必定发生的情况那样)作为一种
理论认识的能力而和自然发生关系的话,只有就自然(作为现象)而言我们
才有可能通过先天的自然概念、也就是真正的纯粹知性概念而立法。——
对于作为按照自由概念的高级能力的欲求能力来说,只有理性(只有在它

---

① 对于我们作为经验性原则来运用的那些概念,如果我们有理由去猜测它们与先

13 天的纯粹认识能力有亲属关系,那么由于这种关系而尝试对它们作一个先验的定义是有
好处的:这就是通过纯粹范畴来定义,只要单是这些范畴已经足以指出眼前概念和其他
概念的区别。在这里,我们按照数学家的榜样,他让他的课题的经验性的材料留在不确
定之中,而只是把它们在这个课题的纯粹综合中的关系放在纯粹算术的概念之下,并借
此使这个课题的答案普遍化。——人们曾由于我的一种类似的处理方式(《实践理性批
判》序言第 16 页)而指责我,并非难我对欲求能力的定义,即凭借其表象而成为该表象
的对象之现实性的原因的能力:因为,据说单纯的愿望毕竟也是欲求,但对此每个人都告
诉自己,他仅仅通过这些愿望是不会产生出它们的客体来的。——但这无非证明了:在
人心中也有那些使他和他自己处于矛盾之中的欲求,因为他力求仅凭自己的表象来产生
出客体,而对这个表象他却不能期望有什么成果,因为他知道,他的机械的力量(如果我
想这样来称呼这些非心理的力量的话)本来是必须由那个表象来规定、以便(因而是间
接的)产生出客体的,这些力量要么不充分,要么根本就是针对某种不可能的事的,例如

14 使发生了的事未曾发生(O mihi praeteritos, etc.[译者按:拉丁文省略句,全句为:O mihi
praeteritos referat si Juppiter annos! 意为:啊,如果朱庇特大神把逝去的年华送还给我,那
该多好!]),或者在急不可耐的期待中能取消那直到盼望的瞬间到来期间的时间。——
即使我们意识到在这样一些幻想的欲求中我们的表象不足以(或者甚至根本不适合于)
成为它们的对象的原因:那么毕竟,在每一种愿望中都包含有与这些对象的关系作为原
因、因而包含有这些对象的原因性的表象,这一点在这个愿望是某种激情、也就是某种渴
望时特别明显。因为这些幻想的欲求借此而表明,它们使人心扩张和萎缩,并这样来耗
尽力量,使得这些力量通过诸表象而反复地紧张起来,但又让内心在顾及这种不可能性
时不断地重新落回到萎靡状态中去。甚至祈求避开巨大的、就我们看来是不可避免的灾
祸,以及为了达到以自然的方式不可能的目的而采取好些迷信的手段,都证明了这些表
象对它们的客体的因果关系,这种因果关系甚至不能够由于意识到这些表象不足以达到
努力以求的效果而被阻挡。——但为什么在我们的天性中被放进了对这种有意识的空
的欲求的偏好,这是一个人类学上的目的论问题。似乎是:如果直到我们确信自己的能
力足以产生一个客体以前我们都不应当被要求使用力量的话,这些力量很大部分将会始
终是无用的。因为通常只有通过我们尝试自己的力量,我们才认识到自己的力量。所以
在空洞愿望中的这种假象只不过是我们天性中某种慈善的安排的结果。——康德

里面才发生自由概念）是先天立法的。——现在, 在认识能力和欲求能力之间所包含的是愉快的情感, 正如在知性和理性之间包含判断力一样。所以至少我们暂时可以猜测, 判断力自身同样包含有一个先天原则, 并且由于和欲求能力必然相结合着的是愉快和不愉快（不论这愉快和不愉快是像在低级欲求能力那里一样在这种能力的原则之前先行发生, 还是像在高级欲求能力那里一样只是从道德法则对这能力的规定中产生出来）, 判断力同样也将造成一个从纯粹认识能力即从自然概念的领地向自由概念的领地的过渡, 正如它在逻辑的运用中使知性向理性的过渡成为可能一样。

　　所以, 即使哲学只能划分为两个主要的部分, 即理论哲学和实践哲学; 即使我们关于判断力的独特原则所可能说出的一切在哲学中都必须算作理论的部分, 即算作按照自然概念的理性认识: 然而, 必须在构筑那个体系之前为了使它可能而对这一切作出决断的这个纯粹理性批判却是由三部分组成的: 纯粹知性批判, 纯粹判断力批判和纯粹理性批判, 这些能力之所以被称为纯粹的, 是因为它们是先天地立法的。

Ⅳ. 判断力, 作为一种先天立法能力

　　一般判断力是把特殊思考为包含在普遍之下的能力。如果普遍的东西（规则、原则、规律）被给予了, 那么把特殊归摄于它们之下的那个判断力（即使它作为先验的判断力先天地指定了惟有依此才能归摄到那个普遍之下的那些条件）就是规定性的。但如果只有特殊被给予了, 判断力必须为此去寻求普遍, 那么这种判断力就只是反思性的。

　　从属于知性所提供的普遍先验规律的规定性的判断力只是归摄性的; 规律对它来说是先天预定的, 所以它不必为自己思考一条规律以便能把自然中的特殊从属于普遍之下。——不过, 自然界有如此多种多样的形式, 仿佛是对于普遍先验的自然概念的如此多的变形, 这些变形通过纯粹知性先天给予的那些规律并未得到规定, 因为这些规律只是针对着某种（作为

感官对象的)自然的一般可能性的,但这样一来,对于这些变形就也还必须
有一些规律,它们虽然作为经验性的规律在我们的知性眼光看来可能是偶
然的,但如果它们要称为规律的话(如同自然的概念也要求的那样),它们
就还是必须出于某种哪怕我们不知晓的多样统一性原则而被看作是必然
的。——反思性的判断力的任务是从自然中的特殊上升到普遍,所以需要
一个原则,这个原则它不能从经验中借来,因为该原则恰好应当为一切经验
性原则在同样是经验性的、但却更高的那些原则之下的统一性提供根据,因
而应当为这些原则相互系统隶属的可能性提供根据。所以这样一条先验原
则,反思性的判断力只能作为规律自己给予自己,而不能从别处拿来(因为
否则它就会是规定性的判断力了),更不能颁布给自然:因为有关自然规律
的反思取决于自然,而自然并不取决于我们据以努力去获得一个就这些规
律而言完全是偶然的自然概念的那些条件。

　　于是,这一原则不可能是别的,而只能是:由于普遍的自然规律在我们
的知性中有其根据,所以知性把这些自然规律颁布给自然(虽然只是按照
作为自然的自然这一普遍概念),而那些特殊的经验性规律,就其中留下而
未被那些普遍自然规律所规定的东西而言,则必须按照这样一种统一性来
考察,就好像有一个知性(即使不是我们的知性)为了我们的认识能力而给
出了这种统一性,以便使一个按照特殊自然规律的经验系统成为可能似的。

17　并不是说好像一定要以这种方式现实地假定这样一个知性(因为这只是反
思的判断力,这个理念用作它的原则是用来反思,而不是用来规定);相反,
这种能力借此只是给它自己而不是给自然界提供一个规律。

　　既然有关一个客体的概念就其同时包含有该客体的现实性的根据而
言,就叫作目的,而一物与诸物的那种只有按照目的才有可能的性状的协调
一致,就叫作该物的形式的合目的性:那么,判断力的原则就自然界从属于
一般经验性规律的那些物的形式而言,就叫作在自然界的多样性中的自然
的合目的性。这就是说,自然界通过这个概念被设想成好像有一个知性含
有它那些经验性规律的多样统一性的根据似的。

　　所以,自然的合目的性是一个特殊的先天概念,它只在反思性的判断力
中有其来源。因为我们不能把像自然在其产物上对目的的关系这样一种东

西加在自然的产物身上,而只能运用这一概念就自然中按照经验性的规律
已给出的那些现象的联结而言来反思这个自然。而且这个概念与实践的合
目的性(人类艺术的,或者也有道德的)也是完全不同的,尽管它是按照和
这种合目的性的类比而被思考的。

Ⅴ. 自然的形式的合目的性原则是
判断力的一个先验原则

一个先验的原则,就是通过它而使人考虑到这种先天普遍条件的原则,
惟有在此条件下诸物才能够成为我们知识的一般客体。反之,一个原则如
果让人考虑的是这种先天条件,在此条件下所有必须经验性地给出其概念
的客体都能先天地进一步得到规定,它就叫作形而上学的原则。所以,物体
作为实体和作为变化的实体,它们的认识原则如果表达的是"它们的变化
必定有一个原因"的话,那就是先验的;但如果这原则表达的是"它们的变
化必定有一个外部的原因"的话,那它就是形而上学的:因为在前一种情况
下物体只能通过本体论的谓词(纯粹知性概念)、例如作为实体来思考,以
便先天地认识这个命题;但在后一种情况下一个物体的经验性的概念(作
为一个在空间中运动的东西)必须成为这个命题的基础,但是这样一来,后
面这个谓词(只由外部原因而来的运动)应归于物体,这一点却可以完全先
天地看出来。——所以,正如我马上要指出的,自然(在其经验性规律的多
样性中)的合目的性原则是一个先验的原则。因为诸客体就其被思考为服
从该原则的而言,其概念只是有关一般可能经验知识的对象的纯粹概念,而
不包含任何经验性的东西。反之,必须在一个自由意志的规定性的理念中
来思考的那种实践的合目的性的原则将会是一个形而上学的原则:因为一
个作为意志的欲求能力这一概念终归必须经验性地给予出来(而不属于先
验的谓词)。然而这两种原则却都并非经验性的,而是先天的原则:因为为
了把谓词和这两个原则的判断中主词的经验性概念结合起来,并不需要任

18

何其他的经验,而是能够完全先天地看出那种结合。

　　自然的合目的性概念属于先验原则,这一点我们可以从为自然研究先天地奠定基础的那些判断力准则中充分地看出来,但这些准则所针对的无非是经验的可能性,因而是自然知识的可能性,但不是仅仅作为一般自然、而是作为通过特殊规律的某种多样性所规定了的自然的知识的可能性。——这些准则作为形而上学智慧的格言,是在某些规则人们不能从概念中说明其必然性的场合下,常常是足够地、但只是分散地出现在这门科学的进程中。"自然界取最短之路(lex parsimoniae①);但自然不作飞跃,不论是在其变化的序列中,还是在各种殊异形式的编排中(lex continui in natura②);然而自然在经验性规律中的大量的多样性是在少数原则之下统一着的(principia praeter necessitatem non sunt multiplicanda③);如此等等。

　　但如果我们打算为这些原理指出来源并尝试按心理学的路子做这件事,那么这就是完全违背这些原理的意思的。因为它们并不是说,有什么事情在发生,亦即按照何种规则我们的认识能力把自己的活动现实地发动起来,并且这件事是如何被判断的,而是说它应当如何被判断;而在这里,如果这些原则只是经验性的,这种逻辑上的客观必然性就不会出现。所以,对于我们的认识能力及其运用来说,自然的合目的性(它显然是从这些认识能力中映现出来的)是判断的一条先验原则,因而也需要一个先验的演绎,如此作判断的根据必须借助于这个演绎到知识的先天来源中去寻找。

　　这就是说,我们在经验的可能性的那些根据中首先找到的当然是某种必然的东西,也就是普遍规律,没有它们自然根本就不能被(作为感官对象)思考;而它们是基于诸范畴,被应用于我们一切可能的直观(如果这些直观也是先天给予的话)的形式条件上的。于是在这些规律之下判断力就是规定性的;因为这种判断力所要做的无非是在这些给定的规律之下进行

────────

① 拉丁文:节约律。——编译者
② 拉丁文:自然中的连续律。——编译者
③ 拉丁文:原则除必要外不得增加。——编译者

归摄。例如知性表明：一切变化都有其原因（普遍的自然律）；于是先验判断力所要做的无非是指出在所提出的先天知性概念之下这种归摄的条件而已：这就是同一物的各个规定的前后承继性。于是对于一般自然（作为可能经验的对象）而言那条规律就被认识到是绝对必然的。——但现在，经验性知识的对象除了那个形式的时间条件之外还在好多性质上被规定着，或者在我们可以先天地作出判断的范围内还可以被规定，以致于具有各种特殊差异的种类除了它们作为属于一般自然而共同拥有的东西之外，还能 20 够以无限多样的方式成为原因；而这些性质中的每一个都必定（按照一般原因的概念）具有自己的规则，这个规则就是规律，因而带有必然性：尽管我们依据我们认识能力的性状和限制根本看不出这种必然性。所以我们必须在自然中，就其单纯经验性的规律而言，思考无限多样的经验性规律的某种可能性，这些规律在我们的见识看来却仍是偶然的（不能先天地认识到的）；考虑到这些规律，我们就把按照经验性规律的自然统一性及经验统一性（作为按照经验性规律的系统）的可能性评判为偶然的。但由于这样一个统一性毕竟不能不被必然地预设和假定下来，否则经验性知识就不会发生任何导致一个经验整体的彻底关联了，又由于普遍的自然律虽然在诸物之间按照其作为一般自然物的类而提供出这样一种关联，但并不是特别地按照其作为这样一些特殊自然存在物的类而提供的：所以判断力为了自己独特的运用必须假定这一点为先天原则，即在那些特殊的（经验性的）自然律中对于人的见地来说是偶然的东西，却在联结它们的多样性为一个本身可能的经验时仍包含有一种我们虽然不可探究、但毕竟可思维的合规律的统一性。这样一来，由于这个合规律的统一性是在一个我们虽然按照某种必然的意图（某种知性需要）、但同时却是作为本身偶然的来认识的联结中，被设想为诸客体（在这里就是自然界）的合目的性的：所以，对服从可能的（还必须去发现的）经验性规律的那些事物而言只是反思性的判断力就必须考虑到这些规律，而按照我们认识能力方面的某种合目的性原则去思维自然界，而这一原则也就在判断力的上述准则中被表达出来了。于是，自然的合目的性这一先验概念既不是一个自然概念，也不是一个自由概念，因为它完全没有加给客体（自然）任何东西，而只是表现了我们在着眼于某种

21 彻底关联着的经验而对自然对象进行反思时所必须采取的唯一方式,因而表现了判断力的一个主观的原则(准则):因此当我们在单纯经验性的规律中找到了这样一种系统的统一性,就好像这是一个对我们的意图有利的侥幸的偶然情况时,我们也会高兴(真正说来是摆脱了某种需要):尽管我们必定将不得不承认,这是这样一种统一性,它并不是我们所能够看透和证明的。

　　为了确信对目前这个概念的演绎的正确性和把它假定为先验知识原则的必要性,只须让我们考虑一下这一任务的重要性:由含有或许是无限多样性的经验性规律的自然界所给予的那些知觉中构成一个关联着的经验,这一任务是先天地置于我们的知性中的。知性虽然先天地具有普遍的自然规律,没有这些规律自然将根本不可能是某种经验的对象:但它除此之外也还需要某种在自然的特殊规则中的自然秩序,这些规则它只能经验性地获悉且对它来说是偶然的。没有这些规则,就不会有从一个一般的可能经验的普遍类比向一个特殊类比的进展,知性必须把这些规则作为规律(即作为必然的)来思考:因为否则它们就不会构成任何自然秩序了,虽然知性没有认识到它们的必然性或者在任何时候也不可能看出这种必然性。所以,尽管知性在这种必然性方面(在客体方面)不能先天地规定任何东西,它却必须为了探索这些经验性的所谓规律,而把一条先天的原则,即按照这些规律一个可认识的自然秩序是可能的这样一条原则,作为关于自然的一切反思的基础。表达出这样一个原则的是下述一些命题:在自然中有一个我们所能把握的类和种的从属关系;那些类和种又按照一个共同的原则而相互接近,以便从一个向另一个的过渡并由此向更高的类的过渡成为可能;如果说

22 我们的知性一开始似乎是不可避免地必须为自然作用的这种特殊的差异性设定正好这么多各不相同的原因性种类的话,这些种类却毕竟可以从属于我们必须从事于搜寻的少数原则之下,如此等等。自然与我们的认识能力的这种协调一致是判断力为了自己根据自然的经验性的规律来反思自然而先天预设的,因为知性同时从客观上承认它是偶然的,而只有判断力才把它作为先验的合目的性(在与主体认识能力的关系中)赋予了自然:因为我们没有这个预设就不会有任何按照经验性规律的自然秩序,因而不会有任何

线索来引导某种必须按照其一切多样性来处理这些规律的经验及自然的研究了。

　　因为完全可以设想:不管自然物按照普遍规律是多么的一律,没有这种一律经验知识的一般形式根本就不会出现,然而,自然的经验性规律连同其作用的特殊差异性却可以是如此巨大,以至于对我们的知性来说,将不可能在自然中揭示某种可理解的秩序,把自然产物划分为类和种,以便把对一个产物的解释和理解的原则也运用于解释和把握另一个产物,并从一种在我们看来如此混乱的(真正说来只不过是无限多样的、不适合于我们的理解力的)材料中产生出一个关联着的经验来。

　　所以判断力对于自然的可能性也有一个先天原则,但只是在自己的主观考虑中,判断力借此不是给自然颁定规律(作为 Autonomie①),而是为了反思自然而给它自己颁定规律(作为 Heautonomie②),这种规律我们可以称之为在自然的经验性规律方面的自然的特殊化规律,它不是判断力在自然身上先天地认识到的,而是判断力为了某种我们的知性可以认识的自然秩序,在它从自然的普遍规律里所造成的那种划分中,当它要使特殊规律的多样性从属于这些普遍规律之下时,所采纳下来的。所以当我们说:自然界按照对我们的认识能力的合目的性原则,也就是为了适应于人类知性的必要工作,即在知觉向人类知性呈现出来的特殊的东西上发现普遍的东西,在有差异的东西(虽然对每个属来说又是普遍的)上重又发现在原则的统一性中的联结,而把自己的普遍规律特殊化了:那么我们借此既没有给自然界规定一条规律,也没有通过观察从它那里学习到一条规律(虽然那个原则可以通过观察而得到证实)。因为这不是一条规定性的判断力的原则,而是一条反思性的判断力的原则;我们想要的只是:自然界尽可以按照自己的普遍原则而建立起来,我们却绝对有必要按照那条原则和以它为根据的那些准则,去追踪自然的经验性规律,因为我们只有在那条原则所在的范围内才能运用我们的知性在经验中不断前进并获得知识。

23

---

①　源自希腊文,意为"自律"。——编译者
②　源自希腊文,意为"再自律"。——编译者

Ⅵ. 愉快的情感和自然合目的性概念的联结

　　自然在其特殊规律的多样性中对我们要为之找出原则的普遍性这种需要的上述协调一致性,按照我们的一切洞见来看都必须被评判为偶然的,但对我们的知性的需要来说却仍然必须被评判为不可缺少的,因而被评判为自然界借以与我们的只不过是针对知识的意图协调一致的合目的性。——知性的普遍规律同时又是自然的规律,它们对于自然来说和物质的运动规律是同样必要的(尽管是出于自发性);而它们的产生也不以借助于我们认识能力的任何意图为前提,因为我们只有通过它们才首先从那有可能成为物的(自然的)知识的东西那里获得一个概念,而这些规律是必然应归于作为我们认识的一般客体的自然界的。然而,自然按照其特殊规律而来的那种秩序,不论那至少有可能超出我们的把握能力之上的多样性和不同质性如何,毕竟还是现实地与这个把握能力相适应的,这一点就我们所能洞见的而言,是偶然的;而寻找这个秩序则是知性的一件工作,它被有意引向知性的一个必然的目的,即把原则的统一性带进自然中来:于是判断力就必须把这个目的赋予自然,因为知性关于这方面不能给自然颁定任何规律。

　　每个意图的实现都和愉快的情感结合着;而如果这意图实现的条件是一个先天的表象,比如在这里就是一个反思判断力的一般原则,那么愉快的情感也就通过一个先天根据而被规定,并被规定为对每个人都有效的:这就是说,仅仅通过客体与认识能力的关系,而合目的性概念在这里丝毫没有顾及欲求能力,因而就与自然的任何实践的合目的性完全区别开来了。

　　实际上,如果说,我们在自己的心中找不到、也不可能找到从知觉和按照普遍自然概念(范畴)的规律之间的吻合而来的对愉快情感的丝毫影响,因为知性在这时是无意中按其本性必然行事的;那么另一方面,发现两个或多个异质的经验性自然律在一个将它们两者都包括起来的原则之下的协调一致,这就是一种十分明显的愉快的根据,常常甚至是一种惊奇的根据,这种惊奇乃至当我们对它的对象已经充分熟悉了时也不会停止。虽然我们在自然的可理解性和那个种类划分的自然统一性——只是由于这种统一性,我们借以根据自然的特殊规律来认识自然的那些经验性的概念才是可能的——方面,不再感觉到任何明显的愉快了:但这种愉快肯定在那个时候曾经有过,而只是由于最通常的经验没有它就将是不可能的,它就逐渐与单纯的知识混合起来而不再引起特别的注意了。——所以,这就需要某种在对自然的评判中使人注意到自然对我们知性的合目的性的东西,即需要一种把自然的不同性质的规律尽可能地纳入到更高的、虽然仍然是经验性的规律之下的研究,以便在做到这点时对自然与我们认识能力的这种只被我们看作偶然的协调一致感到愉快。当与此相反时我们就会极其讨厌一个自然的表象,我们将通过这个表象被预先告知,只要有丝毫的研究超出了最通常的经验,我们就会碰到自然的规律的某种异质性,它将使自然的特殊规律为了我们的知性而结合在普遍的经验性规律之下成为不可能:因为这是与自然在其种类中的主观合目的性的特殊化原则以及我们的以此为目的的反思性判断力相冲突的。

　　然而,判断力的这个前提,在自然对于我们的认识能力的那种理想的合目的性应当扩展到多么远这点上,仍然是这样的不确定,以至于如果有人对我们说,经由观察,一个更深入或更广泛的自然知识必将最终碰到诸规律的某种多样性,它是任何人类知性都不能归结到一个原则上来的,我们也会同意,虽然我们更愿意听到,如果另外的人给我们以希望说,我们对自然的内部认识得越深,或者越是能够把自然与我们现在尚不知道的外部事项作比较,我们就会发现自然在其原则上将越是简单,在其经验性规律的表面的异质性上会越加一致,我们的经验就会前进得越远。因为我们判断力的吩咐就在于:按照自然对我们的认识能力的适合性的原则行事,凡是认识能力所到达之处,都不去断定(因为这不是给我们提供这种规则的规定性的判断力)它是否在某个地方有自己的界限:因为我们虽然就我们认识能力的合理运用来说是能够规定界限的,但在经验性的领域中是不可能规定任何界限的。

26

Ⅶ. 自然的合目的性的审美①表象

　　凡是在一个客体的表象上只是主观的东西,亦即凡是构成这表象与主体的关系、而不是与对象的关系的东西,就是该表象的感性性状;但凡是在该表象上用作或能够被用于对象的规定(知识)的东西,就是该表象的逻辑有效性。在一个感官对象的知识中这两种关系是一起出现的。在对外在于我之物的感性表象里,我们在其中直观这些物的那个空间的性质是我对这些物的表象的单纯主观的东西(借此仍然并没有决定它们作为客体自在地可能是什么),为了这种关系的缘故,对象即便借助于这种空间性质也只是被思考为现象;但空间尽管自己只有主观性质却仍然是作为现象的物的一个知识成分。感觉(这里是外部感觉)同样也只是表达了我们对外在于我们的物的表象的主观的东西,但真正说来是表达了这些表象的质料(实在)(借此某种实存之物被给予),正如空间表达了这些物的直观可能性的单纯先天形式一样;而感觉仍然也被运用于认识我们之外的客体。

　　但在一个表象上根本不能成为任何知识成分的那种主观的东西,就是与这表象结合着的愉快或不愉快;因为通过它们我对该表象的对象什么也没有认识到,尽管它们很可以是任何一个认识的结果。于是一物的合目的性只要它在知觉中被表现出来,它也不是客体本身的任何性状(因为一个这样的性状是不可能被知觉的),虽然它能够从一个物的知识中推断出来。所以,先行于一个客体知识的、甚至并不要把该客体的表象运用于某种认识而仍然与这表象直接地结合着的这种合目的性,就是这表象的主观的东西,是完全不能成为任何知识成分的。而这样一来,对象就只是由于它的表象

---

　　① "审美的",德文为 ästhetisch,本义是"感性的"。鲍姆加通首次将它专用于美学上,对此康德曾在《纯粹理性批判》的"先验感性论"中提出过异议(见该书 B35—36 注释),但他在这里则将两种含义打通了使用。——编译者

直接与愉快的情感相结合而被称之为合目的的;而这表象本身就是合目的性的审美表象。——问题只是在于,一般说来是否有这么一种合目的性表象。27

如果对一个直观对象的形式的单纯把握(apprehensio①)结合有愉快,而没有直观与一定知识的某个概念的关系的话:那么这个表象因此就不是和客体有关,而只是和主体有关;这愉快所能表达的就无非是客体对那些在反思判断力中起作用的认识能力的适合性,而就它们在这里起作用而言,那么这愉快所能表达的就是客体的主观形式的合目的性。因为对这些形式在想象力中的上述把握,若没有反思的判断力哪怕是无意地将这些形式至少与判断力把直观联系到概念之上的能力相比较的话,它是永远也不会发生的。现在,如果在这种比较中想象力(作为先天直观的能力)通过一个给予的表象而无意中被置于对知性(作为概念的能力)的协调一致之中,并由此而唤起了愉快的情感,那么这样一来,对象就必须被看作对于反思的判断力是合目的性的。一个这样的判断就是对客体的合目的性的审美判断,它不是建立在任何有关对象的现成的概念之上,也不带来任何对象概念。它的对象的形式(不是它的作为感觉的表象的质料)在关于这个形式的单纯反思里(无意于一个要从对象中获得的概念)就被评判为对这样一个客体的表象的愉快的根据:这种愉快也被判断为与这客体的表象必然结合着的,因而被判断为不只对把握这个形式的主体而言,而且一般地对每个下判断者而言都是这样的。这样一来,该对象就叫作美;而凭借这样一种愉快(因而也是普遍有效地)下判断的能力就叫作鉴赏。因为,既然愉快的根据只被放在一般反思的对象的形式中,因而并非放在对于对象的任何感觉中,也与包含任何一种意图的某个概念无关:所以这就只是主体内一般判断力的经验性运用中的合规律性(想象力和知性的统一),在反思——其先天条件是普遍有效的——中的客体的表象是与这种合规律性协调一致的;而由于对象与主体能力的这种协调一致是偶然的,所以它就产生出了一个该对象对于主体认识能力的合目的性的表象。28

---

① 拉丁文:领会。——编译者

　　于是这里就有一种愉快,它正如一切不是由自由概念(即由高层欲求能力通过纯粹理性所作的先行规定)产生的愉快和不愉快一样,永远不能从概念出发被看作与一个对象的表象必然结合着的,而是必须任何时候都只是通过反思的知觉而被认作与这个表象联结着的,因而如同一切经验性的判断一样并不能预示任何客观必然性和要求先天的有效性。但鉴赏判断也只是像每个其他的经验性判断那样要求对每个人都有效,这一点即使它有内部的偶然性,总还是可能的。陌生之处和怪异之处只在于:它不是一个经验性的概念,而是一种愉快的情感(因而根本不是什么概念),但这种情感却又要通过鉴赏判断而对每个人期待着,并与客体的表象联结在一起,就好像它是一个与客体的知识结合着的谓词一样。

　　单个的经验判断,例如有人在一块水晶里发觉有一滴流动的水珠,这是有权要求每个别人必须同样发现这一点的,因为他是按照规定性的判断力的普遍条件而在可能经验的一般规律之下作出这一判断的。同样,一个人
29 在单纯对一个对象的形式的反思中不考虑到概念而感到愉快,尽管他的判断是经验性的并且是个别判断,他也有权要求任何人的同意:因为这种愉快的根据是在反思性判断的普遍的、尽管是主观的条件中,也就是在一个对象(不论它是自然产物还是艺术品)与诸认识能力相互关系之间的合目的性协调一致中被发现的,这些认识能力是每一个经验性的知识都要求着的(即想象力和知性)。所以愉快虽然在鉴赏判断中依赖于某个经验性的表象且不能先天地与任何概念相结合(我们不能先天地规定何种对象将会适合于鉴赏或不适合于鉴赏,我们必须尝尝对象的味道①);但愉快之成为这个判断的规定根据,毕竟只是由于我们意识到它仅仅基于反思及其与一般客体知识协调一致的普遍的、虽然只是主观的诸条件之上,对这种反思来说客体的形式是合目的性的。

　　这就是为什么鉴赏判断按其可能性——因为有一条先天原则预设了这种可能性——也是从属于一个批判的原因,尽管这条原则既不是知性的一条认识原则,也不是意志的一条实践原则,因而根本不是先天进行规定的。

――――――

　　① 德文为同一词 Geschmack,兼有"味道"和"鉴赏"的意义。——编译者

但对由反思事物的（自然的和艺术的）形式而来的愉快的感受性不仅表明了主体身上按照自然概念在与反思判断力的关系中的诸客体的合目的性，而且反过来也表明了就诸对象而言根据其形式甚至无形式按照自由概念的主体的合目的性；而这样一来就是：审美判断不仅作为鉴赏判断与美相关，而且作为出自某种精神情感的判断与崇高相关，所以那个审美判断力批判就必须分为与此相应的两个主要部分。

Ⅷ. 自然的合目的性的逻辑表象

30

在由经验所提供的一个对象上，合目的性可以表现为两种：或是出自纯主观的原因，在先于一切概念而对对象的把握（apprehensio①）中使对象的形式与为了将直观和概念结合为一般知识的那些认识能力相协调；或是出自客观原因，按照物的一个先行的、包含其形式之根据的概念，而使对象的形式与该物本身的可能性相协调。我们曾看到：前一种合目的性表象是基于在单纯反思到对象的形式时对这个形式的直接愉快之上的；所以第二种合目的性的表象，由于它不是把客体的形式联系到主体在把握这形式时的认识能力，而是联系到对象在一个给予概念之下的确定的知识，它就和对物的愉快情感没有关系，而是与在评判这些物时的知性有关。如果一个对象的概念被给予了，那么在运用这概念达到知识时判断力的工作就在于表现（exhibitio），就是说，在于给这概念提供一个相应的直观：无论这件事是通过我们自己的想象力来进行，如同在艺术中，当我们把一个预先把握住的、有关一个作为我们的目的的对象的概念实现出来时那样；还是通过自然在它的技术里来进行（像在有机体中那样），如果我们把我们的目的概念加给自然以评判它的产品的话；在后面这种情况下不单是自然在物的形式中的合目的性，而且它的这件产品作为自然目的都得到了表现。——虽然我们

————————

① 拉丁文：领会。——编译者

关于自然在其按照经验性规律的诸形式中的主观合目的性这一概念根本不是客体的概念,而只是判断力在自然的这种过于庞大的多样性中为自己求得概念(而能在自然中把握方向)的一条原则:但我们这样一来就仿佛是把31   对我们认识能力的某种考虑按照对一个目的的类比而赋予了自然;这样,我们就可以把自然美看作是形式的(单纯主观的)合目的性概念的表现,而把自然目的看作是实在的(客观的)合目的性概念的表现,前者我们是通过鉴赏(审美地,借助于愉快情感)来评判的,后者则是通过知性和理性(逻辑地,按照概念)来评判的。

在这上面就建立起判断力批判被划分为审美的判断力批判和目的论的判断力批判的根据:因为前一种判断力被理解为通过愉快和不愉快的情感对形式的合目的性(另称之为主观合目的性)作评判的能力,后一种判断力则被理解为通过知性和理性对自然的实在的合目的性(客观合目的性)作评判的能力。

在一个判断力的批判中,包含审美判断力的部分是本质地属于它的,因为只有这种判断力才包含有判断力完全先天地用作它对自然进行反思的基础的原则,这就是自然根据其特殊的(经验性的)规律对我们的认识能力的形式合目的性原则,没有这种形式合目的性,知性就会不可能和自然相容:与此不同,必须有客观的自然目的,即必须有只是作为自然目的才可能的那些事物,这一点却并不能指出任何先天理由,就连它的可能性也不由作为普遍经验对象和特殊经验对象的自然的概念来说明,相反,只有自身不包含这方面的先天原则的那个判断力,在偶尔遇到的(某些产品的)场合下,当那条先验原则已经使知性对于把这目的概念(至少是按照其形式)应用于自然之上有了准备之后,才包含有这种规则,以便为理性起见来使用目的概念。

但是,这个先验原理,即把自然在一物的形式上与我们的认识能力处于主观关系中的合目的性设想为对这形式的一条评判原则的原理,它所留下32   而完全未加规定的是,我应当在何处、在哪种场合下把这种评判作为对一个按照合目的性原则的产物、而不是对宁可只按照普遍自然律的产物的评判来进行,它把这一点托付给审美的判断力,在鉴赏中去决定这产物(它的形式)对我们的认识能力的适合性(只要这种适合不是通过与概念的一致、而是通过情感来断定的)。与此相反,运用于目的论上的判断力却确定地指出了某物(例如一个有机体)能够据以按照一个自然目的的理念来评判的诸条件,但对于把与目的的关系先天地赋予自然、甚至只是不确定地从这样一些产物的现实经验中假定这一类目的的那种权利,它却不能从作为经验对象的自然的概念中提出任何根据:因为这样做的根据在于,必须占有许多特殊的经验,并在它们的原则的统一性中使之得到考察,以便能仅仅经验性地在某一对象上认识某种客观的合目的性。——所以审美判断力是按照一条规则、但不是按照概念来对物作出评判的一种特殊的能力。目的论判断力则不是什么特殊的能力,而只是一般反思性的判断力,如果它就像到处在理论认识中那样按照概念、但在某些自然对象上则按照特殊原则、亦即按照单纯反思的判断力、而不是规定客体的判断力行事的话,所以根据其应用它属于哲学的理论部分,并且由于这些特殊原则并不像在一条学理中所必须的那样是规定性的,所以它必定也构成批判的一个特殊部分;与此不同,审美判断力却对其对象的认识毫无贡献,因而必须仅仅被列入判断主体及其认识能力的批判,只要这些认识能力能提供这些先天原则,而不管这些先天原则还有什么另外的(理论的或实践的)运用,这样的批判是一切哲学的入门。

Ⅸ.知性和理性的各种立法通过判断力而联结 33

知性对于作为感官客体的自然是先天地立法的,以在一个可能经验中达到对自然的理论知识。理性对于作为主体中的超感官东西的自由及其独特的原因性是先天立法的,以达到无条件地实践的知识。前一种立法下的自然概念的领地和后一种立法下的自由概念的领地,与它们有可能独自(每一方根据自己的基本规律)对对方拥有的一切交互影响相反,由于使超感性的东西与现象分离开来的那个巨大的鸿沟,而被完全隔离开来了。自由概念在自然的理论知识方面什么也没有规定；自然概念在自由的实践规律方面同样也毫无规定：就此而言，从一个领地向另一个领地架起一座桥梁是不可能的。——不过，即使按照自由概念（及它所含的实践规则）而来的原因性的规定根据在自然中找不到证据，而感性的东西也不能规定主体中的超感性的东西：但这一点反过来倒是可能的（虽然不是着眼于自然的知识，但毕竟是着眼于从自由概念中对自然所产生的后果），并已经在通过自由而来的原因性这个概念中包含着了，它的效果应当按照自由的这些形式规律在世上发生，尽管原因这个词在运用于超感性的东西上时只是意味着这样做的根据，即把自然物按照其固有的自然律、但同时却又和理性规律的形式原则相一致地在某种效果上规定其原因性的那个根据。这样做的可能性虽然不能看出来，但从据说存在于其中的矛盾所提出的反对理由却是完全可以驳倒的①。——按照自由的概念而来的效果就是终极目的，它（或者它在感性世界中的现象）是应当实存的，为此人们就预设了它在自然界中的可能性的条件（即作为感官存在物、也就是作为人的那个主体的可能性的条件）。这个先天地、置实践于不顾地预设这条件的东西，即判断力，通过自然的合目的性概念而提供了自然概念和自由概念之间的中介性概念，这概念使得从纯粹理论的原因向纯粹实践的原因、从遵照前者的合规律性向遵照后者的终极目的之过渡成为可能；因为这样一来，只有在自然中并与自然规律相一致才能成为现实的那个终极目的之可能性就被认识到了。

知性通过它为自然建立先天规律的可能性而提供了一个证据，证明自

---

① 在自然的原因性和通过自由而来的原因性的全部区别中各种臆测的矛盾之一就是，人们责难这种区别：如果我谈到自然对按照自由规律（道德规律）的原因性所设置下的障碍，或前者对后者的促进，我就毕竟承认了前者对后者有一种影响。但只要人们愿意理解所说的意思，那么这种误解是很容易避免的。阻力或促进并不存在于自然和自由之间，而是存在于作为现象的前者和作为感官世界中的现象的后者的效果之间，甚至（纯粹的和实践的理性的）自由的原因性也就是服从于自由的某种自然原因（作为人、因而作为现象来考察的主体）的原因性，其规定性的根据是在自由之下被思考的理智以某种用其他理由（正如为什么这同一个理智构成了自然的超感性的基底那样也）无法解释的方式包含着的。——康德

然只是被我们作为现象来认识的,因而同时也就表明了自然的一个超感性的基底,但这个基底却完全被留在未规定之中。判断力通过其按照自然界可能的特殊规律评判自然界的先天原则,而使自然的超感性基底(不论是我们之中的还是我们之外的)获得了以智性能力来规定的可能性。理性则通过其先天的实践规律对同一个基底提供了规定;这样,判断力就使得从自然概念的领地向自由概念的领地的过渡成为可能。

就一般心灵能力而言,只要把它们作为高层能力、即包含自律的能力来看待,那么,对于认识能力(对自然的理论认识能力)来说知性就是包含先天构成性原则的能力;对于愉快和不快的情感来说,判断力就是这种能力,它不依赖于那些有可能和欲求能力的规定相关并因而有可能是直接实践性的概念和感觉;对于欲求能力来说则是理性,它不借助于任何不论从何而来的愉快而是实践性的,并作为高层的能力给欲求能力规定了终极目的,这目的同时也就带有对客体的纯粹智性的愉悦。——判断力关于自然的一个合目的性的概念仍然是属于自然概念的,但只是作为认识能力的调节性原则,虽然关于某些引起自然合目的性概念的(自然的或艺术的)对象的审美判断就愉快和不愉快的情感而言是构成性的原则。认识能力的协调一致包含着这种愉快的根据,在这些认识能力的活动中的自发性使上述自然合目的性概念适合于成为使自然概念的诸领地和自由概念在它们的后果中联结起来的中介,因为这种联结同时也促进了内心对道德情感的感受性。——下表可以使我们很容易对一切高层能力按其系统的统一来加以概观①。

35

----

① 有人曾对我的纯粹哲学的划分几乎总是得出三分的结果感到困惑。但这是植根于事物的本性中的。如果一个划分要先天地进行,那么它要么是按照矛盾律而是分析的;而这时它总是两分的(quodlibet ens est aut A aut non A,任何一个存在要么是 A 要么是非 A)。要么它就是综合的;而如果它在这种情况下要从先天的概念(而不像在数学中那样从与概念相应的先天直观中)引出来,那么这一划分就必须按照一般综合统一所要求的,而必然是三分法的,这就是:(1)条件,(2)一个有条件者,(3)从有条件者和它的条件的结合中产生的那个概念。——康德

内心的全部能力	诸认识能力	诸先天原则	应用范围
认识能力	知性	合规律性	自然
愉快和不快的情感	判断力	合目的性	艺术
欲求能力	理性	终极目的	自由

第一部分　审美判断力批判

第一章　审美判断力的分析论

第一卷　美的分析论

第一契机
鉴赏判断①按照质来看的契机

§1. 鉴赏判断是审美的②

为了分辨某物是美的还是不美的,我们不是把表象通过知性联系着客体来认识,而是通过想象力(也许是与知性结合着的)而与主体及其愉快或不愉快的情感相联系。所以鉴赏判断并不是认识判断,因而不是逻辑上的,而是感性的[审美的],我们把这种判断理解为其规定根据只能是主观的。

———————

① 在这里成为基础的鉴赏的定义是:鉴赏是评判美的能力。但是要把一个对象称之为美的需要什么,这必须由对鉴赏判断的分析来揭示。这种判断力在其反思中所注意到的那些契机我是根据判断的逻辑机能的指引来寻找的(因为在鉴赏判断中总还是含有对知性的某种关系)。在考察中我首先引入的是质的机能,因为关于美的感性判断[审美判断]首先考虑的是质。——康德

② 由于康德把 ästhetisch 一词在"审美的"和"感性的"两重意义上打通了来使用,下面我们将根据上下文分别用相应的中文来翻译,必要时在方括号内注明其另一种理解。——编译者

但诸表象的一切关系、甚至诸感觉的一切关系都可以是客观的（而这时这
一切关系就意指着某种经验性表象的实在之物）；唯有对愉快和不愉快的
情感的关系不是如此，通过它完全没有标明客体中的任何东西，相反，在其
中主体是像它被这表象刺激起来那样感觉着自身。

　　以自己的认识能力（不论是在清晰的表象方式中还是在含混的表象方
式中）去把握一座合乎规则、合乎目的的大厦，这是完全不同于凭借愉悦的
感觉去意识到这个表象的。在后者，这表象是在愉快和不愉快的情感的名
义下完全关联于主体，也就是关联于主体的生命感的：这就建立起来一种极
为特殊的分辨和评判的能力，它对于认识没有丝毫贡献，而只是把主体中所
给予的表象与内心在其状态的情感中所意识到的那全部表象力相对照。在
一个判断中所给予的诸表象可以是经验性的（因而是感性的）；但通过那些
表象所作出的判断却是逻辑的，如果那些表象在判断中只是与客体相关联
的话。反之，如果这些给予的表象完全是合乎理性的，但在一个判断中却只
是与主体（即它的情感）相关的话，那么它们就此而言就总是感性的［审美
的］。

§2. 那规定鉴赏判断的愉悦是不带任何利害的①

　　被称之为利害的那种愉悦，我们是把它与一个对象的实存的表象结合
着的。所以一个这样的愉悦又总是同时具有与欲求能力的关系，要么它就
是这种能力的规定根据，要么就是与这种能力的规定根据必然相连系的。
但现在既然问题在于某物是否美，那么我们并不想知道这件事的实存对我
们或对任何人是否有什么重要性，哪怕只是可能有什么重要性；而只想知道
我们在单纯的观赏中（在直观或反思中）如何评判它。如果有人问我，我对
于我眼前看到的那个宫殿是否感到美，那么我虽然可以说：我不喜欢这类只

---

　　① 利害，原文为 Interesse，兼有"利益"、"兴趣"之义，下面对该词的译法不可能完
全保持一致。——编译者

是为了引人注目的东西,或者像易洛魁人的那位酋长一样,在巴黎没有比小　41
吃店更使他喜欢的东西了;此外我还可以按善良的卢梭的方式大骂上流人
物们的爱好虚荣,说他们把人民的血汗花费在这些不必要的物事上面;最
后,我可以很容易就相信,如果我身处一个无人居住的岛上,没有任何重返
人类的希望,即使我能单凭自己的愿望就变出一座华丽的大厦来,我也不会
为此哪怕费这么一点力气,如果我已经有了一间足以使我舒适的茅屋的话。
人们可以对我承认这一切并加以赞同;只是现在所谈的并不是这一点。我
们只想知道,单是对象的这一表象在我心中是否会伴随有愉悦,哪怕就这个
表象的对象之实存而言我会是无所谓的。很容易看出,要说一个对象是美
的并证明我有品味①,这取决于我怎样评价自己心中的这个表象,而不是取
决我在哪方面依赖于该对象的实存。每个人都必须承认,关于美的判断只
要混杂有丝毫的利害在内,就会是很有偏心的,而不是纯粹的鉴赏判断了。
我们必须对事物的实存没有丝毫倾向性,而是在这方面完全抱无所谓的态
度,以便在鉴赏的事情中担任评判员。

但我们对于这个具有极大重要性的命题不能作出更好的解释了,除非
我们把那种和利害结合着的愉悦与鉴赏判断中这种纯粹的、无利害的②愉
悦对置起来:尤其是如果我们同时能够肯定,除了现在马上要举出的那几种
利害之外再没有别种的利害了。

§ 3. 对**快适**的愉悦是与利害结合着的　42

快适就是那在感觉中使感官感到喜欢的东西。这里马上就出现了一个
机会,来指责对"感觉"一词中所可能有的双重含义的最通常的混淆,并使

---

①　德文为 Geschmack,又译"鉴赏"。——编译者
②　对于一个愉悦的对象所作的判断可以完全是无利害的,但却是非常有兴趣的,
就是说,它并非建立在任何利害之上,但它却产生某种兴趣;一切纯粹的道德判断就是这
类判断。但鉴赏判断本身甚至也完全不建立任何兴趣。只是在社交中拥有品位是有兴
趣的,对此在后面将会指出理由。——康德

人们注意到这一点。一切愉悦（人们说的或想的）本身就是感觉（某种愉快的感觉）。因而一切被喜欢的东西恰好由于它被喜欢，就是快适的（并且按其不同的程度或与其他快适感觉的关系而是妩媚的、可爱的、好看的、喜人的等等）。但如果承认了这一点，那么规定着爱好的感官印象，或者规定着意志的理性原理，或者规定着判断力的单纯反思的直观形式，在作用于愉快情感的效果上就都是一样的了。因为这种效果在情感状态的感觉中就是快意，但既然对我们诸能力的一切处理最终必然都指向实践，且必然在作为它们的目标的实践中结合起来，所以我们本不能指望诸能力对这些物及其价值作出别的估计，除非说这种估计在于它们所许诺的快乐之中。它们如何达到这一点的方式最终完全是无关紧要的；只是由于在这里手段的选择可以造成某种区别，所以人们虽然可以互相指责愚蠢和不明智，却永远不能互相指责卑鄙和恶毒：因为他们每个人在按照自己的方式看待事物时毕竟全都在奔赴一个对每个人都是快乐的目标。

如果对愉快和不愉快的情感的规定被称之为感觉，那么这个术语就意味着某种完全不同于我在把一件事物的（通过感官，即通过某种属于认识能力的接受性而来的）表象称之为感觉时所指的东西。因为在后一种情况下该表象是与客体相关的，在前一种情况下则只与主体相关且根本不是用于任何知识，也不是用作主体借以认识自己的东西。

但我们在上面的解释中把感觉这个词理解为一个客观的感官表象；而为了不要总是冒陷入误解的危险，我打算把那种任何时候都必须只停留在主观中并绝不可能构成任何对象表象的东西用通常惯用的情感这个名称来称呼。草地的绿色属于客观的感觉、即对一个感官对象的知觉；但对这绿色的快意却属于主观的感觉，它并没有使任何对象被表象出来：亦即是属于情感的，凭借这种情感，对象是作为愉悦的客体（这愉悦不是该对象的知识）而被观赏的。

现在，关于一个对象，我借以将它宣布为快适的那个判断会表达出对该对象的某种兴趣，这由以下事实已可明白，即通过感觉激起了对这样一个对象的欲望，因而愉悦不只是对这对象的判断的前提，而且是它的实存对于由这样一个客体所刺激起来的我的状态的关系的前提。因此我们对于快适不只是说：它使人喜欢，而且说：它使人快乐。这不仅仅是我送给它的一句赞语，而且由此产生了爱好；以最热烈的方式使人快适的东西中甚至根本不包含有关客体性状的任何判断，以至于那些永远只以享受为目的的人们（因为人们用享受这个词来标志快乐的内在方面）是很乐意免除一切判断的。

§4. 对于善的愉悦是与利害结合着的

善是借助于理性由单纯概念而使人喜欢的。我们把一些东西称之为对什么是好的（有益的东西），这些东西只是作为手段而使人喜欢的；但我们把另一种东西称之为本身是好的，它是单凭自身就令人喜欢的。在两种情况下都始终包含有某个目的的概念，因而都包含有理性对（至少是可能的）意愿的关系，所以也包含对一个客体或一个行为的存有的愉悦，也就是某种兴趣[利害]。

要觉得某物是善的，我任何时候都必须知道对象应当是怎样一个东西，也就是必须拥有关于这个对象的概念。而要觉得它是美的，我并不需要这样做。花，自由的素描，无意图地互相缠绕、名为卷叶饰的线条，它们没有任何含义，不依赖于任何确定的概念，但却令人喜欢。对美的东西的愉悦必须依赖于引向任何一个概念（不定是哪一个）的、对一个对象的反思，因此它也不同于快适，快适是完全建立在感觉之上的。

当然，快适的东西和善的东西在许多情况下看起来是一样的。所以我们通常说：一切快乐（尤其是持久的快乐）本身就是善的；这差不多就是说：成为持久快乐的人和成为善人，这是一样的。不过我们马上就会发现，这只是一种错误的语词混淆，因为与这两个术语特别相关联的概念是绝对不能互相替换的。快适的东西本身只有在与感官的关系中才表现出对象，它必须通过一个目的概念才首次被纳入理性的原则之下，以便作为意志的对象而称之为善的。但在这种情况下这将是一种完全不同的对愉悦的关系，即使我把引起快乐的东西都叫作善，由此可见，在善的东西那里总是有这个问题，即它仅仅是间接的善还是直接的善（是有利的还是本身善的）；相反，在

44

快适这里就根本不会有这方面的问题,因为这个词永远意味着某种直接令人喜欢的东西。(这也正是我称之为美的东西的情况)。

　　甚至在最日常的谈话中我们也把快适和善区别开来。对于一道由调料和其他佐料烹出了味道的菜肴,我们毫不犹豫地就说它是快适的,同时又承认它并非善的:因为它虽然直接使感官惬意,但间接地、亦即通过那预见到后果的理性来看,就不令人喜欢了。甚至在评判健康时我们也可以发现这一区别。健康是使每个拥有健康的人直接快适的(至少消极地说,作为对一切肉体痛苦的摆脱)。但要说这是善的,我们还必须通过理性而考虑到它的目的,即健康是一种使我们对自己的一切事务充满兴致的状态。最后,关于幸福,每个人毕竟相信,生活中最大总量(就数量和持久性而言)的快意可以称之为真正的、甚至是最高的善。不过就连这一点理性也拒不接受。快意就是享受。但如果它只是为了这一点,那么在使我们获得享受的手段方面犹豫不决,考虑这享受是从大自然的慷慨所领受到的,还是通过自身能动性和我们自己的劳作而争取到的,那就是愚蠢的了。但是,当一个人只是为享受而活着(并且为了这个意图他又是如此勤奋),甚至他同时作为在这方面的手段对于其他所有那些同样也只以享受为目的的人也会有极大的促进作用,因为他可能会出于同情而与他们有乐同享,于是就说这个人的生存本身也会有某种价值:这却是永远也不会说服理性来接受的。只有通过他不考虑到享受而在完全的自由中、甚至不依赖于自然有可能带来让他领受的东西所做的事,他才能赋予他的存有作为一个人格的生存以某种绝对的价值;而幸福则连同其快意的全部丰富性都还远远不是无条件的善①。

　　但无论快适和善之间的差异有多大,二者毕竟在一点上是一致的:它们任何时候都是与其对象上的某种利害结合着的,不仅是快适,以及作为达到某个快意的手段而令人喜欢的间接的善(有利的东西),而且就是那绝对的、在一切意图中的善,也就是带有最高利益的道德的善,也都是这样。因

───────────────

　　① 一种对于享受的义务显然是无稽之谈。所以,对一切只以享受为其目标的行动所制定的义务,同样也必定是荒谬的:尽管这种享受可以被任意地设想为(或打扮成)精神性的,即使是某种神秘的、所谓上天的享受也罢。——康德

为善就是意志(即某种通过理性规定的欲求能力)的客体,但意愿某物和对它的存有具有某种愉悦感、即对之感到某种兴趣,这两者是同一的。

§ 5. 三种不同特性的愉悦之比较

快适和善二者都具有对欲求能力的关系,并且在这方面,前者带有以病理学上的东西(通过刺激作用,stimulos)为条件的愉悦,后者带有纯粹实践性的愉悦,这不只是通过对象的表象,而且是同时通过主体和对象的实存之间被设想的联结来确定的。不只是对象,而且连对象的实存也是令人喜欢的。反之,鉴赏判断则只是静观的,也就是这样一种判断,它对于一个对象的存有是不关心的,而只是把对象的性状和愉快及不愉快的情感相对照。但这种静观本身也不是针对概念的;因为鉴赏判断不是认识判断(既不是理论上的认识判断也不是实践上的认识判断),因而也不是建立在概念之上、乃至于以概念为目的的。

所以,快适、美、善标志着表象对愉快和不愉快的情感的三种不同的关系,我们依照对何者的关联而把对象或表象方式相互区别开来。就连我们用来标志这些关系中的满意而与每一种关系相适合的表达方式也是各不相同的。快适对某个人来说就是使他**快乐**的东西;美则只是使他**喜欢**的东西;善是被**尊敬**的、被赞同的东西,也就是在里面被他认可了一种客观价值的东西。快意对于无理性的动物也适用;美只适用于人类,即适用于动物性的但却有理性的存在物,但这存在物又不单是作为有理性的(例如精灵),而是同时又作为动物性的存在物;但善则是一般地对任何一个有理性的存在物都适用的;这个命题只有在后面才能获得其完全的辩护和解释。可以说:在所有这三种愉悦方式中惟有对美的鉴赏的愉悦才是一种无利害的和自由的愉悦;因为没有任何利害、既没有感官的利害也没有理性的利害来对赞许加以强迫。所以我们对于愉悦也许可以说:它在上述三种情况下分别与爱好、惠爱、敬重相关联。而**惠爱**则是唯一自由的愉悦。一个爱好的对象和一个由理性规律责成我们去欲求的对象,并没有留给我们使哪怕任何东西对我们成为一个愉快的对象的自由。所有的利害都以需要为前提,或是带来某种需要;而作为赞许的规定根据,这种需要就不再容许关于对象的判断有自由了。

　　至于在快适上的爱好的利害,那么每个人都说:饥饿是最好的厨师,有健康胃口的人吃任何可吃的东西都有味;因此一个这样的愉悦并不表明是按照品位来选择的。只有当需要被满足之后,我们才能够分辨在众人中谁是有品位的,而谁没有品位。同样,也有无德行的风尚(行为方式),不带友好的客气,缺乏正直的礼貌等等。因为凡是在道德律发言的地方,关于什么是该做的事客观上就再没有任何自由的选择;而在自己的举止中(或是在评判别人的举止时)显示出品位,这是完全不同于表现自己的道德思想境界的:因为后者包含一个命令并产生某种需要,反之,风尚上的品位却只是和愉悦的对象做游戏,而并不拘泥于某个对象。

从第一契机推得的美的说明

　　鉴赏是通过不带任何利害的愉悦或不悦而对一个对象或一个表象方式作评判的能力。一个这样的愉悦的对象就叫作美。

第二契机
即鉴赏判断按照其量来看的契机

§6. 美是无概念地作为一个普遍
愉悦的客体被设想的

　　这个美的说明可以从前面那个美的说明、即美是无利害的愉悦对象这一说明中推出来。如果有一个东西,某人意识到对它的愉悦在他自己是没有任何利害的,他对这个东西就只能作这样的评判,即它必定包含一个使每个人都愉悦的根据。因为既然它不是建立在主体的某个爱好之上(又不是建立在某个另外的经过考虑的利害之上),而是判断者在他投入到对象的愉悦上感到完全的自由:所以他不可能发现只有他的主体才依赖的任何私人条件是这种愉悦的根据,因而这种愉悦必须被看作是植根于他也能在每个别人那里预设的东西之中的;因此他必定相信有理由对每个人期望一种类似的愉悦。于是他将这样来谈到美,就好像美是对象的一种性状,而这判断是(通过客体的概念而构成某种客体知识的)逻辑的判断似的;尽管这判断只是感性的[审美的],并且只包含对象表象与主体的某种关系:这是因为它毕竟与逻辑判断有相似性,即我们可以在这方面预设它对每个人的有效性。但是这种普遍性也不能从概念中产生出来。因为没有从概念到愉快和不愉快的情感的任何过渡(除了在纯粹实践的规律中,但这些规律带有某种利害,这类事是与纯粹鉴赏判断没有关联的)。这样,与意识到自身中脱离了一切利害的鉴赏判断必然相联系的,就是一种不带有基于客体之上的普遍性而对每个人有效的要求,就是说,与它结合在一起的必须是某种主观普遍性的要求。

§7. 按上述特征把美和快适及善加以比较

就快适而言,每个人都会满足于这一点:他的建立在私人感受之上的判断,他又借此来说一个对象使他喜欢,这判断也就会是只限于他个人的。所以如果他说:加那利香槟酒是快适的,另一个人纠正他这种说法并提醒他道,他应当说:这对我是快适的,那么他对此也会欣然满意的;而这种情况不仅仅是在舌头、腭部和咽喉的味觉中,而且在对眼睛和耳朵来说有可能使每个人都感到快适的东西方面也是如此。对一个人来说紫色是温柔可爱的,对另一个人来说它是僵硬和死板的。一个人喜爱管乐声,另一个人喜爱弦乐声。对此抱着这样的意图去争执,以便把与我的判断不同的别人的判断斥为不正确的,好像这两个判断在逻辑上是对立的似的,这是愚蠢的;所以在快适方面适用于这条原理:每个人都有自己独特的口味(感官口味①)。

至于美则完全是另一种情况。在这里(恰好相反)可笑的将是,如果有一个人对自己的品位不无自负,想要这样来表明自己是正确的:这个对象(我们所看见的房子,那人穿的衣服,我们所听到的演奏,被提交评判的诗)对于我是美的。因为只是他所喜欢的东西,他就不必称之为美的。有许多东西可以使他得到刺激和快意,这是没有人会来操心的事;但是如果他宣布某物是美的,那么他就在期待别人有同样的愉悦:他不仅仅是为自己,而且也为别人在下判断,因而他谈到美时好像它是物的一个属性似的。所以他就说:这个事物是美的,而且并不是因为例如说他多次发现别人赞同他的愉悦判断,就指望别人在这方面赞同他,而是他要求别人赞同他。如果别人作出不同的判断,他就会责备他们,并否认他们有他毕竟要求他们应当具有的鉴赏力;就此而言我们不能说:每个人都有自己特殊的鉴赏。这种说法将等于说:根本就不存在任何鉴赏,也就是没有任何可以合法地要求每个人同意的审美判断。

当然,即使在快适方面我们也发现,在对它的评判中人们之间也可以遇到一致的情况,但在对这种一致的考虑中我们仍可以否认一些人有品位,承认另一些人有品位,虽然不是在官感的意义上,而是在对一般快适的评判能力的意义上。所以一个人如果懂得用快意的事情(以所有的感官来享受的快意)来为他的客人助兴,使得他们皆大欢喜,我们就说他是有品位的。但在这里,这种普遍性只是通过比较得来的;而此时只有大体上的规则(正如所有经验性的规则那样),而不是对于美的鉴赏判断所采取或所要求的一般性的规则。这是一个与社交有关的判断,就社交是基于经验性的规则之上而言。在善这方面虽然诸判断也有权要求对每个人都有效;但善只是通过一个概念而被表现为某种普遍愉悦的客体,这是在快适和美那里都没有的情况。

───────────

① 此处"口味"亦即 Geschmack,又译"鉴赏"。——编译者

§8. 愉悦的普遍性在一个鉴赏
判断中只表现为主观的

在一个鉴赏判断里所能碰到的、对审美判断之普遍性的这一特殊规定，是一件虽然不是对逻辑学家、却是对先验哲学家很值得注意的事，它要求先验哲学家花不少力气去发现它的起源，为此也就要求揭示我们认识能力的某种属性，这种属性没有这个分析将仍然停留在未知之中。

首先我们必须完全相信：我们通过（关于美的）鉴赏判断要求每个人在一个对象上感到愉悦，但却并不是依据一个概念（因为那样就会是善了）；而且对普遍有效性的这一要求是如此本质地属于我们用来把某物宣称为美的判断，以致于若不考虑到这种普遍有效性，就永远不会有人想到运用这种表达，而是所有那些无概念而令人喜欢的东西都会被归入到快适之中，在快适方面是每个人都可以有自己各自的看法的，没有任何人会指望别人赞同自己的鉴赏判断，而这种情况在关于美的鉴赏判断中却是时刻都在发生的。我可以把前者称之为感官的鉴赏，把后者称之为反思的鉴赏：在这里，前者只是作出私人的判断，后者则据称是作出了普适性的（公共的）判断，但双方都只是在对象表象对愉快和不愉快的关系方面对对象作出了感性的（而不是实践的）判断。然而奇怪的是，对于感官的鉴赏，不但经验表明了它的（对某物愉快或不愉快的）判断不是普遍有效的，而且每个人也都是自发地如此谦虚，不太要求别人的这种同意（虽然实际上即使在这类判断中也经常会发现十分广泛的一致），而反思的鉴赏则即使像经验表明的，它对自己的（关于美的）判断在每个人那里都有普遍有效性的要求毕竟也是经常饱受拒绝的，却仍然会感到有可能（它实际上也在这样做）设想有些判断是可以要求这种普遍赞同的，并对每个人都期望着事实上对自己的每个鉴赏判断都普遍赞同，而下判断者并不为了这样一种要求的可能性发生争执，却只是在特殊情况下为了这种能力的正确应用而不能达成一致。

在这里首先要注意的是，一种不是基于客体概念（哪怕只是经验性的概念)之上的普遍性完全不是逻辑上的,而是感性上的,亦即不包含判断的客观的量,而只包含主观的量,对后者我也用普适性来表达,这个术语并不表示一个表象对认识能力的关系的有效性,而是表示它对每个主体的愉快和不愉快的情感的关系的有效性。(但我们也可以把这个术语用于判断的逻辑的量,只要我们在上面加上客观的普遍有效性,以区别于只是主观的、每次都是感性的普遍有效性)。

于是,一个客观的普遍有效的判断也总是主观上普遍有效的,就是说,如果这个判断对于在一个给予的概念之下所包含的一切东西都有效,那么它对于每个借这概念表象一个对象的人也都有效。但从一个主观的普遍有效性中,亦即从不基于任何概念的感性的[审美的]普遍有效性中,是不能够推出逻辑的普遍有效性的:因为那样一种判断根本不是针对客体的。但正因为如此,即使那被加在一个判断上的感性的[审美的]普遍性,也必然具有特殊的类型,因为它不是把美这个谓词与完全在逻辑的范围内来看的客体的概念相联结,但却同样把这个谓词扩展到所有的作判断的人的范围之上去。

在逻辑的量方面,一切鉴赏判断都是单个的判断。因为我必须在我的愉快和不愉快的情感上直接抓住对象,但又不是通过概念,所以那些判断不可能具有客观普适性的判断的量;虽然当鉴赏判断的客体的单个的表象按照规定该判断的那些条件通过比较而转变为一个概念时,从中是可以形成一个逻辑上普遍的判断的:例如我凝视着的这朵玫瑰花,我通过一个鉴赏判断宣称它是美的。相反,通过比较许多单个的玫瑰花所产生的"玫瑰花一般地是美的"这一判断,从此就不再单纯被表述为一个审美判断,而是被表述为一个以审美判断为根据的逻辑判断了。现在有这样一个判断:玫瑰花(在气味上)是快适的,这虽然也是一个感性的和单个的判断,但不是鉴赏判断,而是一个感官的判断。就是说,它与前者的区别在于:鉴赏判断带有一种普遍性的、即对每个人有效的审美的量,这种审美的量在有关快适的判断中是找不到的。只有对于善的判断,虽然它们也在一个对象上规定着愉悦,却是具有逻辑的、而非仅仅感性的普遍性的;因为它们适用于客体,被视为客体的知识,因此对每个人有效。

如果我们只是按照概念来评判客体,那么一切美的表象就都丧失了。所以也不可能有任何规则让某人必然地要据以承认某物是美的。一件衣服、一座房子、一朵花是不是美的:对此人们是不能用任何根据或原理来说服人接受自己的判断的。人们要把客体置于他自己的眼光之下,正好像他的愉悦是依赖于感觉似的;然而,当人们随后把这个对象称之为美的时,他相信自己会获得普遍的同意,并且要求每个人都赞同,反之,那种私人感觉却只是相对于观赏者个人及其愉悦而被裁定的。

由此可见,在鉴赏判断中所假定的不是别的,只是这样一种不借助于概念而在愉悦方面的普遍同意;因而是能够被看作同时对每个人有效的某种审美判断的可能性。鉴赏判断本身并不假定每个人的赞同(只有一个逻辑的普遍判断才能做到这一点,因为它可以提出理由);它只是向每个人要求这种赞同,作为这规则的一个实例,就这个实例而言它不是从概念中、而是从别人的赞成中期待着证实。所以这种普遍同意只是一个理念(其根基何在,这里尚未探究)。一个相信自己作出了一个鉴赏判断的人实际上是否在按照这个理念作判断,这一点是不能肯定的;但他毕竟使判断与这个理念发生了关系,因而这应当是一个鉴赏判断,这一点他是通过美这一表达方式而宣布出来的。但对他自己来说,他单凭有意识地把属于快适和善的一切从还余留给他的愉悦中分离开来,就可以确定这一点了;而这就是他为什么要期望每个人的赞同的全部理由:这是他在上述条件之下也会有权提出的一个要求,只要他不违背这些条件而经常出错、因而作出一个不正确的鉴赏判断。

§9.研究这问题：在鉴赏判断中愉快情感先于对象之评判还是后者先于前者

解决这个课题是理解鉴赏批判的钥匙,因此值得高度注意。

假如在被给予的对象上的愉快是先行的,而在对该对象的表象作鉴赏判断时又只应当承认其普遍可传达性,那么这样一种处理办法就会陷入自相矛盾。因为这一类的愉快将不是别的,而只是感官感觉中的快意,因而按其本性来说只能具有私人的有效性,因为它会直接依赖于对象借以被给予的那个表象。

所以,正是被给予的表象中内心状态的普遍可传达性,它作为鉴赏判断的主观条件必须为这个判断奠定基础,并把对对象的愉快当作其后果。但可以被普遍传达的不是别的,而只是知识和属于知识的表象。因为就此而言只有知识及其表象才是客观的,并仅仅因此才具有一个普遍的结合点,一切人的表象力都必须与这个结合点相一致。既然有关表象的这一普遍可传达性的判断的规定根据只应当被主观地、也就是没有对象概念地设想,那么这个规定根据就无非是在表象力的相互关系中所遇到的那个内心状态,如果这些表象力使一个被给予的表象关系到一般知识的话。

由这表象所激发起来的诸认识能力在这里是处于自由的游戏中,因为没有任何确定的概念把它们限制于特殊的认识规则上面。所以内心状态在这一表象中必定是诸表象力在一个给予的表象上朝向一般认识而自由游戏的情感状态。现在,隶属于一个使对象借以被给出并一般地由此形成知识的表象的,有想象力,为的是把直观的杂多复合起来,以及知性,为的是把结合诸表象的概念统一起来。诸认识能力在对象借以被给出的某个表象上自由游戏这一状态必须是可以普遍传达的:因为知识作为那些给予的表象(不论在哪一个主体中都)应当与之相一致的那个客体的规定性,是唯一地对每个人都有效的表象方式。

在一个鉴赏判断中表象方式的主观普遍可传达性由于应当不以某个确定概念为前提而发生,所以它无非是在想象力和知性的自由游戏中的内心状态(只要它们如同趋向某种一般认识所要求的那样相互协调一致),因为我们意识到这种适合于某个一般认识的主观关系正和每一种确定的认识的情况一样必定对于每个人都有效,因而必定是普遍可传达的,而确定的认识终归还是建立在那个作为主观条件的关系之上的。

于是,对于对象或对象由以被给予出来的那个表象的这种单纯主观的(审美的)评判,就是先行于对对象的愉快的,而且是对诸认识能力的和谐的这种愉快的根据;但是,只有在对于对象作评判的主观条件的那个普遍性上,才建立起愉悦的这种普遍的主观有效性,这种愉悦我们是和我们称之为美的那个对象的表象结合着的。

人们哪怕只是在认识能力方面能够传达自己的内心状态,都是会带有某种愉快的,这一点我们可以很容易地从人类爱社交的自然偏好中(经验性地和从心理学上)来阐明。但这对于我们的意图来说是不够的。我们指望每个别人在鉴赏判断中都把我们所感到的愉快当作是必然的,就好像当我们把某物称之为美的时,它就必须被看作对象按照概念而得到规定的性状似的;因为毕竟,美没有对主体情感的关系自身就什么也不是。但这个问题的讨论我们必须留待回答了下述问题时进行:先天审美判断是否以及如何可能？ 57

我们现在还在研究较低级的问题:我们是以何种方式意识到鉴赏判断中诸认识能力之间主观的相互协调的,是通过单纯内感官和感觉而感性地意识到的呢,还是通过我们借以把诸认识能力置于游戏中的有意活动的意识而智性地意识到的？

假如引起鉴赏判断的那个给予的表象是一个把知性和想象力在对对象的评判中结合为一个对客体的知识的概念的话,那么对这种关系的意识就是智性的(像在《纯粹理性批判》所讨论的判断力的客观图型论中那样)。但这样一来,这判断就不是在与愉快和不愉快的关系中作出的了,因而就不是鉴赏判断了。但现在,鉴赏判断不依赖于概念而就愉悦和美这个谓词来规定客体。所以那种关系的主观统一性只有通过感觉才能被标明出来。激活这两种能力(想象力和知性)、使之成为不确定的但毕竟借助于被给予的表象的诱因而一致起来的活动、也就是属于一般认识的那种活动的,是感觉,它的普遍可传达性是鉴赏判断所设定了的。某种客观的关系虽然只能被设想,但只要它在它的诸条件上是主观的,它就毕竟可以在对内心的效果上被感觉到;而在一个没有概念作基础的关系(如诸表象力对一般认识能力的关系)上,也不可能对它有别的意识,而只有通过效果的感觉而来的意识,这效果就在于两个为相互协调所激活的内心能力(想象力和知性)的轻松游戏。如果一个表象作为单个的表象,没有与别的表象相比较却具有与一般知性事务所构成的普遍性条件的协调关系,它就把诸认识能力带入了 58

合乎比例的情调之中,这种情调是我们对一切知识都要求着的,并因而认为对每个被规定要通过知性和感官的联结来下判断的人(对任何人类)都是有效的。

从第二个契机推出的美的说明

美是那没有概念而普遍令人喜欢的东西。

第三契机

鉴赏判断按照它里面所观察到的目的关系来看的契机

§ 10. 一般合目的性

如果我们想要依据先验的规定(而不以愉快的情感这类经验性的东西为前提)解释什么是目的:那么目的就是一个概念的对象,只要这概念被看作那对象的原因(即它的可能性的实在的根据);而一个概念从其客体来看的原因性就是合目的性(forma finalis①)。所以凡是在不仅例如一个对象的知识、而且作为结果的对象本身(它的形式或实存)都仅仅被设想为通过这结果的一个概念而可能的地方,我们所想到的就是一个目的。结果的表象在这里就是该结果的原因的规定根据,并且先行于它的原因。有关主体状态、并使主体保持在同一状态中的某个表象,它的原因性的意识在这里可以普遍地表明我们称之为愉快的东西;反之,不愉快则是这样一种表象,它包含有把诸表象的状态规定为这些表象自己的反面(阻止或取消它们)的理由。

─────────

① 拉丁文:目的的形式。——编译者

59

欲求能力,如果它只是通过概念、亦即按照一个目的的表象行动而是可规定的,它就会是意志。但一个客体,或是一种内心状态,或是一个行动,甚至哪怕它们的可能性并不是必然地以一个目的表象为前提,它们之所以被称为合目的的,只是因为我们只有把一个按照目的的原因性、即一个按照某种规则的表象来这样安排它们的意志假定为它们的根据,才能解释和理解它们的可能性。所以合目的性可以是无目的的,只要我们不把这个形式的诸原因放在一个意志中,而我们却毕竟能使对这形式的可能性的解释仅凭我们把它从一个意志中推出来而被我们所理解。既然我们对我们所观察的东西并不总是必须通过理性(按其可能性)去洞察,所以我们即使没有把一个目的(作为 nexus finalis① 的质料)当作合目的性的基础,我们至少可以从形式上考察合目的性,并在对象身上哪怕只是通过反思而看出合目的性。

§ 11. 鉴赏判断只以一个对象（其表象方式）的合目的性形式为根据

一切目的如果被看作愉悦的根据,就总是带有某种利害,作为判断愉快对象的规定性根据。所以没有任何主观目的可以作为鉴赏判断的根据。但也没有任何客观目的的表象、亦即对象本身按照目的关联原则的可能性的表象,因而没有任何善的概念,可以规定鉴赏判断:因为它是审美判断而不是认识判断,所以它不涉及对象性状的、以及对象通过这个那个原因的内部或外部可能性的任何概念,而只涉及表象力相互之间在它们被一个表象规定时的关系。

既然在把一个对象规定为美的对象时的这种关系,是与愉快的情感结合着的,而这种愉快通过鉴赏判断而被同时宣称为对每个人都有效的;因而一种伴随着这表象的快意就正像对象的完善性表象和善的概念一样,不可能包含这种规定根据。所以,能够构成我们评判为没有概念而普遍可传达

60

---

① 拉丁文:目的关系。——编译者

的那种愉悦,因而构成鉴赏判断的规定根据的,没有任何别的东西,而只有对象表象的不带任何目的(不管是主观目的还是客观目的)的主观合目的性,因而只有在对象借以被给予我们的那个表象中的合目的性的单纯形式,如果我们意识到这种形式的话。

§12. 鉴赏判断基于先天的根据

使愉快和不愉快的情感作为一个结果去和某个作为其原因的表象(感觉或概念)先天地形成联结,这是绝对不可能的;因为那就会是一种因果关系,这种(在经验对象之间的)关系永远只有后天地并借助于经验本身才能被认识。虽然我们在实践理性批判中实际上已把敬重的情感(作为上述情感的一个特殊的和独特的变形,它和我们由经验性对象所获得的无论是愉快还是不愉快都不会真正相一致)从普遍的道德概念中先天地推导出来了。但我们在那里也已经能够跨越经验的界限,并引入某种基于主体的超感官性状之上的原因性、即自由的原因性了。然而即使在那里,我们从作为原因的道德理念里真正推出的也并不是这种关于道德理念的情感,而只有意志的规定被从中推导出来了。但一个不论由什么来规定的意志的这种内心状态,本身已经是一种愉快情感了,并且是与这个意志同一的,所以并不是作为结果而从这意志中得出来的:后面这种情况只是当作为某种善的道德的概念应先行于由规律所作的意志规定时,才必须被假定的;既然如此,和概念结合着的愉快要从这个单单作为认识的概念中推导出来就会是白费力气了。

现在,在审美判断中的愉快也有类似的方式:只不过这种愉快只是静观的,而不产生对客体的利害,相反,在道德判断中的愉快则是实践的。在一个对象借以被给予的表象那里,对主体诸认识能力的游戏中的形式的合目的性的意识就是愉快本身,因为这种意识在一个审美判断中包含有主体在激活其认识能力方面的活动性的规定根据,所以包含有一般认识能力方面的、但却不被局限于一个确定的知识上的某种内部原因性(这种原因性是合目的的),因而包含有一个表象的主观合目的性的单纯形式。这种愉快也决不在任何方式上是实践的,既不像从快意的病理学根据而来的愉快那样,也不像从被表象的善的智性根据而来的愉快那样。但这愉快本身毕竟有其原因性,即保持这表象本身的状态和诸认识能力的活动而没有进一步的意图。我们留连于对美的观赏,因为这种观赏在自我加强和自我再生:这和逗留在一个对象表象的刺激反复地唤醒着注意力、而内心却是被动的那种情况中是类似的(但究竟是与之不一样的)。

§ 13. 纯粹鉴赏判断是不依赖于刺激和激动的

　　一切利害都败坏着鉴赏判断并将取消其无偏袒性,尤其是在它不像理性的利害那样把合目的性放在愉快的情感之前、而是将合目的性建立在愉快情感之上时是如此;后面这种情况在对某种使人快乐或痛苦的东西作感性判断时肯定就会发生。因此这样被激起的判断对于普遍有效的愉悦要么完全不能提出什么要求,要么就只能提出很少的要求,正如上述类型的感觉处于鉴赏的规定性根据之间的情况那样。这种鉴赏当它为了愉悦而需要混有刺激和激动时,甚至将这作为自己赞赏的尺度时,它就永远还是野蛮的。

　　然而,刺激却毕竟常常不但作为对审美的普遍愉悦有贡献而被算作是美(而美真正说来却只应当涉及形式),而且它们甚至本身就被冒充为美,因而这种愉悦的质料就被冒充为形式:这是一种误解,它如同其他一些总还是有某种真实的东西作根据的误解一样,是可以通过小心地规定这一概念而被消除的。

　　一个不受刺激和激动的任何影响(不管它们与美的愉悦是否能结合)、因而只以形式的合目的性作为规定根据的鉴赏判断,就是一个纯粹鉴赏判断。

　　…… ……

66

§15. 鉴赏判断完全不依赖于完善性概念

　　客观的合目的性只有借助于杂多与一定目的的关系、因而只有通过一个概念才能被认识。仅从这一点即可说明：在评判上单以某种形式的合目的性、亦即某种无目的的合目的性为基础的美，是完全不依赖于善的表象的，因为后者是以一个客观的合目的性、亦即是以对象与某个确定的目的的关系为前提的。

　　客观的合目的性要么是外在的，这就是有用性，要么是内在的，这就是对象的完善性。我们由以把对象称之为美的那种对对象的愉悦不能建立在对象的有用性的表象之上，这一点从上述两章中就足以看出来了：因为那样一来它就不会是对对象的一种直接的愉悦了，而后者则是关于美的判断的根本条件。但一个客观内在的合目的性，即完善性，已经很接近于美的谓词了，因此也被那位著名的哲学家①看作和美是等同的，但却带有一条附则：如果这完善被含混地思维的话。在一个鉴赏批判中判定美是否实际上也可以消融在完善的概念中，这是有极大的重要性的。

　　我们评判客观的合目的性总是需要某个目的的概念以及（如果那个合目的性不应是外在的［即有用性］，而应是内在的的话）一个含有对象的内
67 在可能性的根据的内在目的的概念。正如一般目的就是其概念可以被看作对象本身的可能性根据的东西一样；同样，为了在一物上表象出一个客观合目的性，关于该物应当是怎样一个物的概念将会走在前面；而在该物中杂多与这个概念（它提供该物上杂多的联结的规则）的符合一致就是一物的质的完善性。与此完全不同的是作为每一物在其种类上的完备性的量的完善性，后者只是一个量的概念（全体性），在这概念那里，该物应当是什么这点已经预先被设想为确定的了，所问的只是在它身上是否有为此所需要的一切。一物表象中的形式的东西，即杂多与一个东西（它应当是什么尚未定）

――――――――――

　　① 指鲍姆加通。——编译者

的符合一致,单独说来根本没有使我们认识到任何客观合目的性:因为既然在此抽掉了作为目的的这个(该物所应当是的)一,在直观者内心剩下来的就只是表象的主观合目的性了,后者的确表明主体中表象状态的某种合目的性,并在这种状态中表明了主体把某个给予的形式纳入到想象力中来的惬意,但决没有表明在此不通过任何目的概念而被设想的某一个客体的完善性。例如当我在森林里见到一个周围环绕着树木的草坪,而我并不在那上面设想一个目的,即它应当用来开一个乡村舞会,这时就没有丝毫完善性的概念通过这一单纯形式而被给予。但设想一个形式的客观的合目的性而没有目的,即设想一个完善性的单纯形式(而没有任何质料以及对与之协调一致的东西的概念,哪怕这个东西只是一般合规律性的理念),这是一个真正的矛盾。

　　既然鉴赏判断是一个审美判断,即一个基于主观根据之上的判断,它的规定性根据不可能是概念,因而也不可能是某种规定了的目的,那么凭美这样一个形式的主观合目的性,对象的完善性就决不能被设想为一种自称是形式的、然而却还是客观的合目的性;而在美的概念和善的概念之间作出这种区别,似乎这两者只是按照逻辑形式来区别的,即美的概念只是完善的含混概念,善的概念则是完善的清晰概念,但此外在其内容和起源上则两者是一样的:这是毫无意义的;因为那样一来,在它们中就会没有任何特殊的区别了,相反,一个鉴赏判断就会正如同某物借以被宣布为善的那种判断一样是一个认识判断了;这就正像一个通常的人说欺骗是不对的,他的判断是基于含混的理性原则之上的,哲学家的这种判断则是基于清晰的理性原则上的,但根本说来双方都是基于同一个理性原则上的。但我已经指出过,一个审美判断在其种类上是唯一的,并绝对不提供关于客体的任何知识(哪怕是含混的知识):这种知识只是通过逻辑的判断才发生;相反,审美判断则只把使一个客体得以给予出来的那个表象联系于主体,并且不是使人注意到对象的性状,而只是使人注意到在规定这些致力于对象的表象力时的合目的性的形式。判断之所以被叫作审美的[感性的],正是因为它的规定根据不是概念,而是对内心诸能力的游戏中那种一致性的(内感官的)情感,只要这种一致性能被感觉到。相反,假如我们想要把含混的概念和以之为基础的客观判断称之为审美的[感性的],我们就要有某种感性地作判断的知性,或某种通过概念来表现其客体的感官,而这两者都是自相矛盾的。诸概念不论它们是含混的还是清晰的,其能力都是知性;而虽然知性也隶属于鉴赏判断这种审美的[感性的]判断(正如它隶属于一切判断一样),它却毕竟不是作为对一个对象的认识能力,而是作为按照判断的表象与主体及其内部情感的关系而对判断及它的表象(无须概念而)进行规定的能力来隶属于此的,如果这种判断依照某种普遍规则是可能的话。

§ 16. 使一个对象在某个确定概念的条件下被宣称为美的那个鉴赏判断是不纯粹的

有两种不同的美:自由美(pulchritudo vaga①),或只是依附的美(pulchritudo adhaerens②)。前者不以任何有关对象应当是什么的概念为前提;后者则以这样一个概念及按照这个概念的对象完善性为前提。前一种美的类型称之为这物那物的(独立存在的)美;后一种则作为依附于一个概念的(有条件的美)而被赋予那些从属于一个特殊目的的概念之下的客体。

花朵是自由的自然美。一朵花应当是一种什么东西,除了植物学家之外任何其他人是很难知道的;就连这位认识到花是植物的受精器官的植物学家,当他通过鉴赏来对此作判断时,他也决不会考虑到这一自然目的。所以,这一判断是不以任何一个物种的完善性、不以杂多的复合所关系到的任何内在合目的性为基础的。许多鸟类(鹦鹉、蜂鸟、天堂鸟),不少的海洋贝类自身是美的,这些美不应归于任何按照概念在其目的上被规定了的对象,而是自由地自身使人喜欢的。所以 à la grecqe③ 线描,用于镶嵌或糊墙纸的卷叶饰等等,自身并没有什么含义:它们不表现什么,不表示任何在某个

①　拉丁文:流动之美。——编译者
②　拉丁文:固着之美。——编译者
③　法文:希腊式的。——编译者

确定概念之下的客体,并且是自由的美。我们也可以把人们称之为(无标题的)幻想曲的那些东西、甚至把全部无词的音乐都归入这种类型。

在对一种自由的美(按照单纯的形式)作评判时,那鉴赏判断是纯粹的。它不预设任何一个目的的概念,要杂多为了这个目的而服务于给予的客体并要它对这客体有所表现,借此只会使在观赏该形象时仿佛在做游戏的那个想象力的自由受到限制。

不过,一个人的美(并且在这个种类中一个男人或女人或孩子的美),一匹马的美,一座建筑(教堂、宫殿、博物馆或花园小屋)的美,都是以一个目的概念为前提的,这概念规定着此物应当是什么,因而规定着它的一个完善性概念,所以这只是固着之美。正如快适(感觉)与本来只涉及到形式的美相结合就妨碍了鉴赏判断的纯粹性一样:善(就是说,为此杂多按一物之目的而对该物本身是善的)与美的结合同样造成了对鉴赏判断的纯粹性的损害。

人们可以把许多在直观中直接令人喜欢的东西装到一座建筑物上去,只要那不是要做一座教堂;人们也可以像新西兰人用文身所做的那样,以各种各样的花饰和轻松而合乎规则的线条来美化一个形象,只要那形象不是一个人;而一个人本来也可以具有更精致得多的面部容貌和更迷人、更柔和的脸型轮廓,只要他不是想表现一个男子汉,乃至于表现一个战士。

现在,联系到规定一物的可能性的那个内在目的而对该物中的杂多的愉悦,是建立在一个概念之上的愉悦;但对美的愉悦却是这样一种愉悦,它不以任何概念为前提,而是和对象由以被给予(而不是对象由以被思维)的那个表象直接结合在一起的。如果现在,在后一种愉悦方面的鉴赏判断被弄得依赖于前一种作为理性判断的愉悦中的目的并因此受到限制,那么这种判断就不再是一个自由的和纯粹的鉴赏判断了。

尽管鉴赏由于审美的[感性的]愉悦和智性的愉悦的这一结合,而在自身得到固定方面,以及它虽然不是普遍的、然而却能就某些合目的地被规定的客体来给它颁定规则这方面有所收获;但这样一些规则因而也不是什么鉴赏规则,而只是鉴赏和理性、即美与善协调一致的规则,通过这种协调一致,前者可以被用作后者的意图的工具,以便用这种自身维持并具有主观普遍有效性的内心情调,来给那种只有通过下决心费力才能维持却具有客观普遍有效性的思想境界作铺垫。但真正说来,完善性并不通过美而有所收获,美也并不通过完善性而有所收获;相反,由于当我们把一个对象借以被给予我们的那个表象通过一个概念而与客体(就它应当是什么而言)相比较时,不能避免同时也把这表象与主体中的感觉放在一起作比较,这样,如果这两种内心状态是协调的,表象力的全部能力就会有收获。

　　一个鉴赏判断就一个确定的内在目的之对象而言,只有当判断者要么关于这个目的毫无概念,要么在自己的判断中把这目的抽掉时,才会是纯粹的。但那样一来,这个判断者尽管由于把该对象评判为自由的美而作出了一个正72确的鉴赏判断,他却仍然会受到另一个把该对象的美只看作依附性的性状(着眼于对象的目的)的人的责备,被指责犯了鉴赏的错误,虽然双方都以自己的方式作出了正确的判断:一个是按照出现在他的感官面前的东西,另一个是按照他在思想中所拥有的东西。通过这种区别我们可以调解鉴赏者们关于美的好些纷争,我们对他们指出,一方坚持的是自由美,另一方坚持的是依附美,前者作出了一个纯粹的鉴赏判断,后者作出了一个应用的鉴赏判断。

§17. 美 的 理 想

　　任何通过概念来规定什么是美的客观鉴赏规则都是不可能有的。因为一切出自这一来源的判断都是审美的[感性的];就是说,它的规定根据是主体的情感而不是客体的概念。要寻求一条通过确定的概念指出美的普遍标准的鉴赏原则是劳而无功的,因为所寻求的东西是不可能的并且本身自相矛盾的。感觉(愉悦和不悦)的普遍可传达性,亦即这样一种无概念而发生的可传达性,一切时代和民族在某些对象的表象中对于这种情感尽可能的一致性:这就是那个经验性的、尽管是微弱的、几乎不足以猜度出来的标准,即一个由这些实例所证实了的鉴赏从那个深深隐藏着的一致性根据中发源的标准,这个一致性根据在评判诸对象由以被给予一切人的那些形式时,对一切人都是共同的。

　　所以我们把一些鉴赏作品看作是典范性的:这并不是说,鉴赏似乎可以通过模仿别人而获得。因为鉴赏必须是自己特有的一种能力;凡是模仿一个典范的人,如果他模仿得准确的话,他虽然表现出熟巧,但只有当他能够自己评判这一典范时,他才表现出鉴赏。① 但由此得出,最高的典范,即鉴赏的原型,只是一个理念,每个人必须在自己心里把它产生出来,他必须据此来评判一切作为鉴赏的客体、作为用鉴赏来评判的实例的东西,甚至据此来评判每个人的鉴赏本身。本来,理念意味着一个理性概念,而理想则意味着一个单个存在物、作为符合某个理念的存在物的表象。因此那个鉴赏原型固然是基于理性有关一个极大值的不确定的理念之上的,但毕竟不能通过概念、而只能在单个的描绘中表现出来,它是更能被称之为美的理想的,这类东西我们虽然并不占有它,但却努力在我们心中把它创造出来。但它将只是想象力的一个理想,这正是因为它不是基于概念之上,而是基于描绘之上的;但描绘能力就是想象力。——那么,我们如何才能达到这样一个美的理想呢? 先天地还是经验性地? 再如:哪一类的美能够成为一个理想?

　　首先应十分注意的是:要想从中寻求一个理想的那种美,必定不是什么流动的美,而是由一个有关客观合目的性的概念固定了的美,因而必定不属于一个完全纯粹的鉴赏判断的客体,而属于一个部分智性化了的鉴赏判断的客体。这就是说,一个理想应当在评判的何种根据中发生,就必须以何种按照确定概念的理性理念为基础,这理念先天地规定着对象的内在可能性建立于其上的那个目的。美的花朵,美的家具,美的风景,它们的一个理想是不可想像的。但即使是依附于某个确定概念的美,如一幢美的住房,一棵美的树,一个美的花园等等,也无法对之表现出任何理想;也许是因为这些目的不足以通过它们的概念来规定和固定,因而这种合目的性几乎是像在流动的美那里一样地自由的缘故。只有那在自身中拥有自己实存的目的的东西,即人,他通过理性自己规定自己的目的,或是当他必须从外部知觉中

73

74

----

　　① 在语言艺术方面鉴赏的范本必须以某种已死的高深语言来撰写:第一,为的是不必遭到改变,这是活着的语言不可避免地要遇到的:高贵的表达变得平庸,常见的表达变得过时,创新的表达则只在短暂的持续中流行;第二,为的是它具有某种不受任何捉弄人的时尚变更所左右、而保有自己不变规则的语法。——康德

拿来这些目的时,却能把它们与本质的和普遍的目的放在一起加以对照,并因而也能审美地评判它们与那些目的的协调一致:因而只有这样的人,才能成为美的一个理想,正如惟有人类在其人格中,作为有理智者,才能成为世间一切对象中的完善性的理想一样。

　　但这里应该有两方面:一是审美的规格理念,这是一个单个直观(想象力的直观),它把人的评判尺度表现为一个属于某种特殊动物种类之物的尺度;二是理性理念,它使不能被感性地表象出来的那些人类目的成为人的形态的评判原则,而这些目的是通过作为它们的结果的人的形态而在现象中启示出来的。规格理念必须从经验中取得它用以构造某种特殊种类的动物形态的要素;但在这个形态的构造中,适合于用作该物种的每个个体的审美评判之普遍尺度的最大的合目的性,即那种仿佛是故意为大自然的技巧奠定基础、而只有整体中的类却没有任何个别个体与之符合的形象,却毕竟只存在于评判者的理念中,但这理念作为审美的[感性的]理念却可以和它的各种比例一起在某个典型形象中完全具体地被表现出来。为了在某种程度上理解这种情况是如何发生的(因为谁能引诱大自然完全说出它的秘密呢?),我们想尝试作一个心理学的解释。

　　必须注意的是:想象力以一种我们完全不理解的方式,不仅善于偶尔地、哪怕是从久远的时间中唤回那些概念的标记;而且也善于从各种不同的乃至于同一种的数不清的对象中把对象的形象和形态再生产出来;甚至如果一心想要比较的话,也善于根据各种猜测实际地、哪怕不是充分意识到地仿佛让一个形象重叠在另一个形象上,并通过同一种类的多个形象的重合而得来一个平均值,把它用作一切形象的共同标准。某人看见过上千的成年男子。如果他现在想要对这个可以进行比较性的估量的标准身材加以判断,那么(在我看来)想象力就会让大量的形象(也许是所有那些上千的成年男子)相互重叠;并且如果允许我在这里用光学上的表达方式来类比的话,在大多数的肖像合并起来的那个空间中,以及在涂以最强烈的颜色而显示出其位置的那个轮廓之内,就会辨认出那个中等身材,它不论是按照身高还是肩宽都是和最大号及最小号的体形的两个极端界线等距离远的;而这就是一个美男子的形体。(我们也可以机械地得出这一点,如果我们对所有这上千的男子加以测量,把他们的身高和肩宽(以及体胖)各自加在一起,再把总和除以一千的话。只是想象力是凭借对这样一些形态的多种多样的把握在内感官的官能上所产生的动力学效果来做到这同一件事的。)如果现在我们以类似的方式为这个平均的男子寻求平均的头,又为这个平均的头寻求平均的鼻,如此等等,那么这个形体就给在进行这种比较的国度中的美男子的规格理念奠定了基础;所以一个黑人在这些经验性的条件下必然会有不同于白人的另外一种形态美的规格理念,中国人则会有不同于欧洲人的另外一种规格理念。(属于某一种类的)一匹美丽的马或一只美丽的狗的典型也会是同样的情况。——这一规格理念不是从采自经验的各种比例、即被规定的诸规则中推导出来的;而是只有根据它,这些评判规则才是可能的。它是悬浮于一切单个的、以种种方式各不相同的那些个体直观之间的整个类的形象,大自然将这形象奠立为自己在生产该类物种时的原型,但看来在任何单个体中都没有完全达到它。规格理念决不是该种类中的全部美的原型,而只是那构成一切美之不可忽视的条件的形式,因而只是在表现类时的正确性而已。它正如人们称呼波吕克里特①的著名的荷矛者那样,是规则(同样,米隆②的母牛在它的种类中也可以说明这一点)。正因为这一点,规格理念也就不能包含任何表现特殊性格的东西;因为否则它就不会是类的规格理念了。对它的描绘也不是因美而令人喜欢,而只是由于它不与这个类中的物唯有在其下才能成为美的那个条件相矛盾而已。这种描绘只是合乎规矩的。③

①　Polyklet(约公元前 5 世纪),古希腊著名雕刻家,以比例精确著称。——编译者
②　Myron(约公元前 5 世纪),古希腊著名雕刻家,风格写实。——编译者
③　我们会发现,画家想请来坐着当模特儿的一张完全合乎规则的面容,通常是什么也不表现的:因为它不包含任何表明性格的东西,因而与其说表达了一个人的特殊性,不如说表达了类的理念。这一种类的表明性格的东西,当它被夸张,亦即使那个规格理念(类的合目的性)本身遭到破坏时,就叫作漫画。就连经验也指出,那个完全合乎规则的面容,通常也暴露出在内心只是一个平庸的人;这或许是(如果可以假定大自然在外表表达出内心的比例的话)由于:如果内心素质中没有任何东西是突出于形成一个无缺点的人所必要的那个比例之上的,那就不可能指望任何人们称之为天才的东西,在天才里大自然似乎偏离了内心诸能力通常的比例关系而只给唯一的一种内心能力以优惠。——康德

　　然而,美的理想与美的规格理念还是有区别的,出于上面提出的理由,
77 美的理想只可以期望于人的形态。在这个形态这里,理想就在于表达道德
性,舍此,该对象就不会普遍地而又是为此积极地(而不只是在合规矩的描
绘中消极地)使人喜欢。对在内心支配着人们的那些道德理念的明显的表
达虽然只能从经验中取得;但要使这些道德理念与凡是我们的理性使之在
最高合目的性的理念中与道德的善联系起来的一切东西的结合,如灵魂的
善良或纯洁、或坚强或宁静等等,仿佛在身体的表现(作为内心的效果)中
变得明显可见:这就需要那只是想要评判它们、更不用说想要描绘它们的
人,在内心中结合着理性的纯粹理念和想象力的巨大威力。这样一个美的
理想的正确性表现在:它不允许任何感官刺激混杂进它对客体的愉悦之中,
但却可以对这客体抱有巨大的兴趣;而这就证明,按照这样一个尺度所作的
评判决不可能是纯粹审美的,而按照一个美的理想所作的评判不是什么单
纯的鉴赏判断。

从第三个契机推出的美的说明

　　美是一个对象的合目的性形式,如果这形式是没有一个目的的表象而
在对象身上被知觉到的话。①

---

　　① 人们有可能引述事例来反对这个说明:有些物,人们在它们身上看到一个合目
78 的性形式,而没有在它们身上认出目的;如常常从古墓中取出的、带有一个用于装柄的孔
的石器,它们虽然在其形态中明显透露出某种合目的性,其目的又是人们所不知道的,却
仍然并没有因此就被解释为美的。不过,人们把它们看作艺术品,这已经足以使他们不
得不承认它们的形状是与某种意图和一个确定的目的相关的了。因此在对它们的直观
中也就根本没有什么直接的愉悦了。反之,一朵花,例如一朵郁金香,则被看作是美的,
因为在对它的知觉中发现有某种合目的性,是我们在评判它时根本不与任何目的相关
的。——康德

第四契机

78

鉴赏判断按照对对象的愉悦的模态来看的契机

§ 18. 什么是一个鉴赏判断的模态

对每一个表象我们都可以说:它(作为知识)和某种愉快结合,这至少是可能的。对于我称之为快适的东西,我就说它在我心中产生了现实的愉快。但对于美的东西我们却想到,它对于愉悦有一种必然的关系。而这里这种必然性具有特殊的类型:不是一个理论的客观必然性,在那里能先天地认识到每个人在我称之为美的那个对象上将感到这种愉悦;也不是一个实践的必然性,在那里这种愉悦通过充当自由行动的存在者们的规则的某个纯粹理性意志的概念而成了一条客观规律的必然结果,并只是意味着我们应当绝对地(不带别的意图地)以某种方式行动。相反,这种必然性作为在审美判断中所设想的必然性只能被称之为典范性,即一切人对于一个被看作某种无法指明的普遍规则之实例的判断加以赞同的必然性。因为一个审美判断不是任何 79 客观的和认识的判断,所以这种必然性也不能从确定的概念中推出来、因而不是无可置疑的。它更不能从经验的普遍性中(从关于某个对象的美的诸判断之彻底的一致性中)推论出来。因为不仅经验不会对此提供足够多的凭据,同样,这些判断的任何必然性概念都不可能建立在经验性的判断上。

§ 19. 我们赋予鉴赏判断的那种主观必然性是有条件的

鉴赏判断要求每个人赞同;而谁宣称某物是美的,他也就想要每个人都应当给面前这个对象以赞许并将之同样宣称为美的。所以,审美判断中的这个应当本身是根据这评判所要求的一切资料而说出来的,但却只是有条件地说出来的。人们征求着每个别人的赞同,因为人们对此有一个人人共同的根据;只要人们总是能肯定他所面对的情况是正确地归摄于这一作为赞许的规则的共同根据之下的,那么他也可以指望这样一种赞同。

§ 20. 鉴赏判断所预定的必然性
条件就是共通感的理念

假如鉴赏判断(如同认识判断那样)拥有一条确定的客观原则,那么根据这条原则作出这些判断的人就会要求他的判断具有无条件的必然性了。如果这些判断没有任何规则,就像单纯感官口味的判断那样,那么人们将完全不会想到它们有任何必然性。所以鉴赏判断必定具有一条主观原则,这条原则只通过情感而不通过概念,却可能普遍有效地规定什么是令人喜欢的、什么是令人讨厌的。但一条这样的原则将只能被看作共通感,它是与人80 们有时也称之为共通感(sensus communis)的普通知性有本质不同的:后者并不是按照情感,而总是按照概念、尽管通常只是作为依模糊表象出来的原则的那些概念来作判断的。

所以只有在这前提之下,即有一个共通感(但我们不是把它理解为外部感觉,而是理解为出自我们认识能力自由游戏的结果),我是说,只有在这样一个共同感的前提下,才能作鉴赏判断。

§ 21. 人们是否有根据预设一个共通感

知识与判断,连同伴随着它们的那种确信,都必须能够普遍传达;因为否则就会没有任何与客体的一致应归于它们的了:它们就会全都只是诸表象力的主观游戏了,恰好如同怀疑论所要求的那样。但如果知识应当是可以传达的,那么内心状态、即诸认识能力与一般知识的相称,也就是适合于一个表象(通过这表象一个对象被给予我们)以从中产生出知识来的那个诸认识能力的比例,也应当是可以普遍传达的:因为没有这个作为认识的主观条件的比例,也就不会产生出作为结果的知识来。这种事实际上也是随时都在发生着的,如果一个给予的对象借助于五官而推动想象力去把杂多东西复合起来,而想象力又推动知性去把杂多东西在概念中统一起来的话。但诸认识能力的这种相称根据被给予的客体的不同而有不同的比例。尽管如此却必须有一个比例,在其中,为了激活(一种能力为另一种能力所激活)的这一内在关系一般说来就是在(给予对象的)知识方面最有利于这两种内心能力的相称;而这种相称也只能通过情感(而不是按照概念)来规定。既然这种相称本身必须能够普遍传达,因而对这种(在一个给予的表象上的)相称的情感也必须能够普遍传达;而情感的这种普遍可传达性却是以一个共通感为前提的:那么这种共通感就将能够有理由被假定下来,就是说,既然如此,就无须立足于心理学的观察之上,而可以把这种共通感作为我们知识的普遍可传达性的必要条件来假定,这种普遍可传达性是在任何逻辑和任何并非怀疑论的认识原则中都必须预设的。

81

§ 22. 在一个鉴赏判断里所想到的普遍赞同的必然性是一种主观必然性,它在某种共同感的前提之下被表象为客观的

在我们由以宣称某物为美的一切判断中,我们不允许任何人有别的意见;然而我们的判断却不是建立在概念上,而只是建立在我们的情感上的:所以我们不是把这种情感作为私人情感,而是作为共同的情感而置于基础的位置上。于是,这种共通感为此目的就不能建立于经验之上,因为它要授权我们作出那些包含有一个应当在内的判断:它不是说,每个人将会与我们的判断一致,而是说,每个人应当与此协调一致。所以当我在这里把我的鉴赏判断说成是共通感的判断的一个例子,因而赋予它以典范式的有效性时,共通感就只是一个理想的基准,在它的前提下人们可以正当地使一个与之协调一致的判断及在其中所表达出来的对一个客体的愉悦成为每一个人的规则;因为这

原则虽然只是主观的,但却被看作主观普遍的(即一个对每个人都是必然的理念),在涉及到不同判断者之间的一致性时是可以像一个客观原则那样来要求普遍的赞同的;只要我们能肯定已正确地将之归摄在这原则之下了。

82　　共通感这一不确定的基准实际上是被我们预设了的:我们自认为能够作出鉴赏判断就证明了这一点。至于事实上是否有这样一个作为经验可能性之构成性原则的共通感,还是有一个更高的理性原则使它对我们而言只是一个调节性原则,即为了更高的目的才在我们心中产生出一个共通感来;因而,是否鉴赏就是一种本源的和自然的能力,抑或只不过是一种尚须获得的和人为的能力的理念,以至于鉴赏判断连同其对某种普遍赞同的要求事实上只是一种理性的要求,要产生出思想境界的这样一种一致性来,而那种应当,即每个人的情感与每个他人的特殊情感相汇合的客观必然性,只是意味着在其中成为一致的可能性,而鉴赏判断则只是在这一原则的应用上提出了一个实例:这一切,我们还不想也不能在这里来研究,现在我们只是要把鉴赏能力分解为它的诸要素并最终把这些要素统一在一个共通感的理念中。

从第四个契机推论出的美的说明

美是那没有概念而被认作一个必然愉悦的对象的东西
······　······

87　　　　　　　## 第二卷　崇高的分析论

§23. 从对美的评判能力过渡到对崇高的评判能力

美有一点是和崇高一致的,即两者本身都是令人喜欢的。此外,两者都既不是以感官的规定性判断、也不是以逻辑的规定性判断,而是以反思的判断为前提的;所以,这种愉悦就既不是像快适那样取决于一种感觉,也不是像对善的愉悦那样取决于一个确定的概念,然而却毕竟是与概念相关的,虽然未确定是哪一些概念;因而这愉悦是依赖于单纯的表现或表现能力的,由此,表现能力或想象力在一个给予的直观上就被看作对理性的促进,而与知性或理性的概念能力相协调。因此这两种判断都是单个的、但却预示着对每个主体都普遍有效的判断,尽管它们只是对愉快的情感、而不是对任何对象的知识提出要求。

　　不过,两者之间的显著的区别也是引人注目的。自然的美涉及对象的形式,这形式在于限制;反之,崇高也可以在一个无形式的对象上看到,只要在这个对象身上、或通过这个对象的诱发而表现出无限制,同时却又联想到这个无限制的总体:这样,美似乎被看作某个不确定的知性概念的表现,崇高却被看作某个不确定的理性概念的表现。所以,愉悦在美那里是与质的表象结合着的,在崇高这里则是与量的表象结合着的。甚至就种类而言后一种愉悦与前一种愉悦也是大不相同的:因为前者(美)直接带有一种促进生命的情感,因而可以和魅力及某种游戏性的想象力结合起来;但后者(崇高的情感)却是一种仅仅间接产生的愉快,因而它是通过对生命力的瞬间阻碍、及紧跟而来的生命力的更为强烈的涌流之感而产生的,所以它作为感动并不显得像是游戏,而是想象力的工作中的严肃态度。因此它也不能与魅力结合,并且由于内心不只是被对象所吸引,而且也交替地一再被对象所拒斥,对崇高的愉悦就不仅不包含积极的愉快,而且勿宁说包含着惊叹或敬重,就是说,它应该称之为消极的愉快。

　　但崇高与美的最重要的和内在的区别也许是:当我们在此公平地首先只考察自然客体上的崇高(因为艺术的崇高永远是被限制在与自然协调一致的那些条件上的)时,自然美(独立的自然美)在其仿佛是预先为我们的判断力规定对象的那个形式中带有某种合目的性,这就自身构成一个愉悦的对象;相反,那无须玄想而只是凭领会在我们心中激起崇高情感的东西,虽然按其形式尽可以显得对我们的判断力而言是违反目的的,与我们的表现能力是不相适合的,并且仿佛对我们的想象力是强暴性的,但这却只是越加被判断为更是崇高的。

　　但我们从这里马上就看出,当我们把任何一个自然对象称之为崇高的
时,我们的表达是根本不对的,尽管我们可以完全正确地把许多这类对象称
之为美;因为一个自身被领会成违反目的的东西怎么能用一个赞许的词来
称呼呢? 我们能说的仅仅是,对象适合于表现一个可以在内心中发现的崇
高;因为真正的崇高不能包含在任何感性的形式中,而只针对理性的理念:
这些理念虽然不可能有与之相适合的任何表现,却正是通过这种可以在感
性上表现出来的不适合性而被激发起来、并召唤到内心中来的。所以辽阔
的、被风暴所激怒的海洋不能称之为崇高。它的景象是令人恐怖的;如果我
们的内心要通过这样一个直观而配以某种本身是崇高的情感,我们必须已
经用好些理念充满了内心,这时内心被鼓动着离开感性而专注于那些包含
有更高的合目的性的理念。

　　独立的自然美向我们揭示出大自然的一种技巧,这技巧使大自然表现
为一个依据规律的系统,这些规律的原则是我们在自己全部的知性能力中
都找不到的,这就是说,依据某种合目的性的原则,或者更确切地说依据判
断力在运用于现象时的合目的性的原则,从而使得这些现象不仅必须被评
判为在自然的无目的的机械性中属于自然的,而且也必须被评判为属于艺
术的类似物的。所以自然美虽然实际上并没有扩展我们对自然客体的知
识,但毕竟扩展了我们关于自然的概念,即把作为单纯机械性的自然概念扩
展成了作为艺术的同一个自然的概念:这就吁请我们深入地去研究这样一
种形式的可能性。但在自然界里我们习惯于称之为崇高的东西中却根本没
有任何导致特殊的客观原则及与之适合的自然形式的东西,以至于大自然
通常激发起崇高的理念勿宁说是在它的混乱中,或在它的极端狂暴、极无规
则的无序和荒蛮中,只要可以看出伟大和力量。由此可见,自然界的崇高概
念远不如自然中美的概念那么重要和有丰富的结果;它所表明的根本不是
自然本身中的合目的之物,而只是对自然的直观可能的运用中的合目的之
物,为的是使某种完全独立于自然的合目的性可以在我们自己心中被感到。
对自然的美我们必须寻求一个我们之外的根据,对于崇高我们却只须在我
们心中,在把崇高性带入自然的表象里去的那种思想境界中寻求根据;这是

目前很有必要的一个说明,它把崇高的理念和一个自然合目的性的理念完全分开,并使崇高的理论成为只是对自然合目的性的审美评判的一个补充,因为借此并没有表现出自然中的任何特殊的形式,而只是展示了想象力对自然表象所作的某种合目的性的运用。

§ 24. 对崇高情感研究的划分

说到在与崇高情感的关系中来划分对对象的审美评判的诸契机,那么这个分析论可以按照如同在分析鉴赏判断时所依据的同一个原则来进行。因为作为审美的反思性判断力的判断,对崇高的愉悦必须正如对美的愉悦一样,按照量而表现为普遍有效的,按照质而表现为无利害的,按照关系而表现出主观合目的性,按照模态而把这主观合目的性表现为必然的。所以在这方面的方法与前一章①并无不同:除开我们必须对这点有所估计,即我们在审美判断涉及客体的形式的地方是从对质的研究开始;但在这里,鉴于可以归于我们称之为崇高的东西的那种无形式,则将从量开始,量是关于崇高的审美判断的第一个契机:其理由可以从前面 § 23 中看出来。

但崇高的分析必须有一种美的分析所不需要做的划分,也就是划分为数学的崇高和力学的崇高。　91

这是因为,崇高的情感具有某种与对象的评判结合着的内心激动作为其特征,不同于对美的鉴赏预设和维持着内心的静观;但这种激动却应当被评判为主观合目的性的(因为崇高令人喜欢):所以,这种激动通过想象力要么与认识能力、要么与欲求能力关联起来,而在这两种关联中那被给予表象的合目的性却都只是就这两种能力而言(没有目的或利害地)被评判:这样一来,前者就作为想象力的数学的情调、后者则作为想象力的力学的情调而被加在客体身上,因而客体就在上述两种方式上被表现为崇高的。

---

① 此处应为"前一卷",即"美的分析论"。——编译者

A. 数学的崇高

§ 25. 崇高的名称解说

　　我们把那绝对地大的东西称之为崇高。但"是大的"和"是某种大小"，这是两个完全不同的概念（magnitudo und quantitas①）。同样，单只是（simpliciter②）说某物是大的，这也完全不同于说某物是绝对地大（absolute，non comparative magnum③）。后者是超越一切比较之上的大的东西。——但现在，说某物是大的，或小的，或不大不小的，这种说法想要说的是什么呢？由此所表示的并不是一个纯粹知性概念；更不会是一个感官直观；同样，也不是一个理性概念，因为它根本不带有任何认识的原则。所以它必定是一个判断力的概念，或是来源于这一概念，并把这一表象在与判断力的关系中的主观合目的性作为基础。说某物是有某种大小（quantum，量）的，这是从该物本身中无须和他物作任何比较就可以认识到的：因为同质的多合起来构成着一。但它有多么大，这永远要求有另外某个也是有大小的东西来作它的尺度。因为在评判大小时不仅取决于多数性（数目），而且也取决于单位的（尺度的）大小，而单位的大小又总是需要某种它能够与之比较的另外的东西作为尺度：这样我们就看到，现象的一切大小规定完全不可能提供任何绝对的大小概念，而每次都只能提供出一个比较的概念。

　　现在如果我单只是说某物是大的，那么这看起来就是我根本无意作任何比较，至少是无意同客观的尺度作比较，因为这种说法完全没有确定该对象有多么大。但即使比较的尺度只是主观的，这判断对普遍赞同的要求也不减分毫；"这个人美"和"这个人高大"这两个判断都不会只局限于作判断的主体上，而是要求如同对理论上的判断那样每个人都赞同。

---

　　① 拉丁文：巨大和一定量大。——编译者
　　② 拉丁文：简单地。——编译者
　　③ 拉丁文：绝对地、无可比拟地大。——编译者

但由于在一个把某物单只表示为大的判断中，不只是要说出该对象有某种大小，而且要说明这种大小同时又是先于其他许多同类的对象而优先赋予它的，却又没有确定地指出这一优先性；所以这一优先性固然是以一个我们预设为每个人都可以作为同样的来采用的尺度为基础的，但这一尺度不能用于任何逻辑上的（数学上被规定了的）大小评判，而只能用于审美的大小评判，因为它只是一个主观地为对大小进行反思的那种判断奠定基础的尺度。此外，它可以是经验性的，例如我们所熟悉的那些人、某一种类的动物、树木、房子、山峦等诸如此类东西的平常的大小；也可以是先天给定的尺度，这尺度由于评判主体的缺陷而在具体场合下被限制于表现的主观条件上：例如在实践中某种德行的大小，或一国中公众的自由和正义的大小；或在理论中所做出的观察或测量的准确性和误差的大小，诸如此类。

这里值得注意的是：即使我们对客体完全没有兴趣，也就是对客体的实存漠不关心，但光是客体的大小，哪怕它被看作无形式的，也能带来一种愉悦，这种愉悦是普遍可传达的，因而包含有我们认识能力运用中的某种主观合目的性的意识；但并不是像在美那里一样的对客体的愉悦（因为它可以是无形式的），而是对想象力的自身扩展的愉悦。在美那里，反思性的判断力则是合目的地协调适应着与一般认识的关系的。

当我们（在上述限制之下）关于一个对象单只是说它是大的：那么这就不是什么数学上的规定性判断，而只是一个有关该对象表象的反思判断，这表象对于我们的认识能力在大小的估量上的某种运用是主观合目的的；而这样一来我们就总是在这个表象上结合着某种敬重，正如我们在单只称之为小的东西上结合有一种轻视一样。此外，将这些物评判为大或小，这是针对着一切东西、甚至针对着这些物的一切性状的；因此我们甚至把美也称之为大的或小的：对此我们必须到这里面去找原因，即凡是我们只要能按照判断力的规范在直观中描述（因而审美地表现）的东西，全都是现象，因而也全都是某种量。

但如果我们不单是把某物称之为大，而且是完全地、绝对地、在一切意图中（超出一切比较）称之为大，也就是称之为崇高，那么我们马上就会看出：我们不允许在该物之外去为它寻求任何与之相适合的尺度，而只能在它

里面去寻求这种尺度。这是一种仅仅和它自身相等的大小。所以由此推

94 出,崇高不该在自然物之中、而能只在我们的理念中去寻找;至于它存在于
哪些理念中,这必须留给演绎部分去谈。

　　上面的解说也可以这样来表达:崇高是与之相比较一切别的东西都是
小的那个东西。这里很容易看出:在自然中不能有任何东西是像我们可能
评判的那样的大,以至于不会在另一种关系中来看就被贬低为无限小的;而
反过来也不能有任何东西是如此的小,以至于不会在和更小的尺度相比较
时对于我们的想象力来说就被扩展为一个大世界的。望远镜对于前一种情
况的说明,以及显微镜对于后一种情况的说明,都给我们提供了丰富的材
料。所以,没有任何可以成为感官对象的东西从这一立足点来看能够称之
为崇高的。但正因为在我们的想象力中有一种前进至无限的努力,在我们
的理性中却有一种对绝对总体性即对某个真实的理念的要求:因此甚至我
们对感官世界之物的大小估量能力对于这个理念的那种不适合性,也在我
们心中唤起了某种超感官能力的情感;而判断力为了后者(情感)起见自然
而然地在某些对象上的运用是绝对的大的,而非这个感官对象是绝对大的,
和这种运用相比任何别的运用都是小的。因而必须被称之为崇高的,是由
某种使反思判断力活动起来的表象所带来的精神情调,而不是那个客体。

　　所以我们可以在前面那些解说崇高的表达式上再加上这样一条表达
式:崇高是那种哪怕只能思维地表明内心有一种超出任何感官尺度的能力
的东西。

§ 26. 崇高理念所要求的对自然物的大小估量

　　通过数目概念(或它的代数符号)所作的大小估量是数学的,而在单纯

95 直观中(根据目测)的大小估量则是审美的。现在,我们虽然只能通过以尺
度为其单位的数目而得到某物有多么大的确定的概念(必要时通过延伸至
无限的数目系列来接近它);在这方面一切逻辑的大小估量都是数学的。
但这尺度的大小毕竟不能不假定为已知的,所以如果它现在又应当只通过

必须以另一个尺度为其单位的数目来估量、因而数学地进行估量的话,我们就永远也不能拥有一个最初的或基本的尺度、因而也没有任何有关一个给予大小的确定概念了。所以对基本尺度的大小的估量必定只在于,我们可以在一个直观中直接地领会它,并能通过想象力把它用来表现数目概念:这就是说,对自然对象的一切大小估量最终都是审美的(即在主观上、而不是在客观上被规定的)。

对于数学的估量而言固然没有什么最大的东西(因为数目的威力是延伸至无限);但对于审美的大小估量而言却的确有最大的东西;关于这个东西我就会说:如果它被评判为绝对的尺度,主观上(对于评判的主体而言)不可能有任何比它更大的尺度了,那么它就具有崇高的理念,并会产生出那样一种感动,这种感动是不能由任何借助于数目的数学上的大小估量(除非那个审美的基本尺度同时也在想象力中生动地保持着)而引起的:因为数学的估量永远只表现出与其他同种类东西相比较的相对的大,而前一种估量却表现出绝对的大,只要内心能在一个直观中领会到它。

把一个量直观地接受到想象力中来,以便能把它用作尺度、或作为单位用于通过数目进行的大小估量,这里面必须包含同一个能力的两个行动:领会(apprehensio①)和统摄(comprehensio aesthetica②)。领会并不带有任何困难:因为它是可以无限地进行的;但统摄却随着领会推进得越远而变得越来越难,并且很快就达到它的极大值,也就是大小估量的审美上[感性上]最大的基本尺度。因为如果领会达到如此之远,以至于感官直观的那些最初领会到的部分表象在想象力中已经开始淡化了,然而想象力却向前去领会更多的表象:那么想象力在一方面所失就正如在另一方面所得的那样多;而在统摄中就有一个想象力所不能超出的最大的量。

由此就可以解释萨瓦里③在其关于埃及的报告里所看出来的:人们要对金字塔的伟大获得完全的感受,就必须不走得离它很近,同样也不要离

---

①　拉丁文:把握,抓住。——编译者

②　拉丁文:感性的统握。——编译者

③　Savary, Anne-Jean-Marie-Renè, 1774—1833, 法国将军,曾在埃及任职。——编译者

开它太远。因为离它太远则被领会的各个部分(它的那些重叠的石块)就只是模糊地被表现出来,而它们的表象就对主体的审美判断造不成什么影响。但如果离得太近,那么眼睛就需要一些时间来完成从底面直到尖顶的领会,但是在想象力未及接受到尖顶之前,底面又总是在领会中部分地淡化着,而统摄就永远完成不了。——正是这一点也足以解释有人所讲述的在第一次走进罗马圣·彼得大教堂时向参观者突然袭来的那种震惊或困惑的性质。因为在这里有这样一种情感,即对于整体的理念人的想象力为了表现它而感到不适合,在这一理念中想象力达到了它的极限,而在努力扩展这极限时就跌回到自身之中,但却因此而被置于一种动人的愉悦状态。

　　我现在还不想为这种愉悦提出任何理由,这种愉悦是与一个我们至少本应有所预期的表象结合着的,因为这表象使我们看出该表象对于判断力在进行大小估量时的不适合性、因而也看出其主观不合目的性;我只想指出,如果审美判断应当纯粹地(不与作为理性判断的任何目的论的判断相混淆)给出,并且对此还要给出一个完全适合于审美判断力批判的实例,我们就必须不是去描述那些艺术作品(如建筑、柱廊等等)的崇高,在那里有一种人为的目的在规定着形式和大小,也不去描述那些自然物的崇高,它们的概念已经具有某种确定的目的了(如具有已知的自然定性的动物),而是必须对荒野的大自然(并且甚至只在它本身不具任何魅力、或不具由实际危险而来的激动时)的崇高单就其包含有量而言加以描述。因为在这种表象中大自然不含有任何大而无当的东西(也没有壮丽的或令人恐怖的东西);被领会的大可以增长到任意的规模,只要它可以通过想象力而被统摄在一个整体中。大而无当的是这样一个对象,它通过它的大而取消了构成它的概念的那个目的。但宏大的却只是用来称呼某种概念的表现,这概念对于一切表现几乎都太大了(接近于相对大而无当的东西):因为表现一个概念的目的由于对象的直观对于我们的领会能力来说几乎太大而遇到了阻碍。——但一个关于崇高的纯粹判断必须完全没有任何客体的目的作为规定的根据,如果它应当是审美的并且不能与任何一种知性或理性的判断相混淆的话。

＊　　　＊　　　＊

由于一切应当使单纯反思的判断力没有利害而喜欢的东西都必然在其表象中带有主观的、并作为主观的而是普遍有效的合目的性,但在这里却根本没有评判对象的(如同在美那里的)形式的合目的性作基础,那么就要问:这是何种的主观合目的性? 并且,是什么使它被作为基准而预先规定下来,以便在单纯的大小估量中,确切地说,在被一直推进到我们想象力的能力在表现一个大的概念时的不适合性的那个大小估量中,充当普遍有效的愉悦的一个根据? 98

想象力在大的表象所需要的那种复合中自行向无限前进,没有什么东西会对它构成障碍;但知性却通过数的概念来引导它,那个大的表象则必须为数的概念提供图型:而在这种属于逻辑的大小估量的处理方式中,虽然有某种按照有关某个目的的概念的客观合目的之物(每次测量都是这类东西),但决没有对于审美判断力而言的合目的之物,也没有使人喜欢的东西。即使在这种有意的合目的性中,也决没有任何东西迫使尺度的大小、因而迫使把多数纳入一个直观中的统摄的大小一直推进到想象力的能力界限,直到想象力在表现中还能达到的那个范围。因为在这种知性的大小估量中(在算术中),我们所达到的正好是同样的远,不论我们把诸单位的统摄一直推进到 10 这个数(在十进制中),还是只推进到 4(在四进制中);进一步的大小的产生却是在复合中,或者当这个量在直观中被给予时就是在领会中,只是逐步地(而非统握地)按照某种假定的累进原则而完成的。知性在这种数学的大小估量中同样好地得到了服务和满足,不管想象力是选择一个人们一眼即可把握的大小作为单位,例如一英尺或一竿长①,还是选择一德国里、甚至选择一个地球直径作单位,对它们虽然可以有领会,但不

---

① 原文为 Ruthe,一竿约等于 3.8 米。——编译者

可能统摄进一个想象力的直观中（即不可能通过 comprehensio aesthetica①
统摄进一个想象力的直观中，虽然完全可以通过 comprehensio logica② 而统
摄到一个数的概念中）。在两种情况下这种逻辑的大小估量都无阻碍地进
向无限。

　　但现在，人心在自己里面倾听着理性的声音，理性对于一切给予的大
小、甚至对那些虽然永远也不能被完全领会但仍然（在感性表象中）被评判
为整个给予出来的大小，都要求总体性，因而要求统摄进一个直观中，并要
求对于一个日益增长的数目系列的所有那些环节加以表现，甚至无限的东
西（空间和流逝的时间）也不排除在这一要求之外，反而不可避免地导致将
它（在普通理性的判断中）思考为（按其总体性）被整个给予的。

　　但无限的东西是绝对地（而不只是比较地）大的。与它相比较，一切别
的东西（具有同一种量度的东西）都是小的。但最重要的是，哪怕只要能把
它思考为一个整体，这也就表明了内心有一种超出一切感官尺度的能力。
因为这就会要求有一种统摄，去把某个据说拥有在数目中规定了的对无限
的关系的尺度作为单位提供出来；而这是不可能的。然而，哪怕只要能思考
这给予的无限而不矛盾，这也就要求在人的内心中有一种本身是超感官的
能力。因为只有通过这种能力和它的某种本体的理念——这本体自身不允
许有直观，但却被用来给作为单纯现象的世界观③奠定基底——，那感官世
界的无限的东西才在纯粹智性的大小估量中被整个地统摄在一个概念之
下，虽然它在数学的估量中通过数目概念是永远不能整个地被思考的。就
连一种可以把超感性的直观的无限者思考为（在其理知的基底中）被给予
的能力，也本身就超越了感性的一切尺度，并且是大到超过甚至与数学估量
能力的一切比较的；固然并不是出于理论的意图而为了认识能力，但毕竟是
作为人心的扩展，人心感到自己有能力在别的（即实践的）意图中超越感性
的局限性。

---

①　拉丁文：感性的统握。——编译者
②　拉丁文：逻辑的统握。——编译者
③　Weltanschaunug，直译为"世界直观"。——编译者

所以自然界在它的这样一些现象中是崇高的,这些现象的直观带有它们的无限性的理念。后面这种情况只是由于我们的想象力在估量一个对象的大小时哪怕作出了最大努力也不适合,才会发生。但既然想象力在数学的大小估量方面能应付任何对象,以给这种大小估量提供充分的尺度,因为知性的数目概念能够通过累进而使每个尺度适合于每一个给予的大小,那么审美的大小估量就必须是这样,在其中,既感到对超越想象力的能力而将逐步的领会包括进一个直观整体中的这种统摄作用的努力追求,但同时又察觉到,这个在进展中不受限制的能力不适合于把握一个凭知性的最少消耗以利于大小估量的基本尺度,也不适合于用来作大小估量。现在,自然界那真正的不变的基本尺度就是自然的绝对整体,它在自然界就是被统摄为现象的无限性。但由于这个基本尺度是一个自相矛盾的概念(因为一个无终点的进展的绝对总体性是不可能的):所以自然客体的这样一种大,这样一种由想象力徒劳无功地运用其全部统摄能力于其上的大,必然会把自然的概念引向某种超感官的基底(这基底为自然界同时也为我们的思维能力奠定基础),这就是超越一切感官尺度的大,它因而与其说是容许把对象、倒不如说是容许把在估量对象时的内心情调评判为崇高的。

所以,正如同审美的判断力在评判美时将想象力在其自由游戏中与知性联系起来,以便和一般知性概念(无需规定这些概念)协调一致:同样,审美判断力也在把一物评判为崇高时将同一种能力与理性联系起来,以便主观上和理性的理念(不规定是哪些理念)和谐一致,亦即产生出一种内心情调,这种情调是和确定的理念(实践的理念)对情感施加影响将会导致的那种内心情调是相称的和与之相贴近的。

由此也可看出,真正的崇高必须只在判断者的内心中,而不是在自然客体中去寻求,对后者的评判是引起判断者的这种情调的。谁会愿意把那些不成形的、乱七八糟堆积在一起的山峦和它们那些冰峰,或是那阴森汹涌的大海等等称之为崇高的呢?但人心感到在他自己的评判中被提高了,如果他这时在对它们的观赏中不考虑它们的形式而委身于想象力,并委身于一种哪怕处于完全没有确定的目的而与它们的联结中、只是扩展着那个想象力的理性,却又发现想象力的全部威力都还不适合于理性的理念的话。

自然界在单纯直观中的数学的崇高的例子,全都是由那些场合提供给我们的,在这些场合中,被给予我们的与其说是某个更大的数的概念,不如说是作为想象力的尺度的大的单位(为的是压缩数的系列)。我们按照人的高度来估量的一棵树或许提供了衡量一座山的尺度;而如果这座山比如说有一英里高,它就可以用作表达地球直径的数目单位,以便使地球的直径直观化,地球直径对于我们所知道的太阳系、太阳系对于银河系都是如此;至于这样一些银河系的名之为星云团的不可计量的集合体,它们或许相互又构成一个类似的系统,在这里就不容我们指望任何止境了。现在,在对一个如此不可计量的整体作审美评判时,崇高不仅不在于数目的大,而且也不在于我们在这一进展中越来越达到更大的单位;有助于此的是对宇宙结构的系统化的划分,这种划分把自然界中一切大的东西在我们面前一再地表现为小的东西,但真正说来,是把在其完全的无止境中的我们的想象力、并与它一起把自然界表现为与理性的理念相比是微不足道的,如果想象力要作出一个与这些理念相适合的表达的话。

§27. 在崇高的评判中愉悦的质

对于我们的能力不适合于达到某个对我们来说是规律的理念所感到的情感,就是**敬重**。现在,把每一个可能被给予我们的现象都统摄进一个整体的直观中的那个理念,就是由理性的规律托付给我们的这样一种理念,它除了绝对的整体之外,不知道有任何其他确定的、对每个人都有效的和不变的尺度。但我们的想象力甚至在其最大的努力中,就它所要求的把一个给予的对象统摄进一个直观整体中(因而达到对理性理念的体现)而言,都表现出它的局限和不适合性,但却同时表现出它的使命是实现与这个作为整体的理念的适合性。所以对自然中的崇高的情感就是对于我们自己的使命的敬重,这种敬重我们通过某种偷换而向一个自然客体表示出来(用对于客体的敬重替换了对我们主体中人性理念的敬重),这就仿佛把我们认识能力的理性使命对于感性的最大能力的优势向我们直观呈现出来了。

　　所以崇高的情感是由于想象力在对大小的审美估量中不适合通过理性来估量而产生的不愉快感,但同时又是一种愉快感,这种愉快感的唤起是由于,正是对最大感性能力的不适合性所作的这个判断,就对理性理念的追求对于我们毕竟是规律而言,又是与理性的理念协调一致的。因为对于我们来说作为(理性的)规律并属于我们的使命的是,把大自然作为感官对象所包含的一切对我们而言是大的东西,在和理性的理念相比较时都估量为小的;并且,凡是在我们心中激起对这个超感官的使命的情感的东西都与那个规律协调一致。现在,想象力在体现那个大小估量单位时的最大努力,就是与某种绝对的大的关系,因而也是与唯一把这个绝对的大设定为大小的最高尺度的理性规律的关系,所以,对一切感性的尺度与理性的大小估量不相适合的内知觉就是与理性规律的协调一致,并且是一种不愉快,这种不愉快在我们心中激起对我们的超感官使命的情感,而按照这一使命,发现任何感性的尺度都与理性的理念不相适合,这是合目的性的,因而是愉快的。

　　在大自然的崇高表象中内心感到激动;而在对大自然的美的审美判断中内心是处于平静的静观中。这种激动可以(尤其是在开始的时候)比之于那种震动、即对同一个客体的快速交替的排斥和吸引。在想象力看来那种(它在直观的领会中被一直推到)太过分的东西,仿佛是想象力害怕自己自失于其中的一个深渊;但对于有关超感性东西的理性理念来说,却也并不是太过分的,而是能合规律地产生出想象力的这样一种努力:因而是以曾对单纯感性加以拒斥的同一个程度重又吸引着的。但这个判断本身在这里仍然只是停留于审美上,因为它并不把一个确定的客体概念作为基础,而只是把诸内心能力(想象力和理性)本身的主观游戏通过它们的对照而表象为和谐的。因为正如想象力和知性在美的评判中凭借它们的一致性那样,想象力和理性在这里通过它们的冲突也产生出了内心诸能力的主观合目的性:这就是对于我们拥有纯粹的、独立的理性、或者说一种大小估量能力的情感,这种能力的优越性只有通过那种在表现(感性对象的)大小时本身不受限制的能力的不充分性,才能被直观到。

　　对一个空间的量度(作为领会)同时就是对这空间的描述,因而是在想像中的客观运动和一种前进;反之,把多统摄进一之中,不是思想中的一而是直观中的一,因而是把连续被领会的东西统摄进一个瞬间之中,这却是一个回溯,它把在想象力的前进中的那个时间条件重又取消,并使同时存在被直观到。所以这种统摄(由于时间序列是内感官和某种直观的条件)就是想象力的一个主观的运动,通过这种运动,想象力使内感官遭受到强制力,想象力统摄进一个直观中的量越是大,这种强制力就必定越是可以感到。所以想把一个对于大小的尺度接受到单个直观中来——为领会这一点需要可觉察到的时间——的这种努力,是一种从主观上看不合目的、但在客观上却是大小估量所需要的、因而是合目的的表象方式:但在此正是这个通过想象力使主体遭受到的强制力,对于内心的整个规定而言却被评判为合乎目的的。

崇高情感的质就是:它是有关审美评判能力的对某个对象的不愉快的情感,这种不愉快在其中却同时又被表象为合目的的;这种情况之所以可能,是由于这种特有的无能揭示出同一个主体的某种无限制的能力的意识,而内心只有通过前者才能对后者进行审美的评判。

在逻辑的大小估量中,通过在时间和空间中量度感官世界之物的前进
105 过程在任何时候都达不到绝对的总体,这种不可能性是被认作客观的,即不可能把无限的东西作为被给予的来思维,而不被认作只是主观的,即没有能力领会无限的东西:因为这里根本不是着眼于把统摄进一个直观中的程度作为尺度,而是一切都取决于某个数的概念。不过,在一个审美的大小估量中数的概念必须取消或加以改变,而只有把想象力统握在这个尺度单位上(因而避开有关大小概念相继产生的某种规律的概念),对于这种估量才是合乎目的的。——现在,如果有一种大几乎达到了我们的统摄进一个直观中的能力的极致,而想象力却还被要求通过数目的大(对这种大我们意识到我们的能力是无限制的)而从审美上把它统摄进一个更大的统一性之中,这时我们就会在内心感到自己被审美地封闭在界限之中了;但就想象力必然扩展到与我们理性能力中无限制的东西、也就是与绝对整体的理念相适合而言,这种不愉快、因而这种想象力在能力上的不合目的性对于理性理念和唤起这些理念来说却被表现为合乎目的的。而正因为如此,审美判断

本身对于作为理念的来源的理性、也就是作为所有感性的[审美的]东西在它面前都是小的这样一种智性统摄的来源的理性来说，便成了主观合目的性的了；而对象作为崇高就被以某种愉快来接受，这种愉快只有通过某种不愉快才是可能的。

B. 自然界的力学的崇高

§ 28. 作为强力的自然

强力是一种胜过很大障碍的能力。这同一个强力，当它也胜过那本身具有强力的东西的抵抗时，就叫作强制力。自然界当它在审美判断中被看作强力，而又对我们没有强制力时，就是力学的崇高。

如果自然界要被我们从力学上评判为崇高的，那么它就必须被表象为激起恐惧的（尽管反过来并不能说，凡是激起恐惧的对象在我们的审美判断中都会觉得是崇高的）。因为在（无概念的）审美评判中，克服障碍的优势只是按照抵抗的大小来评判的。但现在，我们努力去抵抗的东西是一种灾祸，如果我们感到我们的能力经受不住这一灾祸，它就是一个恐惧的对象。所以对于审美判断力来说，自然界只有当它被看作是恐惧的对象时，才被认为是强力，因而是力学的崇高。

但我们可以把一个对象看作是可恐惧的，而又并不由于它而感到恐惧，这就是说，如果我们这样来评判它，即我们只是设想着这种情况：我们也许会要对它作出抵抗，并且那时一切抵抗都绝对会是毫无结果的。所以有德之人恐惧上帝，却并不由于上帝而恐惧，因为他把对抗上帝及其命令的意愿设想为他决不耽忧的情况。但任何这样一种情况，如果他设想为自身并非不可能的，他都认为是可恐惧的。

谁恐惧着，他就根本不能对自然界的崇高作出判断，正如那被爱好和食欲所支配的人也不能判断美一样。前者回避去看一个引起他畏惧的对象；而对一种被认为是真正的恐怖是不可能感到愉悦的。所以由于放下一个重负而来的快意就是高兴。但这种高兴因为从一个危险中摆脱出来，它就是

106

一种带有永远不想再遭到这种危险的决心的高兴;甚至人们就连回想一下那种感觉也会不愿意,要说他会为此而自己去寻求这种机会,那就大错特错了。

险峻高悬的、仿佛威胁着人的山崖,天边高高堆聚挟带着闪电雷鸣的云层,火山以其毁灭一切的暴力,飓风连同它所抛下的废墟,无边无际的被激怒的海洋,一条巨大河流的一个高高的瀑布,诸如此类,都使我们与之对抗的能力在和它们的强力相比较时成了毫无意义的渺小。但只要我们处于安全地带,那么这些景象越是可怕,就只会越是吸引人;而我们愿意把这些对象称之为崇高,因为它们把心灵的力量提高到①超出其日常的中庸,并让我们心中一种完全不同性质的抵抗能力显露出来,它使我们有勇气能与自然界的这种表面的万能相较量。

因为,即使我们从自然界的不可测度性,和我们的能力不足以采取某种与对自然的领地作审美的大小估量相称的尺度,发现了我们自己的局限性,然而却同时也在我们的理性能力上发现了另一种非感性的尺度,它把那个无限性本身作为一个单位统率起来,自然界中的一切都小于它,因而在我们的内心发现了某种胜过在不可测度性中的自然界本身的优势:所以,即使那自然界强力的不可抵抗性使我们认识到我们作为自然的存在物来看在身体上是无力的,但却同时也揭示了一种能力,能把我们评判为独立于自然界的,并揭示了一种胜过自然界的优势,在这种优势之上建立起来完全另一种自我保存,它与那种可以由我们之外的自然界所攻击和威胁的自我保存是不同的,人类在这里,哪怕这人不得不屈服于那种强制力,仍然没有在我们的人格中被贬低。以这样一种方式,自然界在我们的审美评判中并非就其是激起恐惧的而言被评判为崇高的,而是由于它在我们心中唤起了我们的(非自然的)力量,以便把我们所操心的东西(财产、健康和生命)看作渺小的,因而把自然的强力(我们在这些东西方面固然是屈服于它之下的)决不看作对于我们和我们的人格性仍然还是一种强制力,这种强制力,假如事情取决于我们的最高原理及对它们的主张或放弃的话,我们本来是不得不屈

---

① 德文"崇高"(Erhaben)的字面意义就是"提高"。——编译者

从于它之下的。所以,自然界在这里叫作崇高,只是因为它把想象力提高到去表现那些场合,在其中内心能够使自己超越自然之上的使命本身的固有的崇高性成为它自己可感到的。

这种自我尊重丝毫也不因为下面这一点而受到损失,即:我们为要感受到这种令人鼓舞的愉悦就必须看见自己是安全的;因而,由于这种危险并不是认真的,我们精神能力的这种崇高性也就(正如表面看来可能的那样)同样可以不是认真的了。因为这种愉悦在这里只涉及到在这种情况下显露出来的我们能力的使命,以及我们本性中在这种能力上的素质;然而对这种能力的发展和练习却仍然被委托给我们,并仍然是我们的责任。而在这里面就有真理,不论人在把他的反思一直伸展到那上面时如何意识到他当前现实的无力。

这个原则虽然看起来好像太牵强附会和想入非非,因而对于一个审美的[感性的]判断来说似乎是夸大其辞的:不过人的观察却证明是相反,证明这条原则可以为最普通的评判提供基础,哪怕我们并不总是意识到这条原则。因为什么东西甚至对于野蛮人也是一个最大赞赏的对象呢? 是一个不惊慌,不畏惧,因而不逃避危险,但同时又以周密的深思熟虑干练地采取行动的人。即使在最文明的状态中仍保留着这种对战士的高度的崇敬;只是人们还要求他同时表现出一切和平的德行,温柔,同情,乃至于对他自己的人格相当小心谨慎:这正是因为在这上面看出了他的内心是不会被危险所征服的。所以人们尽可以在把政治家和统帅相比较时对于谁比谁更值得最高的敬重有这么多的争论;审美的判断却断定是后者。甚至于战争,如果它是借助于秩序和公民权利神圣不可侵犯而进行的,本身也就具有某种崇高性,同时也使以这种方式进行战争的民众,越是遭受过许多危险,并能在其中勇敢地坚持下来,其思想境界也就越是崇高:与此相反,一个长期的和平通常都使单纯的商业精神、但也连带着使卑劣的自私自利、怯懦和软弱无能到处流行,并使民众的思想境界降低。

也许有人会这样来反驳对这种附在强力之上的崇高概念的分析:我们通常在暴雨中,在狂风中,在地震和诸如此类的场合中,把上帝想像成在发怒,但同时也把上帝想像成在表现他的崇高性,而这时却还去想像我们的内

109

心有某种胜过这样一种强力的各种作用的优势,乃至像看起来那样,有胜过它的各种意图的优势,那同时就会是愚蠢而亵渎的了。在这里的内心情调似乎并不是什么对我们自己本性的崇高的情感,而倒是屈服、颓丧和完全的无力感,这是与这样一个对象的出现相适合的,并且通常是按照习惯的方式与这个对象的理念在这类自然事件上结合着的。在一般宗教中,跪倒、低头膜拜,带着悔恨惶恐的表情和声音,这是面对神时的唯一合适的态度,所以绝大多数民族都采取了这种态度并仍在遵守着它。不过这种内心情调也远不是就本身而言且必然地与某种宗教及其对象的崇高理念结合在一起的。一个人,当他现实地恐惧着,因为他感到这恐惧的原因就在自身中,他意识到他以自己卑下的意向违背了某种强力,而这种强力的意志是不可抗拒的同时又是正义的,这时他根本就不处在对神的伟大发出惊叹的心境之中,这要求的是凝神静观的情调和完全自由的判断。只有当他意识到自己真诚的、神所喜欢的意向的时候,那些强力作用才会有助于在他心中唤起这个存在者的崇高性的理念,只要他在自己身上认识到这意向的某种合乎这个存在者意志的崇高性,并由此而被提升到超越对这些自然作用的恐惧之上,不把这些作用看作是这个存在者的怒火的爆发。甚至谦恭,作为对自己缺点的严厉的评判——这些缺点本来是有可能在意识到自己的好的意向时轻易用人的本性的脆弱掩盖过去的——,也是一种内心的崇高情调,即执意屈从于自责的痛苦,以便逐渐根除那痛苦的原因。只不过以这样一种方式,宗教就内在地与迷信区别开来了,后者在内心中建立的不是对崇高的敬畏,而是在超强力的存在者面前的恐惧和害怕,受惊吓的人感到自己屈服于这存在者的意志,但却并不对它抱有高度的尊崇:这样一来,当然也就不能产生出良好生活方式的宗教,而只不过是邀宠和谄媚罢了。

　　所以崇高不在任何自然物中,而只是包含在我们内心里,如果我们能够意识到我们对我们心中的自然、并因此也对我们之外的自然(只要它影响到我们)处于优势的话。这样一来,一切在我们心中激起这种情感——为此就需要那召唤着我们种种能力的自然强力——的东西,都称之为(尽管不是本来意义上的)崇高;而只有在我们心中这个理念的前提下并与之相关,我们才能达到这样一个存在者的崇高性的理念,这个存在者不仅仅是通过它在自然界中所表明的强力而在我们心中产生内在的敬重,而且还更多的是通过置于我们心中的、无恐惧地评判那强力并将我们的使命思考为高居于它之上的那个能力,来产生这种敬重的。

§ 29. 对自然界崇高的判断的模态

有无数的美的自然物,关于它们我们是可以直截了当地建议每个人的判断与我们的判断相一致、而且也能期望这种一致而错不到哪里去的;但凭借我们对自然界中崇高的判断,我们却不能如此轻易地从别人那里指望着沟通。因为,为了能对自然对象的这种优越性下一个判断,似乎需要不光是在审美判断力上、而且在为之提供基础的认识能力上有更大得多的教养。

对于崇高情感的内心情调要求内心对于理念有一种感受性;因为正是在自然界对于这些理念的不适合中,因而只是在这些理念以及想象力把自然界当作这些理念的一个图型来对待这种努力的前提下,才有那种既威慑着感性、同时却又具有吸引力的东西:因为这是一种理性施加于感性之上的强制力,为的只是与理性自身的领地(实践的领地)相适合地扩大感性,并使感性展望那在它看来为一深渊的那个无限的东西。事实上,没有道德理念的发展,我们经过文化教养的准备而称之为崇高的东西,对于粗人来说只会显得吓人。他将在自然界强制力的毁灭作用的那些例证上,以及这个强力的使他自己的力量在其面前消失于无形的巨大规模上,只看到异常的艰辛、危险和困顿,将要包围那被驱逼到那里去的人。所以那善良的、此外又是明智的萨伏依的农夫(如索绪尔先生①所讲述的)曾把一切雪山的爱好者毫不犹豫地称之为傻瓜。假如那位观赏者像大多数旅游者通常那样单纯出于癖好,或是为了对此作出最动人心魄的描述,而接受了这种他在这里所遭

———————————

① Saussure,Horace Benéct de(1709—1790),瑞士物理学家、地质学家,著有《阿尔卑斯山纪行》。——编译者

到的危险,那么谁又能说,这位农夫是否就如此完全没有道理呢?但这位作者的意图对于人们是有教益的;这个杰出的人拥有使心灵崇高的感觉,而且
112　还把这种感觉附赠给了他的游记的读者。

　　但是,对自然界崇高的判断倒并不恰好由于它需要文化教养(比对美的判断更需要),因而它就是首先从文化中产生出来的,或只是在社会中合乎习俗地被采用的;相反,它是在人的本性中、亦即在人们能够凭借健全知性同时向每个人建议且能够向他自己要求的东西中有其根基,也就是说,在趋向于对(实践的)理念的情感即道德情感的素质中有其根基。

　　于是,这就是别人关于崇高的判断必然对我们的判断同意的根据,这种必然性是我们同时一起包含在这个判断中的。因为正如我们责备那在对一个我们觉得美的自然对象的评判中无动于衷的人缺乏鉴赏力一样:我们也对那个在我们判断为崇高的东西上不为所动的人说,他缺乏情感。而这两者都是我们对每一个人所要求的,并预设每一个具有一些文化教养的人也都有的:区别只是在于,前者由于在其中判断力只把想像与作为概念能力的知性相联系,我们是直截了当地向每个人要求着它的;但后者,由于判断力在其中把想象力与作为理念能力的理性相联系,我们就只是在某种主观前提下(但这个主观前提我们相信自己有权可以向每个人建议)才作这种要求,也就是说,在人心中道德情感的前提下作这种要求,因而也就把必然性赋予这种审美判断。

　　在审美判断的这个模态中,亦即在审美判断的这个被自认为的必然性中,有一个对于判断力批判的主要契机。因为正是这种必然性在这些审美判断上标明了一个先天的原则,并把它们从经验性的心理学中提升上来——否则它们在这种心理学中仍然会被埋没在快乐和痛苦的情感之下(只不过附带一个说明不了任何问题的修饰语:精致的情感)——以便将这些判断、并通过它们把这个判断力置于那些以先天原则为基础的一类判断
113　力中,但又将它们作为这样一些先天原则纳入到先验哲学中去。

　　　　…… ……

第二章　审美判断力的辩证论

195

§ 55.

一个判断力如果应当是辩证的,就必须首先是推想的;就是说,它的判断必须提出对普遍性的要求,并且是先天的普遍性的要求①:因为辩证论就在于这些判断的相互对立。所以感性的感官判断(有关快适和不快适的)的不一致性并不是辩证论的。即使是鉴赏判断的冲突,如果每一方只是基于他自己的鉴赏之上,也不构成鉴赏的辩证论:因为没有人想到使自己的判断成为普遍的规则。所以没有余留下任何可能涉及鉴赏的辩证论的概念,除了对鉴赏的批判(而非鉴赏本身)在其诸原则方面的辩证论概念之外:因为在这里,关于一般鉴赏判断的可能性根据以自然的和不可避免的方式出现了相互冲突的概念。所以对鉴赏的先验的批判将只包含可以冠有审美判断力的辩证论之名的那个部分,如果发生了这一能力的诸原则的二律背反,它使这能力的合法性、因而也使它的内在可能性成为可疑的话。

196

§ 56. 鉴赏的二律背反的表现

鉴赏的第一句套话就是这个命题,每个缺乏鉴赏的人都想到用这个命

---

① 一个推想的判断(iudicium ratiocinans[拉丁文:推想的判定。——编译者])可以意指每一个宣称自己为普遍的判断,因为只有这样它才能用作一个理性推理中的大前提。反之,一个理性判断(iudicium ratiocinatum[拉丁文:推理的判定。——编译者])则只能被称之为这样一种判断,它被设想为一个理性推理的结论,因而被设想为**先天地**建立起来的。——康德

382 康德三大批判精粹·第一部分 审美判断力批判

题来抵制对自己的指责:每一个人都有他自己的鉴赏。这就意味着:这种判断的规定根据只是主观的(即快乐和痛苦);而这判断无权要求别人的必然赞同。

鉴赏的第二句套话,是那些甚至承认鉴赏判断有权宣布对每个人都有效的人也运用的,这就是:关于鉴赏是不能争辩的。这就意味着:一个鉴赏判断的规定根据虽然也可能是客观的,但不可能被放到确定的概念上来,因而关于这个判断本身没有任何东西能通过证明而得到判定,虽然对它很可以并且能够有理由来加以争执。因为争执和争辩虽然在它们试图通过诸判断的相互反对而产生出它们的一致这一点上是同样的,但其差别在于:后者希望把这一点按照那些作为证明根据的确定概念而产生出来,因而把客观的概念假定为这个判断的根据。但在这一点被看作是不可行的地方,这种争辩也就同样被评判为不可行的。

容易看出,在这两句套话中间还缺了一个命题,这命题虽然并未以谚语的方式流传,但却包含在每个人的思想中,这就是:关于鉴赏可以争执(虽然不能争辩)。但这个命题包含着上面第一个命题的反面。因为只要容许对什么东西应当争执,也就必然会有在相互间达成一致的希望;因而人们就必须能指望判断的那些不只具有私人的有效性、因此不仅仅是主观的根据;然而这与前面那条原理:每一个人都有他自己的鉴赏,是恰相反对的。

所以在鉴赏原则方面就表现出如下的二律背反:

1)正题。鉴赏判断不是建立在概念之上的;因为否则对它就可以进行争辩了(即可以通过证明来决断)。

2)反题。鉴赏判断是建立在概念之上的;因为否则尽管这种判断有差异,也就连对此进行争执都不可能了(即不可能要求他人必然赞同这一判断)。

§ 57. 鉴赏的二律背反之解决

要消除那些给每个鉴赏判断以支持的原则(它们无非是上面在分析论

中所展示的两个属于鉴赏判断的特点)的冲突是不可能的,除非我们指出:我们使客体在这类判断中与之相关的那个概念,在审美判断的这两个准则中并不是在同一个意义上来理解的;这种双重的意义或评判观点对于我们的先验的判断力来说是必要的;但在一方和另一方的混淆中的这种幻相作为自然的错觉也是不可避免的。

鉴赏判断必须与不管什么样的一种概念发生关系;因为否则它就绝不可能要求对每个人的必然有效性。但它又恰好不是可以从一个概念得到证明的,因为一个概念要么可能是可规定的,要么可能是本身未规定的同时又是不可规定的。前一种类型是知性概念,它是可以凭借能够与之相应的感性直观的谓词来规定的;但第二种类型是对超感官之物的先验的理性概念,这种超感官之物为所有那些直观奠定基础,所以这个概念不再是理论上可规定的。

现在,鉴赏判断针对的是感官对象,但不是为了替知性规定这些对象的一个概念;因为它并不是认识判断。所以它作为与愉快情感相关联的单个直观表象只是一个私人判断:就此而言它按照其有效性只会被局限于作判断的个体之上:对象对我来说是一个愉悦的对象,对别人来说很可能是另一种情况;——每个人都有自己的鉴赏。

然而,毫无疑问,在鉴赏判断中是包含有客体表象(同时也有主体表象)的某种更广泛的关系的,以此为根据,我们就把这一类判断扩展为对每个人都是必然的:所以这种扩展就必须要以某一个概念作为基础;但必须是这样一种概念,它根本不可以通过直观来规定,通过它也没有什么可以被认识,因而也不能够给鉴赏判断提供任何证明。但这样一类概念只能是有关超感官之物的纯粹理性概念,这超感官之物给作为感官客体、因而作为现象的对象(并且也给下判断的主体)奠定了基础。因为假如我们不顾到这一点,那么鉴赏判断对于普遍有效性的要求就将无法挽救;它所作为根据的那个概念就会只不过是一个混乱的知性概念了,例如人们可能将美的感性直观相应地加于其上的完善性概念:这样一来,将鉴赏判断建立在证明之上,这至少就本身而言就会是可能的了,而这是与正题相矛盾的。

但现在,一切矛盾将被消除,如果我说:鉴赏判断基于某种概念(自然

界对于判断力的主观合目的性的某种一般根据的概念)之上,但从这概念
中不能对客体有任何认识和证明,因为它本身是不可规定的和不适用于认
识的;但鉴赏判断却正是通过这个概念而同时获得了对每个人的有效性
(尽管在每个人那里是作为单个的、直接伴随着直观的判断):因为这判断
的规定根据也许就在那可以被视为人性的超感官基底的东西的概念中。

对一个二律背反的解决仅仅取决于这种可能性,即两个就幻相而言相
互冲突的命题实际上并不是相互矛盾的,而是可以相互并存的,哪怕对它们
的概念的可能性的解释超出了我们的认识能力。至于这种幻相也是自然
的,是人类理性所不可避免的,以及为什么会有这种幻相,而且为什么即使
在这种幻相的矛盾被解除了之后不再欺骗人了,它也仍然存在,由此也就能
够得到理解了。

这是因为,我们把一个判断的普遍有效性必须建立于其上的那个概念
在两个相互冲突的判断中都理解为同一种含义了,但却用两个相互对立的
谓词来陈述它。所以在正题中意思本来是说:鉴赏判断不是以确定的概念
为根据的;在反题中却是说:鉴赏判断毕竟是以某种虽然不确定的概念(也
就是关于现象的超感官基底的概念)为根据的;而这样一来,在它们之间就
会没有任何冲突了。

除了对鉴赏中的这种要求和反要求之间的冲突加以消除之外,我们所
做的不能够更多了。给出一个鉴赏的客观确定原则,借以使鉴赏判断能得
到引导、检验和证明,这是绝对不可能的;因为那样一来它就不是鉴赏判断
了。这条主观原则、也就是我们心中的超感官之物的不确定理念,只能被作
为解开这个甚至在根源上也对我们隐藏着的能力之谜的唯一钥匙而指出
来,却没有任何办法能得到进一步的理解。

在这里被提出并得到调解的二律背反,是以鉴赏的正确概念、也就是以
一个单纯反思的审美判断力的概念为基础的;而在这里,这两个表面上相冲
突的原理,由于两者都可以是真的而相互一致起来,这也就够了。反之,假
如把鉴赏判断的规定根据(由于鉴赏判断以之为基础的那种表象的单个
性)像某些人所做的那样设定为快意,或像另外一些人想做的那样(由于其
普遍有效性)设定为完善原则,并据此来建立鉴赏的定义:那么从中就会产

生出二律背反,它是绝对不可能这样来调解的,即指出相互对立(而不只是相互矛盾)的这两个命题都是假的:这就表明,每个命题以之为根据的那个概念本身是自相矛盾的。所以我们看到,审美判断力的二律背反的消除采取了一种类似于批判在纯粹理论理性的二律背反的解决中所遵循的进程;而同样,在这里以及在实践理性批判中,二律背反都在强迫着人们违心地把眼光超出感性的东西之上,而在超感官之物中去寻求我们一切先天能力的结合点:因为已不再有别的出路使理性与它自身相协调了。

　　…… ……

第二部分　目的论判断力批判

§ 61. 自然界的客观合目的性

依据先验原则,我们有充分的根据把自然的主观合目的性在其特殊规律中假定为对于人的判断力是可把握的、并有可能将特殊经验联结在一个经验系统之中;这样一来,在自然的诸多产品中也就有可能指望这样一些产品,它们好像本来就完全是适合着我们的判断力而设置的那样,包含与判断力相符合的这样一些特别的形式,这些形式通过其多样性和统一性仿佛有利于加强和维持诸内心力量(这些内心力量是在这个判断力的运用中做着游戏),因而我们赋予这些形式以美的形式的称号。

但是,我们在自然界作为感官对象的总和的这个普遍理念中,完全没有任何根据认为自然物是相互充当达到目的的手段、而它们的可能性是只有通过这种类型的原因性才能充分理解的。因为在上述场合下,物的表象由于是在我们心中的某种东西,就完全也可以被先天地设想为与我们认识能力的内在合目的的情调相合相宜;但那些既不是我们的、也不能归之于自然界(我们并不把自然界设定为理智的存在者)的目的,为什么倒是可以或应当构成一种特殊的原因性类型,至少是构成一种自然界完全特有的合规律性,这一点是根本没有丝毫根据能先天地加以推测的。但更有甚者,就连经验也不能向我们证明这些目的的现实性;除非一定有某种推想在先发生,只是把目的的概念带进物的本性中起作用,却不是从客体和对它们的经验知识取来这种概念,因而更多的是用它来按照与我们心中诸表象联结的主观根据的类比而使自然成为可理解的,而不是从客观根据中来认识自然。

此外,客观合目的性作为自然物的可能性原则,远离了与自然概念的必然关联,以至于客观合目的性勿宁正是人们主要援引来由以证明它(自然)的及它的形式的偶然性的东西。因为当我们例如说引证一只鸟的构造,它的骨头中的空腔,它的双翼在运动时的状况和它的尾巴在掌握方向时的状况,如此等等,这时我们就说,这一切单是按照自然中的 nexus effectivus① 而不借某种特殊种类的原因性、即目的原因性(nexus finalis②)之助,将会是在最高程度上的偶然性的;这就是说,作为单纯的机械作用来看的自然,本来是能够以上千倍的另外的方式来构成自己的,而不会恰好碰上按照这样一条原则的这个统一体,所以我们只可以在自然的概念之外、而不是在它之中,才有希望找到在这方面最起码的先天根据。

虽然目的论的评判至少是有理由悬拟地引入到自然的研究上来的;但这只是为了按照和以目的为根据的原因性的类比而将它纳入到观察和研究的诸原则之下,而不自以为能据此来解释它。所以它属于反思性的而不是规定性的判断力。关于自然按照目的而结合和形成的概念,在按照自然的单纯机械作用的因果律不够用的地方,倒是至少多了一条原则来把自然现象纳入到规则之中。因为我们在引证一个目的论的根据时,我们就好像这根据存在于自然中(而不是存在于我们心中)那样,把客体方面的原因性赋予一个客体概念,或不如说,我们是按照与这样一种原因性(这类原因性我们是在自己心中发现的)作类比来想像这对象的可能性的,因而是把自然思考为通过自己的能力而具有技巧的;与此相反,如果我们不把这样一种作用方式赋予自然,则自然的原因性就不得不被表象为盲目的机械作用。反之,假如我们把有意起作用的原因加诸自然,因而充当这个目的论的基础的不光是一条调节性的原则,这原则只是为了评判自然按其特殊规律有可能被设想为从属于其下的那些现象的,而且也是一条构成性的原则,它是从自然的原因中推导出它的产品来的原则:那么一个自然目的的概念就将不再

---

① 拉丁文:起作用的联系。——编译者
② 拉丁文:目的联系。——编译者

是属于反思的判断力,而是属于规定性的判断力了;但那样一来,它事实上就根本不是(像美的概念作为形式的主观合目的性那样)属于判断力所特有的,而是作为理性概念把自然科学中的一种新的原因性引进来了,但这种原因性我们却只是从我们自己那里借来而赋予别的存在者的,虽然并不想把这些存在者看作是和我们同样性质的。

第一章　目的论判断力的分析论

…… ……

235　　　　　　§ 65. 作为自然目的之物就是有机物

　　按照上一节所引述的特征,一个应当作为自然产品、但同时又只是作为自然目的才可能被认识的物,必须自己与自己处于交互作为原因和结果的关系中,这是一种不太真切的和不确定的表达方式,它需要从一个确定的概念中进行某种推导。

　　因果联系就其只是通过知性被思维而言,是一种构成(原因和结果的)一个不断下降的系列的联结;而那些作为结果的物是以另外一些作为原因的物为前提的,本身不能反过来同时又是另外这些物的原因。这种因果联系我们称之为作用因(nexus effectivus①)的因果联系。但与此相反,也有一种因果联系却是可以按照某种理性概念(目的概念)来思考的,这种因果联系当我们把它看作一个系列时,将既具有一种下降的依赖关系,又具有一种上溯的依赖关系,在其中,一度被表明是结果的物却在上溯中理应得到它成为其结果的那个物的原因的称号。在实践中(也就是在技艺中)我们很容

————————————

　　① 拉丁文:起作用的联系。——编译者

易发现这一类的联结,例如房子虽然是房租所收入的钱的原因,但反过来,这一可能的收入的表象却也曾是建这所房子的原因。这样一种因果联系就被称之为目的因(nexus finalis①)的因果联系。我们也许可以把前者更恰当地称之为实在原因的联结,把后者称为理想原因的联结,因为在这样命名时同时也就领会到,不可能有多于这两种类型的原因性了。

于是,对一个作为自然目的之物首先要求的是,各部分(按其存有和形式)只有通过其与整体的关系才是可能的。因为该物本身是一个目的,因而是在某个概念或理念之下被把握的,这理念必须先天地规定应在该物中包含的一切东西。但如果一物只是以这种方式被设想为可能的,它就仅仅是一个艺术品[人工制品],也就是一个与它的质料(各部分)有别的理性原因的产品,这个理性原因的原因性(在获取和结合各部分时)是被一个关于由此而可能的整体的理念(因而不是被外在于该物的自然)所规定的。

但如果一物作为自然产品在自身中及在其内在的可能性中仍然要包含有对目的的某种关系,亦即要仅仅作为自然目的而没有外在于它的理性存在者的概念的原因性就是可能的:那么对此就有第二个要求:它的各部分是由于相互交替地作为自己形式的原因和结果,而结合为一个整体的统一体的。因为只有以这种方式,整体的理念反过来(交互地)又规定一切部分的形式和关系才是可能的:不是作为原因——因为那将会是一个艺术品——,而是作为这个作评判的人对包含在给予质料中的一切杂多东西的形式和关系的系统统一进行认识的根据。

所以,对一个应当就自身及按其内在可能性被评判为自然目的的物体来说,就要求其各个部分按其形式和关系而全都相互交替地产生出来,并这样从自己的原因性中产生出一个整体,这整体的概念反过来(在一个根据概念而具有与这样一种产品相适合的原因性的存在物中)又根据一条原则而成为该物体的原因,这样,作用因的联结同时又可以被评判为由目的因所导致的结果了。

在这样一个自然产品中,每一个部分,正如它只有通过其他一切部分才

──────────

① 拉丁文:目的联系。──编译者

236

存有那样,它也被设想成为了其他部分及整体而实存着的,也就是被设想成工具(器官):但这是不够的(因为它也可以是技艺①的工具,因而可以只是作为一般可能的目的被设想);而是作为一个把其他各部分(因而每一部分都交替地把别的部分)产生出来的器官,这类器官决不可能是技艺的工具,而只能是为工具(甚至为技艺的工具)提供一切材料的自然的工具:而只有这样,也只是因为这,一个这样的产品作为有组织的和自组织的存在者,才能被称之为自然目的。

在一只表里,一个部分是使另一部分运动的工具,但并不是说一个轮子就是产生出另一个轮子的作用原因;一个部分虽然是为了另一个部分的,但并不是通过另一个部分而存有的。因此产生该部分及其形式的原因也不包含在自然(这个质料)中,而是包含在外在于自然的一个存在者中,这个存在者能够按照一个通过他的原因性而可能的整体的理念来起作用。因此这个表中的一个轮子也并不产生另一个轮子,一个表更不会产生出另一个表、以至于它为此而利用别的材料(把它们组织起来);因此它也不会自动补上从它那里偷走的部分,或是由其他部分的加入来补足它在最初构成时的缺陷,或是当它陷入无序时例如说自己修复自己:相反,这一切我们都可以指望那有机的自然。——所以,一个有机存在者不只是机器:因为机器只有运动力;而有机物则在自身中具有形成力,而且这样一种力有机物把它传给不具有它的那些质料(把它们组织起来):所以这是一种能传播②的形成力,它单凭运动能力(机械作用)是不能解释的。

如果我们把有机产物中的这种能力称之为艺术的类似物,那么我们对自然及其在有机产物中的能力所说的就太少了;因为这时我们所想到的就是在自然以外的一个艺术家(一个理性的存在者)。但自然勿宁说是自组织的,并且是在它的有机产物的每个物种中自组织的,虽然整体上是按照同一个样本,但也还是有些适当的偏离,这是在某些情况下自我保存所要求的。如果我们把它称之为生命的类似物,也许就更切近于这种难以解释的

---

①　即艺术,德文为 Kunst,除了"美的艺术"外,还包含工艺、技术在内。——编译者

②　德文 fortpflanzend 兼有"传播"和"繁殖"两义。——编译者

属性:但这时我们要么就不得不把某种与物质的本质相冲突的属性赋予作为单纯质料的物质(物活论);要么就必须把某种与它处于关联中的异质原则(一个灵魂)加到它里面去:但在这里,如果一个这样的产物应当是一个自然产物的话,我们就已经要么把有机物质预设为那个灵魂的工具了,因而丝毫也没有使那个有机物质得到更多的了解,要么就必须使灵魂成为这个构造物的艺术家,于是就不得不把这种产物从自然中(从有形自然中)取消掉。所以严格说来自然的有机物并不具有与我们所知的任何一种原因性相类似的东西①。自然的美由于它只有在与关于对象之外部直观的反思的关系中、因而只是因为表面的形式才被赋予了对象,它就可以正当地被称之为艺术的一个类似物。但自然的内在完善性,如同那些只是作为自然目的才可能、因而叫作有机物的东西所具有的那样,却是不能按照与我们所知道的任何物理的、也就是自然的能力的类比来思考和解释的,甚至由于我们自己在最宽泛的理解中也是自然的一部分,所以就连通过与人类艺术的一种严格适合的类比也不能思考和解释它。

所以,一个本身是自然目的之物的概念并不是知性或理性的任何构成性的概念,但对于反思的判断力却能够是一个调节性的概念,它按照与我们一般依据目的的原因性的某种远距离的类比来指导对这一类对象的研究并反思其最高根据;这样做虽然不是为了认识自然或是自然的那个原始根据,却勿宁说是为了认识我们心中的那个实践理性,我们正是凭借它而在类比中观察那个合目的性的原因的。

239

所以有机物是哪怕在我们单独看它们而不与别的东西发生关系时也必然只有作为自然的目的才能被设想的自然界唯一的存在物,所以它们首先给一个并非作为实践的、而是作为自然的目的的目的概念带来了客观实在

① 反过来,我们可以通过与上述直接的自然目的的一个类比来理解某种与其说在现实中不如说在理念中也被见到的联结。所以我们在近代从事一种彻底的改造、即把一个伟大的民族改造成一个国家时,就很恰当地频繁使用了有机体这个词来建立市政机构等等乃至于整个国体。因为在这样一个整体中每个成员当然都不应当仅仅是手段,而同时也是目的,并由于他参与了去促成这个整体的可能性,他又是按照他的地位和职能而由整体的理念所规定的。——康德

性,并由此而为自然科学取得了某种目的论的根据,即按照一个特殊原则对自然科学的客体作某种方式的评判的根据,这类根据在其他情况下是绝对没有理由引入到自然科学中来的(因为我们根本不能先天地看出这样一类的原因性是可能的)。

§66. 评判有机物中的内在合目的性的原则

　　它的这个原则、同时也是它的定义是说:一个有机的自然产物是这样的,在其中一切都是目的而交互地也是手段。在其中,没有任何东西是白费的,无目的的,或是要归之于某种盲目的自然机械作用的。

　　这条原则虽然按照其起因可以从经验中得出来,也就是从按照一定方法来处理并被称作观察的经验中得出来;但由于它所表达的有关这样一种合目的性的普遍性和必然性,它就不仅仅是基于经验的基础上的,而必须把某一个先天的原则作为基础,哪怕只是调节性的原则,哪怕那些目的只是处于评判者的理念中、而不处在任何作用因中。因此我们可以把上述原则称之为有机物的内在合目的性的评判准则。

　　众所周知,植物和动物的解剖学家们为了研究它们的结构,为了能看出这样一些部分是为何并为了什么目的被给予它们的、各部分的这样一种位置和联结以及恰好是这种内部形式又是为何被给予它们的种种根据,而把那条准则、即"在这样一个生物中没有任何东西是白费的"这个准则假定为不可避免的必要的,并使之正是如同普遍自然学说的原理"没有任何事情是偶发的"那样起作用。事实上,他们也不可能宣布与这条目的论的原理脱离关系,正如不能宣布与普遍的物理学原理脱离关系一样,因为,如同放弃了物理学的原理就根本不会给我们留下任何一般经验一样,放弃了目的论的原理,也就不会给我们留下任何对我们一度以目的论的方式在自然目的概念之下思考过的某一类自然物进行观察的线索。

　　因为这个概念把理性引进了某种完全另外的物的秩序,不同于在这里不再能满足我们的单纯自然机械作用的秩序。某种理念应当作为这自然产物的可能性基础。但由于这个理念是表象的一种绝对统一性,反之,质料则是物的某种多数性,这种多数性不能够自己提供出复合物的任何确定的统一性:所以,如果理念的那种统一性甚至应当用作复合物的这样一种形式的原因性的某种自然律的先天规定根据的话,那么自然目的就必须涉及到在自然产物中所包含的一切东西。因为我们一旦使这样一种结果在整体上与一个超越于盲目的自然机械作用之上的超感性的规定根据相联系,我们也就必须完全按照这条原则来对它进行评判;而在此并没有任何将这样一物的形式还部分地看作是依赖于盲目机械作用的理由,因为那样一来就会由于混淆了不同性质的原则而完全没有任何可靠的评判规则留下来了。

固然,例如在动物的躯体中,有些部分作为固化物(如皮肤、骨头、毛发)是有可能按照单纯的机械律来理解的。然而为此弄到合适的材料、把它变形和塑造成这样并放在它们应处的位置上,这样做的原因却毕竟总是要从目的论上来评判的,以致于在这个躯体中的一切都必须被看作是有机的,而一切也都在与该物本身的某种关系中又是工具。

§ 67. 把一般自然从目的论上评判为 目的系统的原则

我们前面关于自然物的外在合目的性曾说过:它不会提供任何充分的辩护理由,来既把自己作为自然目的而用作解释这些自然物的存有的根据,同时又把这些自然物的偶然合目的的结果在理念上按照目的因的原则用作它们的存有的根据。所以我们不能由于河流促进着各国内部各民族之间的联系,由于山脉蕴含着这些河流的水源并保有积雪以在无雨季节维持这些河流,以及同样地,由于陆地的斜坡让这些积水流走而使土地干燥,据此就立即把这些都看作自然目的:因为虽然地球表面的这种形态对于产生和维持植物界和动物界是极其必要的,但它本身却并不具有任何在其可能性上我们看出有必要假定某种目的原因性的东西。同样这也适用于人们用于生活必需和赏心悦目的植物;适用于那些动物,如骆驼,牛,马,狗等等,人们可以把它们有的用作自己的食物,有的用来供自己多方面的役使,而大部分是完全不可缺少的。这些事物中没有一样人们有理由将之独自看作目的,对于它们的这种外部关系只能在假设中被评判为合目的的。

由于一物的内部形式而将它评判为自然目的,这是完全不同于把该物的实存看作自然目的的。要作出后面这种断言我们需要的不只是关于某个可能的目的的概念,而且是自然的终极目的(scopus①)的知识,而这需要的是自然对某种超感性之物的关系,这种关系远远超出了我们的一切目的论的自然知识,因为自然本身实存的目的必须超出自然之外去寻求。单是一根草的内部形式就足以能证明它的起源对于我们人类的评判能力来说只有按照目的规则才是可能的。但如果我们撇开这一点而只着眼于别的自然物对它的利用,那么我们就放弃了对内部组织的考察而只着眼于外部的合目的性关系,如草对于牲畜来说,牲畜对于人来说都是作为后者的生存手段而必要的;而我们看不出人的生存究竟为什么是必要的(这个问题,如果我们所想到的是比如说新荷兰人②和火地岛人,那就有可能不是那么容易回答了):于是我们就达不到任何绝对的目的,相反,这一切合目的的关系都是建立在某个总是必须继续推出去的条件之上的,这条件作为无条件者(一个作为终极目的之物的存有)是完全处于自然目的论的世界观之外的。但这样一来,一个这样的物也不是自然目的;因为它(或它的整个类都)不能被看作自然产物。

所以只有就物质是有机的而言,它才必然带有它作为一个自然目的的概念,因为它的这个特殊的形式同时又是自然的产物。但现在,这个概念必然会引向全部自然界作为一个按照目的规则的系统的理念,这个理念现在就是自然的一切机械作用按照理性诸原则(至少是为了在这上面对自然现象进行试验)所必须服从的。理性的这一原则只有作为主观的、即作为准则才被归于这个理念:世上一切都是对于某个东西是好的;世上没有任何东西是白费的;而我们凭借自然界在它的有机产物上所提供的例证,有理由、

---

① 希腊词:目的。——编译者
② 新荷兰为美洲旧地名,即今天的纽约州。——编译者

甚至有责任从自然及其规律中仅仅期待那在整体上合乎目的的东西。

不言而喻,这不是一条对于规定性的判断力的原则,而只是一条对于反思性的判断力的原则,它是调节性的而不是构成性的,并且我们凭借它只是获得了一条线索,来对自然物在与一个已经被给予的规定根据的关系中、按照某种新的合规律的秩序而加以考察,并对自然知识按照另一条原则、即目的因的原则来加以扩展,却不损害自然原因性的机械作用。此外,我们凭借它也绝对没有断定任何一个我们根据这一原则来评判的某物是不是自然界的有意的目的:草是否为着牛或羊而存在,而牛或羊及其他自然物是否为着人而存在。妥当的做法是,哪怕我们所不喜欢和在特殊的关系中是违背目的的东西也从这一方面来考察。例如我们就可以这样说:在人们的衣服里、头发里或床上折磨他们的寄生虫,按照自然界明智的部署就会是对爱干净的一种督促,而爱干净自身已经是一种保持健康的重要手段了。或者,使美洲荒野的野蛮人如此难以忍受的蚊虫和其他叮人的昆虫,也许会给这些发展中的人类的主动性以如此多的激励,以便排引沼地,使密不透风的森林照进阳光,通过这种方式并通过扩展耕地,而使他们的居住地同时也变得更卫生。甚至在他们内部机体中看起来是违背自然的东西,如果以这种方式来考察的话,也提供了一种很有趣的、有时甚至是很有教益的对事物的目的论秩序的展望,没有这样一条原则而单凭物理的观察是不会把我们引到这种展望上去的。正如有些人把寄居于人或动物身上的绦虫判定为仿佛是对其生命器官的某种缺陷的补偿一样:我同样要问,做梦(没有它们就根本不会有睡眠,尽管人们很少回忆起它们来)是否也可以是大自然的一种合目的性的安排,因为它们用来在身体运动的一切力气都放松时,凭借想象力及其大量的活动(这活动在这种情况下大部分都会一直上升到激情)而最内在地激动起那些生命的器官;正如在吃得太多而越是迫切需要这种运动时,想象力通常也就在晚上睡觉时越是活泼地游戏;因此没有这种内在的动力和我们对于做梦所抱怨的令人疲惫的不安宁(实际上梦也许倒是恢复的手段),睡眠甚至在健康状态下或许都会是生命的完全死灭了。

一旦凭借有机物向我们提供出来的自然目的而对自然界所作的目的论评判使我们有理由提出自然的一个巨大目的系统的理念,则就连自然界的

244　美、即自然界与我们对它的现象进行领会和评判的诸认识能力的自由游戏的协调一致,也能够以这种方式被看作自然界在其整体中、在人是其中的一员的这个系统中的客观合目的性了。我们可以看成自然界为了我们而拥有的一种恩惠①的是,它除了有用的东西之外还如此丰盛地施予美和魅力,因此我们才能够热爱大自然,而且能因为它的无限广大而以敬重来看待它,并在这种观赏中自己也感到自己高尚起来:就像自然界本来就完全是在这种意图中来搭建并装饰起自己壮丽的舞台一样。

　　我们在这一节中要说的无非是,一旦我们在自然身上发现了能够产生出那些只能按照目的因概念被我们设想的产物的能力,我们就进一步也仍然可以把那样一些产物评判为属于一个目的系统的,哪怕这些产物(或者它们的即使是合目的的关系)恰好使超出那些盲目的作用因的机械作用而为它们的可能性寻求另外一条原则成为不必要的:因为前面那个理念已经在它们的根据方面把我们引向了对感性世界的超出;因为这种超感性原则的统一性必须被看作不仅适用于自然物的某些物种,而且以同一种方式适用于作为系统的自然整体。

245　　　　　　## § 68. 目的论原则作为自然科学的内部原则

　　一门科学的原则要么是这门科学内部的,被称之为本土的原则(principia domestica②);要么是建立在只能于这门科学的地域之外找到的那些概念之上的,就是外来的原则(peregrina③)。含有后面这种原则的那

---

　　①　在审美的部分中我们曾说过:我们领受恩惠地观看美的自然界,因为我们从它的形式上感到了完全自由的(无利害的)愉悦。这是因为,在这个单纯的鉴赏判断中完全不加考虑的是,这种自然的美是为什么目的而实存着的:是为着引起我们的愉快,还是与我们作为目的没有任何关系。但在一个目的论的判断中我们也对这种关系给予了注意;而这时我们就可以把这件事看作大自然的恩惠,即:大自然本来是要通过展示如此多的美的形态来促进我们的文化。——康德

　　②　拉丁文:自家的原则。——编译者

　　③　拉丁文:异乡的。——编译者

些科学以外借的命题(Lemmata①)作为自己学说的基础;即它们从另外一门科学中借来某一个概念并与这概念同时借来一个作安排的根据。

任何一门科学自身都是一个系统;而且在这门科学中按照诸原则来建造因而作技术上的处理,这是不够的,相反,我们也必须把它当作一个独立的大厦按照建筑术来进行工作,不是像某种附属建筑和当作另一座大厦的一部分那样、而是当作一个独立的整体那样来对待它,尽管我们后来可以从这个大厦到那个大厦或在它们之间交互地建立起一种过渡。

所以,如果我们为了自然科学而在它的前后关联中引进来上帝的概念,以便使自然界中的合目的性得到解释,然后又使用这种合目的性去证明一个上帝存在:那么这两门科学[即自然科学和神学]中任何一门都将没有内在的坚固性;而一种欺骗性的循环论证就会使它们都变得不可靠,因为它们让自己的界限相互搅混了。

自然的目的这一表述已经足以预防这种混淆,而不至于把自然科学及它为了对自己的对象作目的论的评判而提供的理由与对上帝的考虑、因而与神学的推导混在一起;我们是否会把那个表述与自然秩序中某种神的目的的表述混为一谈,或者甚至也许把后一种表述冒充为更得体、更适合于一个虔敬的灵魂的,因为最终毕竟不能不从某个智慧的创世者那里把自然中的合目的性形式推导出来:对此我们必不可等闲视之;反之,我们必须小心谨慎地把自己限制在这个只表达出我们所知道的这么多的表述、即自然的目的这个表述上。因为还在我们追问自然本身的原因之前,我们就在自然和自然的产生过程中发现了这样一些产物,它们按照已知的经验规律而在自然中被产生出来,自然科学必须依据这些经验规律来评判自己的对象,因而也必须在自然本身中按照目的规则来寻求它们的原因性。所以自然科学不得跳越自己的界限,去把一条根本不可能有任何经验与其概念相适合、而且只有在自然科学完成了以后才有资格大胆提出的原则,作为本土的原则纳入到自己本身中来。

可以先天地推演出来、因而按其可能性无须任何经验的加入就能从

①　拉丁文:辅助命题。——编译者

普遍原则中看出来的那些自然性状，尽管带有技术的合目的性，但却由于它们是绝对必然的，而完全不能被归入自然目的论，后者是一种隶属于物理学的解决物理学问题的方法。因此，算术的、几何学的类比，连同普遍的机械规律，不论在它们身上把各不相同的、外表看来互相完全独立的规则在一条原则中结合起来在我们看来是多么的奇怪和值得惊叹，它们却并不要求成为物理学中的目的论解释的根据；并且即使它们值得在一般自然物的合目的性的普遍理论中同时被考察，这种理论却毕竟将属于另外的地方，亦即属于形而上学，而不会构成自然科学的内部原则：当然，借助于有机物上的自然目的的经验性规律，不仅允许、而且也是不可避免地要将目的论的评判方式用作自然学说在其特别的一类对象方面的原则。

247　　　于是，物理学为了能严格坚持自己的界限，它就把自然目的是有意的还是无意的这个问题完全撇在一边；因为那将会是干涉一桩陌生的事务（也就是形而上学的事务）。存在着惟有且只是按照那些我们仅在作为原则的目的理念之下才能设想的自然规律才可解释的、且只有以这种方式才按其内部形式哪怕只是内在地可认识的诸对象，这就够了。所以，也是为了不带上丝毫僭妄的嫌疑，好像我们想把某种完全不属于物理学的东西、也就是某种超自然的原因混杂在我们的知识根据之中似的：则我们在目的论中虽然谈到自然界，仿佛在它里面的合目的性是有意的那样，但却同时这样来谈论，以至于是我们把这种意图赋予了自然界、亦即赋予了物质；借此我们（由于对此不可能有任何误解发生，因为没有人会把意图在这个词本来的含义中就自身而言已经赋予一个无生命的材料了）想要指明的是，这个词在这里只是意味着一条反思性的判断力的原则，而不是一条规定性的判断力的原则，因而不应当引入任何特殊的原因性根据，而只是在理性的运用上再加上一种不同于按照机械规律的探究方式，以便对这些机械规律本身在经验性地探寻自然界的一切特殊规律时的不充分性加以补充。因此我们在目的论中，就其被引入物理学而言，完全有权谈论自然的智慧、节约、远虑和仁慈，而不因此就使自然界成为某种有理智的存在者（因为那将会是荒谬的）；但也不敢打算把另一个有理智的存在者作为一个建筑师置于自然之上,因为这将会是狂妄的①;而只是要借此按照与我们在理性的技术运用中的原因性的类比来描绘一种自然的原因性,以便把我们必须据以探究某些自然产物的规则牢记在心。

　　但为什么目的论毕竟通常并不构成理论自然科学的任何特别的部分,而只是作为入门或过渡而引向神学呢? 之所以如此,是为了使依据于自然机械作用的自然研究紧紧抓住我们能够使之接受我们的观察或实验、以至于我们能够像自然那样至少是根据规律的相似性将其本身产生出来的那种东西;因为我们所完全看透的只是那些我们能够按照概念制造和实现出来的东西。但作为自然的内在目的的有机体是无限超出以艺术来作类似表达的一切能力的;至于外在的被视为合目的的那些自然安排(如风、雨等等之类),那么物理学倒是考察它们的机械作用的;但它们与目的的关系,就这种关系应当是某种必然属于原因的条件而言,则是物理学所完全不能表现的,因为联结的这种必然性完全是针对着我们的概念的结合,而不是针对着物的性状的。

第二章　　目的论判断力的辩证论

§ 69. 什么是判断力的二律背反

　　规定性的判断力单独并不具有任何作为客体概念之根据的原则。它决不是自律;因为它只是在那些作为原则的给予的规律或概念之下进行归摄。

---

　　①　德语词狂妄的(vermessen)是一个很好的、含义丰富的词。当人们在一个判断中忘记估计其(知性的)力量的尺度时,这个判断有时就可能听起来很谦卑、但却提出了很高的要求而毕竟是十分狂妄的。这类判断中大多数都是人们借口用来赞扬上帝的智慧的,因为人们在那些进行创造和保存的工作中把各种意图赋予了这种智慧,而这些意图本来是应当为玄想者自己的智慧带来荣耀的。——康德

正因为如此,它也从不遭受到它自己的二律背反的危险和它的诸原则的冲
249　突。所以包含着在诸范畴之下进行归摄的那些条件的先验判断力,单独并
不曾具有立法性;而只列举了使一个被给予的概念作为知性的规律能够被
赋予实在性(赋予应用)的那些感性直观条件:在这点上规定的判断力从来
也不曾陷入与自身的不一致(至少按其原则来说)。

然而,反思性的判断力则应当在一个尚未给予、因而事实上只是对对象
作反思的一条原则的规律之下来进行归摄,对于这些对象我们在客观上完
全缺乏一条规律,或者缺乏一个足以充当现有种种情况的原则的客体概念。
既然没有原则就不允许有知识能力的任何运用,所以反思性的判断力在这
样一些情况下就必须作为它自己的原则:这条原则由于并不是客观的,也不
能为此意图奠定任何认识客体的充分基础,所以只应当用作认识能力的合
目的性运用的主观原则,也就是对某一类对象进行反思的主观原则。所以
与这些情况相关反思性的判断力有自己的准则,也就是为了在经验中认识
自然规律所必要的准则,以便借助于这些准则来达到概念,哪怕它们应当是
些理性的概念;如果反思性的判断力仅仅为了根据自然的经验性规律来认
识自然就绝对需要这些概念的话。——在反思性的判断力的这些必要的准
则之间,现在就可能发生一个冲突,因而发生一个二律背反,在它之上便建
立起一个辩证论,当两个相互冲突的准则每一个都在认识能力的本性中有
自己的根据时,这种辩证论就可以称之为一个自然的辩证论和一种不可避
免的幻相,我们必须在批判中揭开和化解这一幻相,以使它不能欺骗我们。

§ 70. 这种二律背反的表现

只要理性与作为外感官对象的总和的自然界打交道,它所能依据的规
律部分地就是知性本身先天地给自然界制定的规律,部分地是可以通过在
250　经验中出现的经验性的诸规定而扩展到无边无际的规律。为了第一类规
律、也就是一般物质自然的普遍规律的应用,判断力不需要任何特殊的反思
原则;因为这时它是规定性的,因为由知性给予了它一个客观的原则。但涉

及到那些我们只能通过经验而知道的特殊的规律,那么在它们之间可以有如此巨大的多样性和异质性,以至于判断力必须把自身用作原则,以便哪怕只是在自然的现象中寻求某种规律并探查出这种规律,因为它需要这样一种规律作为引导线索,哪怕它应当希望的只是以自然界的某种普遍的合规律性为根据的相互关联的经验知识,即以经验性的规律为根据的自然界的统一性。在这种诸特殊规律的偶然的统一性那里,现在就可能发生这种事:判断力在其反思中从两个准则出发,其一是只有知性才先天地带给它的;但另一个则是通过特殊的经验而引起的,这些经验使理性活动起来,以便按照一条特殊原则来处理对有形自然及其规律的评判。于是接着就会发生这种事,即这双重的准则看上去似乎不能相互并存,因而某种辩证论就突现出来了,它使判断力在其反思的原则中迷失了方向。

这个反思的第一个准则就是命题:物质的东西及其形式的一切产生都必须被评判为按照单纯机械规律才可能的。

第二个准则就是反命题:物质自然的有些产物不能被评判为按照单纯机械规律才可能的(它们的评判要求一条完全不同的原因性规律,也就是目的因的规律)。

如果我们现在把对于研究的这些调节性的原理转变为客体本身的可能性的构成性的原理,那么它们就会被说成是:

命题:物质的东西的一切产生都是按照单纯机械规律而可能的。　251

反命题:它们的有些产生按照单纯机械的规律是不可能的。

在后面这种作为规定性的判断力的客观原则的性质中,这两个命题就会是相互矛盾的,因而两个命题中的一个就必然是假的;但这样一来,这虽然是一个二律背反,但却不是判断力的二律背反,而是在理性的立法中的某种冲突。但理性在这两个原理中既不能证明这一个也不能证明那一个:因为我们对于以自然的单纯经验性的规律为依据的那些物的可能性不可能拥有任何先天的规定性原则。

反之,就反思判断力的最先陈述的那种准则而言,那么它实际上根本不包含什么矛盾。因为如果我说:我对于物质自然中的一切事件、因而甚至对于作为其产物的一切形式,在它们的可能性上必须按照单纯机械规律来进行评判,那么我这里并没有说:它们只有按照这种方式才是可能的(而排除了任何其他的原因性方式);而只是要表明:我任何时候都应当按照自然的单纯机械作用的原则来对它们进行反思,因而根据这一原则来尽我所能地进行研究,因为,没有这条原则作为研究的基础,就根本不可能有任何真正的自然知识。于是这就并不妨碍那第二条准则在偶然的缘由、也就是在某些自然形式(并基于这些形式的缘由甚至在整个自然界)的情况下,按照一条与根据自然界的机械作用所作的解释完全不同的原则、也就是按照目的因的原则去进行探寻,并对它加以反思。因为按照第一条准则的那个反思并没有因此而被取消,反而需要我们尽可能地去遵循它;也并不因此就意味着那些形式按照自然的机械作用就是不可能的了。所主张的只是,人类理性遵照这条准则并以这种方式将永远不会找到关于构成自然目的的特殊性质的东西的丝毫根据,虽然能够找到关于自然规律的别的知识;同时也并未确定,在自然本身的我们所不知道的内部根据中,同一些物身上的物理—机械联系与目的联系是否能在一个原则中关联起来:只是我们的理性不可能把它们结合在这样一个原则中,因而判断力,作为(从一个主观根据而来的)反思性的判断力,而不是作为(按照物本身的可能性的一条客观原则的)规定性的判断力,就必须为自然界的某些形式而把另一条不同于自然机械作用的原则思考为它们的可能性的根据。

§71. 解决上述二律背反的准备

我们决不可能由自然的单纯机械作用证明有机自然产物产生的不可能性,因为对于那些在我们看来由于只被经验性地认识到因而是偶然的特殊自然规律,我们不可能按照其最初的内部根据而看透其无限的多样性,因而也不能完全达到自然的可能性的内部的、普遍充分的原则(这是处于超感官的东西中的)。所以,是否自然的生产能力即使对于我们评判为按照目的理念而形成或联结起来的东西,也正如同对于我们相信只需要自然的机械作用的东西一样,都是足够的;或者,事实上对于作为真正的自然目的之物来说(如同我们必须对它们必然地评判的那样),是否会有一种完全不同的本源的、根本不能被包含在物质自然或它的理知基底中的原因性亦即某种建筑术的(architektonisch)知性作基础:对此我们的理性完全不能够提供任何消息,它十分狭隘地被限制在那个应当被先天地详细开列出来的原因性概念上。——但是,对于我们的认识能力而言,自然的单纯机械作用对有机物的产生也不可能提供任何说明的根据,这一点也同样是无可怀疑地确定的。所以,对于反思性的判断力来说一条完全正确的原理就是:必须为如此明显的按照目的因的物的联结设想一个与机械作用不同的原因性,即一个按照目的来行动的(有理智的)世界原因的原因性;尽管这条原理对于规定性的判断力来说会是过于匆忙和无法证明的。在前一种情况下这个原理只是一条判断力的准则,这时那个原因性的概念只是一个理念,我们决不打算承认这个理念有实在性,而只是把它用作反思的引导,同时这种反思对于一切机械的解释根据永远保持着开放,而不与感官世界失去联系;在后一种情况下,这条原理就会是一条客观的原则,这条原则将是理性所制定的,并且将是判断力必须规定性地服从的,但这时理性就超出了感官世界而迷失于狂言高调之中,并有可能被引入歧途。

　　所以,在本来是物理学的(机械论的)解释方式与目的论的(技艺性的)解释方式之间的一切表面上的二律背反是建立在这一点上的:我们混淆了反思性的判断力的原理和规定性的判断力的原理,混淆了前一种判断力(它只是主观上对我们的理性在特殊的经验规律上的运用有效)的自律和后一种判断力的他律,这后一种判断力必须遵循由知性所给予的(普遍的或特殊的)规律。

§ 72. 关于自然的合目的性的各种各样的系统

　　关于自然界的某些物(有机物)及其可能性必须按照目的因的概念来评判,这条原理的正确性,甚至哪怕当我们只是为了通过观察来认出它们的性状而要求某种引导,而并不是竟敢去研究它们的最初的起源时,都从来还

253

没有人怀疑过。所以疑问只在于：这条原理只是主观上有效的，亦即只是我们的判断力的准则，还是一条自然的客观原则，按照这条原则，在自然的（按照单纯的运动规律的）机械作用之外，属于自然的还应该有另外一种原因性，也就是目的因的原因性，那些运动规律（诸运动力）只是作为中间原因而从属于目的因的。

现在，我们对于这个在思辨方面的疑问或课题完全可以任其未作决断和不加解决：因为，如果我们满足于在单纯自然知识的内部进行思辨，则我们有了那些准则就足以在人的力量所及的范围内去研究自然界、并去追踪自然的最隐匿的秘密了。所以，这很可能是我们理性的某种预感，或者某种仿佛是自然给予我们的暗示，即：我们也许竟会有可能凭借那个目的因的概念而扩展到超出自然界之外，并把自然界本身与原因系列中的那个最高点联结起来，如果我们放弃对自然界的研究（虽然我们在这种研究中还并没有走很远），或至少在一段时间中将它搁置起来，而先来试着探查一下自然科学中的那个外来者、即自然目的的概念会引向何处的话。

然而在这种情况下，那条无可争执的准则就必然会转化为开辟了一个广阔的争执领域的课题了：在自然界中目的的联结是证明了对自然的一种特殊的原因性；还是这种联结要么就本身并按照客观原则来看勿宁说是与自然的机械作用同样的，要么是建立在同一个基础之上的：只是由于这个基础对于我们在有些自然产物中的研究来说常常隐藏得太深了，我们就借某种主观的原则即艺术的原则、也就是根据理念的那种原因性的原则来做试验，以便按照类比把这种联结塞给自然；这样的应急手段在许多情况下也使我们获得成功，虽然在有些情况下看起来是失败的，但在一切情况下都并不使我们有权把一种特殊的、与按照自然的单纯机械作用的原因性本身不同的作用方式引进到自然科学中来。我们由于在自然产物中发现的这种目的类似物而把这种自然的处理方式（自然原因性）称之为技艺，因而我们将把这种技艺分为有意的技艺（technica intentionalis①）和无意的技艺（technica

---

① 拉丁文：意向性的技艺。——编译者

naturalis①）。前者所要表明的是：自然界按照目的因的生产能力必须被看
作一种特殊的原因性；后者所要表明的是：这种原因性与自然界的机械作用
从根本上说完全是一样的，而这种与我们的艺术概念及其规则的偶然的会
合，作为对这种原因性进行评判的单纯主观的条件，被错误地解释成了自然
生产的一种特殊方式。

现在，如果我们谈到从目的因方面来作自然解释的那些系统，那么我们
必须高度注意的是，这些系统全都是独断的，亦即关于诸物的可能性的客观
原则、不论这是由于有意起作用的原因还是由于纯粹无意起作用的原因，都
是相互争执着的，但却决不去争执那些只是判断这样一些合目的性产物的
原因的主观准则：在后一种情况下那些各不相同的原则倒还有可能结合起
来，而在前一种情况下那些相互矛盾对立的原则却可能相互取消而不能
并存。

关于自然的技艺、即自然按照目的规则的生产能力的这些系统是双重
的：自然目的的观念论的系统，或者实在论的系统。前者主张：自然的一切
合目的性都是无意的；后者主张：自然的有些合目的性（有机体中的）是有
意的；从这里面也就有可能引出那被作为假设而建立起来的结论，即自然的
技艺、哪怕是涉及到与自然整体有关的一切别的自然产物，也都是有意的，
亦即也都是目的。

1）于是，合目的性（我在这里一直指的是客观合目的性）的观念论要么
是在自然产物的合目的性形式中作自然规定的原因性的观念论，要么是这
种自然规定的宿命的观念论。前一种原则涉及到质料与它的形式的物理根
据的关系，也就是涉及到运动规律；后者涉及到这些规律及整个自然界的超
物理的根据。被加之于伊壁鸠鲁和德谟克利特的原因性系统从字面上看是
如此明显地荒谬，以致于我们用不着在这上面停留；相反，宿命的系统（人
们把斯宾诺莎看作是它的始作俑者，尽管从一切迹象来看它要更古老得
多）立足于某种超感性的东西，因而是我们的洞见所达不到的，这就不是那
么容易地可以反驳的了：这是因为，它的有关原始存在者的概念是根本不能

_____

①　拉丁文：自然性的技艺。——编译者

256　理解的。但有一点是清楚的:必须把世界中的目的联系在这个系统中假定
为无意的(因为这种联系导源于一个原始存在者,但不是导源于他的知性,
因而不是导源于他的任何意图,而是由他的本性的必然性及发源于此的世
界统一性中推导出来的),因此合目的性的宿命论就是合目的性的观念论。

2)自然的合目的性的实在论也是要么是物理的,要么是超物理的。前
者把自然中的目的建立在某种按照意图来行动的能力的类似物之上,建立
在物质的生命(在物质中的,或者是由于某种灌注生气的内在原则、某种世
界灵魂而来的)之上,它称之为物活论。后者把这些目的从宇宙的原始根
据中、即从某种有意图地创造着的(具有本源生命力的)有理智的存在者中
引出来,这就是一神论。①

§73.上述系统没有一个做到了它所预定的事情

什么是那一切系统所要做的呢? 它们想要解释我们关于自然的目的论
判断,并想要这样来着手工作,即有一部分人否定这些判断的真理性,于是
把它们解释为自然的观念论(表现为艺术);另一部分人承认它们是真实
的,并许诺要阐明某种根据目的因的理念而来的自然的可能性。

1)于是,维护自然中的目的因的观念论的那些系统,一方面虽然容许
257　目的因的原则中有某种按照运动规律的原因性(自然物通过这种原因性而
合目的地实存);但它们否认这种原因性有意向性,也就是否认它对于自然
物的这种合目的的产生是有意地规定的,换言之,否认一个目的是原因。这

---

① 我们从中看出:在纯粹理性的大多数思辨之物中,在涉及到那些独断的主张时,
哲学上的各学派通常都尝试过了对某个问题所可能的一切解决方式。这样,人们为此之
故对于自然的合目的性所尝试过的时而是无生命的物质,或者是无生命的上帝,时而是
有生命的物质,或者又是一个有生命的上帝。对于我们来说毫无别的余地,只有当迫不
得已时脱离这一切客观的主张,并只在与我们的认识能力的关系中批判地考虑我们的判
断,以便为认识能力的原则取得一条准则的有效性,这种有效性不是独断的,但对于理性
的可靠运用是足够的。——康德

就是伊壁鸠鲁的解释方式,按照这种解释方式,自然的技艺与单纯机械作用的区别完全被抹杀了,不仅对于生产出来的产物与我们的目的概念的协调一致、因而对于技艺,甚至对于这个产生的诸原因按照运动规律的规定、因而对于这种规定的机械作用,都假定了盲目的偶然情况作为解释的根据,所以什么也没有得到解释,甚至就连我们的目的论判断中的幻相也未得到解释,因而这判断中的所谓的观念论也未得到任何阐明。

另一方面,斯宾诺莎想要使我们免除对自然目的之可能性根据的一切探求,并且剥夺这个理念的一切实在性,办法是,他根本不允许自然目的被看作什么产物,而只允许它被看作依存于某个原始存在者的偶性,对于这个作为那些自然物的基底的原始存在者,他并不将这些自然物的原因性赋予它,而只是将它们的自存性赋予它,并且(由于这原始存在者连同那一切作为依存于它的偶性的自然物的无条件的必然性)虽然为这些自然形式保证了一切合目的性所要求的根据统一性,同时却夺去了这些自然形式的偶然性,而没有这种偶然性,任何目的统一性都是不可设想的,并且与这种偶然性同时,他还取消了一切有意图的东西,同样也从自然物的原始根据身上取消了一切知性。

但斯宾诺莎主义并没有做到他想做的事。他想为自然物的目的关联(这是他并不否认的)提供一个解释根据,并只举出了这一切自然物所依存的那个主体的统一性。但即使我们承认这个主体为了世间存在者而有这样一种实存方式,但那种本体论的统一性毕竟还并不因此立刻就是目的统一性,也根本没有使目的统一性得到理解。就是说,后者是一种完全特殊类型的统一性,它根本不是从某个主体(原始存在者)中的诸物(世间存在物)的联结中推出来的,而是完全自身带有与一个有理智的原因的关系,并且甚至当我们把这一切物都结合在一个简单的主体之中时,它也从来没有表现出一个目的关系:只要我们在这一切自然物中没有想到,第一,该实体作为一个原因的内部的结果,第二,同一个实体作为凭借其知性的原因的内部结果。没有这些形式上的条件,一切统一性都只不过是自然必然性,并且如果它仍然还被赋予那些被我们表现为相互外在的物的话,就只不过是盲目的必然性了。但是如果我们要把这一学派所称之为诸物(在与其特有的本质的关系中)的先验完善性——按照这种完善性,一切物本身都具有为了是这一物而非另一物所需要的一切——的东西,称之为自然的合目的性的话:那么这就是小孩子的语词游戏,而不是概念了。因为,如果一切物都必须被设想为目的,因而有一物与有一目的是一样的,那么就根本没有任何值得被特别表现为目的的东西了。

由此看得很清楚:斯宾诺莎通过将我们关于自然界中合目的之物的概念归结为对我们自己在一个无所不包的(但同时又是单纯的)存在者中的意识,并只在这个存在者的统一性中寻求那种形式,就必然不会有意地主张自然的合目的性的实在论,而只会主张这种合目的性的观念论,但就连这一点他也没有能够作成,因为单是基底的统一性这个表象,就连一个哪怕只是无意的合目的性的理念也不能够产生出来。

2)那些不但主张自然目的的实在论、而且还以为对它作出了解释的人们,相信对某种特殊的原因性,也就是有意发生作用的原因,至少按照其可能性来说是可以看透的;否则他们就不会着手想要解释那种原因性了。因为,甚至为了有权作出最大胆的假设,也至少必须对我们假定为根据的东西的可能性有所肯定,并且必须能保证这个根据的概念有其客观的实在性。

但一个有生命的物质(其概念包含一个矛盾,因为无生命性、inertia①构成物质的本质特征)的可能性就连设想一下都不可能;一种被灌注生气的物质和全体自然作为一个动物的可能性,只有当这种可能性在自然的有机体身上从小的方面在经验里向我们显示出来的范围内(为了在自然的大的方面对合目的性作一个假设),才以可怜的方式得到运用,但决不能先天地根据其可能性而被看出来。所以,如果人们想要从物质的生命中把有机物身上的自然的合目的性推导出来,而又把这种生命当作无非就是有机物中的生命来认识,没有这种经验就不能对这种合目的性的可能性形成任何概念,那么这就不能不犯循环解释的错误了。所以物活论并没有做到它所许诺的事情。

最后,一神论同样也不能独断地把自然目的的可能性建立为解开目的

———————————

①　拉丁文:惰性。——编译者

论的钥匙；尽管它比起一切目的论的解释根据来具有如下的优点，即它通过自己赋予原始存在者的某种知性而把自然的合目的性最妥善地从观念论那里拯救出来，并为这种合目的性的产生引入了一种有意的原因性。

这是因为，为了有权把目的统一性的根据放到超出自然界之上，首先就必须对规定性的判断力充分地证明，通过物质的单纯机械作用，物质中的目的统一性是不可能的。但我们所能得出的只不过是这个结论，即根据我们认识能力的性状和局限（因为我们看不到这个机械作用的最初的、内在的根据本身），必须不以任何方式到物质中去寻求确定的目的关系的原则，相反，对于物质产物作为自然目的的产生，除了通过作为世界原因的一个最高知性来评判之外，没有给我们留下任何别的评判方式。但这只是对于反思性的判断力、而不是对于规定性的判断力的一个根据，是绝对不能有权作出任何客观的主张的。

§74. 不能独断地处理自然技艺概念的
原因是自然目的之不可解释性

260

一个概念，如果我们把它看作是包含在另一个构成一条理性原则的客体概念之下的，并按照这条原则来规定它的话，则我们对这个概念（即使它据说以经验性的东西为条件）的处理就是独断的。但如果我们只是在与我们的认识能力的关系中、因而在对它作思考的主观条件上来看待它，而不打算对它的客体有所区分，那么我们就只是在批判地处理这个概念。所以，独断地处理一个概念就是那种对于规定性的判断力是合规律性的处理，批判的处理则只是那种对于反思性的判断力而言的合规律性的处理。

现在，关于一个作为自然目的之物的概念就是一个把自然归摄到某种只有通过理性才能设想的原因性之下的概念，为的是按照这一原则对在经验中给予出来的有关客体的东西作出判断。但为了把这个概念在规定性的判断力方面作独断的运用，我们却必须预先在这一概念的客观实在性上得到了担保，因为否则我们就不能够把任何自然物归摄到它之下。但一个作为自然目的之物的概念虽然是一个以经验性为条件的概念,即只有在某种由经验给予的条件下才可能的概念,但毕竟不是能从经验中抽象出来的,而只是按照评判那对象的某种理性原则而可能的概念。所以,它作为这样一个原则,按其客观实在性来说(即一个客体按照它而可能)是根本不能被看透和独断地建立起来的;而我们并不知道它只是一个玄想的、客观上空虚的概念(conceptus ratiocinans①),还是一个理性的概念,一个给知识提供根据的、由理性得到证实的概念(conceptus ratiocinatus②)。所以这个概念不可能在规定性的判断力方面得到独断的处理:也就是说,不仅不能决定作为自然目的来看的那些自然物对于其产生是否需要一个完全特殊类型的原因性(按照意图的原因性);而且甚至连提出这个问题都不可能,因为自然目的的概念按照其客观实在性是根本不能通过理性来证明的(亦即它不是对于规定性的判断力具有构成性的,而只是对于反思性的判断力具有调节性的)。

　　这个概念不会是这样的,这由如下一点可以看出来,即因为它作为有关一个自然产物的概念,包含有自然必然性,但同时却又包含有在同一个作为目的之物上面的那个(与单纯自然规律相关的)客体的形式的偶然性;于是,如果其中不应当有什么矛盾的话,它就必须包含自然界中物的可能性的一个根据,但却也要包含这个自然本身及其与那并非可经验性地认识的自然(是超感性的)、因而是我们完全不可认识的某物的关系的可能性根据,以便当我们想要决定它的可能性时按照一种不同于自然机械作用类型的原因性来进行评判。所以,由于一个作为自然目的之物的概念对于规定性的判断力来说是唱高调,如果我们通过理性来考察这个客体(哪怕这概念对于反思性的判断力在那些经验对象上可以是内在的)、因而不能为规定性的判断而给这个概念取得客观实在性的话:那么由此就可以理解,为什么只要人们有可能为独断地处理自然目的的概念和作为一个凭借目的因相互关联的整体的自然概念构想任何系统,这些系统就总是对任何某物都既不能从客观上作肯定的断言,也不能从客观上作否定的断言;因为,如果诸物被归

---

① 拉丁文:推想的概念。——编译者
② 拉丁文:以推理为基础的概念。——编译者

摄于一个只是悬拟性的概念之下,则这概念的那些综合性的谓词(例如在这里就是:我们为诸物的产生而设想的那个自然目的,是有意的还是无意的)就必须提供出正是这样一些关于客体的(悬拟性的)判断,不论它们是肯定的还是否定的,因为我们不知道我们所判断的是某物还是无物。当然,由目的而来的(艺术的)原因性的概念是有客观实在性的,由自然的机械作用而来的原因性概念也是如此。但按照目的规则的自然的一个原因性的概念,更不用说一个完全不能在经验中给予我们的存在者、即一个作为自然的原始根据的存在者的概念,虽然能够无矛盾地设想,但却不能适合于作独断的规定:因为这个概念由于不能从经验中引出来、也不是经验的可能性所要求的,它的客观实在性就不能通过任何东西得到保障。但即使能够有保障,我们又怎么还能够把这些被确定地指定为神的艺术品的东西算作自然的产物? 自然按照其规律不能产生这类东西,正是自然的这种无能才使得援引一个与它不同的原因成为了必要。

§75. 自然的客观合目的性概念是反思性判断力的一条理性批判原则

但是我说:自然界某些物的产生、乃至于整个自然的产生,都只有通过某种按照意图来规定自己的行动的原因才是可能的;还是说:按照我的认识能力的特有的性状,我关于那些物的可能性及其产生不能作任何别的判断,只能是为此而设想出一个按照意图来起作用的原因,因而设想出一个按照与某种知性的原因性的类比来生产的存在者,那么这两种说法毕竟有某种完全不同的情况。在前一种情况下我想对客体断定某种东西,并有责任去阐明某个假定的概念的客观实在性;在后一种情况下,理性只是适合着我的认识能力的特点来规定这些认识能力的运用,并规定它们的范围及限度的根本条件。所以,第一条原则是对于规定性的判断力的一条客观的原理,第二条原则只不过是对于反思性的判断力的一条主观的原理,因而是反思性的判断力的一条由理性托付给它的准则。

262

　　因为，只要我们想通过连续不断的观察而在自然的有机产物中来研究
263　自然，我们就必不可少地需要把一个意图的概念加之于自然；所以这个概念
对于我们理性的经验运用来说已经是一个绝对必要的准则了。很明显：一
旦这样一条研究自然的引线被接受并被找到了证明，我们也就必然会至少
把这个所设想的判断力准则也在自然整体上尝试一下，因为按照同一个准
则还可以发现一些自然规律，它们在别的时候根据我们对自然的机械作用
的内部加以洞见的局限性来看，将会是仍然对我们隐藏着的。但在后面这
种运用中那个判断力准则虽然是有用的，却并非不可缺少的，因为作为（在
如上所引用的最严格的词义上的）有机的整体自然并没有被给予我们。相
反，就那些必须只评判为有意地如此形成而不是以别的方式形成的自然产
物而言，哪怕只是为了获得自然内部性状的经验知识，那条反思判断力的准
则本质上也是必要的：因为甚至把这些产物当作有机之物的那个观念，若没
有与一种有意图的生产的观念与之相联结，也是不可能的。

　　现在，我们把一物的实存和形式在一个目的的条件下想像为可能的，该物
的概念就与该物的某种（按照自然规律的）偶然性的概念不可分割地结合
起来了。因此那些我们只有作为目的才觉得是可能的自然物，也对世界整
体的偶然性构成了最有力的证明，并且也是唯一既被普通知性同样也被哲
学家所承认的证据，证明世界整体依赖于并起源于一个在世界之外实存着
的、确切地说（为了那种合目的性形式的）有理智的存在者：所以，目的论只
有在某种神学中才能找到它的那些探讨的完全的解释。

　　但现在，即使是最完备的目的论，最终又证明了什么呢？它证明了比如
264　说，这样一个有理智的存在者是实在的吗？没有；它证明的无非是，按照我
们认识能力的性状、因而在经验与那个最高理性原则的联结中，我们绝对不
能给自己造成有关这样一个世界的可能性的任何概念，除非是这样的概念，
即我们设想这个世界的一个有意起作用的至上原因。所以我们不能从客观
上阐明这个命题：有一个有理智的原始存在者；而只能从主观上为了我们的
判断力在其关于自然中的目的的反思中的运用才能阐明它，这些目的不能
按照任何另外的原则、而只能按照一个最高原因的有意的原因性这个原则
来设想。

　　如果我们想独断地、从目的论的根据中来阐明这至上命题:那么我们就会被那些我们所无法摆脱出来的困难所缠住。因为那时这些推论就必须以这个命题作为基础:世上的有机物只有通过某种有意起作用的原因才有可能。但在这时我们就会不可避免地必然要去主张:由于我们只有在目的理念之下才能去追寻这些物的因果联系并按照这些物的合规律性来认识它们,我们也就会有权恰好把这一点也预设为对任何思维着和认识着的存在者的必然的、因而与客体而不只是与我们的主体相联系的条件。但我们以这样一种主张是敷衍不过去的。因为既然我们本来就不是把自然中的目的作为有意的来观察,而只是在关于自然的产物的反思中将这个概念作为一个判断力的引线来设想:则它们就不是通过客体给予我们的。甚至我们先天地就不可能说明这样一个概念按照其客观实在性是可接受的理由。所以留下来的完全是一个仅仅建立在主观条件之上、也就是建立在与我们的认识能力相适合的反思性的判断力之上的命题,这个命题如果我们把它表达为客观独断地有效的,那就会是:一个上帝是存在的;但现在对于我们人类来说只允许这个受限制的说法:对于那个本身必须给我们对许多自然物的内部可能性的知识奠定基础的合目的性,我们根本不能用别的方式来思考和理解,我们只能把这些自然物、一般地说把这个世界想像为一个有理智的原因(一个上帝)的作品。

　　如果说,这个建立在我们判断力的不可回避的必然准则之上的命题,对于我们的理性在任何人类的意图中的一切思辨的和实践的运用都是完全令人满意的:那么我想清楚地知道的是,当我们不能在更高的存在者身上证明这种运用是有效的、即出于纯粹的客观根据(可惜这些根据超出了我们的能力)来证明它时,这对我们会有什么损失。因为有一点是完全确定的,即我们按照自然的单纯机械原则甚至连有机物及其内部可能性都不足以认识,更不用说解释它们了;而且这是如此确定,以致我们可以大胆地说:哪怕只是作出这样一种估计或只是希望,即有朝一日也许还会有一个牛顿出现,他按照不是任何意图所安排的自然规律来使哪怕只是一根草茎的产生得到理解,这对于人类来说也是荒谬的;相反,我们必须完全否认人类有这种洞察力。但这样一来就说,即使在自然中,假如我们能够在它的普遍的和我们已知的那些规律的详细说明中一直深入到它的原则,则有机物的可能性的一个充分的根据,无须把它们的产生置于一个意图之上(因而在它们的单纯机械作用中),也完全不可能隐匿起来,这种说法又会是我们所作的一个过于大胆的判断了;因为我们将从何处知道这一点呢? 在事情取决于纯粹理性的判断的地方,或然性于此就完全被取消了。——所以我们关于是否有一个根据意图而行动的、作为世界原因(因而作为原始创造者)的存在者为我们有权称之为自然目的的东西奠定基础这个命题,是根本不能从客观上、无论是肯定地还是否定地作出判断的;只有一点是确定的,即如果我们

266　至少还是应当按照我们的本性(按照我们理性的条件和限度)允许我们看出的东西来下判断的话,我们就绝对不能把别的东西、而只能把一个有理智的存在者作为那个自然目的之可能性的基础:这是唯一地符合我们反思性的判断力的准则、因而符合某种主观的但却是紧密地与人类种族相联系的根据的。

······ ······

附录　目的论判断力的方法论

······ ······

293　## § 82. 在有机物的外在关系中的目的论体系

我把外在的合目的性理解为这样一种合目的性,在那里一个自然物充当了另一个自然物达到其目的的手段。现在,那些不具有内在合目的性之物,或不以内在合目的性为其可能性的前提之物,如土、空气、水等等,仍然可以是外在地、即在与其他存在物的外在关系中很合目的性的;但这些其他

存在物必须任何时候都是有机的存在物,即自然目的,因为否则的话那些东西也就不能被作为手段来评判了。这样,水、空气和土并不能被看作大山堆积起来的手段,因为大山本身根本不包含任何要求它的可能性有一个按照目的的根据的东西,所以大山的原因永远也不能在与目的的关系中放在(用于目的的)某个手段的诸谓词之下来表现。

外在合目的性是一个完全不同于内在合目的性概念的概念,后者是与一个对象的可能性结合着的,而不论这个对象的现实性本身是不是目的。对一个有机物我们还可以问:它是为什么而存在的? 但对于那些我们在其中只看见自然的机械作用的结果的东西,我们就不好这样问了。因为在前者中,我们已经为它们的内在可能性设想了一个依据目的的原因性,一个创造性的知性,并把这种主动能力与它的规定根据、与那个意图联系起来。只有一个唯一的外在合目的性,是与有机组织的内在合目的性相关联的,并且不可以问这样一个如此组织起来的存在物本来正好是为了什么目的而必须实存、但却仍然是在一个手段的外在关系中充当目的的。这就是两性为了繁殖其种类而在相互关系中的组织;因为在这里我们总还是可以正如同在一个个体那里一样问道:这一对配偶是为了什么而必须实存的呢? 回答是:这一对在这里第一次构成了一个组织起来的整体,虽然不是一个在个别身体中被组织起来的整体。

现在如果我们问一物为什么而存有,那么回答要么是:它的存有和它的产生根本不和一个按照意图起作用的原因发生关系,而这样一来我们就总是从自然的机械作用中来理解它的起源的;要么就是:它的存有(作为一个偶然的自然存在物)是有某种有意的根据的,而这个观念我们是很难与一个有机物的概念分开的:因为,既然我们一旦有必要用一个目的因的原因性及一个作为它的基础的理念来解释有机物的内在可能性,我们也就只能把这个产物的实存思考为目的。因为被表象的结果,如果它的表象同时又是有理智的起作用的原因在产生这个结果时的规定根据,就叫做目的。所以在这种情况下,我们要么就可以说:一个这样的自然存在物的实存的目的就在它自身中,就是说,它不仅是一个目的,而且也是一个终极目的;要么就可以说:它实存的目的在它外面的另一个自然存在物中,就是说,它不是作为一个终极目的、而是必须同时作为一个手段而合目的地实存。

但如果我们通观整个自然界，那么我们在这个作为自然的自然中就找不到任何能够要求优先成为创造的终极目的的存在物；我们甚至可以先天地证明：那种也许还有可能成为自然的最后目的（ein letzter Zweck）的东西，按照一切我们想给它配备的想得出来的规定和属性来说，毕竟是作为自然物而永远不会是一个终极目的（ein Endzweck）。

如果我们看看植物界，那么我们一开始就可能通过它借以扩展到几乎一切土壤上的那种无法估量的丰产性，而想到把它看作只是自然在矿物的形成过程中表现出的那种自然机械作用的产物。但对其中那无法描绘的智慧的有机组织有了进一步的认识，就使我们不拘泥于这种想法，而是引起了这样的问题：这些被造物是为了什么而存在的？如果我们回答说：是为了以它们为生并借此能够以多种多样的种类扩展到了地球上的那个动物界，那么又会产生这个问题：这些食草动物又是为了什么而存在的呢？回答也许会是：为的是那些只能以具有生命的东西为生的食肉动物。最终的问题是：这些动物连同上面各种自然界是对什么有利的呢？是为了人类的多种多样的利用，对所有那些被造物作这种利用是人的知性教给他的；人就是这个地球上的创造的最后目的，因为他是地球上唯一能够给自己造成一个目的的概念、并能从一大堆合乎目的地形成起来的东西中通过自己的理性造成一个目的系统的存在者。

我们也可以跟随林奈爵士①走一条表面看来相反的路并说：食草动物的存在是为了抑制植物界的过度生长，这种过度生长会窒息许多的植物种类；食肉动物是为了给食草动物的贪吃建立限制；最后，人通过他追捕和减少食肉动物而造成在自然的生产能力和毁灭能力之间的某种平衡。所以，人不管他如何可以在某种关系中值得作为目的而存在，但在另外的关系中他又可能只具有一个手段的地位。

如果我们把在地球生物的种类多样性及其作为合目的的构成物的相互外在关系之中的某种客观合目的性当作原则，那么在这种关系中又按照目

①　Linnaeus（1707—1778），瑞典植物学家，植物分类法的创始人。——编译者

的因来设想某个有机组织和一切自然各界的一个系统,这是符合理性的。但在这里,经验看来是与这条理性准则公然相矛盾的,尤其当涉及到自然的一个最后目的时是如此,这个最后目的毕竟是这样一个系统的可能性所要求的,并且我们也只能把它设定在人身上:因为就人作为许多动物种类中的一种而言,自然界倒是无论是在毁灭性的力量方面还是在生产性的力量方面都没有给过他丝毫的例外,而是使一切都服从于自然的无目的的机械作用。 296

为了地球上自然存在物的一个合目的性的整体而必须在一个安排中有意地建立起来的第一件事,也许就是这些自然存在物的居住地即土壤和环境,它们要在其上和其中使自己繁衍起来。不过,对一切有机生产的这一基础的性状的更确切的知识并不会指示别的,只会指示出完全是无意起作用的、甚至与其说是有利于生产、秩序和目的的倒不如说是毁灭性的那些原因。陆地和海洋不仅包含有它们及一切在它们之上和之中的生物遭受到古代猛烈摧毁的遗迹,而且它们的整个结构形式,陆地的地层和海洋的边界,都完全具有一个在混乱状态中劳作的自然界的狂暴而万能的力量的产物的外观。现在,陆地的形态、结构形式和坡度无论显得是如何被安排成对于接受空中降下的雨水,对于各种各样性质的地层之间的水源充沛(对于各种物产)以及对于江河的流淌是合目的性的:但对它们的一个更进一步的研究却会证明,它们有的是作为火山爆发的结果,有的是作为洪水爆发乃至于海啸的结果而造成的;不但是这种地形的最初产生,而且尤其是它后来的改造连同它那些最初的有机产物的灭亡,都是如此。① 既然这一切生物的居住地,土壤(陆地的)和奥区(大海的),只不过提供了其产生的某种完全无意的机械作用的指示:我们又如何能够并有什么权利要求和主张后面这些 297

————————————

① 如果一度被接受的自然史这个名称应当为自然的描述而保留的话,那么我们就可以把这个名称字面上所表明的东西、也就是对地球上过去的古代状况——对于这种古代状况我们即使不能指望有任何确定性,却有很好的理由作大胆的推测——的展现称之为自然的考古学,以和艺术的考古学相对。那些化石将属于前者,正如那些雕刻过的石头等等属于后者一样。因为,既然我们哪怕是多么笨拙和缓慢,但毕竟现实地(以地球理论的名义)持久从事着这样一种研究,所以这个名称正好不会是给予某种只是想像出来的自然研究,而是给予大自然本身在邀请和要求着我们去从事的这样一种自然研究的。——康德

产物有一个另外的起源呢？即使如同对那些自然毁灭的遗迹所作的最精细的考察（按照坎培尔①的判断）似乎证明的那样，人类并没有一同处于这些变革之中：但人类毕竟如此地依赖于那些剩下的地球生物，以至于一旦承认了自然有一种普遍支配其他这些地球生物的机械作用，则人类也就必须被视为是共处于其中的；哪怕人类的知性已有能力把他们（至少是大部分）从这些自然灾变中拯救出来。

但是，这一论证似乎证明了比当初提出它来的意图所包含的更多的东西：也就是不仅证明人类不可能是自然的最后目的，由于同一理由，地球上的有机自然物之聚合也不可能是一个目的系统；而且还证明，甚至以往被看作是自然目的的自然产物，除了自然的机械作用以外，也没有任何别的起源。

不过，在对有机自然物的机械论的和目的论的产生方式的诸原则的二律背反的上述解决中，我们已经看到：由于这些原则对于按照有机自然物的特殊规律（我们缺乏打开它们的系统关联的钥匙）而形成的自然界来说只是些反思判断力的原则，亦即它们并没有自在地规定这些自然物的起源，而只是说我们按照我们知性和理性的性状只能根据目的因来思考这类存在物的起源，所以在尝试对它们作机械的解释方面作最大的努力甚至冒险就不仅是允许的，而且我们也被理性召唤着去做这件事，尽管我们知道，由于我们知性的特殊性质和限制的种种主观理由（而绝不是由于这种产生的机械作用与按照目的的起源本身有什么矛盾），我们这样做是永远不够的；并且最终，在（不论是我们之外还是我们之内的）自然的超感性原则中也许根本就不可能有这两种表象自然可能性的方式的协调一致，因为按照目的因的那种表象方式只是我们的理性运用的一个主观条件，如果它不只是想要懂得对作为现象的对象进行评判，而且要求把这些现象甚至连同其诸原则都联系到那超感官的基底上去，以便能找到使它们统一的某条规律的话，而这条规律只有通过目的（在这方面理性也拥有这样一些超感性的目的）才能使这种统一表象出来。

──────────

①　Camper（1722—1789），荷兰比较解剖学家，对生物学、地质学均有贡献。——编译者

§ 83. 作为一个目的论系统的自然的最后目的

我们在前面指出过,我们有充分的理由把人类不仅是像一切有机物那样作为自然目的,而且在这个地球上也作为一切其他自然物都与之相关地构成一个目的系统的那个自然最后目的,而按照理性的原理来加以评判,虽然不是为了规定性的判断力,却毕竟是为了反思性的判断力。既然那种通过人类与自然的联结应当作为目的而得到促进的东西必须在人本身中发现:那么这种目的或者必须具有这种方式,即人本身可以通过大自然的仁慈而得到满足;或者这就是对能够被人利用(外在的和内在的)自然来达到的各种各样目的的适应性和熟巧。前一种自然目的将会是幸福,后一种目的则将是人类的文化。

幸福的概念并不是这样一种概念,例如说人从他的本能中抽象出来、并从他自己身上的动物性中拿来的概念;而只是对某种状态的理念,他想要使该状态在单纯经验性的条件之下与这理念相符合(而这是不可能的)。他自己为自己构想出这个理念,也就是以如此各不相同的方式通过他的与想象力和感官知觉缠绕着的知性构想出这个理念;他甚至如此经常地改变这一概念,以至于就算自然完全屈从于他的任意,自然却还是根本不能为了与这种动摇不定的概念及每个人以任意的方式给自己设置的目的相协调,而表现出任何确定的、普遍的和固定的规律。然而,即使我们想把这个概念要么贬低到我们的种类完全与自己协调一致的那种现实的自然需要上,要么在另一方面想把它进一步提高到达到想像目的的熟巧这样的高度;但毕竟,人类所理解的幸福及事实上成为他特有的最后自然目的(而非自由目的)的东西却永远不会被他达到;因为他的本性不具有在任何地方停止并满足于占有和享受的性质。另一方面,自然界远不是把他当作自己特殊的宠儿来接受并善待他胜过一切动物的,勿宁说自然界正如对待一切其他动物一样,并没有使他免于自然的破坏作用的伤害,如瘟疫、饥饿、水患、冻伤、其他大小动物的侵袭,如此等等;更有甚者,人身上的自然素质的矛盾性还把他置于自造的磨难中,又把和他自己同类的另外的人通过统治的压迫和战争

299

的残暴等等投入绝境,而正如在他身上发生的那样,他自己也进行着毁灭他自己的同类的工作,以至于即使在我们之外是最仁慈的自然,如果这个自然的目的是针对我们这个物种的幸福提出来的话,也是不会在地球上的一个自然系统中实现出来的,因为我们内部的自然是很难受到这个外部自然的感动的。所以人永远只是自然目的链条上的一个环节:他虽然就某些目的而言是原则,这原则似乎是自然在自己的设计中通过他自己向自己提出而给他规定了的;但他毕竟也是在其他环节的机械作用中维持合目的性的手段。他作为地球上唯一的具有知性、因而具有自己给自己建立任意目的的能力的存在者,虽然号称自然的主人,并且如果把自然看作一个目的论系统的话,他按照其使命来说是自然的最后目的;但永远只是在这个条件下,即他理解到这一点,并具有给自然和他自己提供出这样一个目的关系来的意志,这种目的关系将能独立于自然界而本身自足,因而能够是一个终极目的,但这个终极目的是根本不必到自然中去寻找的。

　　但是要发现我们至少可以在人的什么地方放置自然的那个最后目的,我们就必须找出自然为了使他准备去做他为了成为最终目的所必须做的事而能够提供的东西,并将它与那一切以只能期待于自然的条件为根据才有可能的目的区别开来。后一种目的是地上的幸福,它被理解为人的一切通过在人外面和内面的自然而可能的目的的总和;这是人在地上的一切目的的质料,这种质料,如果他使之成为他全部的目的,就使他不能够为他自己的实存建立一个终极目的并与之协调一致。所以,人在自然中的一切目的里面就只剩下形式上的主观条件,即这种适应性的主观条件:一般来说能为自己建立目的并(在他规定目的时不依赖于自然)适合着他的一般自由目的的准则而把自然用作手段,这是自然关于外在于它的终极目的所能够做到的,因而这件事就能被看作自然的最后目的。一个有理性的存在者一般地(因而以其自由)对随便什么目的的这种适应性的产生过程,就是文化。所以只有文化才可以是我们有理由考虑到人类而归之于自然的最后目的(这理由不是他所特有的在地上的幸福,也根本不只是用来在外在于他的无理性的自然中建立秩序与一致性的最重要的工具)。

　　但并不是任何文化都足以成为自然的这个最后目的。熟巧这种文化当

然是对促进一般目的的适应性的最重要的主观条件;但却还不足以促进在规
定和选择其目的时的意志,这种规定和选择本质上却是对目的的某种适应性
的全部范围所要求的。适应性的后面这个条件我们可以称之为管教(训练)
的文化,它是否定性的,它在于把意志从欲望的专制中解放出来,由于这种专
制,我们依附于某些自然物,而使我们没有自己作选择的能力,因为我们让本
能冲动充当了我们的枷锁,大自然赋予我们这些冲动只是充当指导,为使我
们中的动物性的规定不被忽视乃至于受到伤害,然而我们毕竟有充分的自
由,由于理性的目的的要求,而使这种动物性绷紧或是放松,延伸或是压缩。

　　熟巧只有借助于人们的不平等才能在人类中大大发展起来:由于绝大
多数人仿佛是机械地、无需特殊技艺地为别人的舒适和方便提供生活必需
品,其他人则从事着不太急需的文化、科学和艺术部门的工作,由于他们,绝
大多数人保持在受压制、辛苦劳累而很少享受的状态中,但上层阶级的文化
有一些终究逐渐地扩散到了这些等级中去。但随着文化的进步(它的顶点
称之为奢侈,如果对非必需之物的偏好已经开始造成对必需之物的损害的
话),磨难也在两个方面以同样的强度增长着,一方面是由于外来的暴行,
另一方面是由于内心的不满足;但这种引人注目的苦难却是与人类身上的
自然素质的发展结合着的,而自然本身的目的,虽然不是我们的目的,却在
这里得到了实现。这种惟有在其之下自然才能实现自己这个终极意图的形
式条件,就是人们相互之间的关系中的法制状态,在其中,交互冲突的自由
所造成的损害是由一个被叫作公民社会的整体中的合法的强制来对付的;
因为只有在这种状态中,自然素质的最大发展才可能进行。不过,为了这种
发展,即使人类有足够的聪明去发现这一法制状态、并有足够的明智自愿地
服从它的强制,却还需要一种世界公民的整体,即所有那些处于产生相互侵
害作用的危险中的国家的一个系统。没有这个系统,由于荣誉欲、统治欲、
占有欲,尤其是在手中有暴力的人那里,对哪怕这样一个系统的可能性所造
成的阻力,则战争(在其中要么一些国家分裂并解体为一些更小的国家,要
么一个国家使另一个更小的国家与自己合并而力求构成一个更大的整体)
就是不可避免的:尽管战争是人类的一种(由于不受约束的情欲的激发)无
意的尝试,但却是深深隐藏着的、也许是至上智慧有意的尝试,即借助于各

个国家的自由,即使不是造成了、但毕竟是准备了各国的一个建立在道德之上的系统的合法性、因而准备了它的统一性,并且尽管有战争加在人类种族身上的那些极为恐怖的劫难,以及在和平时期长期备战压在人们身上的也许还是更大的磨难,但战争更多的却是一种动机(尽管对各民族幸福的安居乐业的希望越离越远),要把服务于文化的一切才能发展到最高的程度。

　　至于对那些爱好,即对我们作为一个动物种类的规定上的自然素质完全与之相适合、但却使人类的发展步履维艰的那些爱好进行训练:那么在对文化的这第二个要求上自然毕竟也表现出对某种教化的合目的性的努力,这种教化使我们能接受比自然本身所能提供的更高的目的。凭借科学,对趣味的文雅化直到理想化甚至奢侈作为虚荣的食粮,通过由此产生的一大堆不能满足的爱好而把那种祸害倾倒在我们头上,这种祸害的占优势已是无可争辩的了:与之相反,自然的目的也是一目了然的,这就是让那些更多属于我们身上的动物性而与我们更高使命的教养极端对立的爱好(对享受的爱好)的粗野性和狂暴性越来越多地败北,而为人性的发展扫清道路。美的艺术和科学通过某种可以普遍传达的愉快,通过在社交方面的调教和文雅化,即使没有使人类有道德上的改进,但却使他们有礼貌,从而面对感官偏好的专制高奏凯旋,并由此使人类对一个只有理性才应当有权力施行的统治作好了准备:然而那些有的是自然使我们遭受到的、有的是人类的不能相容的自私所带给我们的祸害,同时也就召唤着、提升着、坚定着灵魂的力量,使之不被这些祸害所战胜,并让我们感到在我们心中隐藏有对那些更高目的的适应性。①

---

　　① 如果一种价值只是按照人们享受什么(按照一切爱好的总量这一自然目的、即幸福)来估量,那么生活对于我们有怎样一种价值就是很容易断言的了。这种价值将跌落到零度以下;因为谁会愿意再次去过那种在同样一些条件之下的生活,哪怕按照新的、由自己设计好的(但毕竟是按照自然进程的)计划,但也只是立足于享受之上的计划?按照那种根据自然与我们共有的目的来渡过的生活所包含的东西、以及按照以人们做什么(不只是享受什么)为内容的东西来生活,即使我们仍然还只是达到某个不确定的终极目的的手段,这样的生活有怎样的价值,这在上面已经指出过了。那么现在所剩下的就只有这样一种价值,即我们自己通过不仅是我们做什么、而且也是不依赖于自然而合乎目的地做什么,乃至于连自然的实存本身也只有在这个条件下才能成为目的,这样来赋予我们的生活的价值。——康德

§ 84. 一个世界的存有的终极目的，
即创造本身的终极目的

终极目的是这样一种目的，它不需要任何别的东西作为它的可能性的
条件。

如果把自然的单纯机械作用看作自然合目的性的解释根据，那么我们
就不能够问：世界上的事物是为什么而存有的；因为这样一来，按照这种观
念论的系统所谈的只是事物的物理可能性（我们把这种可能性设想为目的
只会是无客体的玄想）：现在，我们尽可以在偶然性或盲目的必然性上来解
释事物的这种形式，在这两种情况下那个问题都会落空。但如果我们把世
界中的目的关系看作实在的，并为之假定一种特殊的原因性，即某种有意起
作用的原因，那么我们就不能停留在这个问题上：世界的那些事物（有机
物）为什么具有这种那种形式、被自然置于与他物的这种那种关系中；相
反，一旦想到某种知性必须被看作像在事物身上被现实地发现的这样一些
形式的可能性的原因，那么也就必须在这个知性中询问其客观的根据了，这
个根据能够规定这一生产性的知性去得出这种类型的结果，它才是这类事
物之所以存有的终极目的。

我在上面说过：这个终极目的不会是自然界足以造成、并按其理念产生
出来的目的，因为它是无条件的。这是因为，在自然（作为感性存在物）中
没有任何东西在自然本身中的规定根据不会永远又是有条件的；而这不仅
适用于外在于我们的自然（物质的自然），而且也适用于我们之中的自然
（思维的自然）：不言而喻，我在我之中只考察那本身是自然的东西。但一
物若由于其客观性状而应当作为一个有理智的原因的终极目的必然实存，
它就必须具有如下性质，即它在目的秩序中不依赖于任何别方面的条件、而
只依赖于它的理念。

现在，我们在这个世界中只有唯一的一种存在者，它们的原因性是目的
论的，亦即指向目的的，但同时却又具有这种性状，即它们必须依据着来为自

304

己规定目的的那个规律,是被它们自己表象为无条件的、独立于那些自然条件的,但本身又被表象为必然的。这种类型的存在者就是人,但却是作为本体看的人;这是唯一这样的自然存在者,我们在它身上从其特有的性状方面却能认识到某种超感官的能力(即自由),甚至能认识到那原因性的规律,连同这种原因性的那个可以把自己预设为最高目的(这世界中最高的善)的客体。

　　现在,对于作为一个道德的存在者的人(同样,对于世上任何有理性的存在者),我们就不再能问:他是为了什么(quem in finem①)而实存的。他的存在本身中就具有最高目的,他能够尽其所能地使全部自然界都从属于这个最高目的,至少,他可以坚持不违背这个目的而屈从于任何自然的影响。——既然这个世界的事物作为按照其实存来说都是依赖性的存在物,需要一个根据目的来行动的至上原因,所以人对于创造来说就是终极目的;因为没有这个终极目的,相互从属的目的链条就不会完整地建立起来;而只有在人之中,但也是在这个仅仅作为道德主体的人之中,才能找到在目的上无条件的立法,因而只有这种立法才使人有能力成为终极目的,全部自然都是在目的论上从属于这个终极目的的。②

---

①　拉丁文:目的为何。——编译者
②　如果世界上的有理性的存在者的幸福是自然的一个目的是有可能的,那么幸福也就会是自然的最后目的了。至少我们不能先天地看出,为什么自然界会不应当是这样安排的,因为通过它的机械作用这种结果至少就我们所看出的而言是完全有可能的。但道德和从属于它之下的按照目的的原因性却是通过自然的原因绝对不可能的;因为道德对行动进行规定的原则是超感官的,因而是在目的秩序中唯一可能的东西,它对自然而言完全是无条件的,因而它的主体唯一有资格成为全部自然都从属于其下的创造的终极目的。——相反,幸福正如前一节根据经验的证据已指明的那样,就具有胜其他生物的优越性的人而言,连自然目的也不是:说它应当是创造的终极目的就大错特错了。人尽可以把它作成自己最后的主观目的。但如果我按照创造的终极目的来提问:人本来是必须为什么而实存的呢? 那么这就是在谈论一个客观的至上目的,正如最高理性对它的创造会要求有一个至上目的那样。如果我们现在回答说:为的是那些存在者实存、而那个至上原因能够对之行善,那么我们就和人的理性甚至使他的最内在的幸福愿望所服从的条件(也就是与他自己内在的道德立法相一致)相矛盾了。这就证明:幸福只能是有条件的目的,因而只有作为道德存在者的人才能是创造的终极目的;但说到人的状态,幸福只是作为按照那种一致而来的后果,而与那个作为人的存有的目的的终极目的相联系的。——康德

康德哲学主要阅读书目

一、康德著作：

《纯粹理性批判》　蓝公武译，三联书店 1957 年版、商务印书馆 1960 年版
　　　　　　　　　韦卓民译，华中师范大学出版社 1991 年版
《实践理性批判》　关文运译，商务印书馆 1960 年版
　　　　　　　　　韩水法译，商务印书馆 1999 年版
《判断力批判》（上）　宗白华译，商务印书馆 1964 年版
《判断力批判》（下）　韦卓民译，商务印书馆 1964 年版
《康德文集》　郑保华主编，改革出版社 1997 年版
《宇宙发展史概论》　编译组译，上海人民出版社 1972 年版
《未来形而上学导论》　庞景仁译，商务印书馆 1978 年版
《道德形而上学原理》　苗力田译，上海人民出版社 1986 年版
《自然科学的形而上学基础》　邓晓芒译，三联书店 1988 年版
《实用人类学》　邓晓芒译，重庆出版社 1987 年版
《逻辑学讲义》　许景行译，商务印书馆 1991 年版
《历史理性批判文集》　何兆武译，商务印书馆 1991 年版
《法的形而上学原理》　沈叔平译，商务印书馆 1991 年版
《康德书信百封》　李秋零编译，上海人民出版社 1992 年版
《单纯理性界限内的宗教》　李秋零译，香港汉语基督教文化研究所 1997 年版
《康德全集》　德文版，柏林科学院，1968 年版，1—9 卷（Kants Werke, Akademie Textausgabe, Band Ⅰ–Ⅸ）

二、其他著作：

郑昕：《康德学述》　商务印书馆 1984 年版
李泽厚：《批判哲学的批判》　人民出版社 1979 年版
张世英、杨寿堪、李运生：《康德的〈纯粹理性批判〉》　北京大学出版社 1987 年版

杨祖陶:《德国古典哲学逻辑进程》　武汉大学出版社 1993 年版

杨祖陶、邓晓芒:《康德〈纯粹理性批判〉指要》　湖南教育出版社 1996 年版

邓晓芒:《冥河的摆渡者——康德的判断力批判》　云南人民出版社 1997 年版

谢遐龄:《康德对本体论的扬弃》　湖南教育出版社 1987 年版

张志伟:《康德的道德世界观》　中国人民大学出版社 1995 年版

谢舜:《神学的人学化——康德的宗教哲学及其现代影响》　广西人民出版社 1997 年版

[德]卡尔·福尔伦德:《康德生平》　商章孙、罗章龙译,商务印书馆 1986 年版

[德]黑格尔:《哲学史讲演录》第 4 卷　贺麟、王太庆译,商务印书馆 1978 年版

[德]海涅:《论德国宗教和哲学的历史》　海安译,商务印书馆 1974 年版

[德]文德尔班:《哲学史教程》(下)　罗达仁译,商务印书馆 1996 年版

[英]康蒲·斯密:《康德〈纯粹理性批判〉解义》　绰然(韦卓民)译,商务印书馆 1963 年版

[加]约·华特生:《康德哲学讲解》　韦卓民译,商务印书馆 1963 年版

[加]约·华特生:《康德哲学原著选读》　韦卓民译,商务印书馆 1965 年版

[俄]阿斯穆斯:《康德》　孙鼎国译,北京大学出版社 1987 年版

[俄]古留加:《康德传》　贾泽林、侯鸿勋、王炳文译,商务印书馆 1981 年版

[俄]古留加:《德国古典哲学新论》　沈真、侯鸿勋译,中国社会科学出版社 1993 年版

[俄]谢·伊·波波夫:《康德和康德主义》　涂纪亮译,人民出版社 1986 年版

[日]安倍能成:《康德的实践哲学》　于凤梧、王宏文译,福建人民出版社 1984 年版

《国外康德哲学新论》　周贵莲、丁冬红编译,求实出版社 1990 年版

L.W.Beck:Studies in the Philosophy of Kant.Indianapolis,1965.

F.Caird:The Critical Philosophy of Immanuel Kant.2vols.Glasgow,1909.

E.Cassirer:Kants Leben und Lehre.Berlin,1921.

J.N.Findlay:Kant and the Transcendental Object:A Hermeneutic Study.New York,1981.

K.Fischer:Immanuel Kant und seine Lehre.Heidelberg,1957.

H.Heimsoeth:Studien zur Philosophie Immanuel Kants.Bonn,1971.

H.J.Paton:Kants Metaphysic of Experience.2vols.London,1976.

F.Paulsen:Immanuel Kant.Seine Leben und Seine Lehre.Stuttgart,1924.

H.Rakte:Systematisches Handlexikon zu Kants Kritik der reinen Vernunft.PHB37b.Hamburg,1991.

H.Vaihinger:Kommentar zu Kants Kritik der reinen Vernunft.2vols.Alen,1970.

T. Valentiner：Kant und seine Lehre. Eine Einführung in die kritische Philosophie. Stuttgart，1976.

K. Vorländer：Immanuel Kant：der Mann und das Werk. Hamburg，1992.

W. Wallace：Kant. London and Boston，1989.

J. Ward：A Study of Kant. New York and London，1976.

德汉词汇对照表

A

Abbruch 中止
abgeleitet 派生的
Aberglauben 迷信
Abgrund 深渊
Abhaltung 沉沦
Abhängigkeit 从属性
abschreken 威慑
absichtlich 有意
absolut 绝对的
abstrahieren 抽象/抽掉
Abteilung 部门
abwärts 下降的
Achtung 敬重
adhärirend 固着
Adoration 崇拜
Affekt 激情
Affektion/affizieren 刺激
Ahnung 预感
Aktus/aktiv 行动/能动的
Akzidenz/accidens 偶性
das All 大全
allergesittetst 最文明的
allerrealst 最高实在的

allervollkommenst 最高完善的
allgegenwärtig 全在
Allgemeine 共相
Allgemeingültigkeit 普适性
Allgemeinheit 普遍性/allgemein 普遍的/全称的(命题)
allgewärtig 全能的
allgütigkeit 全善
Allheit 全体性
allmächtig 全能的
allwissend 全知的
Angenehmen 快适
Analogie 类比/类似物
Analytik/analytisch 分析论、分析/分析(性)的
Anbetung 膜拜
Angebot 赠品
Angel 枢纽
Angemessenheit 适合性
Angst 害怕
anhängend 依附
Anheischigmachung 自命自许
Anlage 禀性/素质
Anlaß Annehmlichkeit 快意
Anreiz 刺激作用/激动

Anschauung 直观

an sich 自在

Anstalt 部署

Anständigkeit 礼貌

Antecedens 前件

Anthropologie 人类学

anthropomorphistisch 拟人化

Antinomie 二律背反

Antithesis 反题

Antizipation 预测

Antrieb 冲动/驱动

apodiktisch 无可置疑的/无可争辩的

a posteriorie 后天的

Apperzeption 统觉

Apprehension/apprehendieren 领会

a priori 先天的

Archäologie 考古学

archthektonisch 建筑术的

Argumment 论证

Arrogantia 自负

Assertion 断言

assertorisch 实然的

Assoziation 联想

ästhetik 感性论

ästhetisch 感性的/审美的

Atheismus 无神论

Auffassung 把握

Aufkunft 消息

aufrichtig 真诚的

aufwärts 上溯的

Augenblick 瞬间

Ausbildung 教化

Ausdehnung 广延

Autonomie 自律

Axiome 公理

B

baarer Verdienst 净赚

Bädigung 节制

Bau 构造

Bedingung/bedingt 条件/有条件的

Bedürfnis 需要

Befolgung 遵守

Befreiung 解放

Befügnis 权限

Begebenheit 事件

Begehen 践行

Begehrung 欲求

Begierd 欲望

Begriff 概念

Begünstigung 宠幸

behagen 惬意

Behaglichkeit 怡然自得

Beharrliche/beharrlich 持存之物/持存

Beisatz 同位语

Beiwort 修饰语

Bejahung/bejahend 肯定/肯定的

beleben 激活/灌注生气

beliebig 随意的

Beliebtes 讨好

bereitwillig 心甘情愿

Beruf 天职

Beschaffenheit 性状

bescheiden 谦虚

Besitz 占有

Besondere/besonder 特殊/特殊的

bestehend 持存着的

bestimmt 规定/Bestimmung 规定/使命

Bestimmungsgrund 规定根据

Bestürtung 震惊

Beurteilung 评判

Bewegursache 动因

Beweis/beweisen 证明

Bewunderung 惊奇/惊叹

Bewußtsein/bewußt 意识

Bezähmung 约束

bezwingen 克制

Bild 形象

bildede Kraft 形成力

Bildung 教养

Boden 基地

Böse 恶

Bosheit 恶毒

Brücke 桥梁

Buchstaben 条文

Bündigkeit 简明性

bürgerlich 公民的

C

Canariensect 加那利香槟酒

Caricatur 漫画

Chaos 混乱

Christentum 基督教

Coalitionssystem 结合

Competent 有资格的

Complacenz 满意

Comprehension 统握

conclusio 结论

Concretion 固化物

Conduite 行为方式

construirte Wesen 构成物

contradictorisch 矛盾的

Contrast 对照

conventionsmäßig 合乎习俗的

coordiniert 并立

Copura 联系词/系词

Corollarie 补充

cultivieren 陶冶/培养

Cyniker 犬儒派

D

Darum 就为这

Dasein 存有

data 材料

Dauer 持续性

Deduktion 演绎

Definition 定义

Dekadik 十进制

Demarkation 边界

Demonstration 演证

Demut/Demütigung/demütig 谦卑

denken 思维/思想/思考

Denkungsart 思维方式/思想境界

Dependenz 从属性

Depositum 寄存物

Despotismus 专制

Dialektik/dialektisch 辩证论/辩证的

Diallele 循环论证

Dialexe 诡辩

Diätetik 饮食

Dichtomie 二分法

didaktisch 教学法的

Dignität 尊严

Dimension 维

Ding an sich 自在之物/物自身

disjunktiv 选言的

diskursiv 推论的

disputieren 争辩

Disziplin 训练/诚律

Dogma 教条

Dogmatismus/Dogmatiker/dogmatisch　独断
　论/独断论者/独断的

Doktrin/doktrinal　学理/学理上的

Drangsal　劫难

durchzählen　历数

dynamisch　力学的/动力学的

E

Ebenmaβe　成比例

edel　高贵的

Ehrbarkeit　正派

Ehre　荣誉

Ehrfurcht　敬畏

ehrfurchtsvoll　恭敬

Ehrsucht　荣誉欲

Eigendünkel　自大

Eigenliebe　自矜

eigenliebig　自负的

Eigennutze　自私

Eigenschaft　属性

Eigentumliches　特点

Einbildung/Einbildungskraft　想象/想象力

Eindruck　印象

Eine　一

Einerleiheit　等同性

einfach/Einfachheit　单纯的/单纯性

einheimisch　本土的

Einheit　统一性/统一体/统一

Einheit　单一性

Einheit　单位

einpfropfen　灌输

Einschränkung/einschränken/
　Eingeschränktheit　限制

Einschiebsel　插叙

einsehen　看透/看穿

einseitig　单向的

Einsicht　洞见/洞察

einzeln/Einzelheit　单个的/单个性

Einzeln　单称的

Eitelkeit　虚荣

Elementarsubstanz　基本实体

Elemente　要素

Elend　苦难

empfangen/Empfanglichkeit　感受/感受性

Empfindelei　多愁善感

Empfindung　感觉

empirisch　经验性的

Empirismus　经验论

Endabsicht　终极意图

endlich　有限的

endlos　无限的

Endursach　目的因

Endzweck　终极目的

Enthaltsamkeit　节制

Entschlieβung　决断

entstehen　产生

entwerfen　构想

Entwicklung/entwickeln　发展

Epikureer　伊壁鸠鲁派

Episode　题外话

Episyllogismos　后续推论法

erdenklich　想得出来的

Erdschichte　地层

Ereignis　事件

Erfahrung　经验

Ergieβung　涌流

Ergötzung/ergötzen　情趣/好看

Ergebenheit　服从

ergrübeln　挖空心思

Erhaben　崇高

Erkenntnis/erkennen　知识/认识

Erklärung　解题

erlöschen　淡化

Erlassung　姑息

Ermattung　萎靡状态

Erörterung　阐明

erscheinen　显现

Erscheinung　现象

Erschleichen　欺骗行为

erschrecken　惊慌

Erschütterung　震动

Eruption　爆发

Erwagung　权衡

erzeugen　生产

Erziehung　教育

Etwas　某物

Evidenz　自明性

ewig/Ewigkeit　永恒

Exemplar　样本

exemplarisch　典范式的

Existenz/existieren　实存

Experiment　实验

Exponent　指数/实例

extensiv　扩展

F

Fähigkeit　能力

Faktum　事实

Familie　家族

Faβlichkeit　可把握的

Fassungskraft　把握能力

Fatalismus　宿命论

Fatalität　宿命

Feigheit　怯懦

Feld　领域

Fesseln　枷锁

Form/formal　形式/形式的

Formel　公式

formlos　无形式

Fortkommen　繁衍

fortpflanzen　传播/繁殖

Fortschritt　进步

frei/Freiheit　自由的/自由

Freigebigkeit　慷慨

freiwillig　自愿的

fremdartig　异质的

Fremdling　外来者

Freude　兴致/快活

Frevler　恶棍

frevelhaft　罪恶地

Frieden　和平

Frohsein　高兴

frommen　虔敬的

Fülle　丰富性

Funktion　机能

Furcht　恐惧

Fürwahrhalten　视(认)其为真

G

Ganzen　整体

Gattung　类/种类

Gebiete　领地

Gebot/gebieten　命令

Gebrauch　运用

Gedanke　观念

gefallen　(令人)喜欢

Gefühl　情感

Gegenbild　副本

Gegensatz　对立

Gegenstand　对象

Gegenwart　在场/当下

Geheimnis　秘密

Geist　精神/圣灵

Geister　精灵

Geistestalent　心灵天赋

geistig　精神性的

Gelegenheit　机会

Gelegenheitsursache　机缘

gelegentlich　随机的

Gemächlichkeit　舒适

gemeingültig　普适的

Gemeinort　套话

Gemeinschaft　协同性

gemeinschaftlich　共同性的

Gemeinsinn　共通感

Gemüt　内心

general　大体上的

Genie　天才

geniemößig　天才式的

Genügsamkeit　知足

Genuß　享受

Gerechtigkeit　公正

gern　乐意

Geruche　气味

geschätzt　被尊敬

Geschichte　历史

Geschicklichkeit　熟巧/熟练技巧

Geschlecht　种族

Geschliffenheit　调教

Geschmack　鉴赏（力）

Geschmack　趣味/口味/品味

Geschöpf　被造物/生物

Geschöpfung　创造/生物

Geschwärtigkeit　徒逞辩才

Geselligkeit　社交

Gesellschaft　社会

Gesetz　规律/法则

Gesetz der Identität　同一律

Gesetz der Natur(Naturgesetz)　自然律

Gesetzgeben　立法

gesetzlich　合法（规律）的

Gesetzlosigkeit　无规律性

gesetzmäßig/Gesetzmäßigkeit　合法的/合规律的/合规律性

geschehen　发生

Gesinnung　意向

Gestalt　形态

Gewalt　强制力

Gewißheit　确定性

Gewohnheit　习惯

gewohnlichermaßen　恒常地

Glauben　信念/信仰

Glaubensartikel　信条

gleichartig　同（性）质的

gleichförmig　均匀的

Gleichförmigkeit　一律

Gleichgültigkeit　无所谓

Gleißnerei　伪善

Glied　环节

Glück　幸运/幸福

glücklich　幸福

Glückseligkeit　幸福

Gott　上帝

Gottheit　神/神性

gottlich　神的/神性的

Grad　程度

gräßlich　令人恐怖的

Grenz　界限

Größe　大小/量

Größenschätzung　大小估量

groβmütig　慷慨

Grund　根据

Grundsatz　原理

gültig/Gültigkeit　有效的/有效性

Gunst　惠爱/恩惠

Gunstbewerbung　邀宠

Gutartigkeit　忠顺

Gute　善

Gütigkeit　善意

H

Habsucht　占有欲

Handelsgeist　商业精神

Handgriff　操作方式

Handlung/handeln　行动/活动

Hang　偏好

Harmonie　和谐

Heautonomie　再自律

heilig/Heiligkeit　神圣的/神圣(性)

Heiligung　虔诚

hergeholt　牵强附会

herrlich　高尚的

Herrschsucht　统治欲

Herumtappen　来回摸索

Herzensaufwallung　心血来潮

heterogen　异质性的

Heteronomie　他律

hirngespinst　幻影

Hochachtung　崇敬

Hochschätzung　尊崇

das höchste Gut　至善

hoffen/Hoffnung　希望

Höflichkeit　客气

Hylozoism　物活论

hyperphysisch　超物理的

I

ich bin　我在

ich denke　我思

Ideal/Idealiche　理想

Idealismus　观念论/唯心论

Idealität　观念性

Idee　理念

Identität/identisch　同一性/同一的

Illusion　幻觉

Illustration　举证

Imagination　想象力

immanent　内在的

immaterialität　非物质性

Immortalität　不死性

Imperative　命令

Inbegriffe　总和

Indifferentismus　冷淡态度

Individuum　个体

Induktion 归纳

indulgent　宽纵的

inhärieren/Inhärenz　依存/依存性

Inkorruptibilität　不朽性

inner　内部的

Instinkt　本能

Instrument　工具

intellektuell　智性的

Intelligenz　理智

intelligibilis/intelligibel　理知的

intensiv　强弱的

Intentionalität　意向性

Interessant　兴趣

Interesse　利害/利益/兴趣

intuitiv　直觉的

Irokesisch　易洛魁人的

Ist　"是"

J

Joch　束缚

K

Kanon　法规

Kanonik　理则学

Kardinalisatz　基本命题

Kategorie　范畴

kategorisch　定言的

Kathartikon　润滑剂

Kausalität　因果性/原因性

Kausalverbindung　因果联系

Kluft　鸿沟

Klugheit　明智

knechtig　奴性的

koexistieren　并存

kolossalisch　宏大的

Kommerzium　交感

komparativ　比较的

Komposition　组合

kongruieren　重合

Konklusion　结论

kosequent/Konsequenz　（前后）一贯

konstitutiv　构成性的

Konstruktion　构造

kontemplativ　静观的

Kontext　连贯关系

kontinuierlich　连续的

kooridieren　配合

Korrelate/Korrelatum　相关项/相关物

korrespondieren　相应

kosmologisch　宇宙论的

Krieg　战争

Kriterien　标准

Kritik/kritisch　批判/批判的

Kronen　圆满完成

Kultur　培养/教养/文化

künftig　来世的

Kunst　艺术/技艺

künstlich　人为的

L

Labyrinthe　迷宫

Laster　罪恶

Laubmerk　卷叶饰

Laune　性情

lebendig　生动地

Lebensgefühl　生命感

Lebenskraft　生命力

lebenslos　无生命的

Lebenswandel　生活作风/生活方式

lebhaft　热烈的

Legalität　合法性

Lehnsatz　外借命题

Lehre/Lehrsatz　定理

Leidende　受动

Leidenschaft　情欲

Liebe　爱/喜爱

Liebhaberei　癖好

lieblich　可爱的

Lieblin　宠儿

Limitation　限制性

Logik/logisch　逻辑/逻辑上的

Loos　命运

Lust　愉快

Luxus　奢侈

M

Macht　力量/威力/强力

Majestät　权威

Major　大前提

Manigfaltige　杂多/多样性

Maschine　机器

Maschinenwerk　机关

Maßigugn　调控

Maßregeln　做法

Materie　质料/题材

Materie　物质

Materialismus　唯物论

Mathmatik/mathematisch　数学/数学的

Maxime　准则

Maximum　极大值

mechanisch　机械的/机械学的

Mechanismus　机械作用/机械论

Meinung/meinen　意见/发表意见

Meister　大师

Menschenheit　人性

menschlich　人为的

Metaphysik　形而上学

Minor　小前提

Mißfallen　讨厌

Mitleid　同情

mitteilen/Mitteilbarkeit　传达/可传达的

Mittel　手段

Mittelmaß　中庸

Mittelursache　中间原因

Modalität　模态

Modeton　时髦风气

Modifikation　变形

modus　样态

möglich/Möglichkeit　可能的/可能性

Moment　契机

Moment　力率

Monogramm　草图

Monotheismus　一神教

Moral　道德/道德学

moral/Moralität　道德的/道德性

Moraltheologie　道德神学

Mühseligkeit　艰辛

Muße　方便

Muster　典型/典范

Mutterschooß/Mutterwitz　天赋机智

mystisch/Mystiker　神秘的/神秘主义者

N

Nachahmung　模仿

Nachdenken　反思/深思

Nachdruck　力度

nachgebildet　摹本的

Nachsicht　宽容

nachsichtlich　宽大无边的

nachsinnen　反省

nachspüren　追踪

Nahrung　食粮

Namenerklärung　名义上的解释

Natur　自然（大自然、自然界）/本性

Naturanlage　自然倾向

Natureinfalt　素朴

Naturgeschichte　自然史

Naturlehre　自然学说

Naturschönheit　自然美

Naturzweck　自然目的

Nebelsterne　星云团

negativ/Negation　消极的（否定的）/否定性

Neigung　爱好

neugeschaffen　创新的

Neuseeländer　新西兰人

Nichtbewußtsein　无意识

nichtig 无意义

nichts 无/虚无

Nichtsein 非存在/非有

Nichtsterbende 不死者

Niedergeschlagengeit 颓丧

Niederträchtigkeit 卑鄙

Niederwerfen 跪倒

Nomothetisch 立法性的

Norm 基准

Normal 规格

Not 困顿

Nothülfe 应急手段

Nötigung 强迫

notwendig/Notwendigkeit 必然（必要）/必

然性

Noumenon 本体

Null 零度

numerisch 号数上的

Nützlichkeit 有用性

O

Obersatz 大前提

oberst 至上的 Objekt 客体/对象

objektiv 客观的

Offebarung 启示

Ohnmacht 无力

ontologisch 本体论的

Ordnung 秩序

Organisation 机制/组织/有机体

organisch 有机的

organisierend 组织起来的

organisiert 有机的/有组织的

das organisierte Wesen 有机物

Organ 工具/官能/器官

Organon 工具论

Organsinn 官感

P

paradox 似非而是的

Paradoxon 悖论

Paralogismen 谬误推理

passiv 被动的

pathetisch 动人心魄的

Pathologie/pathologisch 病理学/病理学的

Person 人格/个人/人

Personalität 人格（性）

Petition 公则

Petrefacten 化石

Pflicht 义务

Phänomen 现象

Phantasie/phantasisch 幻想/幻想的

Philautia 爱己

Phlodoxie 偏见

Philosophie/Philosoph 哲学/哲学家

Physik 物理学

physikotheologisch 自然神学的/物理神

学的

physisch 物理学的/身体上的

Physiologie 生理学/自然之学

Plagen 磨难

pöbelhaft 粗俗的

Position 肯定

positiv 积极的

Postulat 公设/悬设

postulieren 设定

potenzial 潜在的

prächtig 壮丽的

Prädikabilie 宾位词

Prädikament 云谓关系

Prädikat 谓词

prädizieren　谓述

pragmatisch　实用的

praktisch　实践的

Prämissen　前提

präsumieren　推测的

Primat　优先地位

primitiv　原始的

Prinzip　原则

Privat　私人

Privatabsicht　私人意图

Privatwillkür　私人任意

Probe　样板

Probierstein　试金石/标准

problematisch　或然的/悬拟的

Produkt　产物/产品/作品

produktiv　生产性的

Progress　进程/进展

Progressionsprinzip　累进原则

Propädeutik　入门

Proportion　相称/比例

Prosyllogismus　前溯推论法

protensiv　延伸的

Psychologie　心理学

Pyramiden　金字塔

Q

Qualität/qualitativ　质(性质)/质的

Quantität　量

Quell　来源/根源

quelladern　水源充沛

R

Räthselhafte　神秘难解之处

rational　合理的

Rationalism　唯理论

Raum　空间

real/Realität　实在的/实在性

Realismus　实在论

Recht　公正/权利

Rechtmäβigkeit　合法性

Rechtschaffenheit　正直

Reduktion　还原性

Reflexion/reflectirend　反思/反思性的

Regel　规则

regellos　无规则的

regelmäβig　合乎规则的

Regierer　统治者

Regressus　回溯

regulativ　调节性的

Reich der Gnaden　恩宠之国

Reihe　系列/序列

rein　纯粹的

Reiz　刺激/魅力

Relation　关系/关联性

relativ　相对的

Religion　宗教

Religionsschwärmerei　宗教狂热

reproduktiv　再生的

Revolution　革命/变革

Rezeptivität　接受性

Rhapsodie　梦幻曲

Richtschnur　准绳

Rohigkeit　粗野性

Ruhestande　安居乐业

Rühren　激动/感动

rüstig　干练地

S

Sache an sich selbst　事物自身

Sachheit　事物性

Sachem 酋长

sanft 温柔的/柔和的

Sanktion 强令

Satz 命题/原理/定理

Savoyisch 萨伏依的

schaffend 创造性的

schätzbar 可尊重的

Schein 幻相

scheinbar 似是而非的

scherzhaft 风趣的

Schma/Schmatismus 图型/图型法

Scheu/scheuen 畏惧

Schicksal 运气

schluβ 推论/推理

Schluβsatz 结论

Schluβstein 拱顶石

Schmerzen 痛苦

Schnörkeln 花饰

schön/Schöne/Schönheit 美

Schöpfrung 创造/造物

schrauben 盘桓不定

Schrecken 恐怖

Schuldigkeit 职责

Schulgerecht 合乎规矩的

Schwarmerei 狂信/狂热

Seele 灵魂

Seeleneintracht 志同道合

Seelenschwäche 精神脆弱

Seelenstärke 刚毅精神

Seelenunruhe 心灵的不安

Sehensucht 渴望

Sein 存在

Selbstbewuβtsein 自我意识

Selbstbilligung 自我批准

Selbsterhaltung 自我保存

Selbsterkenntnis 自我认识/自知

selbstersonnen 自造的

Selbstgenugsamkeit 自足

Selbstliebe 自爱

selbstorganisierend 自组织的

Selbstprüfung 自我拷问

Selbstschätzung 自我尊重

Selbstsucht 自私

selbsttätig/Selbsttätigkeit 自动地（自身能动的）/自动性

Selbstverdammung 自我谴责

Selbstverweise 自责

Selbstzufriedenheit 自我满足

Seligkeit 永福

Sentenz 格言

Simplizität 简单性

Singular 单数

Sinn 感官

Sinnenwelt 感官世界

Sinnenwesen 感官物

Sinnesart 情致

Sinnlichkeit/sinnlich 感性/感性的

sitten/Sittlichkeit/sittlich 德性（道德）/道德的

die sittliche Gesetze 道德律

Sitten/gesittet 风尚/有礼貌

Sittenlehre 伦理学说

Skeptizismus/Skeptiker/skeptisch 怀疑论/怀疑论者/怀疑的

Skrupel 顾虑

Solipsismus 唯我主义

sophistisch 诡辩论者的

Sorgfalt 小心谨慎

Sparsamkeit 节约

Species 属/物种

spekulativ 思辨的

Spezifikation 详细说明

Spiel 游戏

Spiritualität 精神性

Spontaneität 自发性

Sprung 飞跃

Spure 迹象

Stammbau/Stammleiter 谱系

Statur 体形

Stellung 职能

Sterbliche 有死者

Stimmung 情调

Stoiker 斯多亚派

Stolz 骄傲

Strafe 惩罚

Strafwürdigkeit 该当受罚

streiten/Streitigkeit 争执

Struktur 结构

subartern 下属的/特定的

Subjekt/subjektiv 主词/主体/主观的

subordinieren 隶属

Subreption 欺骗/偷换

Subsistenz/subsistierend 自存性/自存性的

Substanz 实体

Substratum 基底

subsumieren 归摄

Sukzession 承继

summarisch 总体的

Summe 总量/总和

Superstition 迷信

Surrogat 代用品

syllogistisch 三段论的

Sympathie/sympathetisch 同情/同情的

synkretistisch 调和主义的

Synthesis/synthetisch 综合/综合的

System/systematisch 系统(体系)/系统的

T

Talent 才能/天分/天才

Tätigkeit 活动

Tatsache 事实

taotologisch 同义反复的

Tauglichkeit 适应性

Technik/technisch 技术(技巧、技艺)/技术的

Theism 一神论

Theilbarkeit 可分性

teilhaftig 分享

teilnehmend 同情的

Teleologie/teleologisch 目的论/目的论的

Tetraktik 四进制

Tettowiren 文身

Thema 主题

Theologie 神学

Theorie/theoretisch 理论/理论的

Theosoph/theosophisch 神智学家/神智学的

Thesis 正题

Thorheit 愚蠢

tierisch 动物性的

Topik 正位论

Totalität 总体性 transzendent 超验的

transzendental 先验的

Tribut 赞许

Trieb 冲动

Triebfeder 动机

Trost 慰藉

Trugschluβ 误推

Tugend 德行

tugendhaft　有德(行)的

Tugendlehre　德性论

Tun oder Lassen　行为举止

tunlich/Tunlichkeit　可行的/可行性

Tynannei　专制

U

übel　祸/坏事

übereinstimmung　协调/一致

überführende　有确证作用的

übergang　过渡

überheben　免除

überlegenheit　优势

überlegung　深思

übermachtig　超强力

überreden　置信/说服

überrest　遗迹

überschwenglich　夸大其辞/高调

übersicht　综观/概览

übersinnlich　超感官的

übertreiben　夸张

übertretung　违犯/违禁

überzeugung　确信/信念

Unabhängigkeit　独立

Unabsehliche　无边无际

unabsichlich　无意的

Unangenehmen　不快适

Unannehmlichkeit　不快意

unbedingt/Unbedingte　无条件的/无条件者

unbekannt　未知的

Undinge　杜撰之物

uneigennützig　无私的

unendlich/Unendlichkeit　无限的/无限性

unerkennbar　不可知的

Unermeβlichkeit　不可测度性

Unform　无形式

ungestalt　不成形

Ungestüm　狂暴性

Ungeheuer　大而无当

ungereimt　荒谬的

Unglauben　无信仰

ungleichartig/Ungleichartigkeit　不同(性)质的/异质性

Ungleichheit　不平等

Unglück　不幸

uninterssiert　无利害的

universal　一般的

Unklugheit　不明智

Unkunde　无知

Unlauterkeit　邪癖/不纯洁性

Unlust　不愉快

Unmöglichkeit　不可能性

Unordnung　无序

Unschliessigkeit　犹豫不决

Unsinn　胡闹

Unsterblichkeit　(灵魂)不朽

unterhaltend　有趣的

Unterlassung　制止

Unterordnung　相互从属/从属关系

Untersatz　小前提

untunlich　不可行的

Unvermögen　无能

unvertragsam　不能相容

Unwissenheit　无知

Unwürdigkeit　不自重

Urbild　原型/范本

Urgrund　原始根据

Urheber　创造者

Urquelle　原始根源

Ursache　原因

Ursprung　起源/来源

ursprünglich　本源的

Urteilen　判断

Urteilskraft　判断力

Urwesen　原始存在者

usurpiert　不合法的

V

Vehikel　承载者

verabscheuen　厌恶

Verachtung　轻视

Veränderung/veränderlich　变化/变化的

Verbindlichkeit　义务/责任

verbrechen　犯罪

Verehrung　崇敬

Verfassung　宪法/法制状态

Verfeinerung　文雅化

vergehen　消失

Vergehung　罪过

Vergleichung　比较

Vergnügen　快乐

Verhalten　行为

Verhältnis　（比例）关系

Verheißung　预兆作用

verlaufen　流逝

Verlegenheit　窘境/困惑

vermessen　狂妄

Vermögen　能力

Vermutung　推测

verneinend　否定的

Vernunft　理性

vernünftelei/Vernünfteln　玄想/推想/想入非非

vernünftig　理性的/有理性的

vernunftlos　无理性的

Vernunftschluß　三段论推理

Verordnung　指令

verschönern　美化

Verstand　知性

Verstandesschluß　知性推论

verständig　有理智的

verunstalten　面目全非

Verwandtschaft　亲和性/亲属关系

Vielgötterei　多神教

Vielheit　多数/多数性/多

Vollendung　完满/完成

vollkommen/Vollkommenheit　完全的/完善

vollständig/Vollständigkeit　完备的/完备性/完整性

vorgeben　预定

Vorhanden　在手

Vorhof　初阶

vorkommen　出现

Vormund　监护人

Vorrat　储备

Vorsatz　决心/立意

vorschreiben　颁布/颁定

Vorschrift　规范

Vorsorge　远虑

Vorspiegelung　假象

Vorstellung　表象

Vorurteil　偏见/成见

Vorzug　优先权

W

Wahl　选择

Wahn　妄想

Wahnsinn　疯癫

Wahrheit　真理/真实性

Wahrnehmung 知觉

wahrscheinlich/Wahrscheinlichkeit 大概的/或然的/或然性

Wandelbare 可变之物

Warum 为什么

wechselig/Wechseligkeit 交互的/交互作用

Weh 苦

weichherzig 贴心的

Weichlichkeit 软弱无能

Weilen 留连

weis/Weisheit/Weise 智慧的/智慧/智者

Welt 世界

Weltall 宇宙

Weltanschauung 世界观

Weltbest 世上至善

weltbürgerlich 世界公民的

Weltgebäud 宇宙结构

Weltschöpfer 创世者

Weltseele 世界灵魂

Welturheber 创世者

Weltweisheit 人生智慧

Weltwesen 世间存在者(物)

Werkmeister 建筑师

Werkzeug 工具

Wert 价值

Wesen 存在者(存在物)/本质

wesentlich/Wesentliche 本质的/根本的/本质

Wetten 打赌

wide 狂暴

Widersinnisches 背理的东西

Widerspruch 矛盾

Widerstand 抵抗/抗阻

Widerstreit 冲突

Wille 意志

Willensmeinung 执意

Willkür/willkürlich 任意/任意的

Wink 暗示

wirkend 起作用的

wirklich/Wirklichkeit 现实的/现实性

Wirkung 结果/效果

Wissenschaft 科学

Wohl 福/福祉

Wohlfart 福利

Wohlgefallen 愉悦/合意

Wohlgewält 精心挑选的

Wohlsein 福利

Wohltätigkeit 仁慈/慈善行为

Wohltun 行善/做好事

Wohlverhalten 善行

Wohlwollen 关爱/好意

Wollen 意愿

wunderwürdig 值得惊叹的

Wunsch 愿望

Würde 尊严

würdig/Würdigkeit 配得上

Wurzel 根芽

Z

Zeit 时间

Zensur 检查官

zerknirscht 悔恨的

Zero 零

zerstörend 毁灭性的

Zirkel 循环(论证)

zittern 战栗

Zucht 管教

Zufall/Zufälligkeit/zufällig 偶然/偶然性/偶然的

zugleich　同时的

Zukunft　来世

Zulassigkeit　可容许的

Zuneigung　好感

Zusammenfassung　统摄/总括

zusammengesetzt/Zusammengesetzte　复合的/复合物

Zusammenhang　关联

Zustand　状态

Zwang　强制

Zweck　目的

zwecklos　无目的的

zweckmäβig/Zweckmäβigkeit　合目的的/合目的性

zweckwirdig　违反目的

Zweifel　怀疑

Zweifelsucht　怀疑癖

人名对照表

阿底克斯 Adickes

鲍姆加通 Baumgarten

柏拉图 Plato

柏修斯 Persius

贝克莱 Berkeley

彼得鲁斯·累马斯 Petrus Ramus

波吕克里特 Polyklet

查理五世 Karl den Fünften

切斯尔登 Cheselden，William

德谟克利特 Demokritus

笛卡尔 Descartes

第奥根尼的拉尔修 Diogenes der
　　Laertier

法兰西斯一世 Franz des Ersten

腓特烈 Friderick William

丰特奈尔 Funtenelle

伏尔泰 Voltaire

哥白尼 Kopernikus

哥特施米特 Goldschmidt

哈奇逊 Hutcheson

赫卡柏 Hecuba

伽利略 Galilei

坎培尔 Camper

康德 Kant.I.

克鲁修斯 Crusius

莱布尼茨 Leibniz

林奈 Linnaeus

卢梭 Rousseau

罗森克朗茨 Rosenkranz

洛克 Locke

曼德维尔 Mandeville

梅林 Mellin

米隆 Myron

蒙田 Motaigne

穆罕默德 Mahomet

牛顿 Newton

萨瓦里 Savary

圣·彼得 St.Peter

施塔尔 Stahl

斯宾诺莎 Spinoza

苏格拉底 Sokrates

索绪尔 Saussure

泰勒斯 Thales

特拉松 Terrasson

托里拆利 Torricelli

瓦伦廷纳 Valentiner

瓦欣格尔 Vaihinger

培根（维鲁兰姆的）Bacon von Verulam

沃尔夫 Wolff

谢格奈 Segner　　　　　　　　亚里士多德 Aristotle

休谟 Hume　　　　　　　　　　伊壁鸠鲁 Epikur

许茨 Schütz

德汉术语索引①

一、纯粹理性批判②

A

abgleiten 派生　72, 106—108, 111, 115, 127,132,140,142,601,603,606,607, 609,839

absolut 绝对　42, 52—56, 64, 92, 245, 262, 285, 321, 380—385, 391—394, 398,415,419,420,434,436,438,440, 443—447, 450, 455, 457, 459, 460, 471, 472, 474, 476—478, 480, 484, 487,489,495,507,511,512,515,524, 525,527,528,533,534,537,538,540, 541, 543—545, 547—549, 551, 553, 561,564,571,612,613,615,616,620, 621, 632, 634—636, 639, 640, 645, 656,657,662,677,693,700,704,707, 713,768,769,801,802,810,812,844

ablaufen 流过　437

Abstraktion/abstrahieren 抽象　56, 57, 144,145,173,402

abziehen 抽象　12

Affektion/affizieren 刺激　33, 34, 41, 42, 44, 51, 61, 68, 69, 72, 75, 129, 235, 309,830

Affinität 亲和性　600

Aggregat 聚合物(体)　112,467,601

Ahnung 预感　824

Akt 行动　111,130,132,137,139

Akzidenz/accidens 偶性　106, 183, 201,463

allerrealst 最高实在的　XXXII,624

allgewältig 全能的　843

allgegenwärtig 全在　843

Allgemeine 共相　57,173

Allgemeingültigkeit 普适性　251

Allgemeinheit/allgemein 普遍性/普遍的

---

① 凡在原书中出现频繁、几乎比比皆是的且基本上有定译的词条(如"理性 Ver-nunft"、"知性 Verstand"等等),不再将页码一一注出,只将词条本身用黑体字排出。在一词两译或多译的情况下本索引视其需要将页码依次分段排出,中间用"/"号隔开。

② 《纯粹理性批判》索引主要依据德文第二版(B 版,即本书边码)页码编成。

XXXVIII, 384—386, 617, 824, 825, 828—837, 839—843, 845, 847, 851, 853, 854, 856, 858

primitiv 原始的 108

Prinzip 原则

Privat 私人 838, 841, 848, 849

probe 样板 110

Probierstein 试金石 XVIII, 35, 84, 90, 352, 848, 852

problematisch 或然的/悬拟的 95, 100, 101/310, 311, 315, 405, 406, 850

produktiv 生产(性)的 181, 196

Propädeutik 入门 IX, 76

Prosyllogismus 前溯推论法 364, 379, 387, 388

protensiv 延伸的 834

Psychologie 心理学 VIII, XXXVIII, XXXIX, 36, 77—79, 400—402, 405, 406, 410, 829

Q

Quantität 量 17, 20, 95, 106, 114, 183

Quantum/quantitatis 量/定量 115, 183, 454, 456, /182, 186

Qualität/qualitativ 质/质的 95, 96, 100, 106, 114, 115, 131, 184, 200, 201, 251, 402, 413

R

rational 合理的 XXXVIII, 21, 400—402, 406, 410

Raum 空间

Realität 实在性 XXXIX, XL, XLI, 44, 52—56, 70, 106, 111, 114, 117, 148, 182, 183, 186, 194—196, 253, 254,

302, 412, 464, 612, 614—617, 620, 624, 625, 628, 630, 836, 842

Recht 公正/权利 61, /XXXIV, XXXV, 71, 116, 117

rechtlich/gerecht/mit Recht/ Gerechtigkeit 正当的/正当性 22, 70, 97, 109, 402

Reduktion 还原性 XXI

Reflexion 反思 117, 234, 351, 366

Regel 规则

Regierer 统治者 839, 846

Regressus/regressiv 回溯 612

regulativ 调节性的 828

Reich der Gnaden 恩宠之国 840

Reihe 序列 50, 54, 184, 241, 243—248, 256, 301, 364—366, 379, 387—389, 402, 454, 455, 473—475, 480— 483, 831

rein 纯粹的

Relation 关系 95, 106, 184

Religion 宗教 XXXI, 845

reproduktiv 再生的 141, 181, 195

Revolution 革命 XI, XII, XIII, XV, XXII

Rezeptivität 接受性 42, 43, 59, 61, 74, 75, 102, 129, 185

Rhapsodie 梦幻曲 195

S

Sachheit 事实性 182

Satz 定理 14, 17, 18, 20, 41, 64, 65

Schein 幻相 20, 55, 69—71, 86, 88, 141, 170, 171, 294, 351—355, 848, 849

scheinbar 似是而非的 23

Schema/Schematismus 图型/图型法 175—187, 195, 296, 304

二、实践理性批判①

A

---

① 《实践理性批判》索引依据德文版《哲学丛书》第38卷页码（本书边码）编成。

Z

三、判断力批判①

A

---

① 《判断力批判》索引依据德文版《哲学丛书》第39a卷页码（本书边码）编成。

Q

R

S

V

W

德汉人名索引①

一、纯粹理性批判

二、实践理性批判

---

① 索引中页码为德文原版页码,即本书边码。

三、判断力批判

后　记

　　经过两年多的努力,《康德三大批判精粹》终于脱稿了,这是我们作为两代学人继《康德〈纯粹理性批判〉指要》之后通力合作的又一学术成果,一种完成了应负的一项使命的愉悦感不禁涌上心头。康德哲学传入中国近百年,现在终于有一部从德文原本直接翻译过来的康德三大批判著作的选本问世了,这不能不是一件值得高兴和令人欣慰的事。这样一个选本是否能够对于我国有志于康德哲学的学习和探究的学人提供有力的帮助,并起到显著的推动作用,相信今后的实践将予以公正的评说。

　　选编和翻译这样一本《精粹》,我们深感难度极大,比撰写一部同样部头的著作要付出更多的艰辛。为了使《精粹》更趋完善,我们不得不一再突破原定 30 万字的计划,最终将其限制在 40 万字的规模。《精粹》的全部译文由邓晓芒根据三大批判著作的德文原本译出,由杨祖陶逐一校订。对那些在康德著作翻译上的先行者们,我们要表示特别的敬意和感谢,没有他们的筚路蓝缕,康德哲学的译名的定型和义理的贯通都是不可想象的。《精粹》的"编译者导言"及三大批判所选译的各部分的"导语"由杨祖陶执笔;"参考书目"、"德汉词汇对照表"、"人名对照表"和"汉德词汇索引"由邓晓芒编制;此外,邓晓芒还承担了全部文稿的电脑打印和编辑工作。

　　康德的三大批判著作若全部译成中文,总字数超过 100 万,究竟应当如何选编才比较恰当,恐怕永远也难有定论。我们提出的选编原则也只是我们的一孔之见,何况在贯彻中肯定还会有不少的问题。加之康德的文字以艰深晦涩、语句复杂、概念歧义繁多著称,而我们的德语水平和对原著义理的领会有限,导语和译文中疏漏、不当甚至错误之处恐难避免。所有这些,我们都恳切地希望得到专家和读者们的批评与指正，以便在有机会再版时加以改进和完善。

　　在此，我们要特别提到人民出版社的张伟珍女士，正是她对我们的信任和邀请，给了我们这个宝贵的机会，来从事编译康德三大批判著作《精粹》这样一项艰巨却又具有重要意义的工程，而且在确定选编计划、签订合同、解决工程进展中的问题和最后审定书稿等方面，她都给了我们热情的支持和帮助。我们在此向她的善意和关心表示最衷心的感谢。

杨祖陶　邓晓芒

2000 年 5 月于珞珈山